Haide Manns
BLUESFRAUEN

Haide Manns

BLUESFRAUEN

Starke Stimmen
und ihre Geschichten

Song Bücherei

Erste Auflage 2022
Copyright © Heupferd Musik Verlag GmbH, Dreieich.
Alle Rechte vorbehalten / all rights reserved.
Coverbild Jürgen Born.
Die Song Bücherei wird herausgegeben von
Christian Winkelmann
und erscheint im Heupferd Musik Verlag.
www.heupferd-musik.de
Printed in Germany
ISBN 978-3-923445-51-6

Inhaltsverzeichnis

POWERFRAUEN

MINNIE WALLACE (Classic Blues / voc) • LEOLA B. MAN-NING (Blues / Gospel / voc) • IVY SMITH (Classic Blues / voc) • LILLIE MAE GLOVER (Blues / voc) • ERIN HARPE (Delta Blues / Soul / voc / e-git) • LIL GREEN (R&B / voc) • MARY LANE (Blues / voc) • HANNAH MAY (Blues / voc) • SADIE JAMES (Classic Blues / voc) • VALERIE WELLINGTON (Blues / voc) • IDA MAE MACK (Classic Blues / Country Blues / voc / Songwriter) • MARTHA COPELAND (Classic Blues / Blues / Gospel / voc) • BEVERLY „GUITAR" WATKINS (Blues / voc / e-git) • CAROLYN WONDERLAND (Blues / Bluesrock / voc / e-git / tp / p / Songwriter) • BLUE LU BARKER (Blues / Jazz / voc) • DINAH WASHINGTON (Blues / R&B / Jazz / voc) • VIRGINIA CHILDS (Blues / voc) • MARGRET YOUNGBLOOD (Classic Blues / voc) • ERJA LYYTINEN (Blues / voc / e-git / Songwriter) • ANN RABSON (Blues / voc / p / git) • ARDEL-LA WILLIAMS (Blues / voc) • JUDY RODERICK (Country Blues / Folk Blues / voc / git / Songwriter) • ESTHER BIGEOU (Classic Blues / Vaudeville Blues / voc) • BERNICE EDWARDS (Classic Blues / voc / p / Songwriter) • LIZZIE WASHINGTON (Vaudeville Blues / voc) • HELEN BEASLEY (Classic Blues / voc) • OTTILIE PATTERSON (Blues / Jazz / voc) • MARGARET JOHNSON (Classic Blues / voc / p) • HELEN BAXTER (Classic Blues / Vaudeville Blues / voc) • ORA ALEXANDER (Classic Blues / voc / accordion) • KAREN J. DALTON (Folk Blues / git / banjo) • JANIS JOPLIN (Blues / Rock / voc / Songwriter) • MARIA MULDAUR (Blues / voc).

Einleitung

„For the last several years the post popular type of Negro Song has been that peculiar, barbaric sort of melody called 'blues', with its irregular rhythm, its lagging briskness, its mournful liveliness of tone (…) there is no fixed law about it. One could scarcely imagine a convention of any kind in connection with this Negro free music."

(Dorothy Scarborough, On the Trail of Negro Folk Songs, 1925; Texanische Schriftstellerin und Sammlerin von amerikanischer Volksmusik.)

Dorothy Scarborough urteilt: „In den letzten Jahren war die postpopuläre Art von Negerliedern diese eigenartige, barbarische Art von Melodie namens ‚Blues' mit ihrem unregelmäßigen Rhythmus, ihrer schleppenden Lebhaftigkeit, ihrer traurigen Lebendigkeit des Tons (…) es gibt kein festes Gesetz dafür. Eine Regel jeglicher Art im Zusammenhang mit dieser von allem freien Negermusik kann man sich kaum vorstellen."

In diesem Buch steht nicht der Mensch im Mittelpunkt, bei dem die Frauen angeblich immer mitgedacht werden, sondern der weibliche Mensch, nämlich die afroamerikanischen Frauen als Bluesmusikerinnen und Blueshörerinnen. In Europa sind Vorstellungen vom Blues vielfach von der Zeit nach dem Zweiten Weltkrieg bestimmt, denn die speziellen „Race Records", die in den 1920er bis in die frühen 1950er Jahre für die afroamerikanische Community produziert wurden, sind nicht nach Europa exportiert worden.

Die vielen Bluesfrauen, die städtischen Sängerinnen, die Pianistinnen und die zahlreichen ländlichen Sängerinnen und Bluesgitarristinnen aus der Zeit vor der Schallplatte sind weitgehend unbekannt. Sie bleiben für uns im Dunkeln, denn sie hatten keine Gelegenheit, uns auf Schallplatte ihre Existenz anzuzeigen.

Einige weiße Musikethnologen, Musikhistoriker oder Spezialisten für amerikanische Volksmusik interessieren sich in der ersten Blütezeit des Blues überhaupt für diese Musikrichtung der afroamerikanischen Community. Sie bemühen sich, einen kleinen Teil von den speziellen regionalen ländlichen Stilen und seinen besonderen Ausdrucksformen in Text und Musik für die Nachwelt zu retten. Dafür besuchen sie Bluesfrauen und -männer im Laufe der Zeit in ihrem angestammten sozialen Umfeld auf dem Lande oder in Gefängnissen, sichern ihre Texte, machen Interviews mit ihnen und nehmen sie dort mit ihren Magnettongeräten auf. Ihre Nachfolgerinnen hatten mehr Glück. Mit der Entdeckung der Bluessängerinnen und der bis dahin von der Schallplattenindustrie vollkommen ignorierten Bluesmusik des Südens ergeben sich große Chancen, den Blues weiter zu entwickeln. Befreit aus seiner Isolation tritt dieser seine Reise in die gesamte afroamerikanische Community der USA bis nach Europa und in die Welt an. In dem kurzen Zeitraum des „Bluescraze" Anfang der 1920er Jahre beherrschen die großen und kleinen Bluesdiven den Schallplattenmarkt und verbreiten den Blues. Die erste Glanzzeit des Blues ist vor allem weiblich! Es geht um Frauen, die sich eine mehr oder weniger lange Karriere im Musikgeschäft als Gesangskünstlerinnnen und/oder Instrumentalistinnen erkämpft haben. Sie leisten mit ihren auf 78er Plattenaufnahmen noch heute zu hörenden Bluestiteln einen erheblichen Beitrag zur Sicherung der Zukunft des Blues. Sie sind es, welche die ersten Impulse für viele weltweite Musikgenres und -stile geben, in die der Blues eingegangen ist. Von zahlreichen dieser Frauen ist oft nur noch ein Name auf dem Schallplattenetikett oder durch dürre Angaben in den alten Katalogen der Firmen bekannt, der aber manchmal auch ein Pseudonym oder falsch sein kann. Das betrifft auch Bluesmen.

Ein zentrales Anliegen meines Buchprojektes ist, den weiblichen Beitrag zur Entwicklung des Blues zu verdeutlichen und eine große Auswahl von Bluesfrauen sichtbar zu machen. Anders als die Bluesmen sind die Bluesfrauen weder von den damaligen Schallplattenfirmen noch von späteren Bluesforschern und Buchautoren kaum oder nur in mehr oder weniger kleinem Umfang dokumentiert worden. In den zahlreich erschienenen Büchern, Zeitschriften, Musikmagazinen und wissenschaftlichen Abhandlungen, die sich mit dem Blues oder der Geschichte vieler Bluesmen beschäftigen, ist wenig bis gar kein Platz für den Blues der Frauen vorhanden. Die „Frauenecken" beschreiben zumeist diejenigen Bluesfrauen, die in der historischen Aufarbeitung des Bluesthemas von Musikethnologen (z.B. David Evans, Alan Lomax, Autoren wie Lawrence Cohn) oder über den Blues schreibende Musikjournalisten und Bluesenthusiasten überhaupt Beachtung gefunden haben und durch sie bekannt gemacht worden sind. Einige Ausnahmen sind Autoren wie Paul und Betty Garon oder der englische Historiker Paul Oliver, die den Bluesfrauen viel Aufmerksamkeit schenken. Aus einer weiblichen Perspektive widmen sich die Historikerin Daphne Duval-Harrison, die Sozialwissenschaftlerin Angela Davis und einige andere besonders den frühen Bluesfrauen. Ich möchte mit diesem Buch dazu beitragen, die innovative Kunst der zahlreichen Bluesfrauen der ersten Blütezeit des Blues vor dem Vergessen zu bewahren.

Der Blues wird von der kleinen afroamerikanischen Mittelschicht weitgehend ignoriert. Er wird für primitiv, wertlos, weil zu schlicht, und daher für verachtenswert gehalten. Der Blues ist in den ehemaligen Sklavenhalterstaaten des Südens die volkstümliche Musik der afroamerikanischen Arbeiter- und LandarbeiterInnen. Es ist die Musik der Bediensteten, der Köchinnen und Wäscherinnen, der Arbeiter auf den Plantagen und Holzfällerkamps. Bluesfrauen und -männer sorgen für ihre Unterhaltung auf Festlichkeiten, auf Tanzvergnügen in billigen Kneipen und Bordellen. Zahlungskräftigere bejubeln ihre beliebten Bluesdiven oder weinen mit ihnen in ihren Shows der Zelttheater.

Auch das bis heute weit verbreitete Klischeebild über den Blues als langweilige und traurige Musik möchte ich infrage stellen. Der Blues ist eine vielschichtige Musik, die menschliche Stimmungen, positive wie negative Gefühle zum Ausdruck bringt wie unbändige Lebenslust und abgrundtiefen Hass. Dazu gehören auch universale Aussagen über die sozialen Realitäten aus männlicher und weiblicher Perspektive wie pragmatische Überlegungen zur Bewältigung schwieriger Lebenslagen.

Der Blues hat eine starke erzählerische Tradition. Die Bluesmusikerinnen der ersten Hochphase des Blues haben wichtige und bedeutsame Geschichten zu erzählen. Sie berichten vom menschlichen Dasein in Armut innerhalb einer rassistischen Gesellschaft und zeigen ihrem Publikum manchmal auch etwas von sich selbst. In manchen autobiografischen oder biografischen Texten schildern sie persönliche Erfahrungen in der Musikindustrie oder erzählen von den weiblichen Lebensumständen, mit denen afroamerikanische Frauen im Alltag konfrontiert sind. Es sind persönliche Geschichten, aber sie sind nicht privat.

Das Besondere an den frühen Bluesfrauen ist, dass sie ein neues Frauenbild von der afroamerikanischen Frau kreieren. Als starke Vorbilder eröffnen sie den Zuhörerinnen einen Blick auf neue Handlungsmöglichkeiten für ein gelingendes Leben, fördern damit deren Selbstbewusstsein und zeigen Möglichkeiten weiblicher Selbstbestimmung auf. Auch warnen die Bluesfrauen gerne beispielhaft in ernster, humorvoller bis ironischer Weise vor den „falschen" Männern und machen auch keinen Halt, gewaltförmige Partnerschaften zu problematisieren.

Ich möchte mit meinem Buch den musikinteressierten Frauen und Männern die damaligen Bluesfrauen näher bringen. Dem im Laufe der Zeit entstandenen Eindruck, dass der Blues männlich sei, möchte ich entgegenwirken und seine weibliche Seite aufzeigen. Zudem möchte ich besonders Frauen und Mädchen für diese vielfältige Musikrichtung begeistern und sie ermutigen, als Zuhörerinnen den Blues für sich zu entdecken. Zukünftige Bluesmusikerinnen möchte ich motivieren, sich in der Auseinandersetzung mit den historischen Wurzeln des Blues (Roots Music) sowie der Kreativität und Innovationsfreude der Bluesfrauen inspirieren zu lassen. Aus dem kraftvollen Erbe des Blues zu schöpfen, um für eigene musikalische Stilistiken und für die Gegenwart bedeutsame Texte aus dem Leben von Frauen zu schaffen, könnte ihm seine weibliche Sphäre wieder hinzufügen. Wäre das nicht ein Ziel, das wert ist, verfolgt zu werden?

Erläuterungen

Die Auswahl der afroamerikanischen Bluesmusikerinnen erhebt weder für die Vorkriegszeit (vermutlich weit über 300 mit Namen bekannte Frauen) noch für die Nachkriegszeit einen Anspruch auf Vollständigkeit. Die kleine Gruppe weißer Bluesmusikerinnen sind eine von mir nach Kriterien ihrer Bedeutung für den Blues der afroamerikanischen Frauen ausgewählt. Ich habe mich entschieden, die geschlechtergerechte Schreibweise des Binnen-I für mein Buch zu nutzen, wenn beide Geschlechter gemeint sind. Im Deutschen spreche ich von den Weißen, verstanden als Merkmal der Rassentrennung, und von den AfroamerikanerInnen. Dieser Begriff deutet noch ihre Herkunftsgeschichte an, die sich einst zwischen zwei Kontinenten abgespielt hat. Er bedeutet zwar eine Unterscheidung, aber keine heutige rassistische Hierarchisierung von Menschen aufgrund der Hautfarbe. Bei dem verallgemeinernden Begriff „Weiße" möchte ich bleiben, der aber grundsätzlich als in Gänsefüßchen stehend gedacht werden soll. Außerdem spreche ich die Bluesfrauen mit ihrem Vornamen an. Ich möchte das Gefühl haben, diesen Frauen noch ein wenig nahe sein zu können.

Bei den Songzitaten habe ich interessante Texte aus verschiedenen Lebensbereichen ausgewählt, um ein möglichst breites und wichtiges Spektrum an Themen aus der Lebenswelt von Frauen vorzustellen. Es sind Texte, die nicht nur eine persönliche, sondern auch eine soziale Bedeutung haben. Die bearbeiteten Bluessongs sind bis auf wenige Ausnahmen im Internet oder auf Schallplatten zu finden. Die Songs sind entweder als mehr oder weniger qualitativ gute oder remasterte Originale oder als oft auch von Weißen modernisierte Interpretationen vorhanden. Sind für uns die Kosenamen „Mama" und „Papa" für Mutter und Vater bestimmt, sind diese Worte in den Bluessongs für die Geliebte und den Geliebten reserviert. Auch der „Daddy" ist kein Vater. Unter „Husband" wird der Ehemann verstanden, aber wenn sie von ihrem „Man" (Mann) singt, ist oft ihr Geliebter neben dem Ehemann gemeint.

Bei den Übersetzungen der Songs aus dem Amerikanischen, die zumeist mit afroamerikanischen Slangwörtern gespickten Texten versehen sind, war ich bemüht, so nahe wie möglich an das Gemeinte heranzukommen. Das bedeutet jedoch nicht, dass, trotz Zuhilfenahme von amerikanischen Slang-Wörterbüchern, Lexika, Wissen von Bluesexperten und MusikerInnen das Gemeinte in den Songs immer genau zu klären ist. Sprache ist lebendig und die Bedeutung von Wörtern verändert sich im Laufe der Zeit im Einklang mit dem Wandel der Gesellschaft. Dem unterliegen auch die Bedeutungsgehalte von Slangwörtern, die in der afroamerikanischen Community benutzt worden sind.

POWERFRAUEN

MYRTLE JENKINS (Blues / p) • CORA MAE BRYANT • (Blues / voc / git / Songwriter) • JOSEPHINE CARTER (Vaudeville Blues / voc) • ETHEL McCOY (Blues / voc) • BESSIE MAE SMITH (Classic Blues / voc) • LORRAINE WALTON (Blues / voc) • HADDA BROOKS (Blues / Boogie Woogie / R&B / Jazz / voc) • DOROTHY TROWBRIDGE (Blues / voc) • CLARA HERRING (Classic Blues / voc) • VICTORIA SPIVEY (Classic Blues / Blues / voc / p / Songwriter) • LAURA ELLA DUKES (Blues / voc / banjo / mandolin / ukulele) • DEL RAY (Blues / voc / git / Ukulele) • HOCIEL THOMAS (Classic Blues / voc / p) • BIG MAMA THORNTON (Blues / voc / drums / harp) • LOTTIE KIMBROUGH (Country Blues / voc / Songwriter) • ESSIE WHITMAN (Classic Blues / voc) • ZAKIYA HOOKER (Blues / voc) • JOANNA CONNOR (Blues / Bluesrock / voc/ e-git / Songwriter) • VIRGINIA LISTON (Classic Blues / voc) • MARY DIXON (Blues / voc) • ESTELLE „MAMA" YANCEY (Blues / Boogie Woogie /voc) • CANDYE KANE (Blues / voc) • ANNISTEEN ALLEN (Blues / R&B / voc) • MARIE ADAMS (R&B / Gospel / voc) • EDNA BENBOW HICKS (Vaudeville Blues / voc) • JANIVA MAGNESS (Blues / voc) • ELVIE THOMAS (Country Blues / voc / git) • BONNIE LEE (Blues / voc) • JULIA MOODY (Classic Blues / voc) • WYNONA CARR (R&B / Gospel / Rock'n'Roll / voc / Songwriter) • SYLVIA EMBRY (Blues / voc / b) • MAMIE SMITH (Classic Blues / voc) • KITTY IRVIN (Vaudewille Blues / voc) • BARBARA LYNN (R&B / voc / e-git / Songwriter).

1. Annäherungen an den Blues
Der Blues ist persönlich, aber nicht privat!

„Blues ist eine so extrem variable und flexible Ausdrucksweise, dass sie fast jedem Versuch widerspricht, ihn mit einer präzisen Definition festzuhalten." (David Evans) Definitionen was Blues ist, gibt es viele, die zudem sehr unterschiedlich sind. Die Perspektiven auf den Blues sind so vielfältig wie der Blues selbst. Sie sind zum einen von den individuellen Einschätzungen – nicht Wertungen – der aktiven und historischen BluesmusikerInnen abhängig. Zum anderen spielt der jeweilige historische Kontext, vor allem in der Zeit der Rassentrennung, eine große Rolle bei der Entwicklung und Verbreitung des Blues, wie auch der Wandel des Geschmacks der jeweils interessierten Zuhörerschaft. Zudem bewerten ab den 1920er Jahren die Schallplattenfirmen den Blues und seine Ausprägungen, deren Verantwortliche für die Kontrolle und die Zensur des zur Veröffentlichung vorgesehenen Materials zuständig sind. Deren Kriterien hängen nicht von der Liebe zum Blues, sondern vom Verkaufserfolg der BlueskünstlerInnen ab. Nur selten gelingt es den ganz kleinen Firmen wie Trumpet Records der Musikproduzentin und Bluesliebhaberin Lillian McMurry, einen bis heute beliebten Welthit wie „Dust my Broom" (1952), von Bluesman Elmore James eingespielt, zu landen. Weil der Blues als originäre Volksmusik mit vielen regionalen Stilen in seiner Vielfalt nicht über die Schallplatte verbreitet wird, bestimmt zum großen Teil die Schallplattenindustrie, was Blues ist. Die sich daran anpassenden TextschreiberInnen, KomponistInnen und die MusikerInnen definieren zwar mit, was musikalisch unter Blues zu verstehen ist, aber die kreative Kraft der über gesellschaftliche Tabus hinwegdonnernden Wortgewalt des ursprünglichen Blues wird langsam ausgebremst. Auch die diversen Medien, wie Radio, Zeitungen, Bluesveranstalter und Bluesmagazine und später das Fernsehen bestimmen, was Blues ist, wer dazu gehört und wer nicht und darüber hinaus, ob der Blues in seiner Gesamtheit oder nur bestimmte Teile davon den Weg in die Öffentlichkeit finden.

Besonders die Songs der frühen Bluesmusikerinnen spiegeln die Auseinandersetzung der afroamerikanischen Community mit den schwierigen Alltagsproblemen der Frauen und Männer wieder. Einerseits erklingen die Bluessongs in Text und Gesangsstil oft traurig, resigniert, verärgert oder wütend. Andererseits kennzeichnen optimistische, glückliche bis hin zu frechen Momenten purer Lebensfreude sowie Darstellungen gelingenden Lebens den Blues. Manchmal treffen auch mehrere Stimmungslagen in einem Song aufeinander. Das betrifft nicht nur die Textinhalte, sondern auch die jeweiligen darin enthaltenen Gefühlsebenen, die direkt im Gesanglichen oder über ein Instrument vermittelt ausgedrückt werden können. David Evans merkt dazu in seinem Buch „Big Road Blues" an, dass die Songs dadurch widersprüchlich und inkonsistent erscheinen. Aber so sei die Natur des Blues, wie sie von den MusikerInnen gesehen werde. Und weiter: „Die Bluesform eignet sich besonders gut, um universelle Tatsachen des Lebens wie Widerspruch, Konflikt und Spannung auszudrücken. Infolgedessen hat sich diese Liedform auf der ganzen Welt verbreitet und wurde von den meisten Menschen, die mit ihr in Kontakt gekommen sind, genossen. (…) Der Blues enthält viel, was für die schwarze Kultur in den Vereinigten Staaten von Bedeutung ist, aber im Grunde genommen befasst sich der Blues mit universellen Themen. ‚Worry‘ (Sorge; H.M.) ist nicht das ausschließliche Merkmal einer Kultur. Es ist die Universalität, die die Grundlage für die weltweite Anziehungskraft des Blues war, und ich glaube, seine Anziehungskraft auch für die meisten schwarzen Amerikaner.“

Allerdings verliert der Blues seine ehemals starke Anziehungskraft für die AfroamerikanerInnen in dem Moment, als erste Anzeichen für eine Verbesserung des Lebens durch den sozialen Wandel vor allem nach dem II. Weltkrieg zu erkennen sind. Der Blues tritt in den 1930er und 1940er Jahren in andere musikalische Phasen mit Boogie Woogie, Jump Blues und R&B und in gewissem Maße auch im Swing und dem Soul ein, wie er auch in die Geschichte des zunächst noch afroamerikanischen frühen Rock’n’Roll eingeht, um dann zum weitgehend weißen Rock und zum Bluesrock zu werden. Der Blues beeinflusst beispielsweise aber auch die Musik von George Gershwin, der in seiner Oper „Porgy and Bess“ (1935) auch Blueselemente verwendet. Darüber hinaus ist teilweise der Einfluss des Blues bis heute in vielen Stilrichtungen der populären Musik der Welt zu hören.

Einerseits kennzeichnet den Blues die Geschichte von Rassismus, Unterdrückung und Entrechtung, andererseits ist er, speziell für die Frauen, ein Fanal der Befreiung. Als kulturelle Form entsteht für die Bluesfrauen und ihre weibliche Zuhörerschaft ein Bereich, in dem öffentlich ihre speziellen gesellschaftlichen Erfahrungen in ihrem sozialen Umfeld ausgebreitet werden können. Auf den Live-Konzerten werden die vorgetragenen Bluessongs von den Frauen aus dem Publikum kommentiert; gemeinsam mit anderen Frauen kann Selbstvergewisserung entstehen und Stärke (Empowerment) gefühlt werden.

Die Blueskultur verzichtet kategorisch darauf, Personen oder Verhaltensweisen an den Rand zu drängen. Da der Blues offen dafür ist, über jedes mögliche Thema zu diskutieren, das Menschen betrifft, muss er auch die Religion nicht verbannen. Er lehnt jedoch die Art und Weise ab, wie die Religion den Blues als einen zweitklassigen Ausdruck einer minderwertigen Gruppe von Menschen definiert. Der Blues fällt keine Urteile und wertet eher nicht – außer in dem Fall, wenn sich jemand individuell fragt: „Ist das gut für mich? Ist das schlecht für mich?“

Ideen, Einsichten und Themen, die von der dominanten weißen Gesellschaft mit einem Tabu belegt werden, können im Blues ohne Weiteres thematisiert werden. Dieses Element ist äußerst wichtig und bedeutsam für die afroamerikanische Community. In ihrem Buch „Blues Legacies and Black Feminism“ beschreibt Angela Davis eine der zentralen Funktionen des Blues. Diese sei nicht nur Musik, die „eine Tonleiter mit ‚Blues Notes‘ verwendet, sondern auch, weil sie auf vielfältige

14

Weise die sozialen und psychischen Leiden und Bestrebungen der Afroamerikaner benennt. Der Blues bewahrt und transformiert die westafrikanische philosophische Zentralität des Namensgebungsprozesses. (…) In den Traditionen der Dogon, Yoruba und anderen westafrikanischen Kulturen ist der Prozess von Nommo, die Benennung von Dingen, Kräften und Verfahrensweisen ein Mittel, um eine magische (oder im Falle des Blues ästhetische) Kontrolle über das Objekt des Prozesses der Namensgebung zu erlangen. Durch den Blues werden bedrohliche Probleme aus der isolierten individuellen Erfahrung aufgespürt und als gemeinsame Probleme der Gemeinschaft umstrukturiert." Den Dingen einen Namen geben bedeutet, nicht in Ohnmacht und Hoffnungslosigkeit zu verharren, sondern die Gewissheit eigener Handlungsfähigkeit gegenüber einem Sachverhalt zu bekommen und herauszufinden, was in der Macht der eigenen Person oder der Community steht. Meines Erachtens ist der Blues in der Phase des klassischen Frauenblues ein wirksames Instrument, um zur sozialen Verbindung der Frauen innerhalb der afroamerikanischen Community beizutragen. Für das afroamerikanische Frauenleben kann Bedeutsames über die Bluesmusik angesprochen werden (Live-Konzerte, Schallplatte) und Prozesse der Bewusstwerdung auslösen, die individuell zu problemlösenden Ideen und Handlungen führen können.

Diese Freiheit des Benennens nehmen sich auch die Bluesfrauen heraus, indem sie das Private öffentlich machen, beziehungsweise gesellschaftspolitisch gesehen, für sich die Freiheit der Rede in der Öffentlichkeit in Anspruch nehmen, was in dieser Zeit weder für weiße noch afroamerikanische Frauen vorgesehen ist oder sogar bekämpft wird. Die Bluesfrauen schneiden eine Palette von gewichtigen Problemen an, besonders die der Frauen, die aus der sozialen Lage der afroamerikanischen Community in der rassistischen Mehrheitsgesellschaft direkt oder indirekt resultieren.

In seinem Buch „Um Blues und Groove. Afroamerikanische Musik im 20. Jahrhundert" nimmt Manfred Miller Bezug auf die Bedeutsamkeit des Blues mit seiner optimistischen Strahlkraft für die afroamerikanische Community in der ersten Hälfte des 20. Jahrhunderts. Er definiert den Blues als „Ausdruck einer Kultur (…), die sich in dieser Musik allen Widrigkeiten des Lebens realistisch stellt und gleichzeitig mit dieser Musik sich die Handlungsfähigkeit bewahrt, diesen Widrigkeiten selbstbestimmt und mit Hoffnung zu begegnen."

Carl-Ludwig Reichert führt in seinem Buch „Blues. Geschichte und Geschichten" aus, dass der Blues „nicht zuletzt wegen seines individualistischen Ansatzes, die besten Chancen (hat; H.M.), unkorrumpiert zu bleiben. Das ist vermutlich auch der tiefere Grund, warum er uns immer wieder über alle Verständnisschranken hinweg so unmittelbar anspricht: seine Aufrichtigkeit, seine Menschlichkeit, sein Stolz und seine Würde, die allen Anfeindungen und Anfechtungen trotzt. In diesem Sinn ist der Blues eine besondere Musik für die ganze Welt, ein Ausdruck des praktizierten Widerstands gegen Ungerechtigkeit und Unmenschlichkeit, aber auch der schieren Lebensfreude und der Selbstbehauptung." Er ist das großartige Geschenk des afroamerikanischen Amerika an die ganze Menschheit.

Quellen des Blues

Bluesfrauen und -männer des Südens schöpfen ihre Texte und ihre Musik aus vielen verschiedenen Quellen. Zum einen können sie auf die große Vielfalt der traditionellen, durch die Einwanderungsgeschichte der Europäer in die USA beeinflusste amerikanische Volksmusik und die Kirchenlieder zurückblicken, andererseits spielt die Geschichte der Sklaverei eine große Rolle. Auch der Blues gehört, als spezielle Volksmusik der afroamerikanischen Bevölkerung, dazu. War es zuvor noch möglich, ein gemeinsames Liedgut mit den Weißen beispielsweise in den Kirchen zu besitzen und zusammen zu singen, so endet das mit der zunehmenden Einführung der Rassentrennung ab den 1870er Jahren. Zwangsläufig entwickelt sich die Musik der afroamerikanischen Community auf eigenen Wegen weiter.

Der Blues nimmt aber nicht nur die tradierten „Field Hollers", gesungen von den afroamerikanischen FeldarbeiterInnen auf den Südstaatenplantagen, die „Call and Response"-Gesänge, die „Worksongs" der Zwangsarbeiter in Gefängnissen, Anteile der religiösen Spirituals auf, sondern auch europäische volksmusikalische Einflüsse. Des Weiteren enthält der Blues hier und da Relikte von Worten aus afrikanischen Sprachen und dem Slang aus der Sklavenzeit. In Zeiten der Sklaverei, wo sich weder afroamerikanische Männer noch Frauen Worte der Kritik gegenüber dem Sklavenhalter leisten können, sind die Vorläufer der Bluessongs ein wichtiges Kommunikationsmittel. In den ersten Jahrzehnten des Blues auf Schallplatte ist dieser immer noch häufig mit Sarkasmus, Humor, Satire, Ironie und Doppeldeutigkeiten sowie mit erfindungsreichen Metaphern gespickt.

Die Sängerinnen, die in den wandernden afroamerikanischen Medicin-, Minstrel- und Vaudeville-Shows arbeiten, kommen in den Südstaaten mit dem allgegenwärtigen Country-Blues der Bevölkerung in Kontakt und sind dazu zumeist auch dort aufgewachsen. Qualifizierte Sängerinnen bauen den Blues in ihre Showprogramme ein und begeistern damit das Publikum im Süden; der „Classic Female Blues" entsteht.

Von alters her charakterisiert die Bluessongs, dass die Texte weder in der afroamerikanischen Community noch von den Komponisten und Interpreten als persönliches Eigentum angesehen werden. Erst die Kommerzialisierung des Blues durch die Schallplatte und das Radio verändert diese Haltung im Laufe der Zeit. Jede Bluesfrau und jeder Bluesman weiß, dass sie und er nicht nur aus dem eigenen Erleben, sondern aus mündlichen Überlieferungen schöpft, sich von uralten Geschichten inspirieren lässt und von den kreativen Ideen anderer lernt sowie auf das musikalische Wissen der Vorväter und -mütter in den bestimmten regionalen Musiktraditionen zurückgreift. Daher ist es erklärlich, dass zwar die allermeisten Texte aus der Ich-Perspektive vorgetragen werden, aber nicht wenige Textzeilen oder - teile in mehreren Bluessongs unterschiedlicher Themen zu verschiedenen Zeiten zu finden sind. Besonders die Texte und Melodien des südlichen Country Blues, des ländlichen Blues, kommen vielfach aus volkstümlichen Überlieferungen, die dort oft allgemein bei der afroamerikanischen und der weißen Bevölkerung bekannt sind. Dabei ist nicht zu vergessen, dass die lokalen Bluestraditionen hauptsächlich von BluesmusikerInnen leben, die niemals die Gelegenheit bekommen haben, eine Schallplatte aufzunehmen. Im Blues sind viele regionale Stile wie der Texas Blues oder der Piedmont Blues enthalten. Dieser ist durch das Zupfen der hohen Saiten mitsamt einem Wechselbass, der auf den tiefen Saiten mit dem Daumen (fingerpicking) gespielt wird, charakterisiert. Diesen Bluesstil spielt auch die Piedmont-Blues Gitarristin und Sängerin Etta Baker. Andere regionale Bluesstile sind, auch ohne die Verbreitung in den Medien, in bestimmten Gegenden noch lange lebendig geblieben, wie das Beispiel des Blues von Jessie Mae Hemphill aus den 1960er Jahren zeigt.

Originärer Blues besitzt vor der Schallplattenzeit noch einen vergemeinschaftenden Charakter; er ist das kollektive Eigentum der Community und offen für den inspirierenden Austausch zwischen den BluesmusikerInnen. Daher lassen sich viele Bluesphrasen durch die vielen, auf Schallplatte festgeschriebenen Titel aus verschiedenen Jahren nachverfolgen. Der Blues hat sich früher für die BluesmusikerInnen immer als lebendig erwiesen und verändert sich, sobald er gehört, erinnert und ins eigene Repertoire übernommen wird. Es ist nicht verwunderlich, dass bestimmte Textzeilen, die schon um 1908 von Musikethnologen aufgeschrieben worden sind, auch noch Jahrzehnte später in diversen Bluessongs wieder auftauchen. So können bei der Neuinterpretation eines Titels Strophen ausgelassen oder neue hinzugefügt werden, auch Strophen, die thematisch nicht zu den anderen Textinhalten des jeweiligen Blues passen. Mal mehr, mal weniger werden die Texte oder Textteile sowie die Melodien überarbeitet und dem individuellen Stil angepasst. Selbst der dem berühmten Bluesman Robert Johnson zugeschriebene Blues „Sweet Home Chicago" ist durch verschiedene Vorläufer beeinflusst.

Bei den Schallplattenaufnahmen können sich die verschiedenen Takes bei der Aufnahme eines Blues textlich und musikalisch deutlich voneinander unterscheiden. Ebenso gilt das auch für die gleichen Songs derselben Sängerin bei Aufnahmen für verschiedene Plattenlabel. Es passiert auch, dass ein vielversprechender Titel in fast dem gleichen Zeitraum von beispielsweise neun Sängerinnen von verschiedenen Firmen aufgenommen wird. Die Label schreiben oft die aufgenommenen Bluestitel einfach den aktuellen InterpretInnen und KomponistInnen zu, was heutzutage die Zuordnung der Titel zu den richtigen Personen erschwert oder gar unmöglich macht. Aber auch Phantasienamen werden genutzt, denn irgendein Name muss schließlich sein. Die Schallplatte verändert den Charakter des Blues durch die Reproduzierbarkeit des mitgeteilten textlichen, musikalischen und gefühlsmäßigen Inhalts. Spätestens in den 1940er Jahren wird deutlich, dass die BluestexterInnen nicht mehr aus dem großen Reservoir volksmusikalischer Quellen schöpfen können, ohne sich endlos zu wiederholen. Dieses Repertoire ist nun auf Schallplatte festgeschrieben; Neues muss her. Der Blues wird damit zu einem Kunsterzeugnis, das im Rahmen der Verkaufsstrategien der Schallplattenfirmen exakt durchkomponiert wird. Zugleich werden die Textinhalte modernisiert und dem Zeitgeschmack angepasst. Die authentischen traditionellen und regionalen Bluessongs verbleiben bei denjenigen BluesmusikerInnen, die so gut wie keine Gelegenheit haben, ihre Lieder auf Platte zu bannen. Diese Bluessongs leben in ihrem sozialen Umfeld im mehr oder weniger privaten Bereich weiter und sind uns heute unbekannt.

Musikalische Aspekte

Charakteristisch für den Blues ist die Verwendung von Blue Notes. Sie sind eigentlich keine Noten gemäß unserem europäischen Verständnis, sondern eher ein Intervall, innerhalb dessen die Sänger gewisse Töne frei gestalten. Sie verleihen dem Blues erst sein spezifisches Gefühlsspektrum. Heutzutage kann das sehr gut beispielsweise in der arabischen Musik beobachtet werden, bei der der Gesang oder diverse Instrumente ebenfalls nicht genauen Intervallen folgen wie in der europäischen Tradition, sondern die Tönhöhen vielmehr herunter und herauf „geschmiert" (Bending) werden. Die Blue Notes in der Melodik sind auch ansatzweise in der europäischen Volksmusik oder bei zahlreichen traditionellen Gesellschaften zu finden. Die Blue Notes liegen in unserem klassischen Tonleitersystem auf den Stufen b3, (#4)/b5 und b7.

Paul Oliver bezeichnet den Blues als eine Besonderheit. Der Blues ist für ihn eine Musik, die seine Einheit daraus entwickelt, dass er so vielfältig ist hinsichtlich seiner Formen sowie seiner Verwendung von Klangkörpern: von Selbstgebasteltem bis zu hoch entwickelten Musikinstrumenten. Auch das Improvisieren mit den verschiedensten Instrumenten, der Stimmen wie auch mit den Texten hat seines Erachtens eine Standardisierung des Blues glücklicherweise verhindert. So sind die Längen der Texte in vielen Bluestiteln sogar auch noch auf Schallplatte relativ vielfältig, denn der ursprüngliche Blues setzt keine Grenzen. Klarheit und Betonung wichtiger Aussagen finden sich zum Beispiel im dreizeiligen Blues (zwölf Takte) besonders deutlich. Als häufigste Form des Blues hat sich diese AAB-Form durchgesetzt. Die erste Textzeile ist dabei eine Feststellung über einen Sachverhalt, eine Aussage zu einem den BluesmusikerInnen wichtigen Thema, das damit dem Publikum vorgestellt wird (Akkord der ersten Stufe; Tonika). In der zweiten Zeile erfährt der Inhalt, obwohl zumeist textlich genau wiederholt und auf die Akkordstufe IV (Subdominante) gewechselt, eine intensive und oft hochemotionale Verstärkung durch Bestätigung und Bekräftigung des Gesagten. Darüber hinaus betont diese Zeile die Dringlichkeit, dieses Thema ansprechen zu wollen und zu müssen. Es gibt aber keinen Zwang die erste Zeile zu wiederholen; es kann auch im Text weitergehen. Eine manchmal mit Lösungsansätzen des Problems bestückte aber auch eine provisorische probierende Antwort oder eine passende Schlussfolgerung gibt die dritte Zeile, mit dem darin enthaltenen Höhepunkt auf der V-Akkordstufe (Dominante), deren Text sich oft auf den der ersten Zeile reimt. Beide können inhaltlich zusammen passen oder auch nicht. Genau wie die erste Strophe eines Blues thematisch nicht unbedingt mit der zweiten oder ein anderen weiteren Strophe zusammenpassen muss, kann der Text auch in ein neues Thema springen. Nichts ist wirklich vorgeschrieben. Es gibt Bluessongs, bei dem in einer Strophe eine Zeile viermal wiederholt wird, weil dieser eine Satz von dem Interpreten als äußerst wichtig gewertet wird. Diese Struktur wird musikalisch zum einen durch eine dramatische Wahl der dazugehörigen Akkorde geprägt und zum anderen durch die individuelle gesangliche Ausdeutung des Textes. Die vielfältigen Möglichkeiten der Erweiterung des Akkordschemas sind auch in der Anordnung der Zeilen eines Blues zu erkennen. Die große innere Freiheit des Blues wird auch hier sehr deutlich.

Bluessongs werden oft mündlich weitergegeben; die jungen Mädchen hören und lernen sie zumeist in ihren Familien oder auf Jam Sessions. Eine lernt von der Anderen. Einige Bluesmusikerinnen, auch die aus dem Süden, können Noten lesen und den Blues von erwerbbaren Notenblättern lernen. Einige der Bluesfrauen sind talentierte Songschreiberinnen und produzieren in der Zeit vor dem II. Weltkrieg zum Teil über 100 Bluessongs, die allerdings nicht unbedingt auf Schallplatte erscheinen und wir sie daher nie kennenlernen werden. Es wird vermutet, dass in dieser Zeit insgesamt etwa 10 000 Bluestitel entstanden sind.

Die oft benutzte Bezeichnung eines Blues als „Zwölf-Takter" unterstellt ihm, einen nur auf eine musikalische Form reduzierten Aufbau zu besitzen und unterschlägt die reiche Vielfalt der musikalischen Formen des Blues. Es gibt Bluestitel mit acht Takten, mit zwölf, vierzehn oder sechzehn Takten sowie eine Mischung davon. Der erste auf Schallplatte gepresste Blues von 1920 besitzt eine unregelmäßige Mixtur aus Strophen mit sechzehn und zwölf Takten. Es können auch mal neun oder elf Takte die Grundlage für einen Blues bilden, ganz wie es den MusikerInnen gefällt. Auch die Anzahl der Strophen von zwei bis vierundzwanzig ist vor der Anpassung an die Schallplattenkapazitäten nicht festgelegt. Die InterpretInnen entscheiden frei und spontan darüber, was, wieviel und wie sie singen und spielen wollen, wie kurz oder wie lang, wie laut oder wie leise oder wie zurückhaltend, wie schnell oder wie langsam oder ob nachdenklich oder rauschhaft und temperamentvoll. Die bis heute geltende große Freiheit im Blues besteht aus seiner Offenheit für jegliche Arten von spontanen individuellen Improvisationen innerhalb der musikalischen Struktur. Daran beteiligen können sich fast alle Instrumente und die menschliche Stimme, egal ob es ein Ein-Frauen-Blues mit oder ohne Begleitung eines Instrumentes ist oder viele MusikerInnen in einem Blues-song wie beim Bigband Blues eingebunden sind. Die Schallplatte bewirkt so einige Veränderungen. Es sind nur wenige der Schallplatten erhalten, die die sehr langen Bluestitel auf ihren beiden Seiten als Part I und Part II ausgefüllt haben. Sie passen eben nicht zur Aufnahmekapazität einer 78er Schellackplatte. Damit ist und bleibt der Blues auf der Schallplatte, dem Medium entsprechend, eingeschränkt und kann nur noch in Livekonzerten seine große Offenheit und Vielseitigkeit zelebrieren.

Rhythmische Spannung und gewollte Unsicherheiten und Uneindeutigkeiten ent-stehen etwa durch Offbeat-Phrasierung des Gesangs oder eines Instrumentes, durch die Synkopierung und durch Variationen der Improvisation von Stimme und In-strument. Die Synkopen sind dabei nicht als exakte Zickigkeit zu verstehen, son-dern liegen oft beim Gesang oder den Instrumenten als nicht messbares, aber fühlbares Etwas neben der Metrik. Viele Bluessongs haben ein allmählich beschleu-nigtes Tempo, das ein Gefühl eines Rausches vermittelt und Aufregung erzeugt.

Der Rhythmus im Blues basiert meistens auf dem Vierviertel-Takt, muss er aber nicht. Frei wird er von einzelnen MusikerInnen oder Gruppen „erfunden". Das Tempo und der Rhythmus kann wechseln, um die Dramatik eines Blues zu stei-gern. Gerade auf den Beat oder triolisch Gesungenes und Gespieltes variieren je nach dem behandelten Thema und der dazu nach Auffassung der MusikerInnen gewählten Stimmung. Das kann mit passendem stimmlichen, klanglichen oder auch mit körperlichem Gefühlsausdruck geschehen.

Es gibt eine reichhaltige Palette von Instrumenten, die beim Blues eingesetzt werden. Seit etwa 1920/1924 entwickelt sich die (akustische) Gitarre zum stilprä-genden Instrument des männlich dominierten Delta Blues auf Schallplatte. Später wird Blues häufig von Tanzorchestern oder kleinen Combos gespielt. Bei der Be-setzung gibt es offenbar keine festen Vorgaben. Die Klarinette, das Saxophon sowie das Banjo sind in vielen größeren und kleineren Orchestern dieser Art ver-treten. Das Banjo wird zunehmend von den lauter werdenden Gitarrenkonstruktio-nen abgelöst. Für die tiefe Lage im Bass wird entweder eine Tuba, ein Tonnenbass oder der Jug, ein Krug, eingesetzt. Er wird angeblasen und erzeugt relativ tiefe Töne. Er ist, als billig zu habendes Instrument vor der Entwicklung des akustischen Kontrabasses und der elektrischen Bassgitarre für die Basstöne zuständig. In eini-gen regionalen Stilen des Country Blues ist auch die Geige (Fiddle) ein Instrument, das im Blues eingesetzt wird.

Durch die Armut der afroamerikanischen Bevölkerung hat ihr kreativer Erfin-dungsgeist auch selbstgebastelte Instrumente wie riesengroße laute Standbässe mit einem ebensolchen Korpus und phantasiereiche Gitarrenmodelle hervorgebracht, die teilweise an afrikanische Instrumente erinnern. Auch diverse Arten von Flöten aus Naturmaterialien, selbst hergestellt, sind im Blues gern verwendete Instrumen-te. Die noch immer bei den bluesspielenden Marching Bands von New Orleans und dem Fife-and-Drum Blues genutzten getragenen Trommeln entwickeln sich im

Laufe der Zeit zu modernen Standschlagzeugen. Ausgediente Waschbretter werden zu Rhythmusinstrumenten umfunktioniert. Mit dem Einsatz des Saxophons entstehen spezielle Bluesklänge in den bluesorientierten Big Bands und Combos oder später in den Bluesbands. Es fungiert als Begleit- und Soloinstrument und fügt dem Blues wohlklingende, etwas raue Töne bis hin zu wildem Schreien und Krächzen hinzu. Zudem kommen weitere Holz- und Blechblasinstrumente wie Klarinette, Kornett und Trompete zum Einsatz. Auch die im Bereich der Volksmusik im deutschsprachigen Raum im Europa des 19. Jahrhunderts entwickelte und von den europäischen Einwanderern mitgebrachte Mundharmonika (Blues Harp) wird in den USA zu einem wichtigen und beliebten Solo- und Begleitinstrument des Blues. Sie hat den großen Vorteil, dass auch ärmere Musiker sie für wenig Geld erwerben können. Das gilt auch für das Kazoo, das vermutlich mit afrikanischen Instrumenten, die mit einer vibrierenden Membran ausgestattet sind, verwandt ist. Im Blues wird das Kazoo beispielsweise von der bis in die 1950er Jahre hinein existierende Memphis Jug Band eingesetzt. Öfter als im Blues ist es aber in der amerikanischen Volksmusik genutzt worden.

Ein wichtiges Instrument des Blues ist das Piano, das eher für den städtischen Blues verwendet wird. Das Piano ist schon seit seiner Verbreitung im Süden am Ende des 18. Jahrhunderts ein wesentlicher Bestandteil des bürgerlichen Lebensstils der Weißen. Schon lange vor dem I. Weltkrieg steht oft ein altes heruntergekommenes Klavier in den schäbigen afroamerikanischen Juke Joints und Bars, auf dem der Blues gespielt und auf diese Weise populär gemacht wird. Für die professionellen Bluesfrauen ist das Piano das vorherrschende Begleitinstrument, entweder als einzelnes Instrument mit Solofunktion oder im Zusammenspiel mit anderen Begleitinstrumenten. Das Piano verleiht dem Blues einen starken urbanen Charakter. Das gilt auch für die erste Blütezeit des ab 1920 auf Walze und Schallplatte zu hörenden Blues. Oft begleiten zum Teil heute nicht mehr mit Namen bekannte Pianistinnen die Bluesfrauen auf ihren Konzerten in den Theatern oder Zeltshows. Einige dieser Sängerinnen sind phantastische Pianistinnen und können sich auch selbst auf dem Piano begleiten. Das Piano wird in der Zeit des Boogie Woogie zu einem hervorragenden Soloinstrument für die Musikerinnen dieses Bluesstils wie Cleo Brown, Martha Davis oder die „Swamp Boogie Queen" Katie Webster. Sie entlocken dem Instrument schwindelerregende Läufe, die für den Boogie Woogie kennzeichnend sind. Das Piano bleibt bis heute im Blues als Soloinstrument, als Begleitung für Bluesgesang oder in Bluesrock Bands – in seiner elektrifizierten Form als Keybord – ein wichtiges Instrument.

Saiteninstrumente spielen traditionell im Blues eine große Rolle weil sie ohne große Vorkenntnisse relativ leicht selber gebaut werden können. Zu nennen sind der einsaitige Diddley Bow (siehe unter Jessie Mae Hemphill), die Ukulele, die Mandoline, das Banjo, das Gitarrenbanjo. Wer gerne den Blues spielen möchte und kein professioneller Musiker oder Musikerin ist, kauft sich vom Ersparten ein fertiges Musikinstrument. Wer arm und geschickt genug ist, baut sich aus dem Müll der Wohlhabenden eine Gitarre, deren Resonanzkörper aus allem Möglichen, beispielsweise aus einer Zigarrenkiste bestehen kann.

Die akustische Gitarre ist das im ländlichen Country Blues vorherrschende Instrument, hat sie doch den Vorteil, dass man sie überall mit hinnehmen kann. Das ist für die wandernden Bluesmen wichtig, die durch die Lande ziehen und auf fahrende Züge aufspringen. Sie ist für den Blues als Begleit- und Soloinstrument nicht zuletzt deshalb besser geeignet, weil das Piano durch seinen zumeist festen Standort in Kneipen oder Sälen auch den Auftrittsort bestimmt. Akustische Gitarren aus Holz werden seit Ende des 19. Jahrhunderts durch die industrielle Produktion und den Versandhandel selbst im rückständigen Mississippi-Delta zu erschwinglichen Begleitinstrumenten. Dazu kommt, dass Gitarren mit den klimatischen Bedingungen im feucht-heißen Süden der USA besser zurechtkommen als das Piano oder das Banjo. Gespielt wird fast ausschließlich in offenen Stimmungen; die heutige Standardstimmung der Saiten nach „E-A-D-G-H-E" beginnt sich erst später bei den BluesmusikerInnen durchzusetzen.

Im Herbst 1923 nimmt die Bluessängerin Sara Martin eine Schallplatte mit dem Country Blues-Gitarristen Sylvester Weaver auf, den „Roamin' Blues" und „I've got to go and leave my Daddy Blues", die als die erste Bluesplatte mit einer Gitarrenbegleitung gilt. In diesem Falle benutzt Sylvester ein Gitarrenbanjo. Das Instrument besitzt sechs Saiten wie eine Gitarre und einen Korpus wie ein Banjo. Mit Sylvester spielt Sara danach weitere Bluestitel ein, der sie teilweise auch mit der Gitarre begleitet.

Zunächst hat die Gitarre aber den großen Nachteil, bei Live-Konzerten der Bluessängerinnen in den Theatern vor großem Publikum zu leise zu sein. Auch sind die Gitarren nicht laut genug, um sich gegen den Lärm einer großen Menschenmenge wie in den Juke Joints oder in den Musikgruppen der Zeltshows durchzusetzen. Aufgrund ihrer im Vergleich zu Blasinstrumenten und dem Piano geringen Lautstärke ist die Gitarre in größeren Musikgruppen zunächst auf eine Rolle als reines Rhythmusinstrument festgelegt. Mit dem Übergang zur viel lauteren Resonator-Gitarre und erst recht mit der elektrifizierten Gitarre bricht ihre große Zeit im kommerziellen Blues an. Die Entwicklung der elektrischen Gitarre beginnt um 1920, als man nach Möglichkeiten sucht, die Gitarre als Instrument in Musikgruppen lauter und durchsetzungsfähiger zu machen. Die Zeit der großen Unterhaltungsorchester und Big Bands und auch die damalige Aufnahmetechnik fordern die Instrumentenbauer oder Musiker wie auch den Gitarrenpionier und Bluesman T-Bone Walker heraus, lautere Gitarren mit größerem Klangvolumen zu bauen. Erste Methoden, um dieses zu erreichen, ist die Vergrößerung des Korpus akustischer Instrumente. Ende der 1920er Jahre ist die „National Resonator-Steel Guitar", eine Gitarre mit einem Metallkorpus, voll entwickelt. Sie wird bis heute gerne im Blues verwendet und ist wesentlich lauter als damals die Stella-Holzgitarren, aber auch deutlich teurer. Anfang der 1930er Jahre stellt sich heraus, dass das Ziel der Erzeugung lauter Töne, die modernen Bands genügen, nur durch elektrische Verstärkung zu erreichen ist. Die ersten seriengefertigten elektrischen Gitarren halten ab Mitte der 1930er zuerst im Country-, Jazz- und Blues-Bereich Einzug in die Musikgeschichte. Wie beim Gesang, unterliegt bei der Gitarre die musikalische Ausgestaltung des Blues und seiner Blue Notes dem individuellen persönlichen Empfinden sowie den Emotionen der InterpretInnen. Besonders die elektrische Gitarre eignet sich wunderbar, um rasende Wutanfälle, den menschlichen gleichend, in musikalische Klänge umzusetzen. Die Gitarre beginnt zu „singen".

Da die Blue Notes nicht an klar bestimmbare Tonhöhen gebunden sind, sondern zum „Bluesfeeling" gehören, kann mit einem Verschieben und Ziehen der Saiten nach oben oder nach unten im unbestimmten Viertel- oder Halbtonbereich der Ton verändert und die Ausdruckskraft eines wilden oder zärtlichen Gefühls je nach Tempo verstärkt werden. Die Technik des „Sliding" ruft weitere Klangmöglichkeiten der Gitarre hervor. Wimmernde Klänge von Einzeltönen oder Akkorden können beim „Sliding" (gleiten) mit einem auf die Gitarrensaiten gedrückten Flaschenhals (Bottleneck) oder einem Metallröhrchen erreicht werden. Mit diesen kann, über die Bünde gleitend, von tiefen Tönen zu höheren und umgekehrt gerutscht werden. Ein aktuelles Beispiel ist die Slide-Gitarristin Bonnie Raitt, die es mit diesem Stil zu wahrer Meisterschaft gebracht hat. Es sind alte Fotografien erhalten, die davon zeugen, dass einige traditionelle Country-Bluesmen ihre akustische Gitarre, waagerecht auf die Knie gelegt, mit einem Röhrchen oder einem Metallstab bearbeiten, um den Slide-Effekt hervorzurufen. Auf diese Art und Weise spielt auch der erste weiße Musiker seine Gitarre, der für Okeh ab 1926 einige Bluesplatten aufnehmen kann. Frank Hutchison (1897-1945), ein Arbeiter aus den Kohleminen, ist ein Country-Blues Musiker, der den Piedmont-Blues Stil und die Slide-Gitarre spielt. Diese Spielweise stammt aus der hawaiianischen Musikkultur und wird nach 1900 nicht allein in den USA populär.

2. Der Blues und die Frauen

Die Geschichte der weiblichen Menschen ist eine andere als die der männlichen Menschen. So ist es auch bei den Bluesfrauen – damals wie heute.

Die junge um 1890/1910 geborene afroamerikanische Generation der Bluessängerinnen ist kaum noch in der von der zwangsweisen Unterwürfigkeit gezeichneten Sklavenmentalität gefangen und setzt nun hier und da das Sklavendasein in ihren Songs höchstens für das neckische Spielchen mit Verführungskünsten ein. Diese Bluesmusikerinnen spielen nicht mehr die alten Sklavensongs der Generation vor ihnen. Diese neue Generation befindet sich in einer ihnen unbekannten Rolle, ohne auf die Erfahrungen einer älteren Generation zurückgreifen zu kön-

POWERFRAUEN

MARY JOHNSON (Classic Blues / voc / acc/ Songwriter) •
ETHEL RIDLEY (Vaudeville Blues/ voc) • TINY MAYBERRY
(Blues / voc) • BESSIE SMITH (Classic Blues / Jazz / Swing /
voc / Songwriter) • MEMPHIS MINNIE (Blues / Country
Blues / voc / git / e-git / Songwriter) • ROSA LEE HILL (Coun-
try Blues / voc / git) • BERTHA LEE PATE (Blues / voc) •
LAVINIA TURNER (Classic Blues / voc) • ELIZABETH JOHN-
SON (Classic Blues / voc) • GAYLE ADEGBALOLA (Blues /
voc / e-git / Songwriter) • PRICILLA BOWMAN (R&B/ Jazz /
voc) • LILLIAN MILLER (Country Blues / voc) • OZELLA JO-
NES (Country Blues / voc) • MATTIE HITE (Classic Blues /
voc) • LILLIAN BOUTTÉ (New Orleans Blues / voc) • DANI-
ELLE NICOLE (Bluesrock / voc / b) • RITA CHIARELLI (Blues
/ voc / e-git) • LUELLA MILLER (Blues / voc) • GLADYS BENT-
LEY (Classic Blues / voc / p / Songwriter) • LIZZIE MILES
(Blues / voc) • DELLA REESE (Blues / Gospel / Voc) • ELTON
ISLAND SPIVEY (Classic Blues / voc) • JOSIE BUSH (Coun-
try Blues / voc / git) • HELEN GROSS (Classic Blues / voc) •
DEANNA BOGART (Blues / R&B / voc / p / sax / Songwriter)
• THELMA LA VIZZO (Classic Blues / voc) • JOSIE MILES
(Classic Blues / voc) • RUTH WILLIS (Blues / voc) • FAYE
ADAMS (R&B / Gospel / voc) • PRICILLA STEWART (Classic
Blues / voc) • OPHELIA SIMPSON (Blues / voc / Songwriter)
• LUCILLE HEGAMIN (Classic Blues / Jazz / voc) • ANGELA
STREHLI (Blues / voc) • ETHEL FINNIE (Classic Blues / voc)
• BERTHA CHIPPIE HILL (Vaudeville Blues / voc).

nen. Sie wächst in einer Welt voller Probleme und enormer privater und gesellschaftlicher Schwierigkeiten und Umwälzungen auf. Zwar geht es vielen armen Weißen in dieser Zeit nicht besser, die aber nicht auch noch die Bürde der Rassentrennung und -diskriminierung tragen. Langsam beginnt diese junge afroamerikanische Generation, besonders in ihrer noch kleinen Mittelschicht, sich als zur Gesellschaft der Vereinigten Staaten zugehörig zu fühlen, wenn auch als BürgerInnen zweiter Klasse. Dahinter steht der sich kontinuierlich entwickelnde Gedanke, zu AmerikanerInnen zu werden, das heißt Gleichheit und Gleichwertigkeit anzustreben und letztlich mit der Bürgerrechtsbewegung der 1960er Jahre die Gleichstellung nachdrücklich einzufordern.

Bluesfrauen

Die Blues Queens, die ab 1920 durch die Schallplatte verstärkt auch im Norden der USA bekannt werden, kreieren ein neues Bild der afroamerikanischen Frau, die professionelle Frau. Sie kann nun ihren Lebensunterhalt selbst bestreiten mit einem Einkommen, das zum Teil wesentlich höher ist als in anderen für afroamerikanische Frauen offenen Arbeitsbereichen. Damit ist für diese Frauen auch das Singen und Spielen des Blues keine bloße Nebenbeschäftigung mehr, die auf Trinkgeld angewiesen ist. Blues zu singen wird für viele Frauen zu einem ordentlichen künstlerischen Beruf. Er verlangt von den Sängerinnen, neue Titel zu lernen oder auch selbst zu schreiben und sich ihr Repertoire immer wieder ins Gedächtnis zu rufen, um für einen langen abendlichen Auftritt gewappnet zu sein.

Das macht Ma Rainey, indem sie sich oft mit ihren Songs beschäftigt um sich textlich fit zu halten. Gleichzeitig versucht sie schlechte Nachrichten hinweg zu träumen, indem sie diese Bluessongs wie im „Counting the Blues" 1924 aufzählt und memoriert.

> *Layin' in Bed this Mornin' with my Face turned to the Wall 2x*
> *Trying to count these Blues so I could sing 'em all*
>
> *Memphis, Rampart, Beale Street set 'em free 2x*
> *Graveyard, 'Bama Bound, Lord, Lord, come from Stingaree*
>
> *Lord, sittin' on the Southern* gonna ride all Night long 2x*
> *Downhearted, Gulf Coast - they was all good Songs*
>
> *Lord, 'rested at Midnight, Jailhouse made me lose my Mind 2x*
> *Bad Luck 'n' Boll-Weevil*, made me think of old Moonshine**

Lord, goin' to sleep now for Mama just got bad News 2x
To try to dream away my Troubles, countin' these Blues

*Der „Southern" ist die Eisenbahnlinie „Yazoo & Mississippi Valley". *Der Boll-Weevil ist ein Rüsselkäfer, der in den 1920er Jahren in den Baumwollanbaugebieten im Süden der USA wütet und der schwere Schäden an den Baumwollpflanzen anrichtet. Das trifft vor allem die afroamerikanischen LandarbeiterInnen hart, die dadurch arbeitslos werden und von denen viele in den Norden wandern, um dort ein besseres Leben zu suchen. *Moonshine = billiger illegal gebrannter Fusel.

Die unterstrichenen kursiven Worte gehören zu Bluestiteln, die Ma in ihrem Repertoire hat: Memphis = Memphis Bound Blues (Thomas Dorsey), Downhearted = Downhearted Blues (Alberta Hunter/Lovie Austin), Gulf Coast = Gulf Coast Blues (Clarence Williams), Bad Luck = Bad Luck Blues (Lovie Austin), Moonshine = Moonshine Blues (Gertrude „Ma" Rainey), Bo-Weevil = Bo-Weavil Blues (Gertrude „Ma" Rainey/Lovie Austin).

Die Bluesfrauen sind stolz auf das, was sie tun. Sie sind nicht nur selbstbewusst, sondern vermitteln ihrem weiblichen Publikum im Norden wie im Süden so etwas wie energetische Stärke und Selbstbehauptung. Sie sind Vorbilder, die ihre Zuhörerinnen ermutigen in ihrem jeweiligen sozialen Umfeld selbstbestimmt zu handeln und tatkräftig ihr Leben in die eigene Hand zu nehmen. Wie Daphne Duval Harrison in ihrem Buch „Black Pearls. Blues Queens of the 1920s" anmerkt, stellen die Bluesfrauen ein neues, anderes Modell von der afroamerikanischen Frau vor, – durchsetzungsfähiger, sexy, sexuell bewusst, unabhängig, realistisch, komplex, lebendig und zielstrebig. In der afroamerikanischen Community sind diese berufstätigen Künstlerinnen hoch angesehen. Mit den Pionierinnen wie Ma Rainey wird der Blues in seiner Geschichte erstmals nach 1900 öffentlich verbreitet.

Die Bluesfrauen, die in den 1920ern und in den frühen 1930ern bis zur Großen Depression ihre Schallplattenkarriere im Genre Blues beginnen, werden von einigen Buchautoren und Fans – heute und in früheren Zeiten abgewertet. Sie werden als nicht zum Blues zugehörig betrachtet und vereinfacht als „Vaudeville-Künstlerinnen" abgetan. Dabei wird vergessen, dass der Blues vor den 1920er Jahren schon eine lange Geschichte hinter sich hat, abgesehen davon, dass sich die afroamerikanische Unterhaltungsindustrie im Rahmen des Rassismus und der Rassentrennung erst entwickeln muss. In diesen Zeiten wird der Blues von Weißen nicht wahrgenommen.

Die weitaus meisten Bluessängerinnen dieser ersten Phase des Blues auf Schallplatte kennen den ländlichen Blues aus ihrer Kindheit und Jugend im Süden, denn er ist dort die Volksmusik der afroamerikanischen Bevölkerung. Sie gehören der Generation an, die vor oder kurz nach 1900 geboren ist. Die Eltern dieser Generation haben noch eine gewisse Nähe zur Sklaverei oder sind, wie teilweise auch sie selbst, als Kind auf Plantagen in Sharecropper-Familien im Süden aufgewachsen, was eine Kindheit in großer Armut mit schwerer Kinderarbeit bedeutet hat. Diese Familien sind seit der Aufhebung der Sklaverei 1865 immer noch als Landpächter von weißen Farmbesitzern abhängig. Weil sie viel von ihren Ernteerträgen als Pachtzahlung an diese abgeben müssen, haben sie kaum genug zum Leben. Wie ihre, drängen auch viele Kinder und Jugendliche der armen Städter, die am äußersten Rand der Gesellschaft dahin vegetieren, ins Showgeschäft um Geld für sich oder auch für ihre Familien zu verdienen. Aus dem Süden nehmen sie ihre regionalen volksmusikalischen Traditionen des Blues mit in den Norden; besonders Ma Rainey bleibt während ihrer gesamten Karriere stark dem ländlichen Blues verhaftet. Sie wird um 1900 eine der ersten afroamerikanischen Unterhaltungskünstlerinnen, die später als „Mother of Blues" landesweit beliebt und berühmt werden wird.

Die Bluesfrauen dieser Zeit singen über das Leben von emigrierten afroamerikanischen Männern und Frauen, der ehemals südlichen Landarbeiterschaft, die nun zur stetig wachsenden städtischen Arbeiterklasse des Nordens wird. Diese Bluesgeneration kennzeichnet die große Zerrissenheit der Männer und Frauen zwischen ihrem gegenwärtigen Leben im Norden und der davon höchst unterschiedlichen zurückgelassenen Lebensweise im Süden. Aus dieser Perspektive des Heimwehs erfährt der Blues eine starke Emotionalisierung und Idealisierung, die mit dem angeblich guten Leben in der Herkunftsfamilie zusammenhängt. Um den engen familiären Lebensbedingungen in tiefer Armut im Süden zu entkommen, sehen viele der jungen Mädchen und Frauen ihre Chancen im Musikbusiness. Ihr Ziel ist es, selbstbestimmt leben zu können. Allein eine Karriere als Sängerin ist nur in den Städten des Nordens wie in New York City, Chicago und Detroit möglich. Später kommen Memphis und St. Louis hinzu. Dort befinden sich die meisten Standorte der Theatergesellschaften und Plattenfirmen. Viele dieser jungen Frauen, die mit hohen Erwartungen aus dem Süden kommen, streben in die Städte, wo sie hoffen, bei weißen Familien einen Arbeitsplatz zu finden, um sich nach den heiß ersehnten Kontakten zu den städtischen Bühnen umzusehen. Sie akzeptieren deshalb oft auch ausbeuterische Löhne und ungute Lebensbedingungen in der Welt der Weißen, in der Hoffnung auf Freiheit, Vermögen und Ruhm, die sie auch in billigen Tanzlokalen, Kabaretts und Bordellen zu finden glauben.

Für die Bluesfrauen sind die Varieté-Theater und die wandernden Zeltshows die wichtigsten Orte für ihre Auftritte und ihre Karrieren als Sängerinnen, wichtiger noch als die Schallplatte, denn es gibt keine Verträge, die finanzielle Beteiligungen am Verkauf der Platten regeln. Einige junge Bluesfrauen können sich als Kabarett- und Nachtclubsängerinnen etablieren und tragen dort ein mit Bluesnummern gemischtes Repertoire vor. Andere wiederum bleiben im Süden und begnügen sich mit kleinen Auftritten in Spelunken wie den Barrel House Flats oder in Juke Joints. Wieder andere klingen, als wären sie gerade aus einer ruppigen Umgebung mit Salons und wilden Hauspartys herausgekommen. Die einen werden von hochprofessionellen Hot Jazz-Bands begleitet, – die Bezeichnung „Bluesband" entsteht erst in den 1960er Jahren – oder von Bluesmusikern der Schallplattenfirmen wie Willie Dixon, von der Blues- und Jazzpianistin Lovie Austin oder von zu dieser Zeit noch akustisch spielenden Bluesgitarristen wie Lonnie Johnson oder Kansas Joe McCoy. Die Gitarre ist zu dieser Zeit noch nicht elektrifiziert, sie befindet sich noch in der Experimentierphase. Einige Bluesfrauen kreieren ihr eigenes exzellentes Songmaterial, während andere lediglich die anderer ambitionierter Song-schreiberinnen und -schreiber interpretieren. Die Songs männlicher Blues-komponisten sind im Sinne des weiblichen Themenspektrums geschrieben. Auch schon länger existierende Titel werden von den Sängerinnen mit mehr oder weni-ger eigenen Ideen gecovert und erfolgreich vorgetragen.

Einige Bluesfrauen erreichen es, die Stars, die Headliner, von großen Wandershows zu werden. Diese professionell arbeitenden Frauen, die es geschafft haben, in die-ser Welt der Unterhaltung etwa als Tänzerinnen, Pianistinnen und Sängerinnen und Komödiantinnen zu bestehen, sind in der Lage, selbstständig zu sein und die-ses auch für sich zu nutzen. Sie können mehr als andere Frauen in der Hauswirt-schaft im Norden oder als Baumwollpflückerin im Süden verdienen und sich ein wenig Luxus leisten. Die Einnahmen einiger Bluesdiven sind sehr hoch. So ver-dient Mamie Smith in ihrer besten Zeit bei ihren Auftritten ungefähr 1.500 Dollar pro Woche; nach heutigem Wert etwa 20.000 Dollar; die Bluessängerin Ethel Waters zeitweise noch mehr. Einige können sich sogar – zumindest auf dem Höhe-punkt ihrer Karriere – mit Juwelen und teuren Kleidern schmücken oder sich wie Bessie Smith ein Auto leisten. Aber in diesem Gewerbe kann es auch leicht passie-ren, dass die Frauen skrupellosen Ausbeutern in die Hände fallen. Sind die Zeiten schlecht, gehen sie als Dienstmädchen oder Kellnerin arbeiten wie Ethel Waters, Mamie Smith, Sara Martin und Chippie Hill.

Dass im Showgeschäft gutes Geld (um 1910 bis rund 50 Dollar in der Woche) zu verdienen ist, erfährt eines Tages auch Alberta Hunter (1895-1984). Alberta läuft 1908 im Alter von zwölf Jahren von zu Hause in Memphis weg und geht nach Chicago. Sie bekommt dort ihren ersten Job als Kartoffelschälerin. Später kann sie als Köchin mit freier Unterkunft ihrer Mutter zwei von den sechs Dollar senden, die sie in einer Woche verdient. Sie hört davon, dass junge Sängerinnen in den Nachtclubs und Kabaretts zehn Dollar in der Woche verdienen. Alberta ergreift ihre Chance, macht schnell Karriere und gehört bald zu den großen klassischen Bluesqueens. Sie schreibt viele ihrer Bluessongs und nimmt sie bei einigen Schallplattenfirmen auf. Das gelingt 1921 zuerst beim neugegründeten Label Black Swan, das sich als erstes in afroamerikanischem Besitz befindet und zum Ziel hat, nur afroamerikanische KünstlerInnen verschiedener Musikgenres aufzunehmen.

Während des II. Weltkriegs betreut sie als Sängerin afroamerikanische Soldaten in europäischen und pazifischen Theatern und später im Korea-Krieg. Zu diesem Zeitpunkt ist sie schon ein internationaler Star, der die meiste Zeit der 1930er

Jahre in Paris, London und Kopenhagen verbracht hat. 1944 trifft sie mit ihrer Einheit in Indien ein, um in Theatern für die Truppen in Indien und Burma zu singen. Bekannt als die „Rhythm Rascals", steht diese Einheit unter der Leitung von Alberta. Alle afroamerikanischen KünstlerInnen tragen Uniform, um eine gleiche Behandlung und gleichen Respekt wie die Weißen zu bekommen. Doch gelegentlich wird der Einheit der Zugang zur Offiziersmesse verweigert und sie wird aufgefordert, in der Küche zu essen. Alberta hat kein Verständnis für rassistische Beleidigungen. Sie weigert sich in diesem Falle zu essen und protestiert gegen diese Beleidigungen innerhalb der Befehlskette. Alberta bewahrt ihr Metalltablett von der Armee für den Rest ihres Lebens als Erinnerung an diese Diskriminierungserfahrungen auf.

Im Alter von 77 Jahren beginnt ihre zweite Karriere. Sie gibt in New York City ein bejubeltes Konzert in der Carnegie Hall. Auch wird sie ins Weiße Haus in Washington von Präsident Carter eingeladen, um dort ein Konzert mit ihrer Kunst zu geben. 1982 feiert sie auf dem Jazzfest in der Berliner Philharmonie wahre Triumphe. Mit 82 Jahren hat sie einen Plattenvertrag von Columbia Records in der Tasche. Ihre differenzierten und feurigen Gesangsvorträge sind aufregender als je zuvor. Eines meiner Lieblingslieder von Alberta, der von ihr geschriebene „Down Hearted Blues" von 1922 (Jazzfest Berlin 1982) über eine Frau, die von ihrem Mann schlecht behandelt wird. Beim nächsten Mann soll das anders werden! Man erfährt nicht, was er ihr angetan hat. Diese generalisierende Ausdrucksform des Themas „Misshandlung" ohne Abweichungen sei typisch für den Folk Blues, so David Evans in seinem Buch „Big Road Blues. Tradition & Creativity in the Folk Blues", 1982. Im „Down Hearted Blues" erzählt Alberta dem Publikum in der ersten Strophe, dass sie angewidert ist von dem „Mistreater", den sie geliebt hat und sie nun ein gebrochenes Herz habe. Der nächste Mann muss ihr versprechen, dass er nur ihr allein gehören werde.

> Gee, but it's hard to love someone
> When that someone don't love you
> I'm so disgusted, heartbroken too
> I've got the Downhearted Blues
> Once I was crazy about a Man
> He mistreated me all the Time
> The next Man I get, he's got to promise
> To be mine, all mine

Dieser Titel beginnt mit einem „Verse", der eine Art gesprochene oder gesungene Vorstrophe beziehungsweise Ansage ist und im Vaudeville-Blues sowie in späteren Jahren in verschiedenen Musikstilen genutzt wird. Er dient dazu, in das kommende Geschehen einzuführen, bevor die erste Strophe gesungen wird. In den nächsten sechs Strophen vollzieht sich in Alberta ein psychischer Wandel hin zur Wiederge-winnung ihres Selbstbewusstseins und ihrer Handlungsfähigkeit. Nebenbei gönnt sie sich eine kleine Rachephantasie: „It's coming back home to you!" (Das wird dich noch mal einholen!) In der siebten und letzten Strophe dieses Blues ist von Traurigkeit keine Rede mehr. Selbstbewusst erklärt sie mit der Metapher vom Kruge, den sie mitsamt dem Stopfen in der Hand hält, dass ihr nächster Mann unter ihrem Kommando stehen wird.

I've got the World in a Jug, and the Stopper right here in my Hand 2x
The next Man who gets me you've got to come under my Command

Sofort nehmen ab 1922 diverse Plattenlabel von diesem Blues, der sich gut ver-kaufen lässt, weitere neun mehr oder weniger gelungene Fassungen mit verschie-denen Sängerinnen auf, darunter von Bessie Smith und Lucille Hegamin.

Als zweiten Blues möchte ich Albertas äußerst lebendige Interpretation von „My Handy Man" (geschrieben von Eubie Blake/Andy Razaf, 1928) nennen, ein amü-santer anzüglicher Blues über ihren Mann/Lover, den Alleskönner (Live, 1981).

Die Bluesfrauen sind es gewohnt mit ihren trainierten Stimmen einen Saal zu füllen, denn es gibt zunächst noch keine Mikrophone für die Bühne. Sie haben sich Wissen darüber angeeignet, wie sie sich vor einem Live-Publikum bestmöglich prä-sentieren können. Ihre Songs lernen sie von den Kolleginnen aus dem Showbusi-ness, von Pianorollen (in Papier gelochte Songs für die Walzen von selbstspielenden Musikautomaten), Notenheften, lokalen MusikerInnen oder innerhalb der eigenen Familie. Anders als die ländlichen haben die städtischen Musikerinnen die Möglich-keit, mehr und vielseitigere Arten von Musik kennen zu lernen.

Niemand hindert die Bluesfrauen daran, all ihre Bedürfnisse, Wünsche und For-derungen, und seien sie auch von den Weißen als unmoralisch bewertet, ihrem begeisterten afroamerikanischen Publikum vorzutragen. Moralische Kritik, wie sie in den Predigten ihrer Kirchen zu hören sind, gibt es im Blues nicht; außereheliche Beziehungen und Sex sind Themen, die genauso wie andere behandelt werden. Der weibliche Blues ist in diesen Äußerungen ein Zeichen für die gewonnene und genutzte individuelle Freiheit. Blues ist somit der musikalische Ausdruck, der auf dem Prinzip der Individualität beruht. Nicht zuletzt durch die Rassentrennung sind die Afroamerikaner geradezu gezwungen eine eigene Kultur zu entwickeln, aus der sich auch der Blues heraus entwickeln kann. Wie Angela Davis in ihrem Buch „Blues Legacies and Black Feminism" darlegt, haben die Bluesfrauen dazu beige-tragen, „eine ästhetische Gemeinschaft aufzubauen, die die Fähigkeiten von Frau-en in Bereichen bestätigt, von denen angenommen wird, dass sie das Vorrecht von Männern sind, wie Sexualität und Reisen". Gleichzeitig bestreiten und wehren sich diese Frauen mit ihren Songtexten gegen Abwertungen jeglicher Art sowie gegen die „patriarchalischen Annahmen über den Platz von Frauen sowohl in der dominierenden (weißen) Kultur als auch in den afroamerikanischen Gemeinschaften." Abwertungen der Frauen durch Männer sind kein exklusives Merkmal des Blues. Die herrschenden Vorurteile der weißen Männer gegenüber Frauen – und besonders gegenüber afroamerikanischen Frauen – bedingen, dass sich diese Männer als weit höherwertig fühlen. Hinzu kommt, dass die armen Weißen im Süden als letzten Trost das Gefühl haben können, wenigstens den „Niggern" überlegen zu sein. Auch viele afroamerikanische Männer glauben, dass sie weit über ihren Frauen stehen. Sie werden zum Teil von ihnen kaum besser als „Sklavinnen von Sklaven" angesehen. Diese Sichtweisen rufen große Spannungen und Konflikte in Partnerschaften und in Familien hervor und spiegeln sich in vielen Bluestiteln der Frauen wieder. Im Süden können Frauen als unqualifizierte Arbeitskräfte oft haushaltsnahe Arbeit als Zimmermädchen, Köchin oder Amme finden, was den Männern als Hausdiener nur in Ausnahmefällen möglich ist. Das hat dazu geführt, dass die Frauen oft der Meinung sind, dass Männer faul, unzuverlässig und ohne Verantwortungsbewusstsein seien.

In der männlichen Welt des Blues ist es nicht unüblich, Frauen zu erniedrigen und abzuwerten. Nicht nur im Blues werden Frauen gerne als Sexobjekte gesehen, als Auszubeutende, die den Mann wie selbstverständlich mit Kleidung und Nahrung versorgen und ihren letzten Penny für sein aushäusiges Vergnügen geben. Die Frau gilt als von „Natur" aus untreu, als zwar schlecht, aber sexy, als Frau, die sich herausnimmt zu tun, was sie will und als eine die ihn schlecht behandelt und dafür bestraft werden muss. Die Strafen sehen Gewaltanwendung, Liebesentzug und das Verlassen der oft finanziell abhängigen Frau oder auch der Familie vor. Wüste Beschimpfungen mit allerlei beleidigenden schlimmen Worten sind keine Seltenheit. Auch belügen kann man die Frauen, wenn es dem Zweck dient, so viele von ihnen wie möglich zu erobern, wie es beispielsweise der Bluesman Peetie Wheatstraw, der sich in der Rolle als „Schwiegersohn des Teufels" gefällt, seinen Jungs empfiehlt. („Chicago Mill Blues") Im „C. & A. Blues" von 1931 singt Peetie über die Frauen als hilflose willensschwache und handlungsunfähige Wesen:

When a Woman gets the Blues, she hangs her Head and cries
When a Man gets the Blues, he flags a Freight Train and rides.

(Wenn eine Frau den Blues bekommt, lässt sie den Kopf hängen und weint. Wenn ein Mann den Blues bekommt, springt er auf einen Güterzug und fährt weg.)

Ja, die Frauen weinen und heulen tatsächlich manchmal wegen dieser Verhaltensweise eines Mannes, vor auftauchenden Problemen die Flucht zu ergreifen. Die Bluesfrauen machen diese Geschehnisse öffentlich und klagen der Welt ihren Kummer. Das soll ruhig jeder hören. Entgegen den vorherrschenden Standards des Frauseins wehren sie sich und schlagen teilweise mit diversen brutalen Mitteln nicht nur symbolisch zurück. Und nein, auch sie nehmen wie die Männer den Zug, um mit Sack und Pack den Grund allen Übels so schnell wie möglich zu verlassen. Der Unterschied zu den Männern ist, dass sie es sich leisten können, ein Ticket für den Zug zu kaufen. Im Allgemeinen finden sich die Bluesfrauen nicht mit dem Klischee über die weinenden Frauen zuhause und die Männer „on the Road" ab. Normalerweise unterstützen oder bekräftigen sie weder resignative Verhaltensweisen noch ohnmächtiges Verharren im Selbstmitleid der Frauen, sondern schlagen ihnen vor, aktiv mit erhobenem Kopf nach Handlungsmöglichkeiten zu suchen, die in ihrer Macht stehen, die in ihrem sozialen Umfeld zu finden und machbar sind. Diese Phänomene sind jedoch nicht unbedingt authentische private Aussagen der Bluessängerinnen, sondern sie reflektieren in aller Offenheit soziale Verwerfungen. Paul Garon schreibt dazu in seinem Buch „Blues and the Poetic Spirit":

„Die Tendenz, Frauen zu erniedrigen, die wir im Blues sehen, bezieht sich auf zahlreiche Aspekte des schwarzen Familienlebens und im Allgemeinen auf die familiären Muster der modernen Zivilisation. Die daraus resultierende Ambivalenz wird im Blues eindrucksvoll dargestellt. Die Aggression, die Feindseligkeit und ihre typischen Ausformulierungen (Abwertung, Diskriminierung), die normalerweise unterdrückt werden könnten, werden frei gelassen."

Manchmal vermissen die Bluesmänner ihre Frauen, vor allem wenn sie aus verschiedenen Gründen in der Ferne sind und dort bleiben müssen. Auch die eigene Mutter (Mother) ist eine wichtige Person im Leben der Männer, besonders wenn es im Leben bergab geht, wie es beispielsweise im Blues „Going down slow" (1941) von St. Louis Jimmy Oden deutlich wird.

Ein bedeutender Unterschied zum Blues der Männer besteht darin, wie sich die Bluesfrauen mit den Männern und ihren Verhaltensweisen in der Liebe und im Alltag auseinandersetzen. Während die Bluesmänner sich mit den für sie oft uneindeutigen oder in sich widersprüchlichen Verhaltensweisen oder insgesamt mit dem weiblichen Geschlecht und den ihm zugeschriebenen Charaktereigenschaften beschäftigen, behandeln die Bluesfrauen das Thema Männer anders. Bei den Bluesfrauen spielt sich ihr eigenes Verständnis vom Gelingen eines konkreten Alltagslebens in der Beziehung mit dem Mann ihrer Wahl eine große Rolle. Darin sind nicht nur der Wunsch nach gutem Sex und gelingender Liebe eine relevante Größe, sondern auch die pragmatische Seite eines gemeinsamen Lebens. Dazu gehört die Finanzierung des Alltags. Die Frage der Ökonomie drängt sich gerade für die Frauen der armen afroamerikanischen Community fast täglich auf. Die jungen Frauen suchen für ein gelingendes Leben den „Good Man", den zuverlässigen Liebhaber und guten Ehemann.

Anders als bei den Männern taucht eine direkte Konfrontation mit der weißen Gesellschaft in den Bluessongs der Frauen selten auf. Zwar weisen sie in ihren Texten auf die scheinbar individuellen Folgen einer problembeladenen Existenz in der vom Rassismus geprägten weißen Gesellschaft hin. Aber im Unterschied zu den männlichen Bluessongs, die dem Themenkomplex „Arbeit" viel Aufmerksamkeit schenken, gibt es beispielsweise nur ein paar weibliche Bluessongs, die direkt von ihren Arbeitsplätzen bei den Weißen im Norden oder der Landarbeit im Süden sprechen. Die Frauen sind eher indirekt über ihre Männer von einer größeren Auseinandersetzung mit dem Rassismus und seinen Folgen betroffen. Die Bluesfrauen behandeln, wiederum indirekt, die verzweifelten Gefühlslagen von Frauen wie die harten Lebensumstände der hoffnungslosen und verlassenen Frauen im Süden, die viele Kinder als Alleinerziehende durchbringen müssen sowie die Verlassenheitsgefühle der Entwurzelten im Norden. Die Bluesfrauen sind bemüht, diese Frauen zu stärken (heute: Empowerment). Dazu gehören auch diejenigen, die in den von Weißen unterbezahlten und ausbeuterischen Jobs als Haushälterinnen, Köchinnen und Dienstmädchen aller Arten arbeiten. Nicht zuletzt sind sie aus Gründen der absoluten Not gezwungen, dort zu bleiben. Rechte, die sie eigentlich haben, gestehen ihnen ihre ArbeitgeberInnen oft nicht zu. Hier herrscht viel Willkür.

Die texanische Jazz-Blues-Sängerin Hattie Burleson singt von diesem unfreien Leben eines Dienstmädchens. Über das Leben von Hattie ist fast nichts bekannt. Sie wohnt nahe dem berüchtigten Stadtteil „Deep Ellum" in der Innenstadt von Dallas. In den 1920er Jahren ist er das Vergnügungsviertel in dem viele BluesmusikerInnen ihre Auftritte haben. Hattie soll dort eine Tanzhalle betrieben haben. Einer ihrer wenigen Bluessongs auf Schallplatte ist das Lied des Dienstmädchens Sadie. In „Sadie's Servant Room Blues" (1928) geht es um ihre Klage über die harschen Arbeitsbedingungen und ihrer unerfreulichen Freizeit, die durch ihre Arbeitgeberin bestimmt sind und sie zur Sklavin herabwürdigen:

Frau Jarvis zahlt ihr für ihre Arbeit gerade so viel wie sie denkt, dass Sadie „wert" ist. Es ist Sadies Freunden verboten, sie zu besuchen, obwohl sie sich unsichtbar hinten im Haus aufhalten, wo Sadie ein Dienstbotenzimmer hat. Ihre „Herrschaften" feiern Tag und Nacht Partys, die auch nach Mitternacht noch nicht zum Ende kommen. Das beschert ihr sehr lange Arbeitstage. So soll es in ihrem Leben nicht weitergehen. Sie überlegt, sich eine Wohnung zu nehmen, damit sie ihre Freunde endlich problemlos zu sich einladen kann.

Missus Jarvis don't pay me much
They give me just what they think I'm worth
I'm gonna change my Mind, yes, change my Mind
'Cause I keep the Servant Room Blues all the Time

I receive my Company in the Rear
Still these Folks don't want to see them here
Gonna change my Mind, yes, change my Mind
'Cause I keep the Servant Room Blues all the Time

I'm gonna change this here Room for a nice big Flat
Gonna let my Friends know where I'm livin' at
Gonna change my Mind, yes, change my Mind
'Cause I keep the Servant Room Blues all the Time

They have a Party at Noon, a Party at Night
The Midnight Parties don't ever break up right
Gonna change my Mind, yes, change my Mind
'Cause I keep the Servant Room Blues all the Time

Die Phase des ersten Blues auf Schallplatte, die zunächst für ein paar Jahre ausschließlich afroamerikanische Frauen bestreiten, lösen den „Bluescraze" aus, das heißt, der Blues bleibt nicht mehr auf den Süden in engen lokalen oder familiären Strukturen beschränkt. Die Ära des klassischen Frauenblues auf Schallplatte beginnt 1920 mit dem „Crazy Blues" von Mamie Smith. Nie zuvor wird dem Blues und insbesondere dem Blues der Frauen so viel Aufmerksamkeit geschenkt wie in diesen Jahren. Oft sind die Bluesfrauen, die oft sehr jung begonnen haben, schon Jahre mit den Vaudeville-Shows unterwegs. Sie sind vor allem in den Südstaaten berühmte und beliebte Sängerinnen, ehe sie von den Plattenfirmen speziell für die Bluesaufnahmen der „Race Records" engagiert werden. Diese brauchen Sängerinnen mit lauten trainierten Stimmen.

Die 78er-Schallplatten, die zum Teil sehr billig sind, haben den Vorteil, die afroamerikanischen Hörer- und Käuferschichten in den Städten des Nordens und Südens sowie auch in dessen ländlichen Gegenden zu erschließen. Dort leben die HörerInnen und MusikerInnen, die den Blues in und auswendig schon lange kennen.

Zwar unterstützen die Schallplattenaufnahmen den Bekanntheitsgrad der Bluesfrauen, was sich in den Verkaufszahlen für die Live Shows positiv bemerkbar macht. Sie bringen aber wenig Geld ein, denn es gibt zunächst nur eine Einmalzahlung pro Aufnahme. Die Anzahl der Schallplatten, die die jeweilige Bluessängerin in ihrer Karriere einspielen kann, schwankt zwischen weit über 250 und zwei bis vier Titeln. Von einigen der letzteren Sängerinnen würde ich mir viel mehr Songs wünschen, weil sie interessanten Gesang und bemerkenswerte Texte zu bieten haben.

Zum Teil ist heutzutage die Zuordnung von Titeln zu einzelnen Künstlerinnen schwierig, weil die vielen Pseudonyme, die von den verschiedenen Firmen benutzt worden sind, nicht mit Sicherheit den richtigen Bluesfrauen zugeordnet werden können. Diese haben oft bis zu vier oder fünf verschiedene Namen für diverse Label. Allerdings sind viele Hunderte von noch existierenden Aufnahmen von Bluesfrauen und -männern als frühe Dokumente der hörbaren amerikanischen Musikgeschichte größtenteils wieder in besonderen Reihen veröffentlicht worden. So gibt es von vielen Bluesfrauen Aufnahmen in guter Qualität, je nach den damaligen technischen Möglichkeiten der Plattenfirmen, von anderen nur in ziemlich schlechter. Einige dieser Einspielungen werden heutzutage von Firmen wie Dokument Records und anderen wieder aufgelegt und neu abgemischt. Das Rauschen und Knacken der alten Schellackplatten wird dabei technisch fast ganz unterdrückt, was die Tonqualität stark erhöht und für heutige Ohren sehr angenehm klingt.

Gegen Ende der 1920er Jahre jedoch ist der „Bluescraze" vorbei. Das Ende der ersten großen öffentlich zugängigen Phase des Blues ist eingeläutet und die meisten Bluesfrauen, verstärkt noch durch die sich anbahnende Wirtschaftskrise der Jahre der Großen Depression, gehen dem Bluesgenre endgültig verloren. Sie können ihre Karrieren mit Hilfe der Schallplatte nicht mehr weiter entwickeln, die eine bedeutende Stütze für eine Künstlerinnenbiografie ist. Viele Frauen kehren nun der „Teufelsmusik" den Rücken und gehen zurück in ihre religiösen Gemeinschaften. Andere wiederum passen sich dem neuen Musikgeschmack an, wie dem Jump Blues, dem Swing oder reüssieren im Jazz. Allerdings sind viele der städtischen Bluesfrauen, die inzwischen professionell arbeiten, noch jahrelang in Shows auf Tourneen zu sehen und zu hören. Ihre Fanbasis in den Südstaaten können sie noch lange behalten. Die Plattenproduktion von Blues sowie der Bluesmarkt werden zu einer fast reinen Männerdomäne, was sich m.E. bis heute kaum geändert hat.

Die selbstbewussten neuen Frauen

Ida Cox zeichnet in ihrem berühmtesten Blues „Wild Women don't have the Blues" von 1924 (Wilde Frauen haben keinen Blues) das Porträt der unabhängigen und nonkonformistischen Frau. Für dieses von der gesellschaftlichen Norm abweichende Bild der neuen afroamerikanischen Frau werden Ida und andere Bluesfrauen mit ähnlichen Texten sehr verehrt. Allerdings nicht von den afroamerikanischen Frauen aus der Mittelschicht. Ida erteilt ihren Zuhörerinnen Ratschläge, denn sie kann es einfach nicht mehr hören, wie die bedauernswerten Frauen herumsitzen und über ihre „Monkey Men", über ihre untreuen nichtsnutzigen Ehemänner und ihre bescheuerten Freunde herumjammern und stöhnen und sich fragen, warum ihre „Papas" nicht nach Hause kommen. Ida dazu: „Wilde Frauen machen sich keine Sorgen, wilde Frauen haben keinen Blues!"

> I hear these Women ravin' 'bout their Monkey Men
> About their trifling Husbands and their no-good Friends
> These poor Women sit around all Day and moan
> Wondering why their wandering Papas don't come Home
> But wild Women don't worry, wild Women don't have no Blues

Ida hat einen eigenen Plan und eine eigene Art und Weise mit dem Problem Mann umzugehen. Und so sieht er aus: Wenn er damit anfängt Ida zu schlagen, soll er abhauen und sich ein anderes Zuhause suchen. Sie dagegen betrinkt sich mit gutem Alkohol und treibt sich die ganze Nacht auf der Straße herum. Sie geht nach Hause und schmeißt ihren Mann raus, wenn er sie nicht gut behandelt.

I've got a Disposition and a Way of my own
When my Man starts kicking, I let him find another Home
I get full of good Liquor and walk the Street all Night
Go home and put my Man out if he don't treat me right
Wild Women don't worry, wild Women don't have the Blues

Ida schärft den Frauen im Publikum ein: „Du bekommst nichts, wenn du ein engelsgleiches Kind bist. Besser du veränderst deine Art zu handeln und wirst richtig wild. Ich will euch mal was sagen, und das ist keine Lüge: Wilde Frauen sind die einzigen, die im Leben wirklich gut klarkommen, denn wilde Frauen machen sich keine Sorgen, wilde Frauen haben keinen Blues!"

You never get nothing by being an Angel Child
You'd better change your Ways and get real wild
I'm gonna tell you something, I wouldn't tell you a Lie
Wild Women are the only Kind that really get by
'Cause wild Women don't worry
wild Women don't have the Blues

Ida Cox hat aber auch selbst mit diesen verachtenswerten „Monkey Men" zu tun. Im „Chicago Monkey Man Blues" (1924) erklärt sie uns, was es mit diesen Männern auf sich hat. Allgemein werden sie von den Bluesfrauen nicht nur als einfältige und unbedeutende Narren bezeichnet, sondern in bestimmten Kreisen auch als eine leichte Beute betrachtet, der Frau das Geld aus der Tasche ziehen kann. Ida will nach Chicago und sagt ihrem Monkey Man gleich, dass sie ihn nicht mitnehmen werde, denn es gebe dort für ihn nichts zu tun. Sie hat nämlich schon einen Monkey Man hier und einen Monkey Man da drüben.

Sie spöttelt: „Wenn Monkey-Männer Geld wären, dann wäre ich eine Chicago-Millionärin!" Momentan hat sie vierzehn Männer und sie will nur noch einen weiteren haben. Sobald sie den einen hat, plant sie, die vierzehn anderen fallen zu lassen. An den Monkey Man gewendet sagt Ida: „Das eine muss ich dir sagen, wenn du ‚Niemand' kein Geld hast, musst du, wie der Tag zu Ende geht, auch gehen. Mama kann dich nicht gebrauchen!" Ida kann ihre Monkey-Männer nehmen und sie alle in eine Reihe stellen und jeder kann sie zählen: eins, zwei, drei, vier, fünf, sechs, sieben, acht, neun.

I'm goin' to Chicago, sorry but I can't take you 2x
'Cause there's nothin' on State Street, that a Monkey Man can do

I've got a Monkey Man here, a Monkey Man over there 2x
If Monkey Men were Money, I'd be a Chicago Millionaire

I've got fourteen Men now, and I only want one more 2x
As soon as I can get one, I'll let these fourteen go

Now I'm goin' tell you, like the Day goes so must you 2x
When you Nobody no Money, Mama can no usin' you

I can take my Monkey Men, and stand them all in Line 2x
Anybody can count them, one, two, three, four, five, six, seven, eight
nine

Und überhaupt: Männer gibt's wie Sand am Meer! Sie werden von den Bluesfrauen auch gerne mit Dingen verglichen, die charakteristische Eigenschaften verdeutlichen sollen. Rosetta hat dafür einen passenden Vergleich eines Mannes mit
der Straßenbahn ausgesucht.

Rosetta Howard (1913-1974) ist eine Bluessängerin, vor deren Leben und Karriere wenig bekannt ist. In ihren aktiven Jahren, den 1930er und 1940er Jahren,
kann sie einige Bluessongs mit den „Harlem Hamfats" auf Platte einspielen. Die
Hamfats sind 1936 für die Musikrichtungen Blues, Dixieland und Swing zusam-
mengestellt worden. Darunter ist auch ihr Loblied auf Marihuana, „If you're a
Viper". Obwohl Rosetta eine vielseitige Sängerin ist und in den 1940er Jahren
auch Jazztitel singt, bleibt der kommerzielle Erfolg aus und ihre Karriere endet. Ich
habe von ihr den Titel „Men are like Streetcars" von 1939 ausgewählt, den sie im
traditionellen Bluesstil vorträgt. Süffisant erklärt sie einer jungen Frau, dass die
Männer so wie Straßenbahnen sind. Wie diese jeden Tag fahren, gehen auch die
Männer irgendwohin, nach Osten oder nach Westen. Wenn sie einen verpasst
bekommt sie gleich einen anderen. „Du brauchst nicht lange an der Ecke stehen
und warten. Nimm die ‚überfüllte' Bahn, die sei die Richtige." Denn Männer sind
so wie die Straßenbahnen, die alle leicht zu erreichen sind. „Du kannst einen an
jeder Hand haben!"

Men are just like Streetcars, going each and every Day. 2x
If you miss this one here you'll get another one right away.

You may stand on the Corner but you won't have to stand there long. 2x
Before the Men will ask you: Little Girl what are you waiting on?

Men are like Streetcars. Some going East, some going West. 2x
The one that is so crowded is the one that you can love the best.

You don't have to stand on a Corner, wondering where you can
find a Man. 2x
Because Men are just like Streetcars. You can catch one in every Hand.

Nicht nur die Bluesmänner prahlen gerne mit ihren großartigen Erfolgen beim anderen Geschlecht. Die Bluesfrauen nehmen sich das gleiche Recht heraus. Auch sie geben mit ihren vielen Männern an, die sie angeblich überall haben. Das können sich die harmlosen Sängerinnen in der „Sweet Music"-Branche nun wirklich nicht leisten.

Lena Wilson (ca. 1898- ca. 1939) gehört zu den klassischen Bluessängerinnen. Um 1920 tritt sie mit ihrem Bruder Dany und ihrer Schwägerin, der Blues- und Vaudeville-Sängerin Edith Wilson (1896-1981) als Trio in kleinen Vaudeville-Theatern und Clubs auf. Dany Wilson, ein studierter Pianist, ermutigt die beiden, nicht nur Blues, sondern auch andere Musikstile zu erlernen. Lena singt ihr Leben lang in vielen afroamerikanischen Revuen und nimmt als Solosängerin mit „Lena Wilson's Jazz Hounds" Schallplatten auf und singt bei vielen anderen Bands. Ab und zu ist auch Blues dabei wie der Titel „I Don't Let No One Man Worry Me" von 1923, den sie mit „Perry Bradford's Jazz Phools" einspielt. In diesen Jahren haben nur noch absolut wenige Bluesmen, wie hier bei Perry, das Glück, als Banjospieler auf einer Schallplatte mit dabei sein zu dürfen.

Lena sorgt sich nicht sehr wegen Mangel an Männern. Sie hat da ein einfaches Rezept, nach dem Frau verfahren kann:

„Ich war überall, habe alles gesehen, hatte einen Diamantring mit sieben Karat. Aber nichts bereitet mir irgendwelches Kopfzerbrechen. Deshalb habe ich schon immer gesagt: Ich lasse mich von keinem einzigen Mann erschüttern, weil ich immer zwei oder drei von ihnen im Sinn habe. Wenn die Nummer Eins anfangen sollte sich gegen etwas zu sperren, packe ich meine Klamotten und gehe. Wenn ich Probleme mit Nummer Zwei habe, sage ich einfach: ‚Das war's!'

Nummer Drei kann gehen, aber dieser wird schön zu seiner geliebten Mama, zu mir, zurückkehren, denn ich habe immer viel Geld im alten Geldbeutel.

Ich bin im Süden inmitten von Zuckerrohr geboren und ich bin als ‚Süße Mama' von San Francisco quer rüber bis Maine bekannt, aber ich lasse mich von keinem einzigen Mann erschüttern. Die Männer, sie alle fallen herab wie sterbende Blätter und sie fliegen wie ein Bienenvolk um mich herum, aber ich lasse mich von keinem Mann erschüttern."

I've been everywhere, seen everything
Had seven Carats for my Diamond Ring

But there's nothing that swells my Head
That's why I've always said:

I don't let no one Man worry me no Time
'Cause I always keep two or three on my Mind
If Number One should start to balk
I'll pack up my Duds and walk
If I have Trouble with Number Two
Right then I says „I am through"
Number Three can go, but he'll come back to his lovin' Mama,
'Cause I always carry plenty of Jack in the old Sack
I was born down South among the Sugar Cane
And I'm known as „Sweet Mama" from Frisco to Maine
But I don't let no one Man worry me

They all fall like the dying Leaves
And they fly around me like a Gang of Bees
But I don't let no one Man worry me

Im gleichen Jahr nimmt auch die Sängerin Emma Lewis diesen und einen zweiten Blues, begleitet von dem Pianisten Fletcher Henderson, auf, der aber nicht erscheint. Zwar hat sie für Victor Records 1923 als Test den „Midnight Blues" eingespielt, bei dem sie sich selbst am Piano begleitet hat. Aber auch dieser Blues wird nie auf Platte gepresst. Emma bekommt nur die Chance, den Blues „Don't Let No One Man Worry Me" veröffentlichen zu können. Obendrein muss sie sich die Schallplatte auch noch teilen. Auf der zweiten Seite singt Lizzie Miles den Blues „Keep yourself together Papa (Mama's Got Her Eyes On You)". Ein Desaster für Emma!

Rosa Henderson kann nichts erschüttern. Sie kommt aus Poplar Bluff, einem Ort im Staat Missouri und singt im Jahr 1925 den „Poplar Bluff Blues". Sie lässt uns wissen:

„Du kannst immer erkennen, wenn dein Mann eine brandneue Braune hat, denn er kann immer ‚Geschäfte' auf der anderen Seite der Stadt vorschützen." Rosa ist kein dummer Affe. Man wird sie nicht den Baum hinaufklettern sehen. Der Mann ist noch nicht geboren, der aus ihr einen Narren machen kann. Rosa prahlt mit ihren vielen Männern: „Ich habe einen Mann in Alabama, zwei in Atlanta, drei in Mississippi, vier in Chattanooga, fünf in Cincinnatti und ein Dutzend in Tennessee. Diese Männer reichen aus für eine kleine Frau wie mich! Ich bin in St. Louis geboren und in Poplar Bluff aufgewachsen. Ich bin nicht wegen meiner Gesundheit hier, sondern um mein Ding hier abzuziehen." Alles klar?

You can always tell when your Man's got a brand-new Brown, 2x
He can always find Business on the other Side of Town.

I ain't no Monkey, you don't see me tryin' to climb no Tree, 2x
The Man ain't born who can make a Fool out of me.

I got a Man in Alabama, two in Atlanta, three in Mississippi,
Four in Chattanooga, five in Cincinnatti, a dozen down in Tennessee.
That's about enough Men for any little Woman like me!

I was born in St. Louis, and raised around Poplar Bluff, 2x
I ain't here for my Health. I came here to strut my Stuff.

Dieser Blues weist darauf hin, dass Rosa nicht ortsgebunden ist. Sie ist frei und mutig genug zu reisen. An der Aufzählung der Orte ist zu erkennen, dass sie im Süden der USA bleibt. Als afroamerikanische Frau ist sie aktiv, unabhängig und durchsetzungs- und handlungsfähig sowie selbstbewusst. Sie ist gekommen um ihr Ding durchzuziehen, was auch immer es ist.

   Merline Johnson geht noch weiter und charakterisiert ihr Leben als rücksichtslos und wild. In ihrem „Reckless Life Blues" aus den 1930ger Jahren beschreibt sie ihr Leben entgegen allen bürgerlichen Moralvorstellungen. Sie widerspricht dem der Frau zugeschriebenen braven Verhalten und zurückhaltenden Lebensgefühl sowie der ihr zugedachten harmlosen Frauenrolle. Merline ist in jeder Hinsicht aggressiv, wild und rücksichtslos und sie traut sich selbst nicht mehr über den Weg. Ihr Grund dafür: Ihr Liebster hat sie verlassen.

I'm wild and I'm reckless, can't even trust myself. 2x
'Cause my Baby has quit me and I don't want nobody else.

Sie geht in eine übel beleumdete Kneipe, die außerhalb der Stadtgrenze liegt. Dort ist die Musik leise und sanft und die Leute dort sind ganz unten angekommen.

I'm going to the Road House, way out on the Edge of Town. 2x
Where the Music is soft and mellow and the People
really break 'em down

Sie will sich dort einen Mann angeln, der ihr alles gibt, was sie braucht. „Ich betrinke mich und spiele, und ich tue was ich will."

I'll get a Man out there to give me anything I need. 2x
I'm gonna get drunk and gamble, and do just as I please.

Sie will eine Pistole kaufen und sie an ihrer Seite tragen. Sie will sich den Gangstern anschließen und ein rücksichtsloses Leben führen.

I'm going to buy myself a Pistol, and hang it on my Side. 2x
I'm going to join the Gangsters and live myself a reckless Life.

Merline Johnson (geb. 1912?) wird in den 1930er und 1940er Jahren als „The Yas Yas Girl" (Yas Yas = Gesäß) bekannt. Über ihr Leben gibt es nicht viele Informationen, außer dass sie wohl aus dem Staate Mississippi stammt und die Tante der späteren Rhythm & Blues-Sängerin LaVern Baker ist. In den zehn Jahren ihrer Plattenkarriere nimmt sie ab 1937 in Chicago bei verschiedenen Labels 90 Bluestitel auf, davon 50 Songs für Vocalion Records und Okeh Records. Ihre letzten Studioaufnahmen sind bis heute nicht öffentlich dokumentiert.

Merline etabliert sich als unkomplizierte Bluessängerin, deren Begleitbands mit erfahrenen Musikern bestückt sind. Diese sind bei Bedarf in der Lage so richtig zu swingen und auch in einen heftigen Boogie Woogie-Rhythmus auszubrechen. Merline singt in vielen ihrer Songs von leidenschaftlichen und manchmal turbulenten zwischenmenschlichen Beziehungen, von unbeschwerter Sexualität. Viele ihrer Bluestitel haben mit Kneipen und übermäßigem Alkoholkonsum zu tun, die sie mit einer harten selbstbewussten Stimme vorträgt. Auch gehören einige davon zum Genre des „Risqué Blues" oder „Dirty Blues" – beispielsweise ihr Song „Easy Towing Mama".

Die Bluesfrauen im ländlichen Süden

Der Ethnomusikologe Alan Lomax beschreibt in seinem Buch „The Land where the Blues began" das ärmliche Leben der afroamerikanischen Bevölkerung im Mississippi-Delta und speziell das vieler Bluesmen. Bei seiner Feldforschung entdeckt Lomax 1941 zum Beispiel den jungen McKinley Morganfield, später Muddy Waters genannt, und Leadbelly. Er erfährt in den 1930er und 1940er Jahren viel vom Leben der AfroamerikanerInnen durch seine zahlreichen ausgedehnten Interviews und Aufnahmesessions mit Bluesfrauen und -männern. Eine seiner beeindruckenden Aufnahmesessions (Field Recordings) findet 1936 im Gefängnis, der viel besungenen „Parchman Farm" statt, dem zentralen berüchtigten und notorisch brutalen Staatsgefängnis von Mississippi. Erst in den 1970er Jahren werden dort die inhumanen Haftbedingungen reformiert. Lomax hält dort die Stimmen von unterprivilegierten inhaftierten Frauen fest, die von der rauen Wirklichkeit im Gefängnis, ihrem harten Leben und von der „Freiheit" singen. In ihren authentischen Songs erzählen sie von Zwangsarbeit, Sex, ungewollten Schwangerschaften und lockeren Partyspielen. Sie berichten von ihrem wirklichen Leben, das sie führen müssen und geführt haben. Drunter ist auch der von der Insassin im „Women's

Camp" der Parchman Farm Christine Shannon gesungene „Backwater Blues", den Bessie Smith geschrieben hat.

Lomax schildert das Alltagsleben der Frauen im Mississippi-Delta als „steinhart" und mit täglichen Sorgen angefüllt. Das Familienleben im Delta ist instabil oder bricht durch die herrschende Armut zum Teil völlig zusammen, sodass die jungen Männer und oft schon Kinder im Alter von acht oder neun Jahren für sich selbst sorgen müssen. Viele der männlichen Familienmitglieder, Väter wie Söhne, verlassen die Familie und suchen nach besserer Arbeit. In den Jahrzehnten der „Great Migration" (1916-1970), die Auswanderungswellen aus dem Süden in den Norden der USA, gehen die Männer weit weg von der Familie in die Fabriken des Nordens, nicht zuletzt um den Schulden als „Sharecropper" (Pachtfarmer) zu entfliehen. Einige Talentierte wählen auch ein Leben als Country-Bluesman.

Im Unterschied zu den Männern bleiben die Mädchen und jungen Frauen eher zu Hause und helfen, die vielen jüngeren Geschwister groß zu ziehen. Von ihnen wird nicht erwartet, in der Ferne ihr Glück zu suchen. So manche von ihnen singen und spielen Gitarre auf der Straße, um wie Memphis Minnie etwas Geld zu verdienen. Viele von ihnen kommen trotz allem auf die Idee, ihr Leben in der faszinierenden Unterhaltungsbranche der Städte führen zu wollen.

Nicht wenige Frauen auf dem Lande können Gitarre spielen und komponieren Bluessongs. Ein Beispiel sind die Frauen der Hemphill-Familie in Senatobia, North-Mississippi. Rosa Lee Hill, die Tochter von Bluesman Sid Hemphill, ihre Mutter und ihre Schwestern und auch Jessie Mae Hemphill, die Enkelin von Sid, spielen alle die akustische Gitarre. Speziell dieses Instrument gilt vielen religiös gebundenen AfroamerikanerInnen als des „Teufels eigenes Reitpferd" mit unverkennbarer sexueller Konnotation. Rosa Lee hat keine Schallplattenaufnahme gemacht. Alan Lomax nimmt Rosa Lee 1959 während seiner volksmusikalischen Feldforschungsarbeiten für die Kongressbibliothek in Washington mit dem Blues „Rolled and Tumbled" und „Bullying Well" im Haus von Bluesman Fred McDowell auf. Sie bekennt im Interview ihm gegenüber, dass sie sich nicht so richtig wohl dabei fühle, vor einem Publikum die Gitarre zu zupfen.

Das Spielen der Gitarre wird schon damals als Job von Männern betrachtet. Anständige Mädchen singen und spielen den Blues höchstens zu Hause im Privaten oder auf kleinen örtlichen Veranstaltungen. Allgemein sind den Frauen die Kirchenlieder zugedacht. So trauen sich viele Frauen nicht, in der Öffentlichkeit zu spielen, auch weil sie Übergriffe aus dem Publikum befürchten, meint Lomax. Nur die Bluesfrauen im Showbusiness hätten einen geschützten Rahmen in den Theatern und Nachtclubs, in dem sie sich sicher fühlen könnten. Dort seien sie nicht den leichten bis lebensbedrohlichen sexuellen Avancen jeglicher Art von Männern ausgesetzt wie in den Juke Joints. Viele Bluessängerinnen und Gitarristinnen bleiben in ihrer ländlichen Region im Süden. Die Frauen begleiten sich zum Teil selbst, auf dem Piano oder mit akustischer Gitarre wie Rosa Lee Hill (1910-1968) aus

North Mississippi, die Delta-Blues Gitarristin Mattie Delaney (geb. ca. 1905), die Bluessängerin und Piedmont-Gitarristin und Banjospielerin Etta Baker (1913-2006), die Folk- und Bluessängerin und Gitarristin Elizabeth „Libba" Cotten (1893-1987) und viele andere, die den Down-Home-Blues spielen. Elizabeth wird Ende der 1950er durch Anhänger der Folkbewegung entdeckt und kann als über 60jährige erste Schallplatten machen. Ihr bekanntester Song ist „Freight Train", den sie als Teenager geschrieben hat. Diese Frauen vom Lande singen und spielen in heimischen Juke Joints, bei Picknicks, die beispielsweise Politiker umsonst und draußen ausrichten und die Musik, das Essen und die Getränke bezahlen. Die Bluesmusikerinnen sorgen auch für die musikalische Unterhaltung bei Supper-Clubs. Diese sind bis weit in die 1940er Jahre sehr beliebte Veranstaltungen, an denen es nach dem Abendessen Livemusik und Tanz gibt. Für Bluesmusikerinnen ist das eine wichtige Institution und eine willkommene Gelegenheit, ein wenig Geld zu verdienen. Andere Frauen wiederum spielen nur privat im Rahmen von Familienfeiern oder zum eigenen Spaß. Besonders von diesen ländlichen Bluesfrauen ist nur sehr wenig bekannt und auf Schallplatte nur wenig bis gar nichts für die Nachwelt erhalten. Ausnahmen sind die Bluesfrauen, die beispielsweise in den großen Städten wie Memphis, Tennessee, wohnen und dort Aufnahmen machen können wie die Texas-Blues und Country-Blues Sängerinnen Ida Mae Mack und Bessie Tucker im Jahr 1928 für Victor oder wie Bobbie Cadillac, die 1928 bei einer von Columbia Records organisierten Field Session Aufnahmen wie den „Carbolic Acid Blues" in Dallas, Texas, machen kann.

Eine weitere dieser Ausnahmen ist die Country-Bluesfrau Geeshie Wiley, Sängerin und Gitarristin, die 1930/31 für Paramount Records sechs Songs aufnimmt. Darüber hinaus ist über das Leben von Geeshie fast nichts bekannt. Weder ist ihr tatsächlicher Name gesichert, noch gibt es ein Foto von ihr. Im wunderschönen traurigen Blues „Last Kind Words" (1930) begleitet sie sich auf der Gitarre. Elvie Thomas, ebenfalls eine Country-Blues-Sängerin und Gitarristin, unterstützt sie zusätzlich mit ihrer Gitarre. Es geht um Geeshies lieben Freund, der sich verabschiedet, weil er – es betrifft das Jahr 1917 – bei Kriegseintritt der Amerikaner in den „deutschen (sic!) I. Weltkrieg" eingezogen wird und als Soldat nach Europa in den Krieg ziehen muss.

The last kind Words I hear my Daddy say
Lord, the last kind Words I hear my Daddy say:

If I die, if I die in the German War
I want you to send my Body, send it to my Mother, Lord.

If I get killed, if I get killed, please don't bury my Soul
I prefer just leave me out, let the Buzzards eat me whole. (…)

Steve Leggett von Allmusic beschreibt Geeshies Stimme auf diesem Titel. Sie sei „abwechselnd müde, weise, wütend, trotzig, verzweifelt, sogar wehmütig und einfach einer der besten Auftritte im frühen Country-Blues." Der Blues-Historiker Don Kent vermutet, dass Geeshie „möglicherweise die größte Bluessängerin und Musikerin des ländlichen Südens" gewesen ist.

Ein weiteres Beispiel ist Elvie Thomas (1891-1979) aus Houston, Texas. Mit elf Jahren beginnt sie Gitarre zu lernen und spielt mit 17 Jahren auf Supper-Clubs. Sie begleitet auch den Bluessänger Texas Alexander, der selbst kein Instrument spielt. Mit Geeshie nimmt sie 1931 noch zwei Duette auf. Danach hört man auch von ihr nichts mehr.

Instrumentalistinnen

Gitarristinnen und andere Instrumentalistinnen, besonders diejenigen die nicht gleichzeitig Sängerinnen sind, sind schon damals im Blues auf Schallplatte eine Seltenheit. Ebenso ist das bei Komponistinnen und Texterinnen der Fall, die oft keine aktiven Musikerinnen sind. Bei vielen der Bluessängerinnen der Vorkriegszeit, die auch Instrumentalistinnen sind, bleibt diese Tatsache oft unbemerkt. In den ersten beiden Jahrzehnten des Blues begleiten sich viele der Bluessängerinnen auf dem Piano oder haben eine weibliche Klavierbegleitung in den Zeltshows, in Theatern und Clubs oder bei Schallplattenaufnahmen. Dieses Instrument gilt für weiße und afroamerikanische Frauen als akzeptabel. Eigentlich ist es ein Instrument der bürgerlichen weißen Mittelschicht, die damit ihren Reichtum zeigen will. Es kommt schon durch frühe Einwanderer in die USA und wird ab dem Ende des 18. Jahrhunderts auch in den USA gebaut. Die heruntergekommenen Klaviere stehen dann in den afroamerikanischen Juke Joints.

In der Community ist die akustische Gitarre als das passende Instrument für Frauen anerkannt, nicht aber die elektrifizierte Gitarre. Da viele Gitarristinnen eher im engeren sozialen Umfeld und privat musizieren, gibt es kaum weibliche Vorbilder, die das neue elektrische Hauptinstrument des Blues spielen und auf dem neuen Medium Schallplatte zu hören sind. Frauen sollen schließlich brav und sanft sein. Da passt die elektrische Gitarre nicht, denn abgesehen von ihrer sexuellen Konnotation ist sie laut und durchdringend und in der Lage, viele Instrumente zu übertönen. Die beiden ersten über die Schallplatte bekannt gewordenen afroamerikanischen E-Gitarristinnen sind Memphis Minnie und Rosetta Tharpe. Im Aufsatz „Black Women Electric Guitarists and Authenticity in the Blues" stellt Maria V. Johnson die Frage, warum es für Blueskritiker so ungewöhnlich ist, afroamerikanische Frauen an der Gitarre zu sehen. Und warum sie heutzutage nicht zahlreicher oder sichtbarer geworden sind. Sie beantwortet diese Fragestellung, dass die Gründe in „tief verwurzelte(n) Vorstellungen von Authentizität, die in der Bluesforschung und im Journalismus kultiviert werden und von Anfang an bestimmt haben, wer anerkannt, aufgezeichnet und studiert wird und wie sie wahrgenommen und aufgenommen werden," zu suchen sind. Zu ergänzen ist, dass die Schallplattenindustrie nach dem „Bluescraze" der 1920er Jahre die Blues singenden und spielenden Frauen in immer geringerem Maße wahrnimmt. Abgesehen davon bekommen Bluesmusikerinnen die viel und kontrovers diskutierte Authentizität – was immer das heißen mag – nicht zugesprochen. Nicht zuletzt tragen die historischen Konventionen über Frauen in der nicht privaten Musik dazu bei, dass ihre Beteiligung im Blues kaum wahrgenommen wird. Allgemein spielt die immer geringere Beteiligung afroamerikanischer MusikerInnen im Blues eine Rolle. Es ist die Zeit, in der der Blues weitgehend in die Hände der weißen männlichen Musikveranstalter, -kritiker und Musiker übergeht.

Besonders afroamerikanische Instrumentalistinnen, die zunächst nicht singen, werden kaum beachtet. Eine davon ist die Bluesgitarristin Beverly „Guitar" Watkins (1939-2019). Sie blickt auf eine 40jährige Karriere zurück, ehe sie ihr erstes hochgelobtes Schallplattenalbum „Back in Business" 1999 als über 60jährige aufnehmen kann. Nach ihrem Bluesstil befragt, beschreibt Beverly ihn als „echten Lightnin' Hopkins Lowdown Blues".

Beverly, geboren in Atlanta, Georgia, ist eine Bluesgitarristin, die mit acht Jahren von einer ihrer Tanten das Spielen der Gitarre auf der akustischen „Stella" erlernt. Die Familie hat ein Grammophon. Blues und Gospel zu hören, zu spielen und zu singen gehört zur Hausmusik. Beverly tritt zunächst mit kleineren Bands in der Region Atlanta auf und entwickelt sich zu einer professionellen Rhythmusgitarristin. „Die Leute sind beeindruckt, eine schwarze Frau wie ein Mann spielen zu sehen", sagt Beverly. Ab den 1950er Jahren arbeitet Beverly mit Größen wie B.B. King und James Brown zusammen, schafft jedoch nie den großen Durchbruch. Bis 1978 spielt sie in der Band von Piano Red und wäscht danach Autos und geht putzen. In den späten 1980ern spielt und singt sie regelmäßig in Atlanta in einem Club. Trotz ihres Talents und ihres innovativen Bluesstils wird sie erst in den 1990er Jahren wiederentdeckt und spielt viele größtenteils selbstgeschriebene Bluestitel ein. Beverly erklärt 2015 in einem Interview des „She Shreds Magazine": „Der Blues sind die schlechten und die guten Zeiten – das ist meine Definition. (…) Und Blues ist nicht traurig, es ist das, was man daraus macht. (…) Ich habe viele weibliche Gitarristen getroffen, aber ich habe meinen eigenen Stil. Ich versuche nicht, jemand anderen zu kopieren. Ich spiele, was ich fühle."

Sylvia Embry (1941–1992), in Wabbaseka, Arkansas geboren, lernt als Kind zunächst Klavier. Sie heiratet den Bluesgitarristen Johnny Embry, der ihr das Bassspielen beibringt und wird in Chicago eine der führenden Bluesbassistinnen. Erst 1983 veröffentlicht sie unter dem Namen Queen Sylvia Embry auf dem deutschen (!) Label L&R ihr Debütalbum „Midnight Baby", auf dem sie ihre selbstgeschriebenen Bluessongs zusammen mit Gastmusikern singt und spielt.

Die Bluesfrauen und ihre Texte

Bluestexte beschäftigen sich im Gegensatz zur Gospelmusik mit weltlichen Thematiken, bevorzugt mit den Mann-Frau Konstellationen. Sie machen keine Hoffnung auf eine Lösung menschlicher Probleme durch religiöse Versprechungen; sie geben zumeist auch keine Hinweise für andere, wie misslichen Lagen zu entfliehen ist. Diese Texte beschreiben, vermittelt durch die Bluesfrauen, Ist-Zustände und stellen in der Ich-Form diverse Handlungsmöglichkeiten vor, die keineswegs als Anweisungen zu verstehen sind. Die Ausnahmen sind die Warnungen und Ratschläge der Bluesfrauen, die aber immer von dem ausgehen, was das lyrische ICH für sich als möglich und richtig erkennt. Diese Bluessongs sind als mehr oder weniger explizite Vorschläge zu verstehen, die zur Lösung von Alltagsproblemen in menschlichen Beziehungen dienen können. Bluestexte sind in der Regel in der Ich-Form verfasst, das heißt, dass sie für die Songs das sogenannte lyrische ICH verwenden, das aus der Perspektive der ersten Person Singular ihre Gedanken, Ideen und Berichte mitteilt. Die privaten Gefühle der Bluessängerinnen gegenüber einem Menschen oder einer Situation sowie die eigene Wahrnehmung und Sichtweise von Zuständen bestimmen viele Texte der Sängerinnen oder der Komponistinnen eines Blues nur bedingt. Die Autorinnen und Sängerinnen schildern entweder Teile von tatsächlichen eigenen Erlebnissen und Erfahrungen oder von anderen gehörten Sachverhalte auf einer Skala von Gefühlen, die sie begleiten. Diese Fiktionen sind zumeist so stark verallgemeinert, dass sie vom Publikum verstanden werden und die Möglichkeit besteht, die Sachverhalte als Betroffene auf sich zu beziehen. Es kann dadurch eine starke Verbundenheit mit der Sängerin und ihren Textaussagen entstehen, mit denen sich die Frauen im Publikum identifizieren können. In eher seltenen Fällen wird auch etwas direkt aus dem Privatleben vertont und oft auch auf Schallplatte gepresst, beispielsweise die Titel von Bessie Smith, die auf ihre Alkoholkrankheit Bezug nehmen. Hier und da können die Bluestitel autobiographische Züge haben, die zum Beispiel mit früheren Lebenserfahrungen wie der Armut im Süden zusammenhängen oder mit aktuellen eigenen Erfahrungen. Durch ihre berufliche Karriere sind besonders die Bluesfrauen zum einen von den südlichen Lebensumständen mitsamt den rassistischen Unterdrückungsmechanismen schon weit entfernt und befinden sich in einer anderen Situation als ihr Publikum dort. Dennoch reflektieren zum anderen die Texte der Bluesfrauen und Bluesmen das Resultat verallgemeinerter persönlicher Erfahrungen. Die Texte des Blues sind realistisch, aber nicht real!

Die Bluesmusikerinnen blicken, wie die Bluesmen auch, realistisch und sachlich auf die jeweiligen Situationen und Ereignisse, die sie in ihren Songs bearbeiten. Den Bluesfrauen liegt als Ich-Erzählerinnen das Romantisieren des eigenen schwierigen Lebens fern. Das gilt auch in der afroamerikanischen Community mit ihrer weit verbreiteten Armut und Perspektivlosigkeit. Auch die Themen, die sich um die Liebe drehen, werden im Blues nicht wie in der „Sweet Music" romantisch verbrämt. Sachliche Überlegungen, die benennen, was in der jeweiligen Situation opportun ist oder sein sollte, bestimmen die Haltung zu Liebesbeziehungen und Ehe. Das gilt besonders im Hinblick auf die prekären finanziellen Mittel und andere Themen, die wichtig sind und für das (Über-)leben in den unterprivilegierten Milieus sorgen. Es geht darum, nicht im hoffnungslosen Jammern zu verharren, sondern verschiedene Perspektiven, die auf die Zukunft gerichtet sind, aufzuzeigen. Verschiedene Perspektiven auf einen Sachverhalt können dazu beitragen, zuversichtlich neue Situationen zu schaffen, um eine Chance zu haben, dass sich alles wieder zum Besseren wendet.

Paul Oliver spricht in seinem Buch „Blues Fell This Morning" davon, dass die afroamerikanischen Frauen und Männer zwar von vielen sozialen Ungerechtigkeiten und den daraus folgenden privaten Miseren betroffen sind, „aber ohne Illusionen darüber: weder von Gefühlen überwältigt noch völlig unempfindlich und ohne jedes Gefühl. Ihn (und sie; H.M.) stieß die hässlichere Seite der Welt, in der er (und sie; H.M.) lebte, nicht ab, er (und sie; H.M.) akzeptierte das Gute mit dem Schlechten." In seinem Aufsatz „Blues Expressiveness and the Blues Ethos" beschreibt Adam Gussow dieses Blues-Ethos, das davon gekennzeichnet ist, niemals aufzugeben, persönliche Widerstandsfähigkeit zu nutzen sowie Angst und Verzweiflung zu überwinden. Diese innere Haltung, „die Lebensphilosophie, die Blues-Musiker und andere Blues-Menschen trägt, zieht es vor, Schmerzen anzuerkennen, um Leid, wann immer möglich, auszuweichen. Sieh es, sage es, singe es, teile es mit anderen. Auf jeden Fall raus damit. Leugne den Schmerz nicht oder verstecke dich davor. Aber suhle dich darin auch nicht. Verwende rauen Humor – beinahe tragisch, fast komisch –, um darüber hinwegzukommen. Nutze stoische Beharrlichkeit, um die Angst zu überwinden. Mit etwas Glück wirst du es zurücklassen können. Oder nicht. Aber es ist einen Versuch wert."

Eines der charakterisierenden Merkmale des Blues ist, dass es in den Texten eher um das geht, was ist und nicht um das, was sein wird. Große Zukunftspläne oder in die Zukunft weisende Lebensentwürfe werden nicht gemacht; es geht um die Gegenwart. Anders verhält es sich mit Inhalten, wenn sich Frauen pragmatisch über das, was durch entschlossenes Handeln kurzfristig und konkret geändert werden muss, soll und kann ihre Gedanken machen. Der Blick richtet sich nicht, wie im Gospel, auf eine eventuelle und weit entfernte Zukunft im Himmel, sondern es geht um das Hier und Jetzt. Typisch ist für den Blues die oft benutzte Phrase: „I woke up in the Morning and …" (Ich wache am Morgen auf und …). Diese Formel bezeichnet nicht nur einfach das morgendliche Aufwachen, sondern richtet den Blick auf das, was ich sehe, was um mich herum gerade in der Welt geschieht und wie ich darin eingebunden bin. Tabus, die die bürgerliche Moral der weißen Gesellschaft geschaffen hat, gelten hier nicht. Eventuelle Grenzen sind nur durch den rassistisch bedingten Ausschluss aus der weißen Gesellschaft und den dadurch verengten Erfahrungsbereich gesetzt. Die Blueskultur entwickelt durch den erzwungenen Rahmen der Rassentrennung spezifische Ideen mit einem eigenen Wertekanon. Dieser erlaubt den Bluesmusikerinnen, frei in einen von der dominanten Gesellschaft nicht erwünschten, verbotenen oder als unwichtig gewerteten Diskurs einzutreten. So werden weder die Tabuthemen Sex, Tod oder ernste Krankheiten, die in der seichten weißen Unterhaltungsmusik ausgespart werden müssen, musikalisch nach dem Realitätsprinzip „so wie es eben ist", diskutiert.

Der Blues verzichtet kategorisch darauf, Personen oder Verhaltensweisen an den Rand zu drängen und fällt weder allgemeine Werturteile noch Gesamturteile über Gut und Böse, sondern individuell: „es ist für mich richtig" oder „es ist für mich in Ordnung". Die Bluesfrauen haben dadurch den Vorteil aktiv und mit durchsetzungsfähiger Stimme über Menschliches zu sprechen, das den weißen Sängerinnen wegen gesellschaftlich sanktionierter Tabus untersagt ist.

Süffisante Ironie, beißender Sarkasmus und komischer Humor sind dem Blues im Allgemeinen und den Bluesfrauen im Besonderen keineswegs fremd. Es kann auch mal um lästige Erfahrungen mit den eigenen Schuhen gehen, die jede Frau – bis heute – kennt. Ma Rainey schreibt den Blues „Those Dogs of mine" (1924) und gibt uns, von Lovie Austin begleitet, darüber Auskunft:

> *Looka here People, listen to me,*
> *Believe me I'm telling the Truth.*
> *If your Corns hurt you just like mine,*
> *You'd say the same Words too.*
> *Out for a Walk, I stopped to talk.*
> *Oh, how my Corns did burn!*
> *I had to keep on the shaded Side of the Street,*
> *To keep out Light of the Sun.*

Leute, schaut mal her, hört mir zu. Glaubt mir, ich sage die Wahrheit. Wenn deine Hühneraugen dich genauso schmerzen wie meine, würdet ihr auch das Gleiche sagen. Ich ging spazieren und blieb stehen, um mit jemandem zu reden. Oh, wie meine Hühneraugen brennen! Ich musste auf der schattigen Straßenseite bleiben, um das Sonnenlicht fernzuhalten.

> *Oh Lawdy, these Dogs of mine,*
> *They goin' to worry me all the Time.*
> *The Reason why I don't know,*
> *Sometimes I soak 'em in Sapolio.*
> *Lord, I beg to be excused. I can't wear me no sharp nosed Shoes.*
> *Oh Lawdy, how the Sun do shine*
> *Down on all of these Hounds of mine!*

Oh Lawdy, meine „Hunde", sie machen mir die ganze Zeit Sorgen. Aus dem Grund, weil ich nicht weiß was ich tun soll, tauche ich sie manchmal in Seifenwasser. Herr, ich bitte um Entschuldigung. Ich kann keine spitzen Schuhe tragen. Oh Herr, wie die Sonne runter auf all meine „Hunde" scheint! Da sage einer, dass drückende spitze Schuhe und Hühneraugen kein wichtiges Thema seien!

Interessant ist auch, sich anzuschauen, welche Dinge der Blues nicht beschreibt. Im Gegensatz zu den Bluessängerinnen können die weißen Sängerinnen dieser Zeit, mit ihrer „Sweet Music", lebensnahe Gefühlswelten, freizügige Gedanken, von der Gesellschaft unerlaubte Wünsche und realistische Analysen der Wirklichkeit, nicht in ihren Songs unterbringen – geschweige denn soziale Probleme. Das sind Tabuthemen. Im weißen Business der Unterhaltungsmusik geht es um die Wahrung der bürgerlichen Moral, vor allem der der weißen Frauen. Sie haben sich dem Mann ohne Widerspruch unterzuordnen und ihn, besonders vor der Ehe, anzuhimmeln. Diesen Vorstellungen können sich die weißen Sängerinnen (und auch die Sänger) noch für lange Zeit nicht entziehen. Der Blues ist das Gegenteil davon. So wird die romantische Liebe von den Bluesmusikerinnen nicht besungen. Es regnet keine roten Rosen. Auch seelenvolle Sonnenuntergänge oder die liebliche Schönheit von Landschaften oder ein verschwenderisches Leben in Städten sind keine Themen. Auch Heirat, Familie, Mutterschaft oder Kinder sind fast garnicht im Blickfeld. Selten werden Tiere besungen und wenn, dann eher als Metapher wie die Kuh, die Hühner, der Hund oder die Katze. Bemerkenswert ist auch, dass das größte politische und soziale Problem, die institutionalisierte Rassendiskriminierung beziehungsweise die konkreten Auswirkungen der Rassentrennung, kaum direkt angesprochen werden. Allerdings sind deren reale Folgen, wie die Arbeitslosigkeit, die prekären unterbezahlten Jobs, die daraus resultierende Armut und die zahlreichen Gefängnisaufenthalte wegen Kleinigkeiten, sowie die schlechte Wohnsituation wichtige und bedeutsame Thematiken. Es fehlt den Bluesfrauen, im Gegensatz zum Blues der Männer, die Auseinandersetzung mit der Fabrik- oder Landarbeit (Terpentinfarmen, Holzfällercamps, Plantagenwirtschaft), dem Pächterdasein auf dem Lande, dem Bestreben ein selbständiger Farmer zu werden. Diese Frauen haben es geschafft, sich nicht mit durch den Mangel an Bildung und Ausbildung bedingter unterbezahlter Arbeit durchbringen zu müssen.

Einige Bluesfrauen sprechen auch direkt die Probleme der unterbezahlten Tätigkeiten speziell für Frauen an, wie die Lage der Wäscherinnen, die bei Weißen arbeiten. Nach dem Ende der Sklaverei ist bezahlte Arbeit für die afroamerikanischen Frauen im Süden in der Landarbeit oder in den nur ihnen vorbehaltenen Arbeitsplätzen in weißen Haushalten wie Kochen, Waschen, Putzen und Beaufsichtigung der Kinder möglich. Hinzu kommen diese gleiche Arbeiten im eigenen Haushalt. Bis in die 1950er Jahre arbeiten die meisten afroamerikanischen Frauen, die außerhalb ihres eigenen Zuhauses tätig sind, immer noch in diesen Haushalten. Der „Washwoman's Blues" (1928), gesungen von Bessie Smith, ist als ein

Symbol für diese Art der Frauenarbeit zu verstehen, das für die Millionen von Frauen steht, die diesen schweren häuslichen Arbeiten nachgehen müssen, aber auch darauf reduziert werden. Dieser Blues ist kein direkter Protestsong, den es im Blues kaum gibt, sondern ein Abbild der sozialen Lage, in der sich, hier am Beispiel einer arbeitenden Frau, die afroamerikanische Community befindet.

Die Waschfrau berichtet: „Den ganzen Tag arbeite ich wie eine Sklavin mit der Seifenlauge. Meine Hände sind müde vom Auswaschen von diesem dreckigen Zeugs. Ich arbeite mehr als vierzig-elfte Gold Dust Twins. Ich habe Schmerzen vom Kopf bis zu meinen Schienbeinen. Ich wasche, um meinen Lebensunterhalt zu verdienen. Das Leben einer Wäscherin ist kein bisschen gut. Ich würde lieber eine Küchenhilfe sein, die im Hof von Weißen kocht. Ich könnte viel essen und müsste nicht so hart arbeiten. Ich und mein altes Waschbrett haben sicher ein paar Sorgen und Nöte. Im trüben Wasser wringe ich diese schmutzigen Kleidungsstücke aus.“

All Day long I'm slavin'.
All Day long I'm bustin' Suds
Gee, my Hands are tired, washin' out these dirty Duds

Lord, I do more Work than forty-'leven Gold Dust Twins*
Got myself a achin' from my Head down to my Shins

Sorry. I do washin' just to make my Livelihood
Oh, the Washwoman's Life, it ain't a Bit of good

Rather be a Scullion* cookin' in some white Folks' Yard
Oh, could eat aplenty, wouldn't have to work so hard

Me and my ole Wasboard sho' do have some Cares and Woes
In the muddy Water, wringin' out these dirty Clothes

*Gold Dust Twins: ein nach 1900 sehr weit verbreitetes Waschpulver. In der breit angelegten Werbekampagne wird ein afroamerikanisches Zwillingspaar karikiert dargestellt. Die beiden Kinder stehen vor einer riesigen Waschwanne voll mit Geschirr. Der eine wäscht ab, der andere Zwilling trocknet ab. Der rassistische Werbeslogan dazu: „Lassen Sie die Zwillinge Ihre Arbeit machen!“ *Scullion = eine Küchenhilfe

Die klassischen Bluesfrauen der 1920er Jahre erzählen – wie auch die Bluesmänner dieser Zeit – hauptsächlich von den Beziehungen zwischen den Geschlechtern. Große Aufmerksamkeit schenken die Bluesfrauen den Freuden und Leiden der Liebe und besonders dem Sex. Auch den oft mit Sex und Geld zusammenhängenden Trennungsgeschichten mitsamt ihren Frustrationserfahrungen mit den Männern gilt ihr besonderes Interesse. Viel Verdruss bereiten den Frauen die „Daddys", die „Papas", die leichtsinnigen „Jelly Beans" oder der „Husband", der Ehemann oder ihr „Man", ihr Mann, unter dem eher selten der Ehemann zu verstehen ist. Die Bluesfrauen kennen größtenteils aus eigener Erfahrung das harte ärmliche Leben der Familienfrauen und jungen Mädchen im Süden, dem sie entgehen konnten. In diesen Bluessongs verarbeiten sie die Ängste und Nöte der jungen Frauen, denn sie kennen die Sorgen und Sehnsüchte ihres weiblichen Publikums. Nach dem Abenteuer ihrer Wanderung in den Norden müssen sie sich mit diversen Unsicherheiten und Unwägbarkeiten in ihrem neuen städtischen Leben, das so ganz anders ist, auseinandersetzen. Oft allein, ohne Ausbildung und ohne die Geborgenheit und Unterstützung der Familie müssen sie sich in einer neuen fremden Lebenswelt durchschlagen. Daher ist es von vielen Sängerinnen auch ein Anliegen, konfliktreiche und widersprüchliche Alltagserfahrungen in solch schwierigen Zeiten musikalisch zu diskutieren, zu veranschaulichen und von der Bühne herunter Hilfe zum Leben anzubieten.

Nicht alle Bluestitel der Frauen schlagen in ihren Songs mehr oder weniger umsetzbare Möglichkeiten der Behandlung eines Problems vor, sondern beschränken sich auf die nüchtern sachliche Erzählung von dem, was ist. Interessant ist jedoch, dass die in den weiblichen Bluestexten vorherrschenden Frauenbilder kaum oder höchstens ironisch eine „schwache" Frau bemitleiden, sondern im Gegenteil das Bild einer „neuen" Frau kreieren. Diese trifft selbstbewusst handlungsrelevante Entscheidungen, um sich tatkräftig von den Widrigkeiten ihrer jeweiligen Situation nicht unterkriegen zu lassen.

Das Klischee vom Blues als vor allem trauriger Musik, das er in der Zeit der Wiederentdeckung in den 1950er und 1960er Jahren durch das neue weiße Publikum erfährt, hängt dem Blues bis heute an. Tatsächlich ist eine große Anzahl von Werken jedoch eher beschwingt und tanzbar und artikulieren in den Texten fast ebenso häufig negative wie positive Stimmungen oder beide zusammen in einem Titel. So gibt es auch viele in kleine Geschichten verpackte humorvolle, heitere, witzige, freche, optimistische und sogar ziemlich alberne Bluestitel wie der „Cemetery Blues", den Bessie Smith 1923 vorträgt. Es ist eine kleine ironische Geschichte von einem wichtigen Ort für die Menschen, dem Friedhof.

Die erste Strophe besitzt eine Vorrede. Diese Art und Weise eines Bluesanfangs kommt traditionell aus dem Bereich des Vaudeville, die bis heute in vielen Musikgenres genutzt wird. Bessie führt damit ihre Zuhörerschaft in die Friedhofsthematik ein und stellt uns die „Cemetery Lize" in Tennessee vor, die ihren Blues immer auf dem Friedhof weg singt. Das ist sehr tröstlich für Lize und gibt ihr Hoffnung.

Folks, I know a Gal named Cemetery Lize down in Tennessee.
She has got a Pair of mean old Graveyard Eyes, full of Misery!
Every Night and Day, you can hear her sing her Blues away

Bessie kennt ein Mädchen, die „Cemetery Lize" genannt wird und die ein Paar böse alte Friedhofsaugen voll mit Elend hat. Sie geht auf den Friedhof, weil die Welt falsch ist und die spukenden Geister ihren Song voller Kummer und Sorgen hören sollen. Sie hat eine Verabredung mit einem Gespenst namens Jones. Sie freut sich, wenn sie hören kann, wenn er mit seinen Knochen klappert. Er ist ein Mann, von dem sie immer weiß, wo er ist. Lize rät den Frauen auf den Friedhof zu gehen, wenn sie eine wahre Liebe haben wollen. Zwar sei Jones nicht gut angezogen, er trägt nichts als einen Sack, aber jedes Mal, wenn er sie küsse, krieche dieses eigenartige Gefühl ihren Rücken hoch.

I'm going down to the Cemetery, 'cause the World is all wrong! 2x
Down there with the Spooks to hear 'em sing my Sorrow Song.

Got a Date to see a Ghost by the Name of Jones, 2x
Makes me feel happy to hear him rattle his Bones!

He's one Man, I always know just where to find! 2x
When you want true Lovin', go and get the Cemetery Kind!

Yeah, he ain't no fine Dresser. He don't wear nothin' but a Sack. 2x
Every Time he kisses me, that funny Feeling creeps up my Back!

Der „Black Mountain Blues" ist ein Beispiel dafür, mit einem witzigen antiautoritär daherkommenden Titel über das wilde Leben der Leute vom „Black Mountain", die in einer verkehrten Welt leben, das Publikum zu begeistern. Bessie Smith singt diesen Blues im Jahr 1930, Janis Joplin 1965 mit kleinen Veränderungen des Textes mit der „Oxtrot Jazz Band".

Die Leute von Black Mountain sind schlecht, weil dich ein Kind ins Gesicht schlagen wird, die Babys schon nach Alkohol schreien. Die Vögel singen dort Bass und die Leute sind so schlecht wie sie nur irgend können. Dort verwenden sie Schießpulver um ihren Tee zu süßen. Man kann auch keinen Mann im Gefängnis festhalten. Obwohl ihn die Jury für schuldig befindet, bezahlt ihm der Richter persönlich seine Kaution.

Back in Black Mountain, a Child will smack your Face 2x
Babies cryin' for Liquor, and all the Birds sing Bass

Black Mountain People are bad as they can be 2x
They uses Gunpowder just to sweeten their Tea

Back in Black Mountain, can't keep a Man in Jail 2x
If the Jury finds him guilty, the Judge 'll go his Bail

Bessie hatte einen Mann dort, den süßesten Mann der Stadt. Er traf ein Mädchen aus der Stadt und schon ließ er sie fallen. Nun befindet sich Bessie auf dem Weg nach Black Mountain, sie, ihr Rasiermesser und ihre Pistole. Sie wird ihn erschießen wenn er still steht und ihn mit dem Rasiermesser schneiden, wenn er wegrennt. In Black Mountain schießen alle blitzschnell und sofort. „Wenn du nicht schnell genug beiseite springst, wird dich die Kugel treffen", warnt Bessie. Sie hat den Teufel in ihrer Seele und ist voll von schlechtem Fusel. Sie ist da draußen um Ärger zu machen, denn sie hat den Black Mountain Blues.

Had a Man in Black Mountain, the sweetest Man in Town 2x
He met a City Gal, and he throwed me down

I'm bound for Black Mountain, me and my Razor and my Gun 2x
I'm gonna shoot him if he stands still, and cut him if he runs

Down in Black Mountain, they all shoot quick and straight 2x
The Bullet I'll get you, if you start to dodgin' too late

Got the Devil in my Soul, and I'm full of bad Booze 2x
I'm out here for Trouble, I've got the Black Mountain Blues

Manche Texte sprühen geradezu vor Lebensfreude, andere wiederum sind vollkommen nichtssagend. Es sind Texte dabei, die die neuesten Modetänze für die Tanzwütigen vorstellen oder solche die den Friedhof oder den Tod zum Thema haben. Häufig benutzen die Bluesfrauen doppeldeutige Metaphern, etwa eine bildliche Vorstellungen erzeugende Sprache, die gerne beim Thema Sex verwendet wird und die beim Publikum zu besonders beliebten Songs werden.

Es gibt auch sehr ernste Texte, die von Diskriminierung, Verrat, Gewalt und Verbrechen, Mord und Gefängnis, Resignation, unerwiderter Liebe, Arbeitslosigkeit, Hunger, finanzieller Not, Heimweh, Einsamkeit und Untreue berichten. Auch erzählt der Blues von schweren Krankheiten wie der gefährlichen Tuberkulose, die bei den entsetzlichen Wohnverhältnissen in den Vierteln der armen AfroamerikanerInnen immer mal wieder ausbricht. Victoria Spivey stellt in einem ihrer Tuberkulose Blues, dem „TB Blues" von 1926, eine Frau vor, die daran gelitten hat und empfiehlt Verhaltensmaßregeln für den eventuellen Fall, dass man von der Krankheit betroffen ist: „Alles ist zu spät! Tuberkulose zu haben ist in Ordnung, wenn deine Freunde dich währenddessen nicht so gemein behandelt haben. Bitte sie nicht um einen Gefallen, sonst kommen sie sogar gar nicht mehr.

TB bringt mich um! Ich bin wie eine Gefangene und wünsche mir, davon frei zu sein. Als ich wieder auf den Beinen war, konnte ich nicht auf der Straße entlang gehen, denn die Männer musterten mich von Kopf bis Fuß. Ich möchte, dass mein Körper im tiefen blauen Meer begraben wird. Die Tuberkulose, die Schwindsucht, sie tötet mich!"

Too late, too late, too late, too late, too late! 2x
Well I'm on my Way to Denver, and Mama, mustn't I hesitate!

TB's alright to have if your Friends didn't treat you so low down, 2x
Don't you ask 'em for no Favours, they even stop comin' around!

Mmmmmmmm, TB's killin' me! 2x
I'm like a Prisoner, always wishin' he's free!

When I was up on my Feet, I could not walk down the Street 2x
For the Men's lookin' at me from my Head to my Feet!

But ohhh now, the TB's killin' me, 2x
I want my Body buried in the deep blue Sea!

Mmmmmmmm, 2x
The Tuberculosis, the Consumption 's killin' me!

Auch Memphis Minnie komponiert mehrere Bluesstücke, in dem es um schwere Krankheiten geht. Wie in Victorias Blues über die Tuberkulose geht es ihr ebenfalls nicht um die erotischen Konnotationen wie in den diversen „Doktor-Blues"-Titeln von Sängerinnen wie Dinah Washington. In ihrem „Meningitis Blues" (Hirnhaut-entzündung) von 1930 mit der „Memphis Jug Band" ist der Doktor der Vorbote des Todes. Das ungewöhnliche an diesem Blues ist die genaue Nachzeichnung der sich entwickelnden Krankheit bis zum elenden Ende. Ein Jahr bevor Minnie diesen Blues aufnimmt, wütet diese bakterielle Krankheit in Detroit und trifft besonders die verwundbaren armen Schichten in den afroamerikanischen Ghettos.

I'm coming Home one Saturday Night,
Pull off my Clothes and I lie down 2x
And that Morning just about the Break of Day
The Meningitis begin to creep around

My Head and Neck was paining me,
Seems like my Back would break in two 2x

I hurried to the Neighbors that Morning,
I didn't know what in the World to do.
My Companion take me to the Doctor,
„Doctor, please tell me my Wife's Complaint" 2x
Doctor looked down on me, shook his Head, said,
„I wouldn't mind telling you, Son, but I can't"

He take me round to the City Hospital.
The Clock was striking Ten 2x
I done hear my Companion say, „I don't believe
I'll see your smiling Face again"

Then the Nurses all began to set around me,
The Doctors had done give me out 2x
Every Time I'd have a Potion, I would have a foaming at the Mouth

Mmm, the Meningitis killing me. Mmm, the Meningitis killing me
I'm failing, I'm failing, Baby, my Head is bended down onto my Knee

Auch von zum Teil selbsterlebten oder von anderen gehörten Beschreibungen von Naturkatastrophen und ihren schlimmen Folgen wie dem Verlust der Wohnung mitsamt Hab und Gut berichten einige Bluestitel. Im „St. Louis Cyclone Blues" von Elzadie Robinson wird eine zerstörerische Überschwemmung beschrieben, die tatsächlich passiert ist. Man bedenke, dass die afroamerikanische Bevölkerung zumeist in wackelig zusammengezimmerten Holzhütten in den schlechten und gefährdeten städtischen und ländlichen Gegenden leben – auch heute noch. Ich erinnere an das Hochwasser, das der Hurrikan „Katrina" 2005 in New Orleans verursacht hat. Hauptsächlich die afroamerikanische Bevölkerung war betroffen.

Oft sind in den Bluestexten zahlreiche formelhafte Wendungen oder einzelne Textzeilen vorhanden, die schon eine lange Geschichte hinter sich haben, und die bei gegebenem Anlass anpasst und verändert in den Texten mitverwendet werden. Elijah Wald nennt in seinem Buch „Der Blues" als Beispiel die Phrase „My Baby left me", die heutzutage als abgedroschen gelte, in den damaligen Zeiten jedoch wegen der instabilen Lebensverhältnisse für die Menschen von großer Bedeutung gewesen sei. In der Zeit nach dem II. Weltkrieg verändern sich die Textinhalte stark. Die besseren Lebensverhältnisse bedingen eine neue Bearbeitung der Lebensrealität. Die Textinhalte werden universaler und nicht mehr so stark von den in den 1920ern herrschenden elenden Lebensbedingungen der Vorkriegszeit bestimmt. Vor allem im Norden wird in den Fabriken mehr Geld verdient, das für vielseitige Freizeitaktivitäten ausgegeben werden kann. Dass der lyrische Reichtum der Bluestexte nachlässt, erklärt Wald damit, dass einerseits die SongwriterInnen bis zu den

1950er Jahren noch aus dem „großen Reservoir an Quellen schöpfen, die sich bei Liedern bedienen konnten, die nie in irgendeiner Form (…) schriftlich oder auf Schallplatte (…) festgehalten worden sind." Es könne aber auch an den höheren Ansprüchen des Publikums gelegen haben, die ihr Leben im Blues wiederfinden wollten. Wald führt an, dass beispielsweise der Bassist Willie Dixon, Songwriter des Chess-Labels, 1954 einen modernisierten Titel „I just want to make Love to you" zur Rolle der Frauen veröffentlicht. Sie arbeitet nun nicht mehr den ganzen Tag für ihn oder wäscht ihm nicht mehr seine Wäsche und sie muss ihm auch nicht mehr unbedingt treu sein.

Der Blues entwickelt sich unaufhaltsam in eine Richtung mit harmloseren und unterhaltsamen Texten für den neuen unbeschwerteren Rhythm & Blues, der auf den weißen Musikmarkt strebt. Für diesen frühen R&B, der noch dem Blues verpflichtet ist, wie auch der Swing, der Soul und der frühe Rock'n'Roll interessiert sich auch die neue afroamerikanische und weiße Teenagergeneration. Das Streben der afroamerikanischen MusikerInnen nach dem Crossover in die weiße Musikwelt bedeutet aber auch, in den Texten die gesellschaftlichen Tabus möglichst nicht oder nicht zu stark brechen zu dürfen. So ist in den späten 1940er Jahren Schluss mit dem „Dirty Blues". Die Blues- und R&B-KünstlerInnen können keine Platten dieser Art mehr veröffentlichen; sie fallen der Zensur zum Opfer. Weiße Teenager bekommen durch das Radio mehr Zugang zur Musik der afroamerikanischen KünstlerInnen, aber die Zensoren der Radiosender weigern sich aufgrund der Texte oft, die „Race Records" mit den tabulosen Texten abzuspielen. Als das weiße Publikum beginnt, den afroamerikanischen KünstlerInnen zuzuhören, müssen sie sauberere Versionen ihrer „dirty" Bluestitel einspielen, um sie ins Radio zu bringen. Die doppeldeutige Textgestaltung der schärferen Gangart wird erst wieder gerne von den weißen Rockbands ab den 1960er Jahren aufgegriffen. Der Blues verwandelt sich wieder einmal. Er wird weißer!

Die Bluesstimme, die Blue Notes und das Bluesfeeling

Charakteristisch für den Blues sind die Blue Notes, die nicht zum klassischen europäischen Tonsystem gehören. Sie sind von der afrikanischen pentatonischen Tonleiter abgeleitet und prägen stark den Stil der Melodien des Gesangs und der Soloinstrumente. Es gibt sie aber auch in der englischen und irischen Volksmusik. Zur Geltung kommen die Blue Notes in den Akkorden der Dur- und Molltonarten im Zusammenhang mit der improvisierenden Ausgestaltung des Blues. Alle Instrumente, denen technisch eine freie Intonation möglich ist, können diese Blue Notes ohne Probleme erzeugen und damit die Ausdruckskraft der Bluesmusik steigern. Blasinstrumente erreichen dies durch Veränderungen der Art und Weise, wie hineingeblasen wird; Saiteninstrumente ziehen und verschieben mehr oder weniger stark die Saiten ihres Instruments.

Besonders geeignet für eine ausdrucksstarke Präsentation der Bluesmusik ist die menschliche Stimme und die Gitarre. Die Gitarre hat oft die Funktion, dem Gesang zu antworten, ähnlich dem früheren „Call and Response" in den alten Worksongs des 19. Jahrhunderts. Dieses Prinzip bietet der Gitarre als Begleitinstrument verschiedene Möglichkeiten für Spannung und Kontrast im Bluessong zu sorgen und seine Wirkung zu verstärken. Sie ist auch ausgezeichnet in der Lage, menschliche Stimmungen musikalisch umzusetzen.

Die menschliche Stimme ist organisch gegeben und somit angeboren. Sie ist das intimste Musikinstrument eines Menschen; die Klänge kommen ohne Vermittlung durch ein Instrument direkt aus seinem Inneren. Die Bluessängerinnen erzeugen ihre eigenen speziellen Klänge im Gesang; ihr Instrument besitzt ihr unverwechselbares Timbre. Dieses variieren sie, je nachdem, welche menschlichen Stimmungen sie mit ihren Songs ausdrücken möchten. Die frühen städtischen Bluesfrauen fügen dem Blues verschiedene Innovationen im Gesang und in der Interpretation von Texten hinzu, die nicht nur den Blues weiterhin prägen und begleiten werden. Menschen drücken ihre individuellen Gefühle genau so unterschiedlich aus wie die Interpretinnen des Blues. Die ureigene Stimme, die ihr eigene Stimmfärbung und die Gestaltungsfähigkeiten, dieses individuelle Timbre zu variieren, findet in der Bluesimprovisation eine große interpretatorische Freiheit. Das Einfühlen in das Thema durch verschiedene stimmliche Techniken verdeutlicht dem Publikum die jeweiligen Worte im Zusammenhang mit dem Gefühlsgehalt des gerade vorgetragenen Blues. Viele der Bluessängerinnen sind dazu fähig, ihre Stimme dem Textinhalt anzupassen. Das heißt, dass die ganze menschliche Gefühlsskala wie Freude, selbstbewusste Entschlossenheit, tiefe Trauer, Hoffnungslosigkeit und Resignation, überschäumende Wut, Zorn und Hass et cetera ihnen zur Auswahl steht. Das erzeugt im Publikum die Möglichkeit nicht nur den Worten zu lauschen, sondern auch die momentanen emotionalen Gefühle im Klang der Stimme der Sängerin hör- und nachfühlbar zu machen. Die jeweils passenden Stimmfarben klingen einmal weich und sanft, tief, hell oder rau und heiser und reibeisenartig sowie ordinär. Einige Sängerinnen erfinden Gesangstechniken, die von Klängen verschiedener Instrumente inspiriert sind, die wie Saxophone schreien, wie Posaunen grummeln oder auf den Tönen herumrutschen.

Auch in der innovativen vokalen Dramatik des Blues sind gesprochene oder gesungene spontane Adlips (Einwürfe) ernster oder komödiantischer Natur oder messerscharfe Shouts (Rufe) neu. Es fließen charakterliche Eigenheiten einer Person ein, wie auch unvorhersehbare und nicht wiederholbare spontane und wortreiche Gefühlsausbrüche sowie kreative Lautmalereien. Die Bluesfrauen fügen all dies beispielsweise oft spontan in ihre Titel ein, um sich „Luft zu machen", sich mit Mitteilungen an ihre Begleitmusiker zu wenden oder das Publikum mit Bemerkungen jeder Art anzusprechen, die dann lautstark von ZuhörerInnen kommentiert werden. Dieses Spiel mit dem Publikum soll Bessie Smith bis zur Meisterschaft gebracht haben. Auch der Scat-Gesang, eine Improvisation mit Wortsilben, ist schon im Blues vorhanden, wie das Beispiel von Memphis Minnies Blues „Where is my Good Man?" (1932) zeigt oder statt Worte zu singen Töne zu summen, was Minnie im „Dirt Dauber Blues" (1930) eine Strophe lang tut. Auch ein zartes Vibrato verwenden die Bluesfrauen zur Ausgestaltung der Wortsilben. Neben ersten Lautmalereien, die im Jazz, im späteren DooWop und im Rock'n'Roll verwendet werden, wird geschrien, gestöhnt, gesummt, geheult, gegurrt und sogar – miaut! Was im Englischen mit Meow! zu übersetzen ist. Im Bluesdialog „Pussy Cat! Pussy Cat!", einem „Dirty Blues" von 1930, gesungen von Hannah May und einem unbekannten Sänger, handelt es sich allerdings NICHT um eine süße kleine Katze!

Ein weiteres Merkmal des Bluesgesangs ist die extreme Verwendung von Synkopen, die Platzierung eines melodischen Akzents auf dem Offbeat. Der synkopierte Rhythmus des Gesangs wird häufig von einem regelmäßigen Takt der Begleitung unterlegt und zudem von individuellen Unschärfen des Gesangs bestimmt. Auch die Form des „Call and Response"-Gesangs aus der Zeit der Sklaverei taucht wieder im Zusammenspiel mit den begleitenden Pianistinnen oder den noch zunächst akustischen Gitarristinnen auf. Synkopen sind aus dem pianobasierten und tanzbaren Ragtime (Scott Joplin, eine afroamerikanischer Pianist und Komponist), schon bekannt und halten beim Gesang und bei der Begleitung oder bei instrumentalen Pianostücken Einzug in den Blues und Jahrzehnte später auch in den Bluesrock.

Mit ihrem einzigartigen Gespür für die Dramatisierung führen die frühen Bluesfrauen Vokal-Strategien ein, die die Kraft des Wortes steigern. Durch eine bestimmte Aussprache der Worte, eine betont syllabische Interpretation (jede Note eine Silbe) von einzelnen Worten oder Sätzen und kleinen Pausen innerhalb der Sätze intensivieren die Sängerinnen die ihnen wichtigen Worte. Dies kann ein Ausdruck des Gefühls sein, das die Sängerin in diesem Moment hat und in Gesang übersetzt. Oft betonen Bluessängerinnen dieses Gefühl in ihren Stimmen, indem sie einen Gesichtsausdruck intensiver Emotion annehmen, der manchmal so erscheint, als ob die Sängerin in Trance ist: geschlossene Augen mitsamt einer bewegten Körperhaltung! Die frühen Bluesfrauen tragen dazu bei, dass sich der Klang des Bluesgesangs wandelt. Speziell die Sängerin Dinah Washington fügt in den 1930er Jahren dem Blues starke Impulse durch melismatische Phrasierungen innerhalb von Worten oder Wortendungen hinzu. Ein einzelner Vokal bekommt nun nicht mehr nur einen Ton, sondern eine mehr oder weniger lange Tonfolge zugewiesen, wie man es noch heute bei Blues- und Jazzsängerinnen hören kann. So versehen die Bluesfrauen etwa auch traditionelle, nicht ursprünglich zum Blues gehörige Texte und Melodien mit dem „Bluesfeeling", wie das auch heute noch in vielen Musikstilen üblich ist. Sie bewirkten somit Veränderungen bei anderen Stilrichtungen des populären Gesangs wie Jazz, Rhythm & Blues, Gospel, Soul, Broaway-Musicals, Torch Songs (sentimentale Liebeslieder) und schließlich Rock'n'Roll.

POWERFRAUEN

DENISE LASALLE (Blues / R&B / Soul / voc) • LOVIE AUSTIN (Blues / Jazz / p) • GEORGIA WHITE (Blues / voc / p) • CLARA SMITH (Classic Blues / voc) • MARCIA BALL (Blues / voc / p) • MADLYNN DAVIS (Classic Blues / voc) • ODETTA (Blues / Folk / voc / git) • IDA GOODSON (Classic Blues / Jazz / Voc / p) • ZORA YOUNG (Blues / R&B / voc) • LILLIAN GLINN (Classic Blues / voc / Songwriter) • MERLINE JOHNSON (Blues / voc) • ELZADIE ROBINSON (Classic Blues / voc / Songwriter) • DEBORAH COLEMAN (Blues / Bluesrock / voc / e-git) • BOBBY CADILLAC (Blues / voc) • ALICE MOORE (Classic Blues / Country Blues / voc / p) • MONETTE MOORE (Blues / voc) • LOU ANN BARTON (Blues / voc) • LINDA HOPKINS (Blues / Gospel / voc) • IRENE SANDERS (Blues / voc / p) • ANNA LEE CHISHOLM (Classic Blues / voc / Songwriter) • JESSIE MAE HEMPHILL (Country Blues / voc / git / drum / tamburin / Songwriter) • EVA TAYLOR (Blues / Jazz / voc) • MARY STAFFORD (Classic Blues / voc) • MAMIE DESDUNES (Blues / voc / p) • REDD VELVET (Blues / Soul / voc / p / Songwriter) • CLEO BROWN (Boogie Woogie / Blues / Jazz / voc / p) • LOUISE JOHNSON (Delta Blues / voc / p) • HANNAH SYLVESTER (Classic Blues / voc) • ROXANNE POTVIN (Blues / voc / e-git / Songwriter) • ROSIE MAE MOORE (Classic Blues / voc) • MARION HARRIS (Classic Blues / voc) • PEARL DICKSON (Country Blues / voc / Songwriter) • ERLINE HARRIS (R&B / voc) • TRIXIE SMITH (Classic Blues / voc).

3. Historische Entwicklungen

Blues vor 1920

Der Blues hat eine lange Tradition. Mitsamt seinen Vorläufern wie den Worksongs ist er fast 150 Jahre alt. Auf Schallplatte ist er erst 102 Jahre alt. Ich möchte ein wenig in die Geschichte des Blues zurückschauen und verstehen, wie er entstanden ist und in der Zeit vor der Schallplatte gewirkt hat.

Eine nicht unbeträchtliche Rolle spielt die über 200-jährige Geschichte der Sklaverei in Nordamerika. Den SklavInnen wird so ziemlich alles verboten außer arbeiten. So dürfen sie beispielsweise nicht ihre traditionelle afrikanische Kleidung tragen oder untereinander ihre Stammessprachen sprechen. Das ist zum großen Teil sowieso nicht möglich, weil die Stämme und die Familien während des lukrativen Verkaufs der SklavInnen auseinander gerissen werden. Das geschieht nicht zuletzt deshalb, weil eine Verständigung untereinander nicht erwünscht ist, denn damit sollen eventuelle Aufstände verhindert werden. So übernehmen die AfrikanerInnen die Sprache und die Religion ihrer Herren. Lesen und schreiben zu lernen wird ihnen zudem ab 1831 von allen Sklavenhalterstaaten im Süden verboten.

Viele Lieder und Musikstile der verschiedenen afrikanischen Stämme gehen auf diese Weise verloren. Es bleibt die „Call-and-Response"-Struktur erhalten, die heutzutage im Blues oft im Wechselspiel zwischen Gesang und Gitarre noch zu erkennen ist. Auch die Betonung der zweiten und vierten Zählzeit eines Viertel-Taktes und der durchgehende synkopische Rhythmus hält sich bis in die Jetztzeit. Dieser Rhythmus war und ist aber auch in der Volksmusik der Bretonen in Frankreich und in anderen traditionellen europäischen Volksmusikstilen zu finden.

Verboten ist den SklavInnen auch, ihre religiösen Kulte und Riten auszuüben. Schon gar nicht dürfen sie ihre traditionellen afrikanischen Instrumente spielen. So erklärt sich auch, weshalb die afroamerikanischen MusikerInnen in den USA keine Instrumente in diese neue Bluesmusik einbringen, sondern auf europäische Instrumente wie die Gitarre, die Mundharmonika und später das Klavier und den Kontrabass zurückgreifen. Dies ist in weiten Teilen des amerikanischen Doppelkontinents anders, wo die SklavInnen ansatzweise mehr Rechte genießen. In Südamerika entwickeln sie Instrumente, die sich aus ihrer afrikanischen Tradition erklären wie die kubanische Conga oder der einsaitige Berimbau, das Hauptinstrument des brasilianischen Kampftanzes Capoeira.

Eine der wenigen Dinge, die den nordamerikanischen Sklaven erlaubt wird, ist, sich religiös und musikalisch zu betätigen. Das gilt allerdings nicht für Trommeln, da die Weißen vermuten, dass die „Sprache" der Trommeln ein nicht-sprachliches Kommunikationsmittel, das über viele Kilometer zu hören ist, darstellen könnte. 1740 wird in South Carolina ein Gesetz erlassen, das den Sklaven das Spielen von Trommeln, Trompeten und sonstigen lautstarken Instrumenten verbietet. Andere

Staaten führen dieses Gesetz später ebenfalls ein. In die entstehende afroamerikanische Musikkultur fließen verschiedene Musikstile wie europäische Volkslieder der
eingewanderten Weißen ein. In den örtlichen christlichen Kirchen der Weißen
machen die AfroamerikanerInnen Bekanntschaft mit europäischer Kirchenmusik.
Nach und nach versehen sie biblische Texte mit eigenen Melodien. Später entwik-
keln sich daraus die Gospels und die „Negro Spirituals", die auch schon „Blue
Notes" einbeziehen. Diese Musikstile enthalten Elemente afrikanischer Kultur wie
unter anderem das Ekstatische aus der Religionsausübung, das Improvisieren sowie teilweise die Rhythmik samt Stampfen mit den Füßen und das Händeklatschen
als Ersatz für die Trommeln. Infolgedessen entsteht eine Musik, die stärker afrika-
nisch als europäisch orientiert ist. Zudem finden sich in den Bluestexten Spuren
afrikanischer Worte, die aus verschiedenen Sprachen afrikanischer Zivilisationen
wie den Wolof, den Bantu oder den Yoruba stammen.

Im späten 19. Jahrhundert wird in der afroamerikanischen Community in den
Südstaaten eine spezielle Volksmusik kreiert, die zunächst nicht mit dem Begriff
„Blues" als Stilrichtung belegt wird. Blues ist zunächst nur ein Wort für eine melan-
cholische Gefühlslage im Gesang, die im Alltag von Singenden benutzt wird, die
den Blues haben, die gerade keine gute Zeit haben. Der Blues ist keine Musik der
SklavInnen, sondern wird von und für freie Unterdrückte gesungen und gespielt.
Er kann als Fluchtventil für Traurige oder Entmutigte dienen, aber auch mit komödiantischen und ironischen Textinhalten zur Lebensfreude beitragen. Bluesmusik,
die ursprünglich von den Aufnahmestudios der Schallplattenfirmen bis 1920 völlig
und von der weißen amerikanischen Öffentlichkeit noch lange ignoriert wird, ist
eine ureigene gefühlvolle und den Tatsachen des Lebens ins Auge blickende Entäu-
ßerung, die aus der afroamerikanischen Community aufsteigt und MusikerInnen
und Musikgenres im Laufe der Zeit auf der ganzen Welt beeinflusst und den Blues
zur Weltmusik macht.

Doch zurück zu den Anfängen: Die Rassenvorurteile der Weißen sitzen tief. Bald
nach dem Ende der Sklaverei (1865) münden sie in die sogenannten „Jim-Crow-
Gesetze", die die Rassentrennung (Segregation) zementieren. Das Wahlrecht wird
den AfroamerikanerInnen im Süden nach und nach entzogen und die Zahl der von
den Weißen begangenen Lynchmorde nehmen zu. Der „Neger" ist zwar seit dem
Ende der Sklaverei vor dem amerikanischen Gesetz, das die Menschenrechte for-
muliert hat, gleich. Allerdings, und das ist teilweise bis heute so, werden sie von der
Gesellschaft nicht als gleichwertige Menschen anerkannt, geschweige denn entsprechend behandelt.

In dieser Phase der Rassentrennung entwickelt sich langsam der Blues, der ab
den 1920er Jahren in den afroamerikanischen Communities des Südens und auch
des Nordens auf Schallplatte zu haben ist. Circa 30 Jahre später entdeckt und hört
ihn auch die junge weiße Bevölkerung und nach weiteren zehn Jahren wird der
Blues in Europa begeistert aufgenommen.

Die Zeit der Sklaverei hat für afroamerikanische Frauen eine besondere Bedeutung. Weil schon drei Jahre vor dem endgültigen Ende der Sklaverei im Jahr 1863 der internationale Sklavenhandel abgeschafft ist, kommen keine dringend benötigten billigen Arbeitskräfte mehr nach. 1860 bringt die „Clotilda" illegal als letztes Schiff SklavInnen aus dem heutigen Benin in Westafrika nach Mobile/Alabama in die USA. Der Sklavenhandel geht jedoch zunächst weiter. Frauen sind im Ankauf und Unterhalt viel billiger als Männer. Doch aufgrund der neuen Situation bemisst sich die Bedeutung und der Wert einer Sklavin nun weitgehend nach der Aussicht, zehn oder mehr Kinder bekommen zu können und zu sollen, um damit neue junge SklavInnen für die Arbeit auf den Baumwollplantagen heranzuziehen. Nicht nur, dass die Frauen keine Rechte an ihren Kindern haben, sie sind auch oft persönliche Opfer ihrer weißen Herren. Sexuelle Ausbeutung und Vergewaltigungen durch die Sklavenhalter sind an der Tagesordnung. Insofern kann sich bei den afroamerikanischen Männern in dieser Lage kaum ein männliches Überlegenheitsgefühl gegenüber den eigenen Frauen entwickeln, da Frau wie Mann gleichermaßen der Gewalt ihrer Besitzer unterworfen sind. Diesen Sachverhalt beschreibt Angela Davis in ihrem Buch „Rassismus und Sexismus": „Da die schwarze Frau als Arbeiterin weder als das ‚schwache Geschlecht' noch als ‚Hausfrau' behandelt werden konnte, konnte auch der Mann nicht die Rolle des ‚Familienoberhaupts', geschweige denn des ‚Versorgers' übernehmen."

Direkt nach der Sklaverei in der sogenannten Rekonstruktionsphase verändert sich ökonomisch für die afroamerikanische Bevölkerung nicht allzu viel, außer zum Schlechten. Bildungsmöglichkeiten gibt es nur rudimentär. Viele der ehemaligen Landarbeiter, die zu Plantagen gehören, werden nun zu Tagelöhnern. Die kleinen Pachtfarmer (sharecropper) bleiben arm und kämpfen um den Lebensunterhalt für ihre Familien. Sie haben die schlechtesten Böden zugeteilt bekommen und müssen unangemessen viel Pacht an die Landbesitzer zahlen. Das bedeutet, dass sie aus den Schulden nur unter großen Schwierigkeiten herauskommen. Aus dieser ausweglosen Lage fliehen Abertausende im Laufe der Zeit unter Zurücklassung ihrer kargen Besitztümer mit nichts in den Norden.

Bis auf Ausnahmen sind die jungen AfroamerikanerInnen, die schon in Freiheit aufgewachsen sind, aufgrund ihrer mangelnden Bildung dieser neuen Situation im ökonomischen Wettbewerb nicht gewachsen. Ebenso sind sie auf die offene Rassendiskriminierung in einer weißen dominanten Gesellschaft nicht vorbereitet. Es verändern sich jedoch die sozialen und kulturellen Beziehungen untereinander in ihren Communities sowie auch in und mit der weißen Mehrheitsgesellschaft, die allerdings in fast jeder Hinsicht dominant bleibt. Als 1896 der Oberste Gerichtshof der USA festlegt, dass die Verfassung für Afroamerikaner und Weiße getrennte Einrichtungen und Dienstleistungen zulassen dürfe (Segregation), solange diese für beide Seiten gleichwertig seien, wird damit der Rassendiskriminierung auf allen gesellschaftlichen Ebenen Tür und Tor geöffnet. Die Südstaaten verfolgen nun die

Strategie der räumlichen Trennung und richten daraufhin separate, aber keinesfalls gleichwertige Einrichtungen für AfroamerikanerInnen ein. Die afroamerikanische Bevölkerung bekommt die miesesten Jobs, die gammeligsten Häuser, das schlechteste Bildungssystem und das Farmland von minderer Qualität: von allem das Schlechtere. Es folgt eine strikte soziale Trennung in öffentlichen Verkehrsmitteln, Theatern und sogar in Fahrstühlen und auf Friedhöfen. Selbst bei Festen auf der Plantage feiern schwarz und weiß getrennt. Manchmal trennt sie eine hohe Mauer. Die Zeit des gemeinsamen Kirchgangs und des gemeinsamen Singens von Kirchenliedern ist vorbei. Bedingt durch die Segregation leben die Menschen voneinander separiert und isoliert.

Die afroamerikanische Bevölkerung im Süden ist nun auf sich angewiesen. Die Entwicklung einer eigenen kulturellen Sphäre bahnt sich an. „Worksongs", die religiösen „Negro Spirituals" und „Call and Response"-Musik sind immer noch auf die Befreiung von der Unterdrückung durch die Weißen ausgerichtet und klagen über die harschen Arbeitsbedingungen. Diese religiösen Lieder waren während der Sklaverei eine starke Stütze für die Erwartung, dass in Zukunft die weltliche Freiheit erreichbar sein würde. Trotz rechtlicher Freiheit der Person ist es unter den herrschenden ökonomischen Bedingungen immer noch weitgehend unmöglich, eigene Entscheidungen über sein Leben zu fällen. Die sich in dieser Zeit unter den Bedingungen der Rassentrennung entwickelnde Blues- und Gospelmusik ist zunächst noch eine kollektive Musik in der afroamerikanischen Community – säkular und religiös – mit dem Ziel der Freiheit, die in den Südstaaten nur auf dem Papier steht.

Nun trennen sich die weiße und die afroamerikanische Kultur. Eigene kleine Kirchen werden gebaut und die Spirituals, die synkopierten Kirchenlieder finden sich dort in einer gefestigten Institution wieder. Es entstehen die Gospel Songs, die als „God's Songs" angesehen werden. Im Laufe der Zeit werden eigene Schulen gegründet und in den Städten bilden sich Ghettos. Auch eine afroamerikanische Vergnügungsindustrie entfaltet sich. Zunächst können deren Produktionen wie die Minstrel- und Vaudeville-Shows im Süden nur in wandernden Zeltshows stattfinden. Die zunächst weißen Minstrel-Shows entstehen Anfang des 19. Jahrhunderts. Es sind rassistische Darbietungen, die Sklaven als fröhliche, ewig singende dumme und faule Menschen lächerlich machen. Manchmal werden auch afroamerikanische Darsteller dafür engagiert, die sich trotz dunkler Haut schwarze Farbe ins Gesicht schmieren müssen. (Blackfacing) Die Vaudeville-Shows, bei denen auch afroamerikanische KünstlerInnen engagiert werden, haben ihre Hochzeit um 1900. Sie bestehen aus einer temporeichen Mischung von Akrobatik-, Bauchredner-, Comedy- und Gesangsnummern in der Art eines Varietétheaters oder einer Revue. Für die afroamerikanischen BesucherInnen solcher Shows gibt es zunächst noch keine festen Spielorte wie Theater oder Hallen. Theater sind für die wachsende afroamerikanische Bevölkerung wegen der Rassentrennung geschlossen.

Im Zuge der massenweisen Migrationsbewegung aus dem Süden wird Harlem ein schnell wachsender afroamerikanischer Stadtteil und bald das Zentrum der afroamerikanischen Kultur.

Erst 1915 wird in Harlem, New York City, für dieses Publikum der erste feste Spielort eröffnet, das Lincoln Theater. Es öffnet seine Pforten auch für die erfolgreichen Blueskünstlerinnen aus dem Süden wie Ethel Waters und Bessie Smith. Es ist das einzige Theater in New York City in dem Ma Rainey, die Mutter des Blues, auftreten kann. Andere Städte folgen und die afroamerikanische Community kann endlich die Stimmen hören, die aus ihrer Mitte kommen. Ab 1934 öffnet das bis heute berühmte „Apollo Theater" in Harlem die Pforten für die afroamerikanischen KünstlerInnen und ihr Publikum, denn Harlem ist inzwischen zu einem riesigen Stadtviertel mit afroamerikanischer Bevölkerung geworden.

Die neuen afroamerikanischen Tänze um 1900 wie der „Cakewalk" und die dazugehörige synkopierte Musik wie der städtisch geprägte „Ragtime", eine Instrumentalmusik, erscheint auf Noten. Die aufkeimende afroamerikanische Unterhaltungsindustrie verspricht schon um 1900, lange vor den Umwälzungen auf dem Musikmarkt durch die Schallplatten der „Race Records"-Sparte neue mediale Möglichkeiten für junge afroamerikanische Sängerinnen, die fast alle aus den Bluesstaaten im Süden stammen. Gesungen wird der Blues schon vor 1920 von diesen Künstlerinnen in den diversen wandernden Minstrel- und Vaudeville Theatern für das afroamerikanische Publikum.

Der Musikethnologe David Evans berichtet, dass Estelle Harris, eine der ersten afroamerikanischen Vaudeville-Sängerinnen und einer der Stars des Savoy Theaters in Memphis zwischen 1910 und 1913 als Bluesspezialistin bekannt ist. Auch einige weiße Sängerinnen versuchen, sich den für sie neuen afroamerikanischen Gesangsstil anzueignen und ihrem städtischen Publikum halbwegs authentisch vorzutragen. Weiße Vaudeville-Sängerinnen wie Marion Harris nehmen einige Bluestitel in ihr Repertoire auf, ohne dass es ihnen so richtig gelingt, den Vaudeville-Klang ihres Gesangs gänzlich zu unterdrücken. Aber nach 1900 kommt der Blues halt so langsam in Mode. Insgesamt ignorieren die Weißen damals fast gänzlich die vor und nach der Sklaverei (1865) als billiges Arbeitskräftereservoir betrachtete afroamerikanische Bevölkerung mitsamt ihren kulturellen Aktivitäten. Auch die kleine afroamerikanische Mittelschicht in den Südstaaten ist nicht interessiert und schaut verächtlich auf die Arbeiter- und die Landarbeiterschicht und ihre Musik, den ländlich geprägten Blues, herab. Weiße, die in den Baumwollanbaugebieten der Südstaaten leben, kennen den Blues schon aus der Zeit um 1900. Hier entwickelt sich mit der Zeit eine Mischung aus Blues und europäischer Musik wie die weiße Hillbilly Musik, die Country-Musik.

Dazu, wie der Blues vor der Schallplattenzeit einmal geklungen haben könnte, gibt es nur einige wenige schriftliche Äußerungen, wie das singende „Neger-Dienstmädchen", das das Wort „Blues" als Beschreibung eines betrübten Gefühls benutzt. Der große afroamerikanische Ragtime- und Jazzpianist Jelly Roll Morton (1890-1941) erinnert sich, dass er 1902 im „Tenderloin District", dem Vergnügungsviertel von New Orleans, erstmals jemand den Blues habe singen hören: Prostituierte standen „in Klein-Mädchen-Kleidern vor den Hüttentüren und sangen Blues". Des Weiteren erzählt er von einer Pianistin mit drei fehlenden Fingern an der rechten Hand, Mamie Desdunes, die sehr gut ausgesehen habe. Mit ihr habe er manches Konzert gespielt (er begann mit 14 Jahren in einem Bordell Klavier zu spielen) und sie habe den Blues „219 oder 2:19" gespielt und gesungen. Auch professionelle Sängerinnen wie Ophelia Simpson, Sängerin in einer „Traveling Medicine Show" (populäre Unterhaltung, verbunden mit dem Verkauf von obskurer Wundermedizin), beschäftigt sich mit dem Blues. Sie schreibt 1898 den Blues „Black Alfalfa's Jail-House Shouting Blues" im Gefängnis, denn Ophelia hat nach einem Streit ihren Ehemann umgebracht.

Auch W.C. Handy, afroamerikanischer Bandleader und Komponist, begegnet 1903 einem Bluesman mit Gitarre, der mit dem Messer auf die Seiten gedrückt (Slide) spielt und dazu singt. Handy ist davon überrascht, einen gesungenen Blues zu hören, den er bis dahin nur als Instrumentalmusik kennt. In dem Jahr habe er auch auf einem seiner Orchesterkonzerte in einer Tanzhalle drei einheimische Männer mit Gitarre, Mandoline und einem Saitenbass eine überaus nervtötende, mit endloser Monotonie quälende Musik spielen gehört. Er zieht den Schluss aus der Begeisterung der Menge und dem vielen Geld, das den Musikern auf die Bühne geworfen wird, dass er auch selbst Blues komponieren sollte. Seine Begründung: er habe nun die „Schönheit primitiver Musik" gesehen. Es entstehen einige notierte erwerbbare Bluessongs, darunter 1914 einer der bis heute bekanntesten Jazz- und Bluestitel, der „St. Louis Blues", dem er einen kleinen tangoähnlichen Teil hinzufügt hat.

„I got the Blues", 1908 von dem Multiinstrumentalisten, Komponisten und Bandleader Anthony Maggio geschrieben, gilt als erste Publikation einer auf Notenpapier veröffentlichten instrumentalen Bluesmusik, die in New Orleans zum Hit wird.

Der Blues gehört in den Südstaaten zum Alltagsleben auf dem Lande und später in den wachsenden Ghettos der Städte im Norden. Überall, an jeder Straßenecke, sei in St. Louis der Blues „gesungen, gepfiffen und gebrüllt" worden, so der Jazzmusiker Harry Dial 1958. Niemand habe daran gedacht, dass der Blues eine besondere Musikform sei.

Der Blues, dessen Vorläufer aus den Tiefen des 19. Jahrhunderts kommen, sind kollektive Gesänge der Sklaven bei der Gruppenarbeit auf dem Feld und in Gefängnissen (Work Songs), deren Form des „Call and Response" schon in Afrika die Arbeit rhythmisch begleitet hatte. Aus diesen Wurzeln entwickelt sich der Blues zur einzig originären Musik im Einwanderungsland USA. Wahrscheinlich bildet sich der Blues langsam ab circa 1870 heraus. Er enthält starke europäische musikalische Einflüsse, wie die der „Jigs" und „Reels" aus Irland und Schottland. Auch der um 1900 populäre synkopierte Ragtime, der großenteils auf dem Piano als mitreißende Tanzmusik gespielt wird. (Scott Joplin, Jelly Roll Morton) ist in den afroamerikanischen Communities sehr beliebt und beeinflusst den Blues. Im Gegensatz zu seinen Vorläufern ist die Bluesmusik inzwischen keine kollektive Aktion mehr, denn sie bildet – im Gegensatz zum Gospel – keinen gemeinsamen Gesang in einer Gruppe aus. Die „Negrospirituals", die im damals einzig möglichen religiösen Rahmen stattfinden, sind noch ein verdeckter Ruf nach Freiheit von der Sklaverei. Die Gospelmusik, die an die Institution der afroamerikanischen Kirchen gebunden ist, beschäftigt sich allein mit dem Ausgleich des irdischen Leids im Jenseits. Die Religion und die afroamerikanische Kirche stehen für Unterwerfung schlechthin. Gepredigt wird die gottgewollte Anpassung an die Gegebenheiten des Lebens, die Sünde und die Schuld des Menschen an der Vertreibung aus dem Paradies. Im afroamerikanischen Humor spiegelt sich das Misstrauen der jungen afroamerikanischen Generation gegenüber einer veraltet erscheinenden Religion wieder und Witze oder Spott über Priester werden alltäglicher. Die Kirche verliert ein wenig von ihrer Macht über das Leben der AfroamerikanerInnen, denn ein neues Freiheitsgefühl erwacht.

Ein Beispiel dafür ist, wie Memphis Minnie sich vom lieben Mädchen, das jeden Tag in die Kirche geht, durch unerlaubte Übertretung von Grenzen zum freien Individuum verwandelt, das eigene Entscheidungen trifft. Sie will als Frau ein verbotenes Würfelspiel lernen, damit sie lange in der Nacht unterwegs sein kann. Sie wünscht sich, dass der Würfel nicht versagt. Sie empfiehlt den Frauen von zuhause auszuziehen, wenn dort große Verwirrung herrscht. Sei keine Närrin! Im „Good Girl Blues" (1930) heißt es:

> I've been a good Girl, going to Church all of my Days. 2x
> But I'm going to learn to gamble so I can stay out late.
>
> Crying Dice, oh, Dice, please don't fail on me. 2x
> If you don't seven/eleven, don't you crap and three.
>
> When your Home get unhappy, just as well to pack up and move. 2x
> Ain't no use trying to live in Confusement, you –
> just like you was a Fool?

Der Blues ist nicht religiös. Er hat kein Interesse an göttlichen Belohnungen oder Strafen. Der Blues ist durch und durch weltlich und strebt das „Paradise now", das „Paradies auf Erden" im Hier und Jetzt an. Die Kinder werden von ihren religiösen Eltern vor dieser neuen Teufelsmusik gewarnt, denn der Teufel ist das Symbol des Bösen. Die Sängerin und Pianistin Ida Goodson (1909-2000) singt und spielt einen Mix aus Blues und Gospel. Ihre Eltern verbieten ihr und ihren Geschwistern das Hören des Blues. Sie jedoch hat keine Probleme mit der Teufelsmusik und wenn die Eltern nicht zuhause sind …

Eine Zeit lang gehört Ida als Pianistin zur Show von Bessie Smith, denn sie hat keine Berührungsängste mit dem Teufel und seiner Musik. Idas Meinung dazu: „The Devil got his Work and God got his Work."

Der säkulare Blues widersetzt sich offen dem christlichen Gebot, sexuelles Verhalten in den Bereich der Sünde zu verbannen. Er wird von den afroamerikanischen Kirchen als Sünde und als des Teufels Musik angesehen; das unterscheidet ihn von den religiösen Gospelsongs. Ein Bluesmusiker schließt angeblich einen Pakt mit dem Teufel oder verkauft seine Seele an ihn. In diesen Mythen muss es oft eine nächtliche Straßenkreuzung sein, wo dieser Pakt geschlossen wird. Bluesmen beschuldigen manchmal gerne ihre Frauen oder Freundinnen, Teufel zu sein oder wünschen sich, dass sie vom Teufel geholt werden. Aber auch Bessie Smith prophezeit ihrem Mann in ihrem Blues „Devil's gonna get you" (1928), dass der Teufel ihn holen werde, wenn er so weiter mache wie bisher. Der Teufel sitze unten in der Hölle am Feuer, eine Mistgabel in der Hand und er werde dorthin gehen müssen. Wochenlag war ihr Mann, dieser verdammte Freak, weg. Wo wohl? Er kommt zurück, legt sich in ihr Bett und dreht ihr den Rücken zu.

Devil's gonna get you 2 x
Oh, the devil's gonna get you
Man, just as sure as you's born

Der Blues orientiert sich an den tatsächlichen Realitäten des Lebens in der afroamerikanischen Community im Kontext der kulturell alles bestimmenden weißen Gesellschaft. Insofern finden sich im Blues viele Titel zum Thema „Liebe" mit einer speziellen Ausrichtung. Es sind keine romantisierenden Liebeslieder, wie sie in der sogenannten „Sweet Music" (Schlager und andere süßliche Musik) der von Weißen für Weiße produzierten Musik üblich sind. Dort wird im Gegensatz zum Blues die „Liebe" völlig entsexualisiert behandelt und entspricht damit weder dem Alltag der weißen Menschen noch der allgemein menschlichen Realität. Die Beziehungen von Mann und Frau stehen in der für Weiße komponierten Musik im Kontext einer märchenhaften Traumwelt. Ernsthafte Konflikte gibt es nicht, der Himmel hängt voller Geigen. Es gilt der Sinnspruch: Eigenes Heim, Glück allein! Allerdings heimlich verbunden mit dem Bild der Hausfrau am Herd.

Der Blues ist ein individueller musikalischer Ausdruck einer Person, die frei die eigenen Interessen und alltäglichen Probleme beschreibt und trifft damit Aussagen über das Leben in der afroamerikanischen Community. Diese Musik singen, spielen und hören Menschen in den von Armut geprägten Südstaaten, deren soziales Umfeld von den ärmsten und primitivsten Lebensbedingungen auf dem Lande geprägt sind. Gerne hören die LandarbeiterInnen auf den großen Baumwollplantagen oder die Arbeiter in Holzfäller- und Deichbaucamps den umher wandernden frühen Bluesmen zu. Sie erinnern an die von Dorf zu Dorf oder von Plantage zu Plantage ziehenden Geschichtenerzähler aus dem Mittelalter. Diese akustische Musik hören oder spielen aber auch die zugewanderten FabrikarbeiterInnen, die im Norden ihr Geld verdienen. Der Landstreicher, der Hobo, der mit seiner Gitarre in der Hand auf Züge aufspringt, ziellos umherreist und versucht, auf irgendeiner Farm mit seiner Musik ein wenig Geld zu verdienen ist ein häufig gezeichnete Bild des einsamen Sängers, der nur von seiner Gitarre begleitet den Blues singt. Es ist ein Klischee. Zum großen Teil verstehen sich diese umherziehenden Bluesmen als professionelle Musiker, die von ihrer Musik leben. In der Realität sind gemeinsame Auftritte mit anderen BluesmusikerInnen genauso häufig wie ihre Soloauftritte.

Im Norden spielen die zumeist aus dem Süden emigrierten Bluesmen den Blues für die Armen in den billigen Spelunken der angesagten Vergnügungsviertel der Städte. Die unterhaltungswilligen Groß- und Kleinstadtmenschen mit Geld hören den Blues der professionellen Bluesdiven im Norden wie dem Süden eher in speziellen Theatern, die für afroamerikanische KünstlerInnen und Publikum offen sind. Daher sind im Süden die wandernden Zeltshows lange die einzigen Orte an denen Fans ihren beliebten Bluessängerinnen lauschen können.

Die 1920er Jahre

Der soziale Wandel in den 1920er Jahren bedeutet große soziale, kulturelle und ökonomische Veränderungen, die auch für die afroamerikanische Bevölkerung von Bedeutung sind. Die „Great Migration", die große Binnenwanderungswelle vom agrarischen Süden in die Industrieregionen des Nordens beginnt um 1916, als die Arbeitskräfte für die Rüstungsproduktion für den I. Weltkrieg dringend gebraucht werden. Zudem kommen kaum mehr Immigranten aus Europa. Bis zu den 1940er Jahren wächst die amerikanische Bevölkerung in den von der Industrie geprägten Regionen des Nordostens und des Mittleren Westens, im „Manufacturing Belt", sehr stark an. Einen entscheidenden Beitrag hierzu liefert die Binnenwanderung der afroamerikanischen Bevölkerung gen Norden. In diesen Industriestädten entstehen die „Ghettos", die abgesondert „auf der anderen Seite", hinter den Eisenbahnschienen liegen.

Das System der „Sharecropper" in den Bauwollanbaugebieten der Südstaaten und im Mississippi Delta ist ein Ordnungsprinzip, das regelt, wie auf kleinen Flächen der großen Plantagen afroamerikanische Pächter als eigenständige Farmer arbeiten. Viele von ihnen kommen aus den Schulden gegenüber den Grundbesitzern oft nicht heraus. Die erbarmungslose Härte dieses Existenzkampfes zwingt viele kleine Farmer zum Verlassen ihrer Familien im ländlichen Süden. Mehrere Millionen Menschen kehren nach und nach im Rahmen der „Great Migration" dem Süden den Rücken. Besonders junge Männer, die als Farmarbeiter keine Perspektive mehr für sich sehen, wollen weg aus dieser Misere. Die große afroamerikanische Zeitung, der „Chicago Defender" (1905-1975), empfiehlt in dieser Zeit des „Great Northern Drive" ihren LeserInnen im Süden gerne, sich ein besseres Leben in den Städten des Mittleren Ostens oder im Norden zu suchen. Die Zeitung präsentiert beispielsweise Chicago als „gelobtes Land" mit zahlreichen Arbeitsplätzen. Anzeigen mit der Suche nach Arbeitskräften für die Fabriken sind auf die Südstaatler ausgerichtet. Der Defender wirbt mit begehrenswerten Waren, Schönheitsprodukten und technischen Geräten. Er ist die erste afroamerikanische Zeitung mit einem großen Unterhaltungsteil. Darin wird Chicago als lebhafte Stadt dargestellt, in der AfroamerikanerInnen ganz normal ins Theater gehen, in schikken Restaurants essen, an Sportveranstaltungen teilnehmen und die Nächte durchtanzen. Auf so mancher Titelseite sind positive Migrationsgeschichten zu finden, die hier und da tatsächlich der Realität entsprechen mögen. Der Defender vertreibt die Zeitung über die „Pullman-Porters", die afroamerikanischen Schaffner der Bahn. Heimlich nehmen sie die Zeitungen mit und verstoßen damit gegen Gesetze und Sitten in den Südstaaten. Die Zeitungen werden in den Communities verteilt. Man geht davon aus, dass jede durch vier bis fünf Hände von MitleserInnen geht.

Um 1919 können die Männer in den Schlüsselindustrien wie den Stahlwerken, Gießereien, und Schlachthäusern in den nördlichen Städten tatsächlich wesentlich mehr Geld verdienen. Viele Frauen kommen in Textilfabriken unter. Bis zu 25 Dollar in der Woche kann ein Arbeiter verdienen, die Frauen etwa 12 bis 18 Dollar! Selbst diese Bezahlung ist deutlich höher als im Süden, wo ein Farmarbeiter ungefähr 75 Cents pro Tag bekommt. Auch für junge BluesmusikerInnen und UnterhaltungskünstlerInnen oder die, die es werden wollen, ist diese Perspektive sehr attraktiv. Es zieht auch sie in die großen Städte wie Chicago, Detroit und Memphis, um das harte Leben in Armut im Süden hinter sich zu lassen. Viele junge Frauen suchen dort Arbeit in der Leichtindustrie, in Kaufhäusern oder in Haushalten der Weißen. Aber das Heimweh nach dem Süden ist nicht weit. Anfang der 1920er singt Monette Moore mit ihrer Begleitband, den „Choo Choo Jazzern" den mitleiderregenden „Black Sheep Blues", in dem sie bedauert, ihr Zuhause im Süden verlassen zu haben. Monette: Sie sei das schwärzeste aller schwarzen Schafe, das jemals Tennessee den Rücken gekehrt hat. Sie habe das Herz ihrer lieben alten, grauhaarigen Mutter gebrochen. Sie habe nicht getan, was sich für gute Kinder geziemt.

> When you're thinking of Black Sheep
> Just take a Look at me I'm the blackest of Black Sheep
> That ever left old Tennessee
>
> Broke my dear old grey-haired Mother's Heart 2x
> 'Cause I would not do what good Childs ought

Vom geraden Pfad sei sie abgekommen und habe mit Reue und mit Sorgen dafür bezahlt gesteht Monette. Sie streunt wie ein schwarzes Schaf durch die Stadt. Wie ein Landstreicher wandert sie völlig mittellos und fix und fertig draußen herum.

From the straight and narrow Path I've strayed 2x
With Regrets and Sorrows I have paid

Just a Black Sheep roamin' round the Town 2x
Like a Tramp I'm always out and down

Monette empfiehlt, den guten Rat von den Alten immer anzunehmen. „Bevor du weggehst, ist es das Beste, zweimal darüber nachzudenken."

Always take the good old Folks' Advice 2x
Before you leave, it's best that you think twice

Die typische Auswanderin verlässt um 1920 ihr Zuhause schon im Alter von fünfzehn oder sechzehn Jahren. Sie sucht das bessere Leben in den Städten, vom dem die Wanderarbeiter, die Sänger und die Zeitungen erzählen. Viele junge Frauen und Mädchen gehen dieses Wagnis ein. Sie wollen für sich selbst sorgen und streben nach wirtschaftlicher und persönlicher Unabhängigkeit. Viele hoffen als Sängerin Arbeit zu finden, was einigen auch gelingt. Doch den weniger bekannten Frauen, die als (Blues-) Sängerinnen ihr Geld verdienen, schuften, wenn das Geld knapp wird, als Kellnerinnen oder Küchenhilfen, in Bars und Kneipen, in weißen Haushalten oder geben auf.

Die 1920er Jahre sind stark von der Prohibition (ab 1922 bis 1933) geprägt, die in den Südstaaten sehr früh eingeführt wird. Legitimiert wird sie mit dem Hinweis, dass es eine Schutzmaßnahme der weißen Bevölkerung gegen die Gefahr sei, die von den „vom Schnaps durchgedrehten Schwarzen" ausgehe. Nach der Aufhebung der Prohibition kann jeder Bundesstaat selbst über die Gesetzgebung zum Alkoholkonsum entscheiden. Die Bluesfrauen tangiert das Alkoholverbot kaum, denn es gibt zahlreiche Auftrittsmöglichkeiten für sie. Neben den legalen Nachtclubs, die, wie der berühmte „Cotton Club" in New York City, ab und zu nach Razzien kurz geschlossen werden, weil sie illegal Alkohol ausschenken, entstehen hunderte illegale „Speakeasies" (Flüsterkneipen) und Clubs. In diesen Lokalitäten fließt der Alkohol in Strömen, oft in äußerst minderwertiger Qualität. Dort haben junge Frauen gute Chancen als Tänzerinnen oder Sängerinnen Arbeit und ein bescheidenes Einkommen zu finden.

1920 ereignet sich in der Welt der Bluesmusik etwas ganz Besonderes, das tiefgreifende Veränderungen anstößt. Der erste gesungene Blues auf Schallplatte erblickt das Licht der Welt, interpretiert von – Oh, Wunder! – einer afroamerikanischen Frau, Mamie Smith (1891/1893?-1964). Die allererste „Queen of Blues" singt den „Crazy Blues", den verrückten Blues.

> *I can't sleep at Night. I can't eat a Bite,*
> *'Cause the Man I love, he don't treat me right!*
> *He makes me feel so blue.*
> *I don't know what to do.*
> *Sometimes I'm sad inside and then begin to cry,*
> *'Cause my best Friend said his last Goodbye.*

> *There's a Change in the Ocean, Change in the deep blue Sea.*
> *I tell you Folks there ain't no Change in me.*
> *'Cause my Love for that Man will always be!*

> *Now I got the Crazy Blues since my Baby went away!*
> *I ain't got no Time to lose. I must find him today!*
> *Now the Doctor's gonna do all that he can,*
> *But what you're gonna need is an Undertaker Man!**
> *I ain't had nothin' but bad News. Now I got the crazy Blues!*

> *Now I can read his Letters, but sure can't read his Mind!*
> *I thought he's lovin' me. He's leavin' all the Time!*
> *Now I see my poor Love was blind!*

> *I went to the Railroad, lay my Head on the Track,*
> *Thought about my Daddy, I gladly snatched it back!*
> *Now my Babe's gone and gave me the Sack!**

> *Now I've got the Crazy Blues since ma Baby went away!*
> *I ain't got no Time to lose. I must find him today!*
> *I'm gonna do like a Chinaman, go and get some Hop*,*
> *Get myself a Gun and shoot myself a Cop!*
> *I ain't had nothing but bad News.*
> *Now I've got the crazy Blues!*

*Undertaker Man = Totengräber, *to give the sack = jemanden verlassen/feuern, *Hop = Opium.

Während in vielen späteren Blues die vertraute Geschichte vom dramatischen Hin und Her zwischen Liebe, Gefühlen des Verlassenseins, Trauer und verzweifelte Suche nach dem verlorenen Mann eine Rolle spielt, hält dieser Blues eine Überraschung parat. Dafür haben „Mamie Smith & Her Jazzhounds" und der afroamerikanische Komponist des Blues, Perry Bradford, gesorgt. 1920 ist Mamie DIE Sensation!

Mamie erzählt, dass sich ihr Liebster für immer von ihr verabschiedet hat. Doch ihre Liebe sei und bleibe unerschütterlich, versichert sie. Ihre arme Liebe ist blind! Zwar ist er nun weg, aber sogleich folgt die Drohung, dass er einen Totengräber brauchen werde, denn sie hat den „verrückten" Blues. Sie probiert einen Selbstmordversuch, indem sie ihren Kopf auf die Eisenbahnschienen legt. Jedoch entschließt sie sich schnell, davon lieber Abstand zu nehmen. Nun will Mamie es „dem Chinesen" gleichtun und sich Opium und ein Gewehr besorgen. So ausgerüstet hat sie vor, einen Polizisten (Es gibt 1920 nur weiße Polizisten!) zu erschießen.

Denn, in dieser letzten Strophe nimmt diese Geschichte eine unerwartete Wendung. Der Text zeigt die ohnmächtige Wut auf den allgegenwärtigen Rassismus der weißen Gesellschaft. Mamie, eine Frau – sehr außergewöhnlich – dazu Afroamerikanerin, will nicht nur Opfer der herrschenden Gewalt gegen die afroamerikanische Community sein. Sie will Vergeltung gegen Weiße ausüben und hat deshalb die Idee einen Polizisten zu töten.

Diese Zeilen sind nicht verwunderlich, denn im Jahr davor brechen im Sommer 1919 („Red Summer Race Riots") aus verschiedenen Gründen etwa wegen Arbeitsplätzen große rassistische Unruhen zwischen der afroamerikanischen und der weißen Bevölkerung im Norden, im Mittleren Westen und im Süden aus. Dort macht sich der Ku-Klux-Klan wieder bemerkbar, mit dem die rein weiße Polizei zum Teil in enger Verbindung steht und diesen sogar hier und da anführt. Zu dieser Zeit versucht der Ku-Klux-Klan auch in New York Fuß zu fassen. Auf Seiten der AfroamerikanerInnen sind hunderte Tote zu beklagen. Es gibt unzählige Lynchmorde, gewaltsame Zerstörungen ihrer Häuser und Geschäfte und Angriffe auf afroamerikanische Farmer. Dieser Blues trifft auf das volle Verständnis vieler Migranten in den Städten des Nordens, die vor diesen weißen Gewaltausbrüchen geflohen waren, und sie erkennen in diesem Blues ihre Frustrationserfahrungen wieder. Der „Crazy Blues" wird bis heute gerne von Blues- und Jazzsängerinnen interpretiert.

Dieser erste Blues auf Schallplatte entsteht auf Initiative des afroamerikanischen Pianisten, Texters, Komponisten und Bandleaders Perry Bradford (1893-1970), der spätere Aufnahmeleiter des „Crazy Blues" für Okeh Records. Perry kämpft darum, dass seine synkopierten Kompositionen von einer Plattenfirma an- und aufgenommen werden. Aber die Bluesmusik der AfroamerikanerInnen wird von den weißen Firmen vollständig ignoriert, denn sie produzieren die sogenannte „Sweet Music" (Schlager, Musical) oder Klassik für ihre weißen HörerInnen. Von vielen afroamerikanischen MusikhörerInnen der Mittelschicht als primitiv verachtet, bekommt das Blues-Genre zunächst auch kaum Aufmerksamkeit von der afroamerikanischen Musikszene New Yorks. Obwohl das New Yorker Plattenlabel Okeh (gegr. 1918) Briefe mit Boykottdrohungen erhält, wenn es Aufnahmen mit „Coloured

Girls" machen würde, überzeugt Perry den Plattenboss, es doch zu tun. Sein Argument: es gebe 14 Millionen „Neger", die wahrscheinlich Platten von „Negermusikern" kaufen würden, die in ihrem indigenen Stil musizieren. Gute Aufnahmen würden vielleicht sogar auch Weiße im oder aus dem Süden kaufen, die den Blues schon lange kennen.

Die historische Entscheidung fällt entgegen aller rassistischen Vorurteile zugunsten von Perry mit seiner Sängerin Mamie aus. So steht sie als erste farbige Sängerin vor dem großen Aufnahmetrichter und „schreit" mit ihrer starken Altstimme den „Crazy Blues" hinein. (Ja, zu dieser Zeit muss noch ins Aufnahmemikrofon hinein geschrien werden!) Perry erzählt in seiner Autobiographie „Born with the Blues" (1965), wie die Schallplattenaufnahme mit Mamie an einem Tag entstanden ist:

Am Aufnahmetag, dem 10. August 1920, gibt es kein Arrangement mit Noten nach dem die angeheuerte Band hätte spielen können. Es ist ein „hum and head arrangement", das heißt: Perry summt die Melodie an und spielt auf dem Klavier die Melodie und die Harmonien. Die Bandmitglieder, seine „Jazzhounds", – weiße Bandmitglieder gibt es noch nicht – müssen, während er spielt, die Akkorde heraushören und sofort mitspielen. In ein paar Stunden war ein Song geboren, mit einem gloriosen Funken darin. Nicht nur ist der sechzehn- und zwölftaktige „Crazy Blues" der erste gesungene Bluestitel auf Schallplatte mit einer afroamerikanischen Sängerin mit einer ebensolchen Band, sondern ein unglaublicher Verkaufserfolg: 75 000 Exemplare schon im Jahr 1920.

Dieser Titel ist der Auslöser für das Jahrzehnt des „Classic Female Blues". Dieser Millionenhit einer afroamerikanischen Künstlerin öffnet die Tür für den kommerziellen Durchbruch des Blues. Die Schallplattenindustrie versteht erst jetzt, dass es einen Markt gibt, den sie bisher ignoriert hat und dass auch die afroamerikanische Bevölkerung bereit ist, für Phonographen (Abspielgeräte mit Walzen) und „Victor Talking Machines" sowie Schellackplatten Geld auszugeben. Es setzt ein wahrer Blueshype ein und viele kleinere und größere Plattenfirmen nehmen ab jetzt zunächst jede Bluessängerin auf, der sie habhaft werden können. Die Bluesmen folgen erst ein paar Jahre später! Der Blues wird nun massenhaft von Okeh und anderen kleineren und größeren Plattenlabel für die afroamerikanische Community produziert. Es entsteht die Sparte der „Race Records", Musik für „Schwarze von Schwarzen."

Mamie Smith (1891-1946), geboren in Cincinatti, Ohio, ist der erste Superstar des Blues, die erste „Queen of Blues". Wie viele der künftigen Bluesdiven kommt auch sie aus dem Süden und findet Arbeit in den Vaudeville-Unterhaltungsshows, bei denen neben weißen KünstlerInnen hier und da auch afroamerikanische Chancen auf ein Engagement haben. Mamie lernt dort ihr Handwerk; sie ist Sängerin, Pianistin, Tänzerin und Schauspielerin. Schon ab dem Alter von zehn Jahren schließt sie sich als Tänzerin verschiedenen Revuetruppen an, mit denen sie auf Tournee geht. Um 1913 ist sie verheiratet, lebt im Stadtteil Harlem in New York City und arbeitet als Kabarettistin. In Perry Bradfords Musikrevue „Made in Harlem", die im Lincoln Theater von Harlem aufgeführt wird, ist sie von 1918 bis 1920 als Sängerin engagiert. Nach ihrem riesigen Erfolg mit dem „Crazy Blues" von 1920 singt sie weiterhin Bluestitel und bekommt den Beinamen „Queen of Blues". Mit ihren „Jazzhounds" führt sie die Promotion-Tour für ihre Schallplatte durch die Theater im Süden, dem Mittleren Westen und dem Südwesten. Sie tritt in New Yorker Nachtclubs und vielen anderen Theatern im Norden auf und tourt auch in Europa. Jeder will sie sehen und hören! Mamie ist plötzlich reich und kann nun viel Geld für teure Bühnenkleidung und Schmuck ausgeben, was sie damit begründet, dass ihr das für ihr Publikum Wert sei, das ja für ihre Auftritte bezahle.

In den folgenden Jahren nimmt Mamie für Okeh noch 60 Songs auf, eine Mischung aus Blues- und Vaudeville-Stilen. Nachdem der „Blues Craze" ab Mitte der 1920er Jahre langsam nachlässt und die Plattenverkäufe sinken, spielt sie in einigen frühen Tonfilmen mit. Der „Chicago Defender", eine Zeitung speziell für Afroamerikanerlnnen, berichtet 1955, dass sie sich durch die großen Erfolge mit ihren Bluesaufnahmen neben Juwelen und teurer Kleidung auch eine Farm im Süden der USA und persönliche Diener leisten konnte. In der Wirtschaftskrise von 1929 soll sie sehr viel von ihrem Vermögen verloren haben. 1964 stirbt sie verarmt in New York City. Mit Unterstützung der Bluessängerin Victoria Spivey erhält sie später einen Grabstein.

Als diese erste Bluesschallplatte ein Sensationserfolg auf dem unabhängigen Plattenlabel Okeh wird, löst sie einen unglaublichen „Blues Craze" in der afroamerikanischen Community aus. Lange Schlangen von Kauflustigen stehen vor den Verkaufsstellen der Schallplatten, sobald neue Bluestitel erscheinen. Aus den Fenstern erklingen Mamies Bluessongs.

Folgerichtig beginnt Okeh als erste Firma mit einer neuen Serie, den speziellen „Race Records", die nur für die afroamerikanische Community produziert werden. Auch andere kleine und große Plattenfirmen machen sich sofort daran, sich im neu entdeckten Marktsegment des komponierten Blues zu versuchen. Hatten die Label zuvor die Größe des Käufersegments total unterschätzt, sind sie zunächst auch nicht sicher, wie sie die Platten mit den afroamerikanischen Sängerinnen bewerben sollen. Soll die Hautfarbe lieber nicht erwähnt werden? Der Antrieb dieser Unternehmen mit weißen Besitzern ist nicht die Liebe zum Blues, sondern das Geld, das sich damit verdienen lässt. 1921 entsteht die kleine Firma Black Swan, die erstmals einen schwarzen Besitzer hat und nur afroamerikanische KünstlerInnen – hauptsächlich Jazz und Blues – produziert. Darunter sind die Bluessängerinnen Ma Rainey, Alberta Hunter und Lucille Bogan. Bessie Smith wird als zu „roh" von der Firma abgelehnt, womit gemeint ist, dass ihr Gesang zu sehr an den Country Blues des Südens erinnert. Black Swan bewirbt beispielsweise ihre erfolgreiche Bluessängerin Trixie Smith auf der Hülle ihrer eigenen Komposition

„Trixie's Blues" von 1922 mit folgenden Schlagzeilen: „Die einzigen Schallplatten, die nur von Farbigen gemacht werden" und „Die einzigen Schallplatten, auf denen ausschließlich Negerstimmen zu hören sind." Die kleine Firma kann sich jedoch nicht am Markt halten und ist Ende 1923 pleite. Sie wird von dem großen Label Columbia Records übernommen.

Die kleinen und größeren Label, die in dieser Zeit entstehen, nehmen Hunderte von Sängerinnen in ihren Katalog auf, die den Blues mehr oder weniger stilsicher singen können. Schnell hintereinander werden mit ihnen im Laufe der Jahre zum Teil Hunderte 78er Schellackplatten produziert, aber nur so lange sich ihre Titel gut verkaufen. Viele Sängerinnen werden von berühmten Bands mit profilierten Stars der aktuellen Jazzszene wie dem Kornettisten Louis Armstrong begleitet. Zum Teil bekommen sie von ihren Firmen neue Namen oder Pseudonyme und werden mit einem werbewirksamen Titel wie „Queen of Paramount" belegt. Mit reißerischen Werbetexten werden ihre jeweils neuen Schallplatten in Zeitungen der afroamerikanischen Community vorgestellt.

Der sogenannte klassische Frauenblues (Classic Female Blues) der 1920er Jahre wird – oft bis heute – abgewertet und nicht als die erste Blütezeit des Blues anerkannt. Ich vermute, dass diese Phase des Blues vielen Bluesfans unbekannt geblieben ist. Erst der männliche Country Blues, der ein paar Jahre später als der städtische Blues der Frauen auf Schallplatte erscheint, gilt fortan bis heute als die erste Hochzeit des Blues. Der Country Blues der Frauen, der durchaus auch existiert, erscheint fast gar nicht auf Schallplatte. Dabei setzen diese Aufnahmen der unzähligen städtischen professionellen Bluessängerinnen, die zumeist, bis auf wenige Ausnahmen, aus dem Süden kommen, die Erfolgsstory des sich langsam weltweit ausbreitenden Blues mit seinen vielen regionalen Stilen und sich immer weiter entwickelnden musikalischen Ausdrucksformen überhaupt erst in Gang. Einige der Bluesfrauen lernen ihr Handwerk, ihren kräftigen Gesang (es gibt zunächst noch keine Mikrophone für Gesang) und ihre phantasiereiche Bühnenpräsentation schon lange zuvor als Sängerinnen in den schwarzen oder gemischten Minstrel- und Vaudeville-Theatern, zum Teil auch in ihren ehemaligen Kirchengemeinden. Sie haben schon lange vor dem „Blues Craze" der 1920er Jahre, viele, oft auf traditionellen Folksongs basierende Bluestitel aus dem ländlichen Country Blues des Südens im Repertoire. Ein hervorragendes Beispiel ist Ma Rainey, die „Mother of Blues". Diese Bluessongs sind zum großen Teil auch dem aus dem Süden emigrierten Publikum im Norden bekannt.

Ma Rainey (1886-1939) ist als Gertrude M. Pridgett in Columbus, Georgia, geboren, nur eine Generation von der Sklaverei entfernt. Ihre Eltern, Thomas Pridgett und Ella Allen-Pridgett, arbeiten als Mitglieder von Minstrel-Show-Truppen. Sie ist das zweitälteste von fünf Kindern. Mit etwa vierzehn Jahren nimmt sie an einem lokalen Talentwettbewerb „Bunch of Blackberries" im Springer Opera House teil. Mit 18 heiratet sie Will Rainey, einen Comedy-Sänger, der mit einer Minstrel-

Show in Columbus vorbei kommt. Zusammen studieren beide eine Gesangs- und Tanznummer ein, die sie viele Jahre unter dem Namen „Ma and Pa Rainey. Assassinators of the Blues" (Attentäter des Blues) aufführen. Mit diesem Act sind sie um 1915 bei den berühmten „Rabbit Foot Minstrels" engagiert, einem wandernden Varieté im Zelttheater mit einem afroamerikanischen Besitzer. Ma ist wohl eine der ersten Bühnenkünstlerinnen, die neben populären Songs kurz nach 1900 auch den Blues in ihr Liedrepertoire aufnimmt und in den diversen Wandershows vorträgt. Ma berichtet, sie habe 1902 bei einem Engagement in einer kleinen ländlichen Stadt in Missouri ein Mädchen den Blues singen hören, ein „eigenartiges und eindringliches" Klagelied, vermutlich ein Country-Blues. Sie setzt danach einen ähnlichen Blues als Zugabe in ihrer eigenen Show ein. Dieser Down-Home-Stil des Südens wird weiterhin die Wurzel ihrer Kunst bleiben.

Während ihrer gefeierten Auftritte als Star bei der Moses-Stokes-Truppe im Jahr 1912 trifft Ma auf eine neu eingestellte junge Tänzerin dieser Show, Bessie Smith, mit der sie sich anfreundet. Heutzutage nimmt man an, dass sich Bessie zwar einen Teil ihrer gesanglichen Entwicklung bei Ma abschauen kann, jedoch beide Sängerinnen einen persönlichen Gesangsstil pflegen und ihrem Publikum eigene Botschaften vermitteln. Ma soll Bessie wie eine eigene Tochter behandelt haben, wie sie überhaupt jungen NachwuchskünstlerInnen gerne hilft. Seit 1916, von ihrem Mann getrennt, tourt Ma mit ihrer eigenen Band „Madam Gertrude Ma Rainey and her Georgia Band" mit einer „Chorus Line" (Gruppentänzerinnen) als eine der berühmtesten Bluessängerinnen des Südens. Im Norden lernt man sie erst über ihre ersten Schallplatten im Jahr 1923 kennen.

Ma ist eine energiegeladene, kräftige Frau mit blinkenden Goldzähnen, die auf der Bühne kunstvollen Modeschmuck und extravagante Outfits trägt: je mehr Glitzer, desto besser. Ihr berühmtestes Accessoire ist eine Halskette mit vielen 20-Dollar-Goldmünzen (damals sehr viel Geld!), die sie – so wird gesagt – sogar im Bett nicht ablegt, aus Angst, sie könnte gestohlen werden. Ma weiß, dass sie keine Schönheit ist, denn tiefe Dunkelhäutigkeit gilt damals auch in der Community als nicht attraktiv. „Champion" Jack Dupree, ein afroamerikanischer Bluessänger und Pianist (viel später in Hannover hängen geblieben), erklärt: „Sie war eine wirklich hässliche Frau." – Aber sobald sie singe, habe es keine Rolle mehr gespielt wie sie aussieht.

In ihrem Buch „Black Pearls: Blues Queens of the 1920s", schreibt Daphne Duval Harrison: „Ihre Fähigkeit, die Stimmung und Essenz des schwarzen ländlichen Lebens im Süden der 1920er Jahre einzufangen, machte sie schnell bei einer Vielzahl von Anhängern im Süden beliebt. Mas geradliniger Gesangsstil war besonders für den Inhalt ihres Blues geeignet, der die Plackerei, den Schmerz und die Freuden ihres Volkes beschrieb."

Erst 1923 bekommt sie als längst erfahrenes und stilistisch ausgereiftes Talent beim Label Paramount die Möglichkeit, erste Schallplattenaufnahmen mit der bekannten Pianistin und Komponistin Lovie Austin (1887-1972) und ihrer Band „Lovie Austin & Her Blues Serenaders" zu machen. In der ersten Session entsteht auch eine traditionelle Nummer, der „Bo-Weavil Blues". Diesen Song kennt im Süden „jeder". Der Boll-Weevil ist ein großes Problem für die Baumwollplantagen in Mississippi, denn dieser Käfer „frisst" die Baumwollpflanzen. Die Blues-Sängerin Victoria Spivey sagt später über diese Aufnahme: „Niemand auf der Welt konnte ,Hey Bo-Weavil' so brüllen wie sie. Nicht wie Ma. Niemand." 1923 erscheint auch Mas „Moonshine Blues" mit Lovie Austin und „Yonder Comes the Blues" mit dem später weltbekannten Kornettist und Trompeter Louis Armstrong. Die studierte Pianistin Lovie Austin gilt neben Lil Hardin, der Frau von Louis Armstrong, als die beste Jazz- und Bluespianistin dieser Zeit.

Ma kann den bis heute vielfach interpretierten Bluesklassiker „See See Rider", begleitet vom jungen Louis Armstrong, als Erste aufnehmen. Durch die Schallplatten wird sie über den Süden hinaus berühmt und von Paramount intensiv unter dem Titel „Mother of Blues" beworben, aber gelegentlich auch unter „Songbird of the South", „Gold-Neck Woman of the Blues" und „Paramount Wildcat". Für Paramount spielt sie in den fünf Jahren, in denen sie dort einen Vertrag hat, an die 100 Titel ein, die sie zum großen Teil selbst geschrieben hat. Als sie 1924 zu „Toby Time" (Theater Owners Booking Association (TOBA) wechselt, steigt ihr Prestige mit ausgefeilten professionelleren Darbietungen auf ihren Schallplatten im Rahmen der „Race Records" weiter. Sie erhält so viel Gage, dass sie sich einen mit ihrem Namen beschrifteten Tourbus leisten kann, womit sich einige Probleme ihrer Künstlertruppe verringern, die durch die Rassentrennung verursacht werden. Nun bekommt sie auch Engagements in Theatern der Großstädte des Nordens und des Mittleren Westen, in denen sie auch vor weißem Publikum singt. Ihr Debut im „Chicago Grand Theatre", einem renommierten Veranstaltungsort in der „Southside" von Chicago ist überhaupt der erste Auftritt eines „Down-Home"- Blueskünstlers aus dem Süden. Das Highlight ihrer Show ist oft der Moment der Eröffnung. Ma beginnt innerhalb einer großen nachgebauten „Paramount Talking Machine" (ein Victrola-Plattenspieler) den „Moonshine Blues" zu singen (Moonshine ist billigster schlechter Alkohol, von Bootleggern illegal gebraut). Begleitet von ihrer Band entsteigt sie währenddessen dem Kasten in ihrem glamourösen Kleid und steht mit ihren golden blinkenden Zähnen im Rampenlicht. Das Publikum ist sofort von ihr hingerissen, wippt und schaukelt zum Takt, weint und lacht mit ihr; es fühlt den Blues.

Ihr Gesangstil enthält Eigenschaften, die von der afroamerikanischen Community besonders bewundert werden: ein summender Klang, versetzt mit Heiserkeit, ein satirischer Tonfall, und ihre von Empathie für ihr Publikum angefeuerte Dynamik. Zu ihrem Bluesgesang bemerkt der Volksmusikspezialist W.K. McNeil einmal, dass für Raineys Output eine treibende, ungebildete Stimme typisch sei, die von den Gitarristen angetrieben werde, die den Titel ohne Synkopierung ganz gerade spielen. „Ihre Kunst erweckt das, was in weniger guten Händen ein langweiliges, elementares Stück wäre, zum Leben."

Ihre Bluessongs sind einfache, unkomplizierte Geschichten über Herzschmerz, Promiskuität, Alkoholkonsum, die Odyssee des Reisens, den Problemen mit dem Arbeitsplatz und über die Gefängnisgangs sowie Magie und Aberglauben aus dem Süden. Auch singt sie einige Bluestitel über die lesbische Liebe, wie „Prove it on me". Ma ist bisexuell veranlagt, was in dieser Zeit als nicht ungewöhnlich unter Künstlerinnen wie den Bluessängerinnen Alberta Hunter, Bessie Smith und Gladys Bentley, betrachtet wird. Mas Thematiken sind teilweise sehr lustig wie der „Those Dogs of Mine", in dem es um schmerzende Hühneraugen in ihren Schuhen geht. Typisch für sie sind aber auch Texte, in denen selbstbestimmte Frauen – wie Angela Davis in ihrem Buch „Blues Legacies and Black Feminism" anmerkt – „ausdrücklich ihr Recht feiern, sich genauso expansiv und sogar so unerwünscht wie Männer zu verhalten. Die Protagonisten in Ma Raineys Blues verlassen oft ihre Männer und bedrohen sie routiniert und unbekümmert, bis hin zu Gewalt."

Mas Texte sind tief im alltäglichen Erfahrungsschatz der afroamerikanischen Community im Süden verwurzelt. Diese Erfahrungen stehen im Zusammenhang mit den seit der Abschaffung der Sklaverei 1865 und der anschließenden Phase der Rassentrennung erlebten konkreten Auswirkungen im alltäglichen Leben. Die Frauen machen über die Männer hinaus nicht nur die Erfahrungen mit sozialen und ökonomischen Ungerechtigkeiten und Unterdrückungsmechanismen, sondern dazu die im individuellen und familiären Umfeld wirkenden Probleme, verursacht durch Armut, Arbeitslosigkeit, Gewalt in der Familie oder der Partnerschaft.

Bedingt durch ihre großen Erfolge nimmt Ma an einer Paramount-Promotion-Tour teil, für die ihr Pianist und Arrangeur Thomas A. Dorsey, der gleichzeitig ihr Regisseur und Manager ist, fähige Musiker sucht, die Arrangements lesen und den „Down-Home"-Bluesstil spielen können. Nachdem Dorsey die Band verlassen hat, ersetzt ihn die Pianistin Lillian Hardaway Henderson. Ma arbeitet mit so bekannten Musikern wie dem Pianisten Fletcher Henderson, dem Tenorsaxophonisten Coleman Hawkins und dem Trompeter Louis Armstrong zusammen. Während ihrer letzten Sessions im Jahr 1928 singt sie in Begleitung ihres ehemaligen Pianisten Thomas „Georgia Tom" Dorsey und des Slide-Gitarristen und Bluessängers Hudson „Tampa Red" Whittaker Bluesnummern wie „Black Eye Blues", „Runaway Blues" und „Sleep Talking Blues". Als mit der Großen Depression in den frühen 1930ern Schluss mit Plattenaufnahmen ist und die großen Theater schließen, geht sie mit ihrer Band wieder zurück in die kleinen Zeltshows wie zu Beginn ihrer Karriere. Sie tourt auch im Süden mit vielen ihrer eigenen Shows, die bis zu 39 Mitglieder zählen. 1935 zieht sie sich aus dem Showgeschäft zurück und wohnt wieder in Columbus. In den nächsten Jahren besitzt und betreibt sie dort bis zu ihrem Tod 1939 zwei weithin gerühmte Theater, das „Lyric Theater" und das „Airdome".

Für den Blues bedeuten die Entwicklungen in der Schallplattenindustrie, dass ein ungleich breiteres afroamerikanisches Publikum in Stadt und Land den Blues hört und der Bekanntheitsgrad steigt, denn sogar 10 bis 20 Prozent der afroamerikanischen Farmer im Süden haben einen „Phonographen" mit Handkurbel. Es gibt noch kein Stromnetz, an dem alle angeschlossen sind. Der Blues verändert sich, denn er wird nun eingeschränkt, indem er, an die Aufnahmekapazität einer Plattenseite angepasst interpretiert werden muss und somit in eine bestimmte Form gezwängt wird. Dadurch entsteht der nicht zutreffende Eindruck, dass ein Blues ungefähr drei Minuten lang zu sein habe. Ursprünglich kann ein Blues 24 Strophen oder auch nur zwei haben, das ist im Blues nicht festgelegt. Insgesamt sind die BlueskünstlerInnen jedoch immer insofern abhängig von den Produzenten, Komponisten oder von den Entscheidern der Plattenfirmen, ob ein Titel oder ein Text akzeptiert wird oder nicht.

Für Columbia Records singt Bessie Smith, die „Empress of Blues", die Kaiserin des Blues, ihre zum Teil selbst geschriebenen Songs, die millionenfach verkauft werden. Sie hat eine starke kehlige Stimme, einen feinen Sinn für Phrasierungen mit einem guten Ohr für ein Lied sowie eine gebieterische persönliche Präsenz auf der Bühne. Ihre ununterbrochenen Tourneen in überfüllten Häusern machen sie zur einflussreichsten Bluessängerin der 1920er Jahre, deren Platten auch dem weißen Publikum gefallen (Crossover). Sie hat diese besondere Gabe, den von anderen Blues-Komponisten wie vom Pianisten Porter Grainger geschriebenen Songs ihren eigenen Stempel aufzudrücken. Ihre große Stärke ist die Fähigkeit, mit dem Publikum direkt von der Bühne herunter zu kommunizieren. Sie provoziert mit ihrem Gesang Kommentare wie Schreie, lautstarke Zustimmung und Trauerrufe und andere Reaktionen ihrer ZuhörerInnen und führt damit das aus der afrikanischen Tradition bekannte „Call and Response" (Ruf und Antwort) in der Kommunikation mit dem Publikum weiter. Meisterhaft verwendet sie die Blue Notes, besitzt ein sicheres Rhythmusgefühl und eine breite Skala des emotionalen gesanglichen Ausdrucks. Das macht sie zu einer der bedeutendsten Blues- und Jazzsängerinnen ihrer Zeit und zur Leitfigur nachfolgender Sängerinnen-Generationen, zu denen Frauen wie die Jazzsängerin Billie Holiday, die Blues- und Jazzsängerin Dinah Washington und die Blues- und Rocksängerin Janis Joplin zählen.

Ihr wildes Privatleben, ihr ständiges Trinken, Fluchen und Kämpfen, ihre vielen sexuellen Abenteuer mit Männern und Frauen und ihr langjähriger Drogenkonsum geben ihr einen ikonischen Status als afroamerikanische Performerin, die ihr Leben nach ihren eigenen Bedingungen lebt.

Bessie Smith (ca. 1895-1937) wird im ärmsten Viertel von Chattanooga, Tennessee, als eines von sieben Kindern in der Ein-Raum-Hütte eines Arbeiters und Predigers geboren. Ihre Karriere beginnt nach dem Tod ihrer Eltern. Die älteste Tochter Viola kümmert sich um die verwaisten Geschwister. Um die Familie finanziell zu unterstützen, singt sie mit ihrem kleinen Bruder Andrew im Duo als Straßenmusikerin in Chattanooga. Ihr älterer Bruder Clarence ist als Komiker bei der wandernden „Moses Stokes Minstrel and Vaudeville-Show" (afroamerikanische Revue mit Musik und Humor) engagiert. Dieser Show tritt auch Bessie mit 17 Jahren als Tänzerin bei. Von 1912 bis 1920 arbeitet Bessie als Sängerin und Tänzerin bei verschiedenen Zeltshows und Revuen, in denen neben Akrobaten und Tänzerinnen auch Bluessängerinnen engagiert werden.

So begleitet Bessie 1915 die zu diesem Zeitpunkt prominenteste Bluessängerin Ma Rainey auf der Tour bei den weithin bekannten „Rabbit Foot Minstrels". Ma Rainey nimmt die junge Bessie unter ihre Fittiche, von der sie alles über das Showgeschäft lernt. Der erste Weltkrieg hat keinen Einfluss auf Bessies aufstrebende Karriere. Eine Weile reist sie auch mit dem berühmten „T.O.B.A. Circuit" (Theatre Owners Booking Association) herum. Diese Kette mit über 100 Theatern, die hauptsächlich im Süden und Mittleren Westen liegen, ist ein Zusammenschluss von hauptsächlich weißen Besitzern, die nur afroamerikanische KünstlerInnen buchen und sie schlecht bezahlen. Zwischen 1918 und 1919 hat Bessie eine eigene Show, die „Liberty Belles Revue" in Atlanta, Georgia. Dort unterhält Bessie ihr Publikum nicht nur als Sängerin und Tänzerin, sondern tritt auch als Imitatorin von Männern auf.

Zwar bedeuten die langen Jahre auf Tour ein schwieriges und hartes Leben wie Arbeit bis in die späten Nachtstunden, niedrige Löhne, Glücksspiele, allerlei körperliche Kämpfe, Missbrauch von Alkohol und Drogen und Belästigungen vom Ku-Klux-Klan. Aber Bessie erweitert ihr Repertoire mit der Zeit enorm und verbessert die Qualität ihrer zahlreichen Auftritte. Die Kommunikation mit ihrem Publikum wird zu ihrem Markenzeichen und sie füllt nun große Säle ohne Verstärkung ihres Gesanges. Der Jazzgitarrist Danny Barker, Ehemann der Bluessängerin Blue Lu Barker, beschreibt Bessie:

„Es war eine großartige Sache ihr zuzuhören. Sie war eine große, hübsche Frau und sie dominierte die Bühne. (…) Du hast nur Bessie gesehen. Wenn du einen kirchlichen Hintergrund hättest wie Menschen, die wie ich aus dem Süden der USA kamen, würdest du eine Ähnlichkeit bemerken zwischen dem, was sie tat und dem, was diese Prediger und Evangelisten von dort taten, und der Art und Weise, wie sie Menschen bewegten. Sie könnte eine Massenhypnose auslösen." Sie kann sich eine große Fangemeinde aufbauen und, obwohl sie noch nicht auf Schallplatte zu hören ist, stehen die Fans stundenlang Schlange vor den Theaterkassen. Privat hat sie weniger Glück. Ihre Ehe mit einem wohlhabenden Mann aus einer Südstaatenfamilie scheitert nach kurzer Zeit. 1923 heiratet sie den Nachtwächter John „Jack" Gee.

Mit Beginn der Prohibition (Alkoholverbot 1920-1933) gehen auch die Bluesclubs in den Untergrund und sind nun illegale „Speakeasies". Diese oder „Buffets" (Sexclubs), in denen Tänzer und Darsteller Live-Sex auf der Bühne spielen und in denen der Alkohol nur so fließt, sind Bessies Lieblingslokale, in denen sie gelegentlich tagelang verschwindet. Mamie Smiths „Crazy Blues" ist als erste Bluesplatte gerade erschienen und in aller Munde. Bessie jedoch wird zunächst von zwei Plattenlabeln, einem afroamerikanischen und einem weißen, abgelehnt: zu raue Stimme, nicht hellhäutig genug. Bessie ist dunkelhäutig! Diese frühen Erfahrungen der Diskriminierung wegen ihrer Hautfarbe verfolgen Bessie für den Rest ihres Lebens. Sie reagiert feindselig gegenüber hellhäutigen BluessängerInnen, die versuchen, sich beim weißen Publikum im Norden einen Namen zu machen (Crossover). Zu diesem Zeitpunkt soll sie notorisch launisch, obszön und schon Alkoholikerin sein. Bessie ist inzwischen eine der populärsten Bluessängerinnen, als sie 1923 endlich ihr Schallplattendebut bei Columbia Records in New York City mit dem von Alberta Hunter komponierten „Down Hearted Blues" machen kann. In den ersten sieben Monaten werden davon 870.000 Exemplare verkauft. Nach einem Trainingskurs für ihre Stimme, vom Label angeordnet, werden ihre Songs sofort Hits. Sie kann singen, wie und was sie will, jedoch nicht ohne dass das Songmaterial von Columbia überwacht wird. Sie schreibt auch eigene Songs, doch von ihren 160 Songs, die sie wohl geschrieben hat, sind 121 anderen Songwritern zugeschrieben. Sie kann also nur wenige eigene Titel einbringen. Die Presse ernennt sie zur „Empress of Blues", zur Kaiserin des Blues. Mit ihren Erfolgen rettet sie die Plattenfirma Columbia Records vor der Pleite.

Pro gelungener Aufnahme erhält sie anfangs 125 Dollar, aber keine anteiligen Lizenzgebühren. Weiße SängerInnen bekommen zwar mehr Geld, aber dafür stehen die Leute Schlange vor den Kassen von Bessies Live-Auftritten. So fordert und bekommt sie für ihre Live-Auftritte enorme Gagen bis zu 2.000 Dollar pro Woche und ist Ende der 1920er Jahre die höchstbezahlte afroamerikanische Künstlerin. Sie trägt aufwändige Bühnenkostüme mit Fransenschals sowie phantasiereiche Kopfbedeckungen mit Federn oder mit Schmuck besetzte Kappen. Bessie ist eine echte Diva. Bessies Bruder Clarence fungiert als ihr Tourmanager und „erfindet" nebenbei den „Tourbus". Eisenbahnwaggons befördern ihr Team von 35 Musikern, TänzerInnen und die Bühnencrew mitsamt Einrichtungen zum Schlafen und Kochen sowie einem riesigen Sommerzelt, in dem sie praktisch überall auftreten können. Dies bedeutet auch, dass sie und ihre Crew nicht mehr so stark von den Auswirkungen der Rassentrennung betroffen sind, die beispielsweise das Schlafen in den meistens vor Ort nur für Weiße bestimmten Hotels verbieten.

Ihre Interpretation des „St. Louis Blues" von W.C. Handy spielt sie 1925 mit dem jungen Kornettisten Louis Armstrong ein, dessen Fassung auch heutzutage noch als die beste und brillanteste Schallplattenaufnahme der 1920er Jahre gilt. Weitere Hits dieser Zeit mit Louis Armstrong sind der „Careless Love Blues" und Perry Bradfords „I Ain't Gonna Play No Second Fiddle". Wie viele ihrer aus dem eigenen Leben entnommene Bluestexte meint sie das auch so, wenn sie singt, dass sie keine „zweite Geige" spielen will. Zu dieser Session gehören auch der „Gin House Blues" und der schon vor und nach ihr in verschiedenen Blues- und Jazzstilen interpretierte Blues „A good Man is hard to find", die beide auch auf ihren bitteren persönlichen Erfahrungen beruhen.

Während ihrer Tourneen betäubt sich Bessie häufig in Spelunken mit Alkohol, gerät öfter in Schlägereien und hat, ungeachtet ihrer Ehe, häufig Gelegenheitssex mit Männern und Frauen, auch mit einigen ihrer Chorus-Girls. Die auch physisch ausgetragenen Streitereien zwischen Gee und Bessie sind legendär. Bessie und er sind in vielerlei Hinsicht gegensätzliche Persönlichkeiten. Während sie gesellig ist, ist er nicht gern in Gesellschaft. Während Bessie fast ständig Alkohol trinkt, trinkt er überhaupt nicht. Obwohl sie offen in ihrer Truppe und mit Freunden über ihre homosexuellen Beziehungen spricht, hält sie diese Beziehungen vor Gee geheim. Auch wenn Bessie in der Lage ist, längere Zeit auf das Trinken zu verzichten, gibt es doch oft berüchtigte Alkoholorgien, unter der die Truppe und die Familie leidet.

Trotz des Gesetzes zur Prohibition ist das absolute Alkoholverbot nicht konsequent durchzusetzen. Die illegale Produktion und Verkauf von Alkohol (bekannt als „Bootlegging"), die schnelle Verbreitung von „Speakeasies" (Flüsterkneipen mit illegalem Alkoholausschank) nimmt stark zu. Bessie Smith und andere beliebte Bluessängerinnen bekommen in diesen Etablissements reichlich zu tun. Sie hat viele Auftritte in zahlreichen Gangster-Clubs, deren Besitzer mit illegalem Alkoholausschank viel Geld verdienen. Die damit einhergehende Zunahme von Bandenkriminalität und anderen Gewaltverbrechen führen Ende der 1920er Jahre zu einer schwindenden gesellschaftlichen Unterstützung der Prohibition, die 1933 beendet wird. Die Kehrseite ist, dass auch Bessie mit dem Alkohol in Berührung gekommen ist und schließlich alkoholkrank wird. Dies spiegelt sich in einer Anzahl ihrer Liedern wieder wie im „Gin House Blues" (1926).

Bessies Probleme mit ihrem Mann kommen wie der Regen einfach schon so oft. Ihr Mann hat sie die ganze Nacht weinen lassen. Allein geht sie nun ins Gin House. Dort will sie ihre Sorgen zusammen mit irgendeinem anderen Typen ertränken. Sie möchte versuchen, herunter zu kommen und ihre Gedanken zu beruhigen Wenn sie geht, dann soll es zum letzten Mal sein. Bessie leidet unter der ärgsten Art eines Gin House Blues den es gibt. Sie sinniert darüber, dass es heutzutage eine wahrhaft kluge Frau braucht, um ihren Mann zu halten, auch wenn sie dafür tränenreiche Wege gehen muss. Sie will auf ihren Mann aufpassen, egal was die anderen Mädchen sagen.

I've got a sad Story today 2x
I'm goin' to the Gin House when the Whistle blows
My Troubles come like Rain, that's all been poured before

My Man keeps me cryin' all Night 2x
I'm goin' to the Gin House, sit there by myself
I mean to drown my Sorrows by sweet somebody else

I've got those worst Kind of Gin House Blues 2x
I'll make one Trip there to seek to ease my Mind
And if I do I'm gonna make it my last Time

It takes a good smart Woman these Days 2x
To hold her Man when these Gals have got so many tearful Ways
I mean to watch my Man, don't care what these other Girls say

Dieser Bluessong ist einer Verwechselung zum Opfer gefallen. Er ist der erste von zwei Gin-Titeln, der 1925 von dem Pianisten Fletcher Henderson geschrieben worden ist und der Bessie auch auf der Aufnahme von 1926 begleitet.

Ihre Abermillionen Plattenverkäufe und ihre zahlreichen Tourneen mit ausverkauften Konzerten überall machten sie zu einer der einflussreichsten und beliebtesten Bluessängerin dieser Jahre. Inzwischen hat sie auch als Künstlerin den Crossover geschafft, will heißen, sie begeistert nun auch das weiße Publikum in ihren Shows und als Käufer ihrer Platten. Bessie nimmt weiterhin zahlreiche Bluestitel auf, darunter den von ihr geschriebenen „Backwater Blues" (1927) über die verheerenden Überschwemmungen in Nashville, Tennessee, und am Cumberland River von Anfang 1927. Ihre 1929er Hitversion des Blues „Nobody Knows You When You're Down and Out" (Niemand kennt dich, wenn du ganz unten und abgeschrieben bist) wird zwei Wochen vor dem Börsenkrach veröffentlicht mit dem die Große Depression beginnt. In diesem Katastrophenjahr trennt sie sich endgültig von ihrem Ehemann Jack Gee. Die Gagen für ihre Auftritte gehen zurück und mit der Zeit sieht sie sich sogar gezwungen, ihre geliebten bequemen Eisenbahnwaggons zu verkaufen mit denen sie so kommod und gern durch die Lande reiste.

Doch es gibt auch gute Nachrichten in diesem Jahr. So bekommt Bessie zum Beispiel die Gelegenheit in einem „Talkie", einem frühen Tonfilm, mitzuwirken. Es geht in diesem Kurzfilm um W.C. Handys Komposition und späteren Hit, den „St. Louis Blues". Bessie singt den Song bei diesen Filmaufnahmen leger an einem Bartresen gelehnt mit einem Glas Whiskey in der Hand. Der weithin erfolgreiche weil eindrucksvolle Streifen bleibt allerdings ihr einziger Filmauftritt und damit auch das einzige filmische Dokument ihrer überragenden Sangeskunst.

1931 geht eine Ära zu Ende und die Vaudeville-Theater des „T.O.B.A. Circuit" werden im ganzen Land geschlossen. Sie waren für Bessie sichere Veranstaltungsorte. Nun ist sie gezwungen selbst die Buchungen für die Shows ihrer Truppe zu aquirieren und ihr Management zu organisieren. Bei den vielen Bluesfans besonders im Süden und an der Ostküste ist sie zwar immer noch sehr beliebt. Sie wird bei jedem Aufenthalt von einer begeisterten Menschenmenge stürmisch gefeiert, sodass die Polizei die Menge manches Mal regelrecht in Schach halten muss. Doch mit der Zeit jedoch beginnt ihr Stern zu sinken. Ihr klassischer Bluesstil scheint nicht mehr so gefragt, wie es bislang der Fall war. Der Publikumsgeschmack ändert sich in Richtung Swing und Jazz, und das Radio und der Tonfilm sind die Zukunft. Auch die Bluesmusik wandelt sich. Sie wird nun männlich dominiert und bekommt eine andere Färbung durch die Verwendung der elektrifizierten Gitarre, die vor allem in Chicago verwendet wird. Chicago wird schnell zum Zentrum der gitarrenlastigen neuen Blueskultur. Bald erhält die musikalische Präsentation des Blues auch die Form der bis heute gültigen Trioaufstellung durch den Bluessänger T-Bone Walker, ein Pionier der Entwicklung der elektrifizierten Gitarre, plus Bass und Schlagzeug. Diese Veränderung hat eine große Bedeutung für die Zukunft des Blues.

Und noch eine weitere, ungute Wendung nimmt Bessies Karriere in diesem Jahr. Ihre Plattenfirma Columbia Records beendet ihren Vertrag nach neun Jahren, denn ihre Plattenverkäufe gehen stark zurück. Unter den letzten beiden Aufnahmen für die Firma ist der Blues „I Need a Little Sugar in my Bowl", der heutzutage als einer der besten doppeldeutigen Blues eingestuft wird und den auch die Blues- und Jazz-sängerin Nina Simone zu Beginn ihrer Karriere in entschärfter Version vorträgt. Noch ein letztes Mal in ihrer Karriere hat Bessie 1933 die Möglichkeit, Songs aufzunehmen. Der Produzent John Hammond von Okeh in New York City kon-taktiert sie, um mit ihr Aufnahmen im Swing-Genre zu machen. Sie ist bereit ihren Musikstil zu verändern, zu modernisieren und den Übergang von der Bluessängerin zur Swing- und Jazzsängerin zu vollziehen. Zudem strebt sie den Crossover in den weißen Musikmarkt an und hofft, sich mit dieser neuen Stilrichtung dort einreihen zu können. Es entstehen vier Titel mit den besten Jazzmusikern dieser Zeit wie dem Posaunisten Jack Teagarden und dem Klarinettisten Benny Goodman. Sie singt nun hier und da auch in Jazzclubs und verändert ihren „Look". Für diese speziellen Auftritte steht sie nun in eleganten Abendkleidern auf der Bühne. 1935 spielt Bessie mit ihrer eigenen Show und ihren Chorus-Girls im neu eröffneten „Apollo Theater" in Harlem, New York City. Der Besitzer findet Bessies Mädchen zu dunkelhäutig und will sie nicht auftreten lassen. Obwohl sie jeden Job braucht, weigert sich Bessie hartnäckig, ohne sie aufzutreten und der Besitzer gibt nach. 1936 vertritt sie die kranke Jazzsängerin Billie Holiday in einem New Yorker Jazz-club mit einem Jazzset. Mit der frühen Swing-Ära, angeführt vom Erfolg von Benny Goodmans Band, ist Bessie wieder im Gespräch für weitere Swing-Titel, denn sie hat bewiesen, dass sie swingen kann. Doch während einer Tournee in den Süden verunglücken ihr Freund Richard Morgan, ein Chicagoer Clubbesitzer, und Bessie im September 1937 mit ihrem eigenen Auto in der Nähe von Clarksdale, Missis-sippi. Bessie wurde 43 Jahre alt.

Bessies besonderer Gesangsstil beeindruckt zum einen noch heute durch die Kraft ihrer kehligen Stimme, geschult durch das jahrelange Training in großen Sälen ohne Mikrophon zu singen. Zum anderen sind ihre Gesangsphrasierungen innovativ, denn anders als andere SängerInnen überbrückt sie raffiniert die Lücken zwischen Dur- und Moll-Tönen mit Viertel- und Halbtönen, den Blue Notes. Auch

„schreit" sie nicht wie andere, sondern nutzt selbstbewusst vielfältige Phrasierungs-
möglichkeiten der menschlichen Stimme aus wie ein Stöhnen und „Grunzen". Der
amerikanische Musiker und Komponist Gunter Schuller, Autor verschiedener Bücher zu Blues und Jazz, beschreibt die Komponenten von Bessies Gesangsstil: „Ein
bemerkenswertes Ohr für und Kontrolle der Intonation in all ihren subtilsten Funktionen; eine perfekt zentrierte, natürlich produzierte Stimme (in ihrer Blütezeit);
eine extreme Sensibilität für die Wortbedeutung und die sensorisch, fast körperlich, ein Wortgefühl und damit verbunden eine hervorragende Diktion und das,
was Sänger Projektion nennen. Sie war sicherlich die erste Sängerin auf Jazz-
Platten, die Diktion wertschätzte, nicht für sich selbst, sondern als Mittel zur Vermittlung emotionaler Zustände. (…) Noch bemerkenswerter war vielleicht ihre Ton-
höhenkontrolle. Sie handhabe dies mit einer solchen Leichtigkeit und Natürlich-
keit, dass man es für selbstverständlich hält. Bessies feine mikrotonale Schattierun-
gen (…) sind alle Teil einer persönlichen, meisterhaften Technik von großer Subti-
lität, trotz der häufig ausgelassenen Stimmung oder Sprache."

Die Bluestitel sind bei Live-Konzerten, Augenzeugenberichten zur Folge, von
spontanen Einfällen der Sängerinnen und Instrumentalistinnen und mit an das Publikum gerichteten Ansprachen begleitet. Leider gibt es von der ersten Blüte des
Blues keine einzige Aufnahme eines Live-Konzerts, das durch eine Schallplatte
konserviert ist. Die Plattenindustrie ist daran nicht interessiert. Ab Mitte der 1920er
Jahre durchkämmen die Talentscouts großer Plattenlabel die Südstaaten mit ihren
neu angeschafften mobilen elektrisch betriebenen Aufnahmestudios. Dort suchen
und finden sie unbekannte männliche Bluestalente, die sie auch zu kommerzialisie-
ren gedenken. Diese Männer spielen den „Folk Blues" oder „Country Blues". Bluesfrauen nehmen die Firmen dort im Süden, obwohl es sie gibt, nicht mehr auf. Was
sie suchen ist der sogenannte authentische Blues. Er soll nicht auf Noten schon
erschienen oder von SongwriterInnen auskomponiert worden sein. Es sollen eigene Bluesstücke des Interpreten sein, wobei ihnen kaum auffällt, dass diese Folk-
Blues-Sänger auch aus dem Repertoire der Bluesdiven schöpfen, die ja auch, wie
sie, den traditionellen volkstümlichen Blues verwenden. Für die Label sind das
neue, noch nie gehörte Bluesstile, die die Bluesmen mit ihren akustischen Gitarren
spielen, die sie schlagen, zupfen oder die Saiten mit einem Flaschenhals bearbeiten (Slide-Gitarre). Diese spielen für die Label ihren „eigenen" Blues gerne gegen
ein paar Dollar, gegen ein bisschen Alkohol oder sogar für gar nichts ein.

Kennzeichnend für sozialen und kulturellen Wandel in der afroamerikanischen
Community ist die Bewegung der sogenannten „Harlem Renaissance" oder des
„New Negro". Durch den Zuzug der Migranten aus dem Süden ist Harlem, New
York City, inzwischen ein afroamerikanisches Viertel geworden und Zentrum die-
ser Bewegung. Es schließen sich selbstbewusste afroamerikanische Intellektuelle,
Frauen wie Männer aus Kulturbereichen wie der Kunst, der Literatur, der Mode,
der Theaterwelt und der Musik zusammen, um ein neues Selbstverständnis als

AfromerikanerInnen zu zeigen und eine neue unverwechselbare „Negro Aesthetic"
zu entwickeln. Ihr gemeinsames Ziel ist, vor allem die rassistischen Vorstellungen
von der Minderwertigkeit afroamerikanischer Menschen ad absurdum zu führen
und allgemein afroamerikanisches Selbstbewusstsein und Stolz zu stärken. Allerdings wird der Blues dafür nicht – bis auf Bessie Smith – als geeignetes Vehikel
angesehen. Neben der Schriftstellerin Zora Neale Hurston, die sich für den Blues,
seine Ästhetik und seine Themen interessiert, ist der afroamerikanische Dichter
und Schriftsteller Langston Hughes ebenso am Blues interessiert. 1942 veröffentlicht er im „Chicago Defender" einen Artikel mit dem Titel „Here to yonder" über
ein Konzert von Memphis Minnie, das er miterlebt und das ihn sehr beeindruckt
hat. Zuvor hat er 1925 ein Gedicht verfasst, das den Blues feiert. In dem Gedicht
„The Weary Blues" beschreibt er, teils unter Verwendung von Slangworten und der
dreizeiligen Bluesstruktur den intensiven Gesang und das eindringliche Spiel eines
Bluespianisten. Er sitzt auf einem wackeligen Hocker. Mit seinen ebenholzfarbigen
Händen spielt er auf den elfenbeinfarbenen Tasten und das Piano stöhnt einen
schläfrigen todmüden Blues. Dazu klopft er den Takt mit dem Fuß auf den Boden.
Yeah!

The Weary Blues (1925)

Droning a drowsy syncopated Tune,
Rocking back and forth to a mellow Croon,
I heard a Negro play. Down on Lenox Avenue the other Night,
By the pale dull Pallor of an old Gas Light
He did a lazy Sway
He did a lazy Sway
To the Tune o' those Weary Blues.

With his ebony Hands on each ivory Key
He made that poor Piano moan with Melody.
O Blues! Swaying to and fro on his rickety Stool
He played that sad raggy Tune like a musical Fool.
Sweet Blues! Coming from a black Man's Soul.
O Blues!

In a deep Song Voice with a melancholy Tone
I heard that Negro sing, that old Piano Moan —
„Ain't got nobody in all this World,
Ain't got nobody but ma self.
I's gwine to quit ma frownin'
And put ma Troubles on the Shelf."

Thump, thump, thump, went his Foot on the Floor.
He played a few Chords then sang some more —

„I got the Weary Blues
And I can't be satisfied.
Got the Weary Blues
And can't be satisfied —
I ain't happy no mo'
And I wish that I had died."

And far into the Night he crooned that Tune.
The Stars went out and so did the Moon.
The Singer stopped playing and went to Bed
While the Weary Blues echoed through his Head.
He slept like a Rock or a Man that's dead.

Die 1930er Jahre
Die Große Depression und die Folgen

Nicht die Prohibition, das Alkoholverbot (1922 -1933), sondern die „Große Depression", die im Oktober 1929 mit dem „Black Thursday" beginnt und mit einem rasanten Niedergang der Wirtschaft einhergeht, ist eine große materielle, geistige und emotionale Katastrophe für die gesamten Vereinigten Staaten. In dieser Phase gibt es bis etwa 1934 Millionen von weißen Arbeitslosen, meistens ungelernte Männer. Die afroamerikanische Bevölkerung leidet jedoch besonders unter den Folgen der Arbeitslosigkeit; so auch die BluesmusikerInnen. Aus dem Norden kehren einige von ihnen zurück in den Süden zu ihren Herkunftsfamilien auf dem Lande und arbeiten wieder in der Landwirtschaft. Einige, vor allem Männer, ziehen auf Arbeitssuche umher und nehmen jegliche Arbeit an oder suchen eine Beschäftigung in den Fabriken in den großen Städten des Nordens. Der neue demokratische Präsident Franklin D. Roosevelt legt einige öffentliche Hilfsprogramme im Rahmen des „New Deal" auf. Durch staatliche Projekte zur Linderung und Reduzierung der Arbeitslosigkeit werden viele Männer in staatlichen Bauprogrammen für Häuser, Schulen, Straßen, Brücken und Parks untergebracht. Ziel dieser Maßnahmen ist, dass wenigstens eine Person pro Haushalt ein Einkommen hat. Zunächst werden im Süden, wie zu erwarten, die Weißen bevorzugt. Diese Diskriminierung der afroamerikanischen Bevölkerung bei Bundeshilfsprogrammen wird jedoch bald verboten. Verschiedene Hilfsprogramme und auch Präsident Roosevelt werden sogleich von den Bluesmen besungen. Die „Work Projects Administration" (WPA) ist eine Agentur, die zu diesen staatlichen „New Deal"-Maßnahmen gehört, die jahrelang durchgeführt werden müssen. In einem ihrer bekanntesten Projekte, dem „Federal Project Number One", beschäftigt die WPA Musiker, Künstler, Schriftsteller, Schauspieler und Regisseure in Kunst-, Theater-, Medien- und Alphabetisierungsprojekten. Anscheinend sind auch einige Frauen darunter.

Die Bluessängerin Ida Cox berichtet 1939 in ihrem „Pink Slip Blues", begleitet von ihrer Band „Ida Cox & Her All Star Band", wie elementar wichtig diese weißen und rosa Zettel der WPA sind. Ohne ersteren gibt es kein Geld und auf der Straße betteln ist dann die Alternative. Dieser Umstand erklärt auch, warum die Bluesfrauen in besonders zahlreichen Titeln den tragischen Aspekt stark hervorheben, wenn Frauen plötzlich vom Mann verlassen werden und damit mittellos sind. Dieser weiße Zettel von „Uncle Sam", der WPA-Check vom Staat, bedeutet, jedes Mal eine Woche länger ein Einkommen zu haben. Dieser kleine weiße Zettel ist ein Hoffnungsschimmer. Die schlechte Nachricht ist, dass die WPA-Programme stark gekürzt werden. Nach nun vier Jahren bekommt Ida den rosa Zettel. Das heißt für sie, allein zurechtkommen zu müssen.

> One Day every Week I prop myself at my Front Door, 2x
> And the Police Force couldn't move me 'fore that Mailman blows.
>
> 'Cause a little white Paper Uncle Sam has done addressed to me, 2x
> It meant one more Week, one Week of Prosperity.
>
> But bad News got to spreading and my Hair start to turning gray, 2x
> 'Cause Uncle Sam started chopping, cutting Thousands off the WPA.
>
> Just a little pink Slip in a long Envelope, 2x
> 'T was the End of my Road, was the last Ray of my only Hope.
>
> After four long Years, Uncle Sam done put me on the Shelf, 2x
> 'Cause that little pink Slip means you got to go for yourself.

Immerhin entstammt das Eingreifen des Staates der Erkenntnis, dass die amerikanische Ideologie von der privaten Selbsthilfe in solch einer langen ernsten ökonomischen Krise, die weite Kreise der Gesellschaft betrifft, nicht mehr funktionieren kann. In den 1920er Jahren erscheint es so, dass sich die afroamerikanische Bevölkerung für die allgemeine Politik, wie es sich auch im Blues zeigt, eher nicht besonders interessiert. Das ändert sich erst in den 1930er Jahren. Viele der Bluestexte zeigen an, dass die amerikanische Gesellschaftspolitik nun auch im Blues „analysiert" wird, denn die sozialpolitischen Maßnahmen sind, obwohl sie für die weiße Bevölkerung günstiger ausfallen, für die AfroamerikanerInnen von großer Bedeutung und werden von ihnen als sehr wichtig erkannt. Anlässlich des Todes von Präsident Franklin D. Roosevelt 1945 schreibt der Bluespianist Champion Jack Dupree seinen „F.D.R. Blues" über den Präsidenten. Eleanor Roosevelt, die Frau des Präsidenten arbeitet mit afroamerikanischen Führern zusammen und ist eine starke Fürsprecherin für die Bürgerrechte der AfroamerikanerInnen. Diese wechseln in dieser Zeit weitgehend von der Republikanischen Partei zu den Demokraten.

Viele Bluesfrauen und -männer leiden unter der Wirtschaftskrise. Nur die bekanntesten BlueskünstlerInnen können noch einige wenige Schallplattenaufnahmen machen, denn die Verkäufe von Schallplatten allgemein, wie auch von den speziellen „Race Records", brechen weiter sehr stark ein. Bis Mitte der 1930er Jahre werden nur ein paar neue Songs veröffentlicht und praktisch keine neuen „Race Records" mehr produziert. Stattdessen veröffentlicht die Branche Titel und Songs, die zuvor nicht auf Tonträger herausgegeben worden sind. Die traditionellen Spielorte, in denen afroamerikanische KünstlerInnen überhaupt zugelassen sind, die Theater und Nachtclubs, die sich hauptsächlich im Süden der USA befinden, müssen großenteils mangels Publikum schließen. Einige Frauen wie Ethel Waters können ein paar Chancen wahrnehmen, wenn sie sehr hellhäutig sind und sich dem gerade herrschenden Musikgeschmack des Publikums anpassen können. Diese Frauen finden zum Teil Arbeit in weißen Musicals, einige auch in den neuen Medien, dem Radio oder dem frühen Tonfilm. Andere gehen in ihre Heimatorte zurück und spielen dort Kirchenmusik oder leiten Gospelchöre, und wiederum andere verschwinden völlig von der Bildfläche des Blues.

Die soziale und wirtschaftliche Diskriminierung der afroamerikanischen Bevölkerung ist in vielerlei Gestalt auch im Norden noch lange präsent. In ihren städtischen Wohngebieten werden den Arbeiterfamilien, die ein eher geringes Einkommen haben, für kleine enge Wohnungen wesentlich höhere Mietzahlungen abverlangt als weißen Mietern. Um diesem generellen Problem zu begegnen, entstehen in den 1920er Jahren, zuerst in Harlem, New York City, die „House-Rent-Partys", die sich schnell verbreiten und bis in die 1940er Jahre sehr beliebt sind. Sie dienen zum einen dazu, als eine Art solidarischer Nachbarschaftshilfe Geld für die anstehenden hohen Mietzahlungen der Gastgeber zu sammeln. Zum anderen funktionieren sie als private gesellschaftliche Zusammenkünfte, ohne Diskriminierungen. Für die afroamerikanischen Frauen in den Städten des Nordens, die in Geldnöten sind, ist es eine nicht unbedingt anrüchige Art mit einer solchen Party ab und zu Geld zu verdienen. Es entwickelt sich eine blühende Subkultur der „House-Rent-Partys". Um ein bisschen Geld zu verdienen, ist diese Institution gleichzeitig ein wichtiges Arbeitsfeld für BluesmusikerInnen, speziell für die Bluespianisten, die den Boogie-Woogie-Stil entwickeln, der sich besonders in den 1940er Jahren auch bei den Weißen großer Beliebtheit erfreut. Gegen ein Eintrittsgeld wird den Gästen eine rauschende Party in der eigenen Wohnung oder im eigenen Haus geboten. Zusammen mit Essen und Trinken heizen MusikerInnen mit ihrer Livemusik, nicht nur mit Blues, sondern mit verschiedenen Musikstilen wie Walzer, Black Bottom und Boogie den Gästen zu wilder Tanzerei ein.

Bessie Smith empfiehlt den Frauen im Publikum in ihrem „Safety Mama Blues" (1931), sich eine ökonomische Unabhängigkeit vom Mann aufzubauen. Haben sie einen „No-good-Man" sollen sie ihn die Hausarbeit machen lassen. Sie dagegen geben am Sonnabend eine Party und haben dann am Montagmorgen das gesammelte Geld für die Miete zur Verfügung. Denn wenn es keine andere Möglichkeit gibt, ist diese Art an Geld zu kommen dringend nötig, um die Miete bezahlen zu können. Diese Veranstaltungen finden hauptsächlich am Samstag oder am Donnerstag statt, da die afroamerikanischen Hausmädchen dann oft ihren freien Tag haben. Am Samstag bekommen viele der Arbeiter ihr Geld und wollen feiern gehen.

Essen, wie Brathähnchen, Kohlgemüse, Reis bietet die Gastgeberin frei oder zum Kaufen an. Es ist die Zeit der Prohibition. Deshalb fließt an einem solchen Abend auch jede Menge illegaler Alkohol. Diese Partys spielen auch für die Entwicklung der Blues-, Jazz- und der Swingmusik eine fundamentale Rolle. Sehr wichtig ist die Musik, damit die geliebten wilden Tänze stattfinden können. Dafür werden Pianisten oder Duos mit Gitarre und Mundharmonika eingeladen, die gegen Trinkgeld oder freie Getränke spielen. Es gibt auch Partys, bei denen es lediglich um das Aufbessern des Gehaltes des Gastgebers geht. Manchmal stehen bei Partys auch Räume für Glücksspiel und bezahltem Sex zur Verfügung.

Der Blues „House Rent Scuffle" von Lil Johnson aus dem Jahr 1929, lässt uns mitten in ihre Party hineinschauen: Für Lil ist es höchste Zeit heute Abend Geld für die Miete und das Gas zusammen zu kratzen, denn auch der Betrag für das Gas ist schon sehr hoch auf zehn Dollar angewachsen und der Mann vom Licht kommt auch bald. Die Party läuft. Lil feuert die Musiker an. Alle Gäste tanzen und haben eine gute Zeit. Sie hat Sodawasser und Wein anzubieten, dazu gebratenes Huhn, rote Bohnen und Reis. Leute, hier steht Lil Johnson! Sie bittet darum, dass jemand dem Klavierspieler einen Drink bei ihr kaufen soll, denn der habe nichts mehr. Zum Pianospieler gewendet: „Ich wünschte, dass du jeden Samstagabend hier bei mir spielen würdest!" Und sie erinnert ihre Gäste als Organisatorin des Abends daran: „Vergesst die Dame des Hauses nicht!"

Play that Thing, play that Thing just right, 2x
We got to scuffle the House Rent tonight.

My House Rent's due, my Gas Bill run up to ten. 2x
I wouldn't have no Light but the Light Man couldn't get in!
(spoken)
Oh, play that Thing, Boys! Everybody dance and have a good Time!
I got everything to drink from Soda Water to Wine.

I got fried Chicken, even got Red Beans and Rice.
Now don't you hear me talking to you!
This is Miss Lil Johnson, Mugs!
Somebody buy the Piano Player a Drink. He's just too tight!
I wish you'd play that at my House every Saturday Night!
Don't forget the Landlady!

Als die Prohibition 1933 endet und sich die wirtschaftliche Lage nach der Großen Depression für MusikerInnen etwas bessert und in vielen Bundesstaaten – Mississippi bleibt zunächst bei der Prohibition – die Veranstaltungsorte wie die Juke Joints wieder aufmachen, gibt es auch wieder mehr Arbeit. Aber für viele der klassischen Bluesfrauen sowie auch der Bluesmen der 1920er Jahre, vor allem derjenigen, von denen nicht so viele Schallplatten verkauft wurden, bekommen keine Verträge mehr und verschwinden in der Versenkung der Schallplattenindustrie. Die Label engagieren weniger und eher jüngere Bluessängerinnen. Sie sind nicht zuletzt billiger als die Bluesdiven der „klassischen" Zeit. Überleben können viele Bluesfrauen durch ihre Tourneen in den Südstaaten, wo die Bluesfans ihnen noch lange Zeit treu bleiben. Der der „Harlem Rennaissance" zugehörige afroamerikanische Literaturkritiker, Dichter und Literaturprofessor Sterling A. Brown (1909-1989) widmet 1932 in seiner Gedichtsammlung „Southern Road" eines davon Ma Rainey. Realistisch beschreibt das Gedicht zum einen Mas Verbundenheit mit dem Süden und zum anderen umgekehrt ihre tiefe Bedeutung für die Gefühle der dort lebenden Menschen. Er dichtet:

Wenn Ma Rainey in die Stadt kommt, strömen die Leute von irgendwo, meilenweit entfernt, herbei. Vom Kap Girardeau, von Poplar Bluff kommen sie in Scharen, um zu hören wie Ma ihre Sache macht. Sie kommt in einem schäbigen alten Auto daher oder reitet auf Maultieren oder reist zusammengepfercht in Zügen. So ist es eben für viele Meilen, wenn man runter nach New Orleans im Delta oder nach Mobile will. Alle diese Städte liegen am Ufer des Mississippi. Die Leute kommen von den kleinen Siedlungen am Fluss, aus den Holzfällercamps um Ma Rainey zu hören. Lachend und gackernd stolpern sie in die Halle, jubeln wie tobendes Wasser, wie der Wind in den Sümpfen der Flüsse. Ein paar Spaßvögel sorgen dafür, dass ihr Lachen in den überfüllten Gängen anhält. Ein paar Leute sitzen schon und warten mitsamt ihren Schmerzen und ihrem Elend bis Ma auf der Bühne erscheint, zu ihnen heraus kommt, ein Goldzähne bewehrtes Lächeln lächelnd. – Und ein langer Kerl kräuselt Mollakkorde des Blues auf die schwarzen und gelblichen Tasten.

„Oh Ma Rainey, sing dein Lied! Jetzt bist du zurück wo du hingehörst! Versetz dich in uns hinein! Stärke uns! – Sing uns von dem bitteren Schicksal! Sing uns von der einsamen Straße, die wir gehen müssen!" Nachdem Ma den „Backwater Blues" gesungen hat, (den nicht sie, sondern Bessie Smith auf Schallplatte verewigt hat) senken die Leute instinktiv ihre Köpfe und weinen, beugen ihre schweren Köpfe, schließen ihren Mund und weinen.

Nach dem „Backwater Blues" ist Schluss der Veranstaltung. Die ZuhörerInnen sind von Mas Vorstellung ergriffen. Sie spüren, dass sie zu ihnen im Süden gehört.

Eine technische Neuerung mit harten Folgen für die Live-MusikerInnen ist die „Juke Box", die sofort große Mode und in vielen Juke Joints aufgestellt wird. Für die Schallplattenindustrie ist die Juke Box als Absatzmarkt sehr wichtig. Darin landen in den 1930er Jahren fast die Hälfte aller produzierten Schallplatten. Seit ihrer Erfindung im Jahr 1889 verbreitet sie sich schnell über die Vereinigten Staaten. 1940 sind schon ungefähr 350 000 Juke Boxes im Einsatz. Einerseits ermöglicht die Box Leuten, die keinen Phonographen besitzen, außerhalb des Hauses fast kostenlos ihre Lieblingsmusik immer wieder zu hören; man muss sie nicht mehr kaufen. Andererseits ist sie für die LivemusikerInnen problematisch, weil sie eine billige Konkurrenz darstellt. Das neu entwickelte Radio ist für den Verkauf von Bluesplatten nicht so gefährlich, weil die fast ausschließlich weißen Sender dem Blues im größeren Maße erst in den 1950er Jahren Sendeplätze einräumen. Ab dann können auch die jungen Weißen den Blues entdecken, und hören und sich dafür begeistern. Einfluss auf die Veränderung des Blues übt auch die Tatsache aus, dass die Plattenstudios nun von Sängern und Sängerinnen Bluesmelodien und -texte zu hören bekommen, die kaum mehr aus der alten Bluestradition stammen. Von den frühen Bluesplatten kann nicht mehr so viel an Melodien und Texten „gecovert" werden, die Volksmusikalisches und auch teilweise „Tin Pan Alley"-Musik (populäre Schlager) enthielten und der die BluesmusikerInnen eigene Melodie- und Textteile hinzufügen konnten. Dadurch, dass das traditionelle Folk-Blues-Reservoir so langsam ausgeschöpft ist, werden im Laufe der Zeit einige Bluesmen wie der Gitarrist, Sänger und Songwriter Big Bill Broonzy und besonders der Gitarrist, Standbassspieler, Sänger, Songwriter und Plattenproduzent Willie Dixon zu wichtigen Komponisten für andere BlueskünstlerInnen.

Mitte der 1930er Jahre ändert sich wieder einmal der Musikgeschmack des Publikums. Nicht nur ein junges unterhaltungswilliges afroamerikanisches Publikum begeistert sich inzwischen für sentimentale Liebeslieder über unerwiderte Liebe (Torch Songs), sondern vor allem für das Tanzen zu den heißen Rhythmen der weißen und afroamerikanischen (selten gemischten) Bigbands und Tanzorchester. Der rhythmusbetonte Stil des Swing erobert die Tanzböden, der oft noch auf der Bluestradition aufbaut, wie es bei der Bigband von Count Basie der Fall ist. Eines dieser Swing Orchester ist die Band „Blanche Calloway & Her Joy Boys". Blanche Calloway (1904-1978) ist die ältere Schwester von Cab Calloway, dem berühmten afroamerikanischen Bandleader eines Swing-Orchesters. Blanche ist eine studierte Musikerin, Komponistin und Sängerin und einzige Bandleaderin einer rein männlichen Swing-Band. Später wird sie die Managerin der R&B-Sängerin Ruth Brown. Viele Swing-Bands haben Bluestitel in ihrem Repertoire, wie die Jazzbands von Duke Ellington und später von Count Basie, der dem Blues eng verhaftet bleibt. Einige Bluessängerinnen kommen bei diesen Bands als Frontsängerinnen unter, wie Helen Humes, die allerdings bei Basie keinen Blues, sondern die populären sognannten „Tin-Pan-Alley"-Nummern zu singen hat. Alle Bandleader verlangen jedoch von ihren GesangssolistInnen eine vom Blues beeinflusste Art des Phrasierens – Soloinstrumente eingeschlossen. Diese Swing-Bands machen viele Bluessongs zu großen berühmten Hits. In dieser Zeit ist Jazz und Blues noch kaum voneinander zu unterscheiden, denn nun machen auch ausgewiesene BluesmusikerInnen wie Memphis Minnie und Bessie Smith zusammen mit Bläsersektionen Plattenaufnahmen. Es bilden sich kleine Combos, die Bluessängerinnen begleiten. Neu ist, dass sich nun die Gesangssolistinnen mit Hilfe eines Mikrophons stimmlich mühelos gegen eine große Band durchsetzen können, auch mit leiserer Melodien. Die elektrische Klangverstärkung sorgt dafür, dass auch kleine Bands ihre Instrumente und den Gesang verstärken können und somit auch in großen Tanzsälen spielen können.

Das Carnegie Hall Konzert von 1938

John Hammond, ein weißer Talentsucher, Plattenproduzent und Entdecker der Jazzsängerin Billie Holiday, hat die Idee, ein großes Konzert zu organisieren, an denen nur afroamerikanische MusikerInnen beteiligt sein sollen. Er möchte den Beitrag der „Race Music" zur amerikanischen Kultur einem großen Publikum vorstellen, denn Musik hat für ihn keine Hautfarbe. Das Konzert soll die große Bandbreite der „Black Music", beginnend mit den „Negro Spirituals" bis zu den besten gegenwärtigen großen Bands der Swing- und Jazzszene aufzeigen: Spirituals/Gospel, Blues, Dixieland, Swing. Da das Publikum gemischt afroamerikanisch und weiß sein soll, ist es schwierig, einen Sponsor für dieses Projekt zu finden. Die Zeitung „New Masses" der kommunistischen Partei Amerikas erklärt sich bereit, das Konzert in der renommierten New Yorker Carnegie Hall zu finanzieren. Es ist sofort ausverkauft. Unter dem Titel „From Spirituals to Swing" findet das Konzert Ende 1938 statt. Es ist dem Andenken an Bessie Smith gewidmet, die 1937 bei einem Unfall mit ihrem Auto ums Leben gekommen ist. Ihre Nichte, die Bluessängerin Ruby Smith (1903-1977), singt an diesem Abend Bessies Lieder. Das Konzert wird ein großer Erfolg. Das Publikum hört dort erstmals auch den aufkeimenden Boogie Woogie, der sich zu einem enormen „Boogie Craze" entwickelt. Nur eine weitere Frau, die Blues- und Gospelsängerin Rosetta Tharpe ist für den Bereich des Spirituals/Gospel mit den Songs „Rock me" und „That's all" an dem Konzert beteiligt. Der große Erfolg dieses Aufsehen erregenden Musikereignisses wird mit einem zweiten Konzert Ende 1939 wiederholt. Dieses Event trägt dazu bei, dass das ganze Land verrückt nach Boogie Woogie wird, denn einige Pianisten stellen diesen Stil vor. Auf dem Programm stehen dieses Mal die beiden Bluessängerinnen Helen Humes und Ida Cox auf der Bühne, Helen mit „Blues with Helen" und Ida mit „Four Day Creep" und „Low down dirty Shame", ein Bluessong, der nicht veröffentlicht wird.

Die weiße Mittelschicht erhält mit diesen Konzerten in der Carnegie Hall einen Einblick in die damals aktuellen Hauptströmungen der bisher weitgehend ignorierten afroamerikanischen populären Musikkultur und ist begeistert. Der Krieg in Europa verhindert die Weiterführung dieser Reihe, die eigentlich jährlich wiederkehrend geplant ist.

Ida Cox (1896-1967), geboren im Staat Georgia gehört zu den großen Bluesdiven der 1920er Jahre. Ihr schlichter, robuster und dennoch sanfter Stil verbindet die ländliche Bluestradition mit raffinierten Elementen des städtischen Blues. Ihre Spezialität ist ihre Fähigkeit, verschiedene Stimmungen der Songs durch Stimm- und Textmanipulationen zu illustrieren. Als talentierte Texterin schreibt sie viele ihrer erfolgreichen Songs selbst mit aus dem Leben gegriffenen Inhalten, mit denen sich die afroamerikanischen Frauen identifizieren können. Diese selbstbewusste, elegante Frau ist besonders im Süden und im Mittleren Westen bei ihrem Publikum äußerst beliebt. Ida lernt das Singen im lokalen Kirchenchor der schwarzen Methodistenkirche und geht mit vierzehn Jahren mit einer Minstrel-Show auf Tour. Ab 1923 spielt sie in den sechs Jahren bei Paramount Records 78 Songs ein, begleitet von der Pianistin Lovie Austin und anderen. Vermarktet wird sie als „The Uncrowned Queen of the Blues", als die „Ungekrönte Königin des Blues".

Nach dem Carnegie Hall Konzert von 1939 hat sie die Gelegenheit mit einigen großen Jazzmusikern Aufnahmen zu machen, etwa mit dem Blues- und Jazzgitarristen Charlie Christian, einem Wegbereiter des Bebop und dem Trompeter Hot Lips Page, der auch schon für Bessie Smith und Ma Rainey gespielt hat. Dieses Konzert gibt ihrer Karriere, nach den vielen Schwierigkeiten, die die Zeit der Wirtschaftskrise, die Großen Depression, verursacht hat, wieder erheblichen Auftrieb. Sie managed wieder ihre eigenen Vaudeville-Shows. Bis 1944 werden mit Ida von diversen anderen Firmen weitere Bluesplatten gepresst. Ida ist nun oft als Headliner, als Star vieler Shows, als Sängerin und Komödiantin, beworben mit dem Titel „Sepia Mae West" gebucht. Mae West ist zu dieser Zeit eine weiße, weithin berühmte Schauspielerin und Sexsymbol ihrer Zeit.

Nach ihrem Rückzug vom Musikgeschäft in den 1950ern sucht und findet John Hammond Ida wieder. So hat sie 1961 die Gelegenheit, das Bluesalbum „Blues for Rampart Street" mit Titeln aus ihrem früheren Repertoire der 1920er Jahre unter der Leitung des Quintetts von Coleman Hawkins, dem „Vater des Tenorsaxophons" zu machen. Hawkins war als junger Musiker in den 1920er Jahren Mitglied der Jazzhounds von Mamie Smith. Auf dieser Schallplatte befindet sich auch eine wunderschöne Version der Folk-, Blues- und Jazzsängerin und Gitarristin Barbara Dane von Idas „Wild Women don't have the Blues", der zum berühmtesten Song von Ida wird.

Helen Humes (1913-1981) ist eine Blues- und Jazzsängerin, geboren in Louisville, Kentucky. Sie erklärt einmal: „Ich wurde Blues-Sängerin, Jazz-Sängerin und Balladensängerin genannt – nun, ich bin alle drei, was bedeutet, dass ich nur eine Sängerin bin." Ihre Mutter ist Lehrerin, ihr Vater der erste afroamerikanische Rechtsanwalt der Stadt. Sie singt im Kirchenchor und bekommt in der Sonntagsschule Klavier- und Orgelunterricht. Gelegentlich spielt Helen bei kleinen durchreisenden Tanzbands das Piano. Im Alter von 14 Jahren beginnt ihre Schallplattenkarriere mit einigen Bluessongs für Okeh Records. Zwei Jahre später folgt eine weitere Aufnahmesitzung. Erst zehn Jahre später geht ihre Karriere weiter. Sie bekommt durch einen spontanen Auftritt in Buffalo einen 35-Dollar Job pro Woche, was in der damaligen Zeit eine einigermaßen gute Bezahlung ist und singt dafür in einer kleinen Band. Der Bandleader engagiert die Band 1936 für den wichtigen „Cincinnati Cotton Club", der weiße und afroamerikanische KünstlerInnen bucht und ein ebenso gemischtes Publikum hat. Dort hört Count Basie Helen singen. Helen soll Billie Holiday ersetzen. Aber er bietet ihr nur 35 Dollar die Woche, was sie mit der Begründung ablehnt, dass dieses Angebot keine finanzielle Verbesserung darstelle. Doch bald darauf gehört sie als Frontsängerin zum Orchester von Count Basie und ist mit ihm beim Carnegie Hall Konzert 1939 dabei. Ihr gefällt das stressige Tourleben, das „Wohnen" im Tourbus auf die Dauer nicht und sie verlässt 1942 die Band. Sie nimmt Titel im Jump Blues Stil sowie viele Rhythm & Blues-Titel auf. 1962 tourt sie mit dem „American Blues und Folk Festival" durch Europa. Bald danach stoppt sie ihre Karriere und arbeitet in einer Munitionsfabrik, bis sie in den 1970er Jahren wieder anfängt, ab und zu auf Festivals zu singen. Helen sagt über ihre Karriere: „Ich versuche nicht, ein Star zu sein! Ich möchte arbeiten und glücklich sein und einfach so weiter machen und meine Freunde haben – und das ist meine Karriere."

In den 1930er und 1940er Jahren sind die anzüglichen doppeldeutigen Bluessongs sehr beliebt. Einer davon ist ein raffinierter Blues um eine heiße Verführungsszene. Die Bluessongs von Blue Lu Barker sind oft mit humorvollen Texten ausgestattet. Das gilt auch für ihren wohl bekanntesten Hit, „Don't You Feel My Leg" aus dem Jahr 1938. Im Jahr 2018 hat die Folk- und Bluessängerin Maria Muldaur diesen Blues ihrem Album „The Naughty Bawdy Blues of Blue Lu Barker" hinzugefügt. Es ist ein interessanter und gut gemachter Blues in der Art wie es dem damaligen – und sicherlich auch dem heutigen Publikum gefällt: die spannende Geschichte eines männlichen Verführungsversuchs. Gleichzeitig umschließt dieser Blues die Promiskuität der Frau zusammen mit einer gewissen koketten Zurückhaltung ihrerseits. Die Hand des Mannes rutscht pro Strophe an ihrem Bein immer ein wenig höher bis er eine Überraschung erlebt:

Don't you feel my Leg, don't you feel my Leg.
'Cos if you feel my Leg, you'll want to feel my Thigh. *

And if you feel my Thigh, you'll wanna go up high.
So don't you feel my Leg.

Don't you buy no Rye, don't you buy no Rye.*
'Cos if you buy some Rye, you gonna make me high
And if you make me high, you'll gonna tell a Lie.
So don't you make me high.

You say, you'll take me out and treat me fine,
But I know there's something you got on your Mind.
If you keep drinking you gonna get fresh
And you're wild of asking for that fine round Flesh.

Don't you feel my Leg, don't you feel my Leg.
'Cos if you feel my Leg, you'll want to feel my Side.
And if you feel my Side, you're gonna get a Surprise.
So don't you feel my Leg.

*Thigh = Oberschenkel. *Rye = Whiskey.

Maria Muldaur äußert sich zum Gesang von Blue Lu Barker anlässlich des Erscheinens ihrer Tribut-Schallplatte: „Abgesehen von den wunderbar lustigen, suggestiven Texten war ich wirklich beeindruckt und ziemlich verzaubert von Blue Lus Darbietung dieser Melodien. (…) Ihr Gesang ist drollig, schlau, voller Frechheit und Attitüde, aber dennoch unaufdringlich, ein bisschen mädchenhaft und schüchtern. Ihre kühle Lässigkeit und knackige damenhafte Diktion im Gegensatz zu den frechen Texten ließen diese umso mehr vor Anspielungen glühen.“

Die 1940er Jahre

Am Ende des Jahres 1941 treten die Vereinigten Staaten in den II. Weltkrieg ein, der viele Veränderungen mit sich bringt. Zum zweiten Mal sind afroamerikanische Männer als Soldaten am Krieg in Übersee beteiligt. Viele glauben, dass damit eine Aufwertung ihrer Community einhergehen würde und der Eintritt in die weiße Gesellschaft, die gleichwertige Teilhabe an der Gesellschaft und die Anerkennung ihrer Gleichheit durch die amerikanische Mehrheitsgesellschaft zumindest teilweise erfolgen würde. Die Kriegsindustrie im Norden und an der Westküste braucht Arbeitskräfte für die Aufrüstung für den Zweiten Weltkrieg. Zwar bessern sich tatsächlich die ökonomischen und sozialen Lebensverhältnisse ein wenig. Afroamerikanische ArbeiterInnen sind in der Rüstungsproduktion beschäftigt und verdienen dort mehr Geld als üblich. So arbeitet beispielsweise die Bluessängerin Alberta Hunter während des Krieges als Chorleiterin in einer militärischen Einrichtung der

Truppenbetreuung in Übersee. Aber die Hoffnung der afroamerikanischen Community auf eine Beseitigung der sozialen Ungleichheit zwischen Schwarz und Weiß ist und bleibt eine Illusion und geht in der gesellschaftlichen Wirklichkeit kaum in Erfüllung.

Wie schon in den 1930er Jahren wandern im Laufe der Großen Migration auch in den 1940er Jahren Millionen junge afroamerikanische Männer aus dem Süden in die nördlichen städtischen Industrieregionen von Chicago, Detroit, St. Louis und New York City sowie nach Los Angeles im Südwesten der USA aus. Dort hoffen sie bessere Arbeitsplätze und eine bessere Wohnsituation vorzufinden. Aber selbst das ist für viele Binnenmigranten eine Illusion. Die Realität ist, dass die Frauen im Süden oft allein oder mit ihren zum Teil vielen Kindern zurückbleiben müssen. Diese Restfamilien sind gezwungen, sich allein durchzubringen. Die oft verzweifelten Frauen können sich gut mit den in dieser Zeit zahlreich entstehenden Bluessongs über Eisenbahnen identifizieren. Züge werden gehasst, denn sie sind Symbole der Trennung. Es sind diese niederträchtigen Züge, die die Frauen von ihren Männern/Ehemännern trennen und mit sich fortnehmen.

Georgia White besingt circa 1940 den „Panama Limited", den Zug, der New Orleans in Louisiana mit Chicago, Illinois, verbindet. In Georgias Blues fährt dieser Zug in umgekehrter Richtung von Chicago nach New Orleans. Fährt ihr Liebster wieder zurück in seinen Herkunftsort im Süden?

I've got the Coo-Choo-Blues, had 'em all Night and Day 2x
'Cause the Panama Limited carried my Man away

Now I hate to hear that ole Whistle blow 2x
'Cause my Daddy let me standing right in the Door

There goes that mean ole Train, leavin' for New Orleans 2x
Lord, I got the Blues, I could almost scream

Die meisten jungen Frauen und Männer nutzen jedoch die Eisenbahnstrecken, um vom Süden in den Norden auszuwandern. Diese Migration der Jungen lässt die städtischen Gemeinschaften weiter stark anwachsen. Es ist ein potenzielles Publikum für die afroamerikanische Unterhaltungsbranche, das über gute wirtschaftliche Ressourcen wie niemals zuvor im Süden verfügt; es hungert nach sozialer Interaktion mit Musik und Unterhaltung. Die BluesmusikerInnen bekommen Arbeit. Durch den Anstieg der afroamerikanischen Bevölkerung in Los Angeles entsteht beispielsweise eine lebendige Unterhaltungsszene entlang der Central Avenue, die bis zum Ende des Jahrzehnts nicht weniger als acht auf Rhythm & Blues spezialisierte Plattenlabel aufbieten kann. Viele kleine und größere neue Plattenfirmen wie Chess und Vee-Jay können sich etablieren. Nach und nach verschwinden die speziellen „Race Records" aus den Katalogen der Plattenfirmen bis sie Ende der 1940er endgültig zu „Rhythm & Blues"-Platten umbenannt werden.

Nach dem Angriff der Japaner auf die amerikanische Marine in Pearl Harbour im Jahr 1941 stoppt die US-Regierung die Herstellung vieler Konsumgüter. Darunter fällt auch die Produktion von Plattenspielern und Schallplatten. Alte Platten werden höchstens noch recycled, wobei die Qualität stark nachlässt. 1942 rationiert die Regierung den Schellack, ein wichtiges Material zur Herstellung von Schallplatten, was die Anzahl der Veröffentlichungen, vor allem die der „Race Records", stark begrenzt. Ebenfalls 1942 kündigt die „American Federation of Music", eine Musikergewerkschaft, ein Verbot aller Aufnahmetätigkeiten der MusikerInnen an, weshalb die großen Studios für zwei Jahre geschlossen werden. Bei bestimmten großen Firmen nehmen die MusikerInnen zu kommerziellen Zwecken keine Schallplatten mehr auf. Von Memphis Minnie ist bekannt, dass sie dieser Gewerkschaft angehört hat. Zwar unterbricht dieser Streik der Gewerkschaft bis 1944 auch die musikalische Weiterentwicklung des Blues, aber die MusikerInnen sind mit ihrem Streik erfolgreich. Sie zwingen die Aufnahmeindustrie dazu, eine Lizenzgebühr für den Verkauf von Schallplatten zu erheben, um mit diesen Einnahmen für das Publikum kostenlose Live-Auftritte von MusikerInnen – bis heute – zu sponsern.

Umgeben von einem schnelleren und stressigeren Leben in diesen Städten wenden sich Bluesmusiker vom einfachen, rohen Country-Blues ab und entwickeln einen lebendigeren, raffinierteren Stil des urbanen Blues mit kleineren Bands. Laute und zunehmend elektrifizierte Gitarren-, Kontrabass-, Mundharmonika- und Washboard-Bands ersetzen die einzeln spielenden Musiker, die mit der akustischen Gitarre arbeiten. Jedoch benutzen auch sie zunehmend verstärkte Gitarren. Die Bluessänger und die wenigen noch aktiven oder neuen Bluessängerinnen beginnen teilweise damit, ihre Texte an die veränderte Lage im Musikbusiness anzupassen, indem sie weniger über die Not und das Leiden in schlechten Zeiten, sondern mehr über „Herzschmerz" und andere leichtere Dinge des Lebens singen. Der Jump Blues, eine Up-Tempo Musik, entsteht, als nach dem II. Weltkrieg die großen Swingbands ihre Rhythmus-Sektionen und die Anzahl der Solisten aus ökonomischen Gründen verkleinern müssen. Die Bluesmusiker wie der Jump-Blues-Gitarrist T-Bone Walker („Call it Stormy Monday", 1947), ein Pionier der elektrischen Gitarre, oder der Jump-Blues Sänger und Saxophonist Louis Jordan („Choo Choo ch' Boogie", 1946) spielen jetzt mit ihren Bands nicht mehr in schäbigen Juke Joints, sondern in schicken Nachtclubs, großen Theatern und Dancehalls für die Tanzwütigen. Jordans erfolgreiche Gruppe „Louis Jordan & His Tympany Five", eine Combo mit sechs bis sieben Musikern, besteht aus ihm mit Gesang und Tenorsaxophon, aus Trompete, Piano und der Rhythmussektion Bass und Schlagzeug. Ein schneller, härterer und wilderer Swing verschmilzt stilistisch die Elemente des Swing und des Blues zu einer Mischung aus Shuffle-Rhythmus, Boogie Woogie-Basslinien und kurzen Bläserriffs. Seine Songtexte enthalten Worte der speziellen afroamerikanischen Umgangssprache, sind oft humorvoll und haben Call and-Response-Abschnitte zwischen dem Gesang des Frontmanns Jordan und seiner singend antwortenden Band. Jordans Musik spricht sowohl das afroamerikanische als auch das weiße Publikum mit beliebten Hits wie „Is You Is or Is You Ain't My Baby" (1944) an.

Zunächst ersetzt der neue „Rhythm & Blues", die bis Ende der 1940ger geltende Bezeichnung des Blues als „Race Records" und entwickelt sich zu einem urbanen Stil, dessen Schallplatten für die städtischen AfroamerikanerInnen produziert werden. Sein von kleinen Combos gespielter rockiger, jazzbasierter Sound, begleitet von einem gleichmäßigen harten Beat des Schlagzeugs, wird immer beliebter. Eine Besonderheit des R&B ist die dominante Verwendung der Bassgitarre. Die Texte konzentrieren sich hauptsächlich auf Liebe und Sex, die jedoch weniger von Bedeutung sind als der wichtigere besondere Klang des Gesangs, der bei dieser Stilrichtung deutlich im Vordergrund steht. Wesentlich weniger junge Frauen sind im Vergleich zum Blues der Vorkriegszeit noch unter den Interpreten dieses Stils.

Der Begriff des „Rhythm & Blues", der noch stark mit dem Blues verknüpft ist, ist nicht mit der Art von Musik zu verwechseln, die heutzutage darunter verstanden wird. Derzeit besagt er nur noch, dass diese Musik eine von afroamerikanischen KünstlerInnen gemachte Popmusik ist, gleich welchen Stils. Noch einmal wandelt sich Ende des Jahrzehnts der R&B zu einem neuartigen Stil, wie ihn Ruth Brown interpretiert. Die Schallplatten dieser Ära verkaufen sich annähernd so gut wie die Platten aus den Serien der „Race-Records" der Vorkriegszeit. Auch sie werden zunächst fast nur von der städtischen afroamerikanischen Community konsumiert, weiterhin von ihrer Mittelschicht abgelehnt und von den Weißen weitgehend ignoriert. Viele kleine Radiostationen sind inzwischen über die ganzen USA verstreut. Sie strahlen jetzt auch R&B-Musik aus. Die 1947 gegründete Radiostation WDIA in Memphis, Tennessee, mit einem nur kurzen, auf afroamerikanische ZuhörerInnen zugeschnittenen Programm, ist das erste Radio, das aufgrund der mit R&B erreichten großen Erfolge im Oktober 1948 ganz auf diesen Bluesstil umstellt. Die Radiostation nennt sich daraufhin „The Mother Station of the Negroes" (Der Muttersender der Neger).

Dieser und andere Sender versetzen die Bluesfans im Norden und im Süden der USA in die Lage, endlich die vielen verschiedenen, nebeneinander existierenden Bluesstile hören zu können: den alten Classic Blues der 1920er, den ländlichen Country Blues, die bluesorientierten großen Bigbands, den Stil der kleineren Jump-Blues-Combos und eben R&B, den City Blues. Unter dem Dach des R&B versammeln sich bis in die 1960er diverse populäre städtische Musikstile wie Boogie Woogie, afroamerikanischer Swing, Jazz und Blues. Auch Gospel und mehrstimmige Gesangsgruppen (DooWop-Gruppen), die zwar keinen Blues singen, aber zum Teil bluesig klingen, sowie alle sich daraus ergebenden Kombinationen werden dazu gezählt.

Die Bluessängerinnen müssen nun ihre Songs über Mikrophone hinausschreien, um sich gegen die inzwischen viel lauter gewordenen Instrumente durchzusetzen. Sie pflegen, oft ungehemmt aus sich herausgehend, einen emotionalen direkten Stil. Ein Teil der Auftritte vor enthusiastischen ZuhörerInnen besteht neben künstlichen auch aus echten emotionalen „Show"-Einlagen. Vom Publikum sehr geschätzt sind die Anzeichen emotionaler Verausgabung bei den Instrumentalisten, wie sie das Saxophon und die Gitarre hervorbringen können und von Sängerinnen, die in der Lage sind, herzzerreißend schreien oder „shouten" zu können.

Die Rhythmusinstrumente hämmern den „Beat" wie bei den Swing-Bands. Das Saxophon jammert, kreischt und hupt (honking). Die „Honkers" veranstalten regelrechte Wettbewerbe, wer am lautesten und am längsten hupen kann. Mit viel Energie werden „Riffs" bis zur Erschöpfung wiederholt. Der Saxophonist Jay McNeely schmeißt sich dabei auf den Rücken und stößt mit den Füßen in die Luft. Es gilt, den Instrumenten einen nichtwestlichen Sound zu entlocken. Der Gitarrist T-Bone Walker führt bei seinen Shows einen gekonnten Stepptanz oder seinen Spagat vor. Er spielt die Gitarre hinter dem Kopf, hält sie waagerecht und traktiert die Saiten mit den Zähnen. Solche artistischen Einlagen und andere starke Showeffekte sowie der expressive Gesang der Bluesfrauen und -männer auf der Bühne und die musikalische Ekstase, die aus dem Gospel kommt, prägen den R&B sowie den sich entwickelnden Rock'n'Roll.

Wie der Blues der 1920er Jahre gefiel auch diese Art von zeitgenössischer Musik der afroamerikanischen Mittelschicht nicht. R&B gilt als zu primitiv und künstlerisch wertlos. Dinah Washingtons Gesang wird beispielsweise als reine „Trällerei" kritisiert. Doch ist sie eine der wenigen KünstlerInnen, die den Crossover schafft und vom weißen Publikum und auch international als Blues- und Jazzsängerin sehr verehrt wird. Für die Plattenlabel ist das vorteilhaft, verbreitern sich doch auf diese Weise ihre Käuferschichten. Denn langsam entdecken junge Leute die afroamerikanischen Musikstile durch das Radio. Für sie ist diese Art von Musik vollkommen neu. Auch das Unterhaltungsfachblatt „Billboard" bemerkt: „Der Neger macht Fortschritte jetzt auch in Rundfunk und Film. In der Musik erfolgreicher denn je." Aha!

Ab 1942 richtet „Billboard", ein Blatt, das gerne von weißen Musikfans gekauft wird, unter dem Namen „Harlem Hit Parade" eine Tabelle ein mit den 100 populärsten Songs afroamerikanischer und weißer MusikerInnen ein. Sie basiert hauptsächlich auf Umfragen bezüglich der Verkaufszahlen in Harlemer Plattenläden. 1949 bekommt diese Hitliste den Namen R&B Charts. Die Charts zeigen, dass nicht mehr viele Frauen im Bluesbereich, auch nicht im R&B-Stil, Schallplatten aufnehmen. Einige wenige afroamerikanische Frauen wie Dinah Washington, Julia Lee und Nellie Lutcher sind jedoch noch im oberen Drittel in den Top 100 der R&B Charts vertreten.

Einige R&B-Frauen, die am Ende der 1940er gerade ihre Karriere beginnen, wie Gospel- und Bluessängerin Rosetta Tharpe und Ruth Brown, können einen

Platz in der Liste erobern. Noch seltener sind Bluesfrauen, die es in die Pop Charts schaffen.

Nach dem II. Weltkrieg, der für die USA im September 1945 zu Ende ist, bessern sich die Lebens- und Arbeitsbedingungen für AfroamerikanerInnen ein wenig. Viele der afroamerikanischen ehemaligen Soldaten kehren wegen der Jim-Crow-Gesetze (Rassentrennung) nicht mehr in den Süden zurück. Ein neues junges Publikum lässt sich in den Städten des Nordens und Westens nieder und strömt in die Vergnügungsviertel. Kleinere R&B-Bands verdrängen die großen Swingbands. Die junge Generation liebt diesen tanzbaren Bluesstil. Die Anziehungskraft des R&B ist so stark, dass er über die Rassentrennung hinweg eine emotionale und psychologische Verbindung der amerikanischen Jugendlichen aller Ethnien bildet.

Die faszinierende und fesselnde Nellie Lutcher singt 1947 ihren ersten Erfolgstitel einer Serie, die bis in die 1950er Jahre hineinreicht. Der frische Charme ihres Hit-Songs liegt in ihrer raffinierten gesanglichen und dem Thema und der Stimmung des Textes hervorragend angepassten Interpretation. Diesen frechen R&B-Titel „Hurry On Down" nimmt sie mit ihrer Band „Nellie Lutcher und her Rhythm" 1947 auf. Sie erreicht damit in den R&B Charts den zweiten Platz. Welch ein frecher anzüglicher Song!

Hurry on down to my House, Baby, ain't nobody home but me.
Hurry on down to my House, Baby. Oh, I'm blue as I can be.
I love you. You love me.
A-hurry through the Alley so the Neighbours won't see.
Hurry on down to my House, Honey, ain't nobody home but me.

Hurry on down to my House, Baby, ain't nobody home but me.
Hurry on down to my House, Baby. I'm blue as I can be.
Momma's gone for the whole long Day.
Think of it, we'll have a long Time to Play
Hurry on down to my House, Honey, ain't nobody home but me.

Hurry! Hurry! Hurry! Hurry! Ain't nobody home but me.
Hurry! Hurry on down, I'm blue as I can be.
The Cuckoo in the Clock is goin' Tick-tock-tick.
Ooh, c'mon, Honey, quick, quick, quick!
Hurry on down to my House, Baby, ain't nobody home but me.

Hurry! Hurry, a-nobody's home but me.
Hurry on down, Baby, I'm blue as I can be.
Oh, please come down just as soon as you can.

If you can't I'll have to call Sam!
He'll hurry on down, ain't nobody home but me

Hurry! Hurry! Hurry! Hurry! Baby, ain't nobody home but me.
Hurry on Down, Baby, I'm blue as I can be.
Ashes-to-Ashes. Dust-to-Dust.
C'mon, Honey, you must, you must!
Hurry on down, Baby, ain't nobody home but me.

Hurry on down to my House, Baby, ain't nobody home but me
Haul it down, drag it down, any Way you get it down.
I'm blue as I can be. Operator, get me Hillside 409.
A-don't stop ringin' 'til you get that Baby's Line!
You got to haul it on down to my House, Baby!

Nellie Rose Lutcher, (1912-2007) geboren in Lake Charles, Louisiana, ist eine Rhythm & Blues-Sängerin und -pianistin. Sie entstammt einer großen musikalischen Familie. Sie bekommt Klavierunterricht und spielt einmal mit zwölf Jahren für Ma Rainey als Ersatz für ihren kranken Pianisten. Mit 15 Jahren ist sie Mitglied in der Jazzband, in der ihr Vater Bassist ist. In den 1930er Jahren spielt sie Swing-Piano und singt und tourt mit diversen Bands. Erst Ende der 1940ger Jahre wird sie populär und hat nicht nur in den R&B Charts eine lange Serie erfolgreicher Hits, sondern sogar auch in den Pop- und Jazz Charts. 1950 wird sie in Großbritannien durch einen Radiomoderator bekannt gemacht und absolviert dort einige Tourneen. Als ihr Stern zu sinken beginnt, lässt das Label Capitol sie 1952 sofort fallen. Sie tourt jedoch weiterhin als Jazzsängerin und exzellente Jazzpianistin und ist öfter im US-Fernsehen präsent.

Bill Wyman (geb. 1936), zeitweiliger Bassist bei den Rolling Stones, ist ein Verehrer von Nellie. Er schreibt in seinem Buch „Blues. Geschichte, Stile, Musiker, Songs & Aufnahmen", dass er besonders gerne den von Nellie geschriebenen R&B-Titel „He's A Real Gone Guy" (1947) mit seinen „Rhythm Kings" gecovert hat. Viele Sänger und Sängerinnen wie Ruth Brown und Betty Midler interpretieren im Laufe der Zeit Nellies Songs.

Eine andere frühe R&B-Sängerin ist Etta Jones (1928-2001) geboren in South Carolina, aufgewachsen in Harlem, New York City. Sie beginnt am Anfang der 1940er Jahre ihre Karriere als Sängerin. 1944 singt Etta den beliebten „Evil Gal Blues", den auch Dina Washington aufgenommen hat. In den 1950er Jahren wechselt sie als Bandsängerin ganz in den Bereich des Jazz. Den folgenden Blues über die Gefahr vor der Zeit auf dem Friedhof zu landen, nimmt Etta mit ihrer jazzig-bluesigen Stimme im Jahr 1947 auf. Dieser Song, charmant warnend vorgetragen, handelt von einem Workaholic, der nur die Arbeit im Kopf hat. Sie versucht

ihn davon abzuhalten so viel zu arbeiten. Er jedoch hat sich schon an die protestan-
tisch-calvinistische amerikanische Lebensweise angepasst, die dem Geld verdienen
einen sehr hohen Wert beimisst. Er ist ein moderner Mann ersten Ranges. Mit
vielen schönen Argumenten versucht Etta ihren Mann davon zu überzeugen, dass
er ein bisschen herunterschalten und das Leben genießen soll. Er würde sonst
„The richest Guy in the Graveyard" (1947) werden.

Es ist ein wunderschöner Tag und Etta bittet ihn zu bleiben und zusammen ein
bisschen Spaß zu haben, bevor er zu alt dafür ist. Aber er rennt los um eine Menge
Zaster zu machen. Sie mahnt, dass er der reichste Kerl auf dem Friedhof mit viel
Geld auf der Bank sein werde. „Du wirst die fetteste Katze sein, die dort flach
ausgestreckt liegt. Dafür musst du dich bei dir bedanken!" „Was ist denn gut am
Geld verdienen?" fragt sie, „wenn es keine Zeit mehr dafür gibt, es auszugeben?"
Etta mahnt: „Du weiß doch, du steuerst auf ein horizontales Ende zu!"

Etta bittet und bettelt, dass er alles etwas langsamer angehen soll. Er erklimme
das Goldene Tor zum Friedhof und das sei nicht sehr hoch. Er würde der
schlafmützigste Kerl sechs Fuß unter der Erde sein. „Du wirst es herausfinden,
wenn es zu spät ist!" Etta versucht ihn zu provozieren: „Ich kann mir nicht vorstellen, wie du noch ein guter Liebhaber sein kannst, eingepackt in etwas Braunes mit
einer fünflagigen Abdeckung!" Ihr Tipp ist, nicht so hart zu arbeiten, denn dann
würde sich seine Fahrt zum Friedhof weiter nach hinten verschieben. Sie prophezeit ihm: „Du wirst der reichste Kerl auf dem Friedhof sein, der dümmste Trottel,
der jemals das Zeitliche segnete. Wart's ab!" – „Mir nützt das aber nichts!" stellt sie
trocken fest. „Ich würde lieber auf dem Bett einer Absteige liegen, als unter der
Erde mit Dreck auf meinem Kopf. Du wirst der reichste Kerl auf dem Friedhof sein.
Höre meine Bitte und tu mir den Gefallen!"

Woke up this Morning 't was a fine sunny Day.
I said: „Daddy, please stay!" But he had to run away
'Cause he was busy, busy makin' Lots of Dough. So I told him, better
have some Fun before you're old.

You'll be the richest Guy in the Graveyard with Money in the Bank.
You'll be the fattest Cat who's stretched out flat.
You'll have yourself to thank.
Now what's the Good of Earnin' with no Time for Spendin'
You know you're simply headed for a horizontal Endin'.

The richest Guy in the Graveyard!
So Daddy won't you please slow down.
You'll climb the Golden Gate to the Graveyard.
That Gate is not so great.

You'll be the sleepiest Creep who's six Feet deep.
You'll find it out too late.
I can't imagine how you can be a good Lover
All wrapped around in brown, with a five-ply Cover.
So take my Tip and don't work hard.
Then you'll delay that Graveyard Drive.

You'll be the richest Guy in the Graveyard!
Now just you wait and see.
You'll be the gonest Goon who ever went too soon
That ain't no use to me.
I'd rather be found on a Flophouse Bed
Then down in the Ground with Dirt on my Head
You'll be the richest Guy in the Graveyard!
So Daddy, won't you hear my Plea. Do me a Favor and please,
Make out the Will to me.

Diesem Text ist deutlich anzumerken, dass er aus der Nachkriegszeit stammt. Er hebt sich vom Vorkriegsblues insofern ab, als er zeigt wie sich der Lebensstandard der afroamerikanischen Community vor allem im Norden der USA verbessert hat. Auch das um jeden Preis zu vermehrende Geld ist nun ein Zeichen für die Anpassung an den amerikanischen „Way of Life". Musikalisch gehört dieser Song zur ersten Phase des Rhythm & Blues, die noch stark mit dem Blues verbunden ist. 2006 präsentiert die wunderbare Frauenbluesband „Saffire – The Uppitiy Blues Women" der Sängerin und Gitarristin Gaye Adegbalola, die in vielen alten und neueren Bluesstilen zuhause ist, diesen Titel von Etta Jones und entreißt ihn dem Vergessen. Insgesamt sind die „Dirty Blues", die mit sozialen Tabus brechen und obszöne Szenerien in mehr oder weniger humorvolle Erzählungen verpacken, in den 1940ern immer noch sehr beliebt. Aufgrund der von den Weißen als unmoralisch bewerteten Texte wird solche Musik oft aus dem Radio verbannt und ist nur auf Jukeboxen verfügbar. Julia Lee ist eine sehr erfolgreiche R&B-Sängerin, auch „Kansas City's First Lady of the Blues" genannt, die für Capitol Records einige Hits einspielt. Darunter ist der Dirty-Blues-Titel „Snatch and grab it" von 1947, der zwölf Wochen lang die Nummer eins der R&B Charts ist und von dem 500.000 Kopien verkauft werden. Auch Julias „King Size Papa" von 1948 ist neun Wochen lang die Nummer eins. Julias Spezialität sind diese doppeldeutigen anzüglichen Songs. Wie Julia es wohl einmal ausgedrückt hat, seien das die Lieder, von denen „meine Mutter mir beigebracht hat, (sie) nicht zu singen". Der fröhliche R&B-Titel „I didn't like it the First Time (The Spinach Song)" von 1949, mit ihrer Band „Julia Lee & Her Boyfriends" aufgenommen, ist einer der Songs, in denen es um Sex und Drogen und, in diesem Falle, auch ein bisschen um Spinat geht:

Spinat hat Julia nie angesprochen, aber sie weiß auch, dass er die Vitamine A, B und D enthält. Als sie nun ein Date mit einem Mann hat, beschließt sie, Spinat zu probieren. Das erste Mal mochte sie es nicht. Den Spinat zu essen? Es war so neu und sie war so jung. Früher ist sie immer vor dem Zeugs weggelaufen. Jetzt kann sie nicht genug davon bekommen. Es ist ihr ans Herz gewachsen! Und so geht es weiter. Julia lernt dazu. Das erste Mal war es noch am schlimmsten, aber dann … Auch die Drogen bleiben nun nicht mehr liegen. Und Sex? Inzwischen hat sie genug für zwei Dutzend Jungs! Spinat, Sex und Drogen, ihr ist alles ans Herz gewachsen.

(Spoken)
Spinach has Vitamin A, B and D, but Spinach never appealed to me
But one Day while having Dinner with a Guy,
I decided to give it a try

(Sung)
I didn't like it the first Time, it was so new to me
I didn't like it the first Time, I was so young, you see
I used to run away from the Stuff,
But now somehow I can't get enough
I didn't like it the first Time, oh, how it grew on me!

I didn't like it the first Time, I had it on a Date
Although the first was the worst Time, right now I think it's great
Somehow, it's always hittin' the Spot,
especially when they bring it in hot
I didn't like it the first Time, but oh, how it grew on me

I didn't like it the first Time, I thought it was so strange
I wasn't getting much younger, so I just made the Change
No longer is the Stuff on the Shelf
Cause now I make a bigger myself
I didn't like it the first Time but oh, how it grew on me

I didn't like it the first Time when I was just sixteen
I didn't like it the first Time guess I was mind and green
But I've stepped up 'cause I've gotten wise.
I've got enough for two Dozen Guys
I didn't like it the first Time but oh, how it grew on me

Die 1950er Jahre

In den USA werden größtenteils männliche Veteranen des Vorkriegsblues aufgespürt und feiern große Erfolge bis weit in die 1960er Jahre auf amerikanischen Folk Festivals. Überall schießen ab Ende der 1940er Jahre kleine Plattenlabel aus dem Boden, deren Schallplatten zunächst noch weitgehend an AfroamerikanerInnen verkauft werden. Diese nehmen hauptsächlich junge Bluesmen auf, von denen einige hier ihre späteren Karrieren starten können. Dazu gehören die Bluesgitarristen und Songwriter John Lee Hooker, Muddy Waters und ebenso B.B. King, der einige Erfolge mit R&B-Titeln feiern kann, die auf dem modernisierten elektrifizierten ländlichen Delta-Stil aufbauen. Die Firmen fördern und behalten jedoch nur KünstlerInnen in ihrem Katalog, deren Verkaufszahlen hoch genug sind, dass sich weitere Investitionen in diese MusikerInnen lohnen. Noch stärker als schon in den 1930er Jahren versuchen sich die BluesmusikerInnen dem Druck des Musikbusiness anzupassen.

Aufnahmen wie die mit dem Soul-Pionier, dem blinden Sänger und Pianisten Ray Charles („What did I say", 1959) bringen Atlantic Records in den 1950er Jahre viel Geld ein und sind in den R&B Charts mit guten Platzierungen zu finden. Titel wie die des Jump-Blues-Sängers Big Joe Turner „Shake, Rattle and Roll", (1954) sind gefragt. Helen Humes wird nun als eine der raren Jump-Blues-Sängerinnen bekannt.

Mitte der 1950er ist der Blues beim jungen afroamerikanischen Publikum kaum mehr angesagt, denn die Musik ihrer Eltern über die früheren elenden Lebensverhältnisse ist für sie Vergangenheit und kaum noch von Interesse. Das macht es für BluesmusikerInnen, die sich nicht umstellen können oder wollen noch schwieriger, Arbeit in Clubs und Bars zu finden. Für sie ist es so gut wie unmöglich, Hits mit guten Verkaufszahlen zu landen. Der Blues hat seine Fans nur noch unter ärmeren AfroamerikanerInnen aus dem Süden und in den Großstädten, die deutlich dem Teenageralter entwachsen sind. Jetzt tragen FolkmusikerInnen, Jazzer und Musikethnologen, die britische Zeitschrift „Blues Unlimited" und die amerikanische „Living Blues" dazu bei, dass der Blues nicht vergessen wird. „Blues Unlimited" widmet sich vor allem den nicht mehr lebenden US-Bluesmen älteren Stils; die Bluesfrauen werden kaum beachtet.

Neu ist, dass sich nun die junge weiße Generation für den Blues zu interessieren beginnt. Der frühe Rhythm & Blues mit seinen einfachen Arrangements und seinem dem Gospel ähnlichen Gesangsstil bleibt dem Blues-Genre noch stark verhaftet. Dazu gehört Gitarristin und Sängerin Rosetta Tharpe (1915-1973), die den Blues mit Gospel vermischt. In den 1950er Jahren kommt ihre Karriere durch ihre vielen Erfolge in den R&B Charts richtig in Gang. Sie ist Sängerin, Songschreiberin und E-Gitarristin, die Gospel, Jazz, Blues, R&B und Rock'n'Roll in ihrem Repertoire hat. Sie ist eine der ersten E-GitarristInnen, die mit Verzerrungen (Distortion) spielt, was sehr außergewöhnlich für Blues- und Gospelmusik ist. Als Teenager ist sie mit ihrer Mutter für ihre Kirchengemeinde mit religiösen Songs unterwegs. 1938 geht sie nach New York für Auftritte im jazzorientierten Cotton Club, ist beim John Hammond-Konzert in der Carnegie Hall in New York City von 1938 für den Bereich Gospel dabei und tritt auch im Apollo-Theater in Harlem auf. Dort findet zum allerersten Mal ein Gospelkonzert statt, das Rosetta bestreitet. Sie ist der erste große Star der Gospelmusik und bereit, religiöse mit weltlicher Musik zu vermischen. Rosetta ist die erste unter den GospelmusikerInnen, die sich dem Rhythm-and-Blues-Genre und später sogar dem neuen Rock'n'Roll-Stil zuwendet. Rosetta bekommt daher den Beinamen „The Godmother of Rock and Roll". Als sie durch Europa tourt, gehört der junge englische Schlagzeuger Ginger Baker zu ihrer Begleitband, der später ein Teil der britischen Band „Cream" ist, die in den 1960ern ein Teil der „British Invasion" sein wird. Diese Stilrichtung des Gospel und der frühe Rock'n'Roll beherrschen nun den Absatzmarkt. Sie sind eine ideale und zum Teil sehr wilde und befreiende Tanzmusik für die weiße Jugend, die inzwischen die Sender, die auch afroamerikanische Musik im Programm haben, für sich entdeckt hat. Radio ist ein wichtiger Faktor für die Verbreitung des traditionellen Down-Home-Blues.

Der Radio Disk Jockey Alan Freed (1921-1965) bringt den überwiegend jungen, weißen, männlichen Hörern den Blues nahe. Er spielt eine große Rolle dabei, die Rassentrennung in der populären amerikanischen Musikkultur zu durchbrechen. Freed präsentiert den amerikanischen Teenagern statt der von Weißen interpretierten Covertitel die originalen Bluestitel der afroamerikanischen KünstlerInnen in seinen Radioprogrammen. Auch organisiert er Livekonzerte ohne jegliche Rassentrennung, weder im Publikum noch auf der Bühne. Er popularisiert als erster Radio-DJ den Rock'n'Roll, dessen Phrasen wie „Rock" und „Roll" er nicht unter sexuellen Vorzeichen versteht, denn: „Rock'n'Roll is really Swing with a modern Name. It began on the Levees and Plantations, took in Folk Songs, and features Blues and Rhythm." Freed meint, der Rock'n'Roll sei ein „River of Music which has absorbed many Streams: Rhythm and Blues, Jazz, Ragtime, Cowboy Songs, Country Songs, Folk Songs. All have contributed greatly to the big Beat." (Rock'n' Roll ist eigentlich Swing mit einem modernen Namen. Es begann auf den Deichen (Dammbau) und Plantagen, nahm Volkslieder auf und enthielt Blues und Rhythmus). Freed versteht darunter, dass der Rock'n'Roll „wie ein musikalischer Fluss (sei), der viele Strömungen aufgenommen hat: Rhythm & Blues, Jazz, Ragtime, Cowboy Songs, Country Songs, Folk Songs. Alle haben viel zum großen Beat beigetragen."

Im Rhythm & Blues-Business gibt es kaum noch Sängerinnen aus früheren Zeiten. Die wenigen Frauen, die sich in der Hitliste des R&B unter den ersten 100 Musikerinnen befinden, sind bis auf Dinah Washington neue junge Sängerinnen. Sie bedienen den aktuell modernen Stilmix aus Blues, Jump Blues, Gospel, Jazz oder auch die frühe Rock'n'Roll-Stilistik oder wenden sich dem aufkeimenden Soul oder auch seichter Popmusik zu. So hat Dinah Washington nur noch bis in die Mitte der 1950er Jahre einige Hits in den R&B Charts. Eine der neuen jungen erfolgreichen R&B-Frauen ist Ruth Brown (1928-2006). Ruth ist die „Queen of Rhythm & Blues". Entgegen den Wünschen ihres Vaters will sie den Beruf einer Sängerin ausüben. Sie verlässt die Familie und sammelt Erfahrungen im Musikbusiness. In Washington D.C. unterstützen Ruth wichtige Personen wie die Nachclubbesitzerin Blanche Calloway, Schwester des Swingband-Leaders Cab Calloway, die ihr die Möglichkeit gibt, in ihrem Nachtclub zu singen, um Geld für die Heimreise zu verdienen. Vertreter von Atlantic Records hören sie und Ruth bekommt einen Plattenvertrag; Blanche wird ihre Managerin. 1950 erreicht Ruth mit dem Titel „Teardrops in my Eyes" sofort die Nr. 1 in den R&B Charts. Das Label vermarktet sie unter der Bezeichnung „Miss Rhythm". Mit ihren weiterhin ungeheuren Erfolgen ist sie der weibliche Top-Star des R&B und macht die Firma Atlantic so berühmt, dass diese den Ruf bekommt, das Haus zu sein, das Ruth „gebaut" hat.

Von ihren über 100 Plattenseiten bestückt sie zwischen 1949 bis 1950 mit 18 Titeln die R&B Charts der ersten 100. 1957 schafft sie es in den weißen Markt mit dem Titel „Lucky Lips", der viel gecovert wird und auch im deutschen Popmusikmarkt in deutscher Sprache erfolgreich ist. 1960 verlässt sie das Label wegen ihres Verdachts, dass sie von der Firma betrogen wird. Sie erhält auch von ihren früheren Platten keine Lizenzgebühren. In den späten 1960er Jahren bis in die 1970er gerät die musikalische Karriere von Ruth etwas ins Stocken. Also arbeitet sie als Hausangestellte, fährt einen Schulbus und ist in einem Kindergarten tätig, um ihre zwei Kinder zu versorgen. Sie setzt sich unermüdlich für die KünstlerInnen ihrer Generation ein, die wie sie unfaire Verträge und keine Lizenzgebühren von Atlantic erhalten haben. Sie erreicht, dass das Label rückwirkend zahlt. In diesem Zusammenhang wird die „Rhythm & Blues Foundation" für in Not geratene R&B-KünstlerInnen gegründet.

In den 1980er Jahren kommt ihre Karriere wieder in Schwung. Sie wird in Musicals und im Film „Haarspray" besetzt. Ein großer Erfolg für Ruth wird das Pariser Musical „Black and Blue", das es am Broadway in New York auf 829 Vorstellungen bringt und in dem Ruth für einige Jahre als Sängerin engagiert ist. Meine zwei Favoriten von Ruth sind: „Mama! He Treats Your Daughter Mean" (1952). Von diesem frechen Titel macht die Bluessängerin und -gitarristin Susan Tedeschi 1998 eine schöne Coverversion. Die 25jährige Ruth erreicht mit diesem Titel über eine Teenagerliebe 1953 den vierten Platz in den R&B Charts. Zuerst mag Ruth diesen Song nicht. Doch als der Songwriter das Tempo erhöht …

Mama, he treats your Daughter mean!
Mama, he treats your Daughter mean!

Mama, he treats your Daughter mean!
He's the meanest Man I've ever seen.

Mama, he treats me badly, makes me love him madly
Mama, he takes my Money, makes me call him Honey
Mama, he can't be trusted, makes me so disgusted.
All of my Friends say they don't understand.

What's the Matter with this Man?
I tell you Mama, he treats your Daughter mean!
Mama, he treats your Daughter mean!
Mama, he treats your Daughter mean!
He's the mean, meanest Man I've ever seen

Mama, this Man is lazy, almost drives me crazy.
Mama, he makes me squeeze him still my Squeeze don't please him.
Mama, my Heart is aching. I believe it's breaking.
Mama, I've stood through all that. I can stand
What's the Matter with this Man?

Und: „If I Can't Sell It, I'll Keep Sittin' on It". Dieser Blues ist in einem Video von 1989 zu bewundern. Ruth trägt den „Dirty Blues" auch noch 2006 mit 78 Jahren ihrem begeisterten Publikum vor. Dieser Bluestitel aus dem Jahr 1936 ist 1989 in die Broadway Revue „Black and Blue" integriert, welche die afroamerikanische Kultur der Musik und des Tanzes feiert. Ruth macht diesen Blues mit ihrer eigenwilligen Interpretation zu einem pikanten komödiantischen Ereignis.

1990 wird die R&B-Sängerin LaVern Baker bei dieser Revue ihre Nachfolgerin, die hier ihr Broadway-Debut gibt. LaVern (Delores) Baker (1929-1997), geboren in Chicago, Illinois, ist eine R&B-Sängerin, die Mitte der 1950er viele Hits im frühen Rock'n'Roll-Stil landen kann. Sie ist die Nichte der Bluesikone Memphis Minnie, ihre Tante ist die Bluessängerin Merline Johnson. Mit 17 Jahren beginnt sie, in Nachtclubs von Chicago und Detroit zu singen. Viele Plattenerfolge in den R&B-Charts sowie in den Popcharts kann sie in den 1950ern für sich verbuchen. Ihr Titel „Jim Dandy" kommt 1956 heraus: von ihm werden über eine Million Kopien verkauft. Sie spielt 1958 ein Bluesalbum ein, „LaVern Baker sings Bessie Smith", auf dem sie den Blues von Bessie Smith zu neuem Leben erweckt. Darunter sind Bessies „I ain't gonna play no second Fiddle" und der „Empty Bed Blues" in entschärfter Fassung, weil er sonst von den weißen Sendern nicht gespielt worden wäre.

Ein sehr erfolgreicher R&B-Hit gelingt im Jahr 1952 der Bluessängerin, Songwriterin und Mundharmonikaspielerin Big Mama Thornton mit dem Song

„Hound Dog", der 1953 erscheint und sich fünf Wochen lang als Nummer eins in den „Billbord R&B Charts" hält. 500.000 Tausend Kopien werden davon verkauft. Das Musikproduzenten- und Songwriter-Duo Jerry Leiber und Mike Stoller haben diesen Blues speziell für Big Mama geschrieben. Der Text entsteht im Studio innerhalb von wenigen Minuten, auf einer braunen Papiertüte schnell hingeworfen. Dieser Blues arbeitet mit einem doppeldeutigen Text. Es geht um die selbstbewusste und selbstbestimmte Aktion einer afroamerikanischen Frau, die einen schmarotzenden Gigolo aus ihrem Haus wirft. Die sexuelle Konnotation des Songs wird, gemäß der Moral der 1950er Jahre im weißen Musikbusiness, unter imitiertem Hundegebell versteckt, um auf jeden Fall den HörerInnen nahezulegen, dass es sich natürlich nur um einen Jagdhund handeln würde.

You ain't nothing but a Hound Dog* been snoopin' 'round my Door 2x
You can wag your Tail but I ain't gonna feed you no more

You told me you was High Class, but I could see through that 2x
And Daddy I know you ain't no real Cool Cat

You made me feel so blue, you made me weep and moan 2x
'Cause you ain't looking for a Woman, all you're lookin' is for a Home

*Hound Dog = Jagdhund, hier ist abschätzig „Köter" gemeint.

In einem Interview erklärt Leiber: „,Hound Dog' took like twelve minutes. That's not a complicated piece of work. But the rhyme scheme was difficult. Also the metric structure of the music was not easy." Stoller über Big Mama: "She was a wonderful blues singer, with a great moaning style. But it was as much her appearance as her blues style that influenced the writing of ,Hound Dog' and the idea that we wanted her to growl it. Which she rejected at first. Her thing was ,Don't you tell me how to sing no song!'"

1956 nimmt Elvis Presley die schon für eine andere Fassung zuvor textlich geglättete Version von „Hound Dog" mit mehr Rhythmus und schnellerem Tempo auf. Damit macht er diesen Titel zu einem Welthit des weißen Rock 'n' Roll. Sein Text jedoch hat seinen doppeldeutigen Sinn durch die harmlosere textliche Gestaltung völlig verloren. Zudem wird die zweite Strophe des Originals von Big Mama dreimal wiederholt. Nicht nur die Songwriter Leiber/Stoller sind von dieser Fassung enttäuscht. Ich auch! In der englischen Show „Songbook" erzählt Jerry Leiber: „It was a song that had to do with obliterated romance. ... And you ain't caught a rabbit, and you ain't no friend of mine' is inane. It doesn't mean anything to me." (Der Song hat mit einer erloschenen Romanze zu tun und nicht damit, ein Kaninchen nicht fangen zu können und deshalb kein Freund sein zu können.) Und Mike Stoller: „I heard the record and I was disappointed. It just sounded terribly nervous, too fast, too white. But you know, after it sold seven or eight million records it started to sound better." (Ich habe die Platte gehört und war enttäuscht. Sie klang einfach furchtbar nervös, zu schnell, zu weiß. Aber wissen Sie, nachdem sieben oder acht Millionen Platten verkauft waren, begann sie besser zu klingen." Aha!

Diesen Blues covert nicht nur der Rocksänger Elvis Presley, von dessen Version schließlich 10 Millionen Kopien verkauft werden. Little Esther Phillips singt 1953 den ersten von mehr als 250 Coverversionen, die noch folgen werden. Viele BluessängerInnen und Country und Western-SängerInnen machen Aufnahmen vom „Hound Dog", darunter auch einige, die sich wohl gezwungen sehen, auf Mamas Thorntons Blues etwas grimmig zu antworten. Einer davon ist der Blues „Bear Cat (The Answer to Hound Dog)" von Rufus Thomas Jr., ein lokaler Disk Jockey in Memphis. 1953 wird die originale Melodie mit einem giftigen Text versehen, in dem kräftig miaut(!) wird. Es ist der erste größere Erfolg des „Sun-Labels" in Memphis. „Bear Cat" ist ein Spitzname für eine Frau mit außergewöhnlicher Kraft, Wildheit und Energie, der in diesem Falle nicht als Kompliment für Big Mama zu verstehen ist. „Hound Dog" ist jedoch ein eindeutig weiblicher Blues. Die R&B-Sängerin Etta James singt ihn beispielsweise im Jahr 2000 und die Bluessängerin Janice Harrington im Jahr 2018 als Finalistin von Voice Senior Germany.

Janice Harrington, geboren 1942 in Cleveland, Ohio, ist eine Blues-, Jazz- und Gospelsängerin, die aktuell in Deutschland lebt. Der Blues wird schon früh zu einem Teil ihres Lebens. Ihr Onkel Walter sitzt abends auf der Veranda und spielt den Blues. Janice ist fünf Jahre alt und ist fasziniert von dieser Musik. Durch die große Plattensammlung von Jazz, Blues und Gospel ihrer Mutter lernt Janice Dinah Washingtons Songs kennen, in die sie sich verliebt. Später nimmt sie einen Song in ihr Repertoire auf. Ende der 1970er Jahre kann sie die wunderbare Erfahrung machen, Dinahs Show in Los Angeles beizuwohnen. Janice beginnt ihre Gesangskarriere in einem Gospel-Jugendchor und startet 1969 ihre professionelle Laufbahn bei der „United Service Organisation", die das US-Militär im Ausland betreut.

Ihre Gesangskarriere wird sie um die ganze Welt führen. Sie singt im Flamingo Hotel von Las Vegas, ist als Vorgruppe für B.B. King und Joan Armatrading engagiert und steht mit den Bluesmen Buddy Guy, Champion Jack Dupree und Luther Allison auf der Bühne. Ein persönlicher Höhepunkt ihrer Karriere ist für Janice, 1984 bei den Feierlichkeiten der Verleihung des Friedensnobelpreises an Bischof Desmond Tutu in Oslo zu singen. Für Janice ist der Blues ein starkes Gefühl: „Dieses Gefühl hängt davon ab, wie ich mich besonders morgens fühle, wenn ich versuche, meinen 79-jährigen Geist und Körper auf den neuen Tag vorzubereiten. Ich bekomme den Blues wirklich, wenn ich depressiv werde. Ich kann nichts schaffen und ich hasse dieses Gefühl. Ich suche immer nach einer Möglichkeit, den Blues von mir fernzuhalten, und der beste Weg dafür ist, geistig und körperlich beschäftigt zu sein." Zu diesem Geburtstag schreibt und singt Janice den Blues „Old Age"!

Willie Mae Thornton (1926-1984) Alabama, auf ihren Körperumfang anspielend bekannt als Big Mama Thornton, ist eine Sängerin und Songwriterin des R&B. Durch die Kirchengemeinde ihrer Eltern kommt sie mit Musik in Berührung. Sie verlässt früh die Schule und geht arbeiten. 1940 tritt sie der „Sammy Green's Hot Harlem Revue" bei. Ihre musikalischen Vorbilder sind Bessie Smith und Memphis Minnie. Sie bekommt 1951 einen Schallplattenvertrag und singt 1952 „Hound Dog", den ersten von Leiber/Stoller geschriebenen und produzierten R&B-Titel. Dieser schlägt ganz groß ein; von den beträchtlichen Summen, die das Label damit verdient, sieht sie nur wenig, wahrscheinlich nicht mehr als 500 Dollar. Als in den frühen 1960ern ihre Karriere abflacht, singt sie in Clubs von San Francisco und Los Angeles. Frauen haben auch in Europa kaum mehr eine Chance im Bluesgeschäft. 1965 ist sie als einzige Frau mit ihrem „Hound Dog" beim „American Folk Blues Festival" in Europa dabei; 1972 mit dem von ihr Anfang der 1960er geschriebenen Blues „Ball'n'Chain", bei dem sie auch Mundharmonika (Blues Harp) spielt. In Big Mamas riesigem Repertoire befinden sich zahlreiche Bluesklassiker aus verschiedenen Jahrzehnten. Darunter sind sehr viele Bluestitel, die von Bluessängerinnen geschrieben worden sind, wie die von Memphis Minnie, Ida Cox, Lucille Bogan, Alberta Hunter, Helen Humes, Ma Rainey und anderen. Im Laufe der Jahre macht sie noch ein Paar Langspielplatten, darunter auch eine mit Gospel-Songs. Big Mama verehrt die große Gospelsängerin Mahalia Jackson, die dazu beiträgt, den Gospelblues in die schwarzen Kirchen zu bringen. Sie ist noch jahrelang in den USA auf diversen Festivals sehr gefragt. Doch ihre Gesundheit ruiniert sie mit zu viel Alkohol.

Big Mama ist groß und ziemlich stämmig und schwer, hat eine tiefe, kraftvolle und laute Stimme und ist eine mitreißende und temperamentvolle R&B-Sängerin. Sie kann auch lieb und nett singen, will das aber nicht. Sie sagt einmal: „Mein Gesang kommt von meiner Erfahrung ... meiner eigenen Erfahrung. Ich hatte nie jemanden, der mir etwas beibrachte. Ich ging nie zur Schule weder für Musik oder sonst etwas. Ich brachte mir selbst bei, zu singen und Mundharmonika zu blasen und sogar Schlagzeug zu spielen, indem ich andere Leute beobachtet habe! Ich kann keine Musik lesen, aber ich weiß, was ich singe! Ich singe wie niemand anderes, außer mir!"

Die „New York Times" zitiert Big Mama im Jahr 1980: „Als ich aufwuchs und Bessie Smith und allen zuhörte, sangen sie aus ihrem Herzen und ihrer Seele und drückten sich ganz persönlich aus. Deshalb mache ich ein Lied von Jimmy Reed oder jemand; ich habe allerdings meine eigene Art, es zu singen. Weil ich nicht Jimmy Reed sein will, will ich ich sein. Ich versetze mich gerne in alles, was ich tue, damit ich es fühlen kann." Mit ihrer starken Bühnenpersönlichkeit untergräbt Big Mama mit ihren Blues die traditionelle Rolle nicht nur der afroamerikanischen

Frauen. Sie ist eine der wenigen weiblichen Stimmen, die sich in diesen Jahren auf dem Feld des von weißen Männern dominierten Blues behaupten kann. Heutzutage gilt Big Mama als unterschätzte Musikerin, die viele Vertreterinnen des Blues, des Rock'n'Roll und des Soul beeinflusst hat. Ende der 1960er Jahre nimmt Janis Joplin den von Big Mama schon Anfang der 1960er geschriebenen Blues „Ball and Chain" in ihr Repertoire auf. Janis und ihre Band verwandeln den Song in einen langsamen Moll-Blues mit kleinen Stopps und führen ihn 1967 beim „Monterey Pop Festival" vor einem begeisterten Publikum auf. Big Mamas Fassung erscheint erst nach dem Erfolg von Janis' Interpretation auf Schallplatte.

Mitte der 1950er Jahre erreicht der R&B das weiße Publikum und somit rücken in diesem Genre die afroamerikanischen BluesmusikerInnen in den Hintergrund. Es wird immer schwieriger für sie, Jobs in Clubs oder Bars außerhalb der Ghettos zu finden. Der Blues wird wieder zur Musik der ärmeren Afroamerikaner und der Bluesfans, die dem Teenageralter deutlich entwachsen sind. Die Teenager bestimmen mit ihrem Geschmack die Musikproduktion. Ihre Vorliebe gilt dem Rock'n' Roll, der neuen populären Musik. Blues wird in diesen Jahren sehr erfolgreich zum weißen Rock'n'Roll, seinem Baby. Die neuen Texte handeln jetzt von den Befindlichkeiten junger Leute, ihren Launen und den von ihrem Alter angemessenen Phantasien über Liebe und Sex. Der R&B-Sänger und Gitarrist Chuck Berry (1926-2017) ist als Pionier des Rock'n'Roll ein gutes Beispiel dafür. Er findet Worte, die für die weiße und afroamerikanische Jugend gleichermaßen interessant sind. Aufmerksame weiße Eltern sind eher empört über diese „Negermusik", einerseits wegen der sexuellen Anspielungen, andererseits wegen der vorherrschenden rassistischen Vorurteile, denn „Neger" galten grundsätzlich als primitiv. Eine typische Teenager-Rock-Sängerin ist die weiße 16jährige Janis Martin (1940-2007), genannt „weiblicher Elvis". Von ihrer ersten Schallplatte von 1956, mit den beiden Seiten „Will you Williyum" und den vor ihr geschriebenen „Drugstore Rock'n'Roll" verkaufen sich 750.000 Exemplare.

1957 steht zum ersten Mal ein weißer Sänger mit seiner Band auf der Bühne des Apollo Theaters in Harlem, New York City, was ein Managementfehler ist. Aber es stellt sich heraus, dass dieses Konzert von „Buddy Holly & the Crickets" ein historischer Moment des Regelbruchs für das Apollo sowie für die Rassentrennung ist. Es wird zum symbolträchtigen Ereignis, dass ab jetzt die Segregation für den neuen Rock'n'Roll nicht mehr gilt. Er wird zu einer sozialen und kulturellen Bewegung, die die beiden Welten der weißen und schwarzen MusikerInnen zusammenbringt. Zum beliebtesten männlichen R&B-Musiker der 1950er wird der Sänger und Pianist Fats Domino mit seinem speziellen New Orleans Rhythm & Blues. Seine weiche Stimme ist zwar mit dem Pop-Genre verbunden, aber seine vom Blues inspirierten Verzierungen und sein New Orleans-Akzent machen ihn zum Sänger vieler Hits, die es auch in die weißen Pop Charts schaffen. Er verwendet den neuen sogenannten Tresillo-Rhythmus, drei Noten pro Takt für den E-Bass, der in der lateinamerikanischen Musik vorkommt; eine Besonderheit der Bluesmusik aus New Orleans.

Frühe, noch bluesorientierte R&B-Sängerinnen sind Etta James, Irma Thomas, Big Maybelle und Sugar Pie DeSanto. Heutzutage spielt die Straßenmusiker-Band „Tuba Skinny" nicht mehr nur auf den Straßen von New Orleans, Louisiana, sondern tourt auch in Lateinamerika und Europa. Sie spielt mit der Sängerin Erika Lewis hauptsächlich die traditionelle Blues- und Jazzmusik der 1920er und 1930er Jahre. Darunter sind viele Titel aus der Zeit des klassischen Blues von den Bluesfrauen Victoria Spivey, Lucille Bogan, Georgia White, Bessie Smith, Merline Johnson, Ma Rainey, Hattie Hart, Clara Smith und der späteren Memphis Minnie.

Der britische Blues und die erste britische Bluesfrau

Die Grundlage für die sogenannte „British Invasion" der 1960er Jahre hat seinen Ausgangspunkt in den frühen 1950ern, als der Engländer Chris Barber, Bandleader, Kontrabassist und Posaunist eine Band gründet, die traditionellen New Orleans Jazz und Blues spielt. Ein Mitglied dieser Band ist der Pianist und Gitarrist Alexis Korner, der als großer Förderer des Blues in Großbritannien gilt. 1962 gründet er seine eigene Bluesband „Blues Incorporated". Chris Barber initiiert viele Auftritte afroamerikanischer Bluesmen, beispielsweise für Big Bill Broonzy, der mit der Barber Band auftritt. Auch lädt er die Gospelbluessängerin Sister Rosetta Tharpe nach Großbritannien ein. Sie fällt dadurch auf, dass sie auf einer elektrischen Gitarre spielt, was viele andere afroamerikanische Bluesmen, die nach England kommen, noch nicht tun. Ab 1958 entwickelt sich in Großbritannien eine junge Bluesszene, die den Blues mit einem symbolischen Widerstand gegen die Gesellschaft und ihrem Konsumismus gleichsetzt.

Ottilie Patterson (1932-2011) ist eine nordirische Blues- und Jazzsängerin. Ab dem Alter von elf Jahren bekommt sie klassischen Klavierunterricht. Während ihres Kunststudiums in Belfast kommt sie mit dem Blues in Berührung und singt in verschiedenen Jazzbands. Ottilie hat eine Stimme, die oft als „schwarz" bezeichnet wird und die große Ähnlichkeit mit der von Bessie Smith habe. Sie sagt dazu: „I maybe didn't sound like a bluessinger, but I felt like one! I was just freaked out on blues." (Ich klang vielleicht nicht wie ein Bluessänger, aber ich fühlte mich wie einer! Ich bin wegen des Blues einfach ausgeflippt.) Ottilie lernt Chris Barber kennen, den sie 1959 heiratet. Bis 1962 tourt sie mit der Chris Barber Band. Mit ihm nimmt sie ab 1955 viele Bluestitel auf. Es sind zahlreiche Songs der Bluesfrauen der Vorkriegszeit dabei, etwa der berühmte „Backwater Blues" von Bessie Smith, ihr „Poor Man's Blues", der „Weepin' Willow Blues" und „Trombone Cholly". Zu ihrem Repertoire gehören auch der Blues „See See Rider" von Ma Rainey „Me and my Chauffeur" von Memphis Minnie. Auch R&B Titel wie „Strange Things happen every Day" von Sister Rosetta Tharpe, von Ruth Brown „Mama, he treats your Daughter mean" und von Ann Cole „Easy, easy, Baby" befinden sich darunter. Zunächst erhält sie sehr positive Kritiken in der Jazzpresse. Doch dann wird während der sogenannten Authentizitätsdebatte auch ihr abgesprochen, Blues singen zu können, weil sie eine Weiße ist. Aber es gibt auch Unterstützer. Einer davon ist Bluesman Muddy Waters, der sie zu einem Konzert mit ihm in einen Club in Chicago einlädt. Ottilie erobert das Publikum im Sturm und eine Schar Chicagoer Musiker erklären sie und ihren Gesang zu einer „echten Bluesstimme". Ottilies gecoverte Songs, die aus der Zeit vor und kurz nach dem II. Weltkrieg stammen, dürften die frühesten Bluestitel sein, die von einer europäischen weißen Sängerin auf Schallplatte aufgenommen worden sind. Ottilies Konzerte mit der Chris Barber Band mit Titeln weiblicher und männlicher Bluesmusiker wie Leroy Carr machen den Blues in Großbritannien bekannt. Ottilie gilt als die „First Lady of the British Blues".

Die 1960er Jahre

Im Allgemeinen bekommen die jungen weißen US-AmerikanerInnen nicht viel von der Bluesmusik mit, die immer noch ein Spezialmarkt ist; die europäischen jungen Leute so gut wie nichts. Das ändert sich erst in den 1960er Jahren. Begeistert entdeckt Ende der 1950er ein junges weißes Publikum den Blues. In den USA verschwinden viele der afroamerikanischen Bluesclubs, doch der Blues findet ein neues weißes Publikum mitsamt neuen Spielorten in kleinen Kaffeehäusern, an den Universitäten und in europäischen Konzertsälen. Der Blues wird im Rahmen der jungen Gegenkultur als eine Art alternative Musik eines bestimmten Lebensstils angesehen.

Wie Lawrence Cohn schreibt, erscheint der Blues dieser Jugend „unglaublich exotisch und romantisch. (...) Er war erotisch, schwitzend, hypnotisch; er befasste sich auf dieser Ebene mit dem Kampf der Geschlechter. (...) In den Augen der rebellischen Jugend wurde Blues von Gitarren schwingenden Outlaws und Macho-Antihelden gesungen." Cohn zitiert den Ethnomusikologen Jeff Titon, der bemerkte: „Das Blues-Revival war eine weiße, bürgerliche Liebesaffäre mit der Musik und dem Lebensstil von marginalisierten Schwarzen."

Erste Bluesmagazine entstehen wie „Blues Unlimited", gegründet 1963 in Großbritannien; in den USA das Magazin „Living Blues" erst 1970. Beide Zeitschriften tragen dazu bei, dass der Blues nicht vergessen wird. „Blues Unlimited" widmet sich fast nur den nicht mehr lebenden US-Bluesman älteren Stils; die Bluesfrauen der Vergangenheit werden kaum beachtet. Es entstehen einige Bluesfestivals wie das Berkeley Blues Festival (1966), das Memphis County Blues Festival (1966-1969), das Ann Arbor Blues Festival (1969) mit minimaler oder gar keiner Beteiligung von afroamerikanischen Bluesmusikerinnen.

Die Folkbewegung in den USA

In der Folkbewegung der 1950er Jahre wird der archaische, akustische Country Blues, der „Down-Home"-Stil, wieder populär. Das Label Folkways Records, das sich auf Volksmusik aus aller Welt spezialisiert hat, veröffentlicht 1952 auf sechs Langspielplatten eine „Anthology of American Folkmusic". Von den 84 Titeln gehören neben männlichen und weiblichen Hillbilly- und Folksängern auch ehemals berühmte Bluesmusiker wie Charly Patton und Blind Lemon Jefferson dazu; eine Bluesfrau ist nicht darunter. Diese Langspielplatten machen den Vorkriegsblues wieder bekannt und tragen zum Bluesrevival der 1960er Jahre bei. Alternativ zur Pop-Szene mit ihrer leichten Unterhaltungsmusik und zur Soulmusik suchen die jungen weißen „Folkies" in den USA, die sich für die amerikanische historische Volksmusik interessieren, nach dem Blues der ersten Phase seiner Blüte. Ein Revival des akustischen Blues ist die Folge. Die Fans des Folk-Blues wollen nicht nur die alten Stile der Vorkriegszeit erhalten. Der frühe Blues soll, wie auch alte traditionelle Tanzmelodien, wie Ragtime etc. als seriöse Musik gelten und auch das Siegel „wertvolle Kunst" erhalten. Hauptsächlich werden die männlichen Veteranen des Vorkriegsblues aufgespürt und können große Erfolge bis weit in die 1960er Jahre hinein auf amerikanischen Folk Festivals feiern. Einige der noch lebenden Bluesmen werden wieder präsent und ihre Platten mit ihren alten Bluestiteln werden wieder veröffentlicht.

Auch geraten nun einige wenige der noch lebenden Bluesmusikerinnen der 1920er in den Fokus. Sie werden zu ihrer Lebensgeschichte interviewt wie Victoria Spivey und Alberta Hunter. Auch ein paar Schallplatten mit Bluessongs aus ihrem früheren Repertoire werden teilweise neu eingespielt. Es entstehen beispielsweise das Album von Ida Cox „The Moanin', Groanin' Blues" von 1960 mit vielen von ihr während ihrer früheren Karriere geschriebenen Blues und das Album mit Neuaufnahmen „Chicago: Living Legends. Alberta Hunter & Lovie Austin & Her Blues Serenaders" (1961). Auf Victoria Spiveys Plattenlabel Spivey Records erscheint 1962 das Album „A Basket of Blues" mit von ihr geschriebenen Bluestiteln. Neben Victoria sind die Bluessängerinnen Hannah Sylvester und Lucille Hegamin, begleitet von der Buddy Tate Band, auf dieser Schallplatte zu hören. Für Hannah sind es die ersten Schallplattenaufnahmen seit 1923.

Auf dem Newport Folk Festival auf Rhode Island, gegründet 1959, kann man ein paar Bluessongs hören, davon nur wenige, die in den 1920ern und 1930ern von Frauen gesungen oder geschrieben wurden. 1959 trägt Barbara Dane „Dink's Blues" vor, 1960 Odetta den „Weeping Willow Blues" von Bessie Smith. 1964 singt Judy Roderick „Blues on my Ceiling" und „Me and my Chauffeur" von Memphis Minnie, und Elizabeth Cotten ist mit dem von ihr als Teenager geschriebenen Blues „Freight Train" dabei wie auch Sippie Wallace, die ein Mal auf diesem Folk-Festival auftreten kann.

Ab 1959 nimmt Barbara Dane auch Bluestitel aus der Zeit vor dem II. Weltkrieg wie den „Mecca Flat Blues" auf. Priscilla Stewart singt diesen Blues 1924. Es geht hier um die Frauen des Apartmenthauses für Immigranten, in dem wohl auch viele BluesmusikerInnen gewohnt haben, und das wegen Kriminalität und Prostitution als gefährlich gilt. Barbara interpretiert auch Lil Greens „Why don't you do right", von Clara Smith den Titel „Prescription for the Blues", den „Crazy Blues" von Mamie Smith, „Wild Women don't have the Blues" von Ida Cox, „See See Rider" und „Oh, Papa" von Ma Rainey. Der heutige Bluesstandard „See See Rider" kommt aus dem afroamerikanischen Vaudeville und war schon lange vor der Schallplattenzeit ein beliebter Blues.

Auch Judy Roderick (1942-1992) ist in der Folk Szene zuhause. Sie ist eine Folk- und Bluessängerin und Gitarristin, die auch Songs schreibt. Sie wird von einem Plattenmanager entdeckt und macht 1964 ihr erstes Album „Ain't Nothin' But The Blues", eine Mixtur von Folk- und Bluessongs. Darauf ist auch eine wunderbare Fassung des von Ida Cox 1924 für die Frauen, ihre untreuen Männer betreffend, mit einigen guten Ratschlägen gefüllter Blues namens „Wild Women don't have the Blues" zu hören.

Ein weiterer Song, der sich an Frauen richtet, ist der alte humorvollen Vaudeville-Song „Papa goes where Mama goes (or Papa don't go out tonight!)", den Ida Cox 1961 zu einem Blues gemacht hat. Ida hat diesen Song mit dem Coleman Hawkins Quartett 1961 aufgenommen. Darin geht es um einen Papa, der von Mama nie aus den Augen gelassen werden darf, sonst …

Auf Judys nächstem akustischen Album „Woman Blue" von 1965 findet sich wieder eine Mischung von traditionellen Volksliedern sowie ausgedehnte Arrangements von Bluessongs, wie „Long old Road" (1931) von Bessie Smith und von Memphis Minnie der Blues „Me and my Chauffeur" von 1941.

Der Blues wird langsam weiß! David Evans, Ethnomusikologe an der Universität von Memphis, macht zwei Aspekte aus, die als Gründe für den Niedergang der Bluesplattenproduktion in den frühen 1960ern anzusehen sind. Die junge afroamerikanische Generation, die in den Großstädten des Nordens aufgewachsen ist, interessiert sich einerseits nicht mehr für den Blues, der als Musik der Vergangenheit gilt, von der man nichts mehr wissen will. Zum anderen repräsentiert der Blues nicht mehr die Werte dieser Generation. Diese habe Erwartungen und Ansprüche an das Leben. Sie wollen sich nicht mehr an die schwierigen Lebensbedingungen im Süden, an das Leben im Elend im Norden ihrer Eltern und Großeltern erinnern. Sie wendet sich dem leicht zu verdauenden „Rhythm & Blues" oder der sich entwickelnden Soulmusik zu, die aber beide den Blues als Grundlage haben. Der ideale Soulgesang verlangt nun nach besonders weichen männlichen und weiblichen Stimmen, die ohne die „schmutzigen" Anteile des Blues auskommen. Der Soul hat zwar auch, wie der Blues, häufig die Probleme mit der Liebe als Thema, sendet jedoch vehement die positive Botschaft der Hoffnung auf persönliches Glück aus.

Viele der frühen SoulsängerInnen wie auch Irma Thomas, die „Soul Queen of New Orleans" haben teilweise auch den Blues und den R&B in ihrem Repertoire. Soulmusik steht für afroamerikanisches Selbstbewusstsein und Selbstverständnis (Brothers and Sisters). Symbole dafür sind die Songs „Say It Loud – I'm Black and I'm Proud" (1968) von James Brown, der eine Hymne der Bürgerrechtsbewegung wird und „Respect" (1967) von Aretha Franklin. Die sogenannten Rassenunruhen werden in den 1960er Jahren schon von neuen Generationen mit gewachsenem Selbstbewusstsein getragen und kulminieren in der Bewegung der „Black Panther" und der machtvollen Bürgerrechtsbewegung um Martin Luther King. So ist es nicht verwunderlich, dass die Soulmusik zur „schwarzen Stimme Amerikas" wird.

Der Blues kommt nach Großbritannien

Auch junge Briten zeigen ein verstärktes Interesse an afroamerikanischer Musik. Ausgelöst durch Konzerte afroamerikanischer Bluesgitarristen wie Big Bill Broonzy wird ihr Interesse am Blues geweckt. Die britischen neu gegründeten weißen und ausschließlich männlichen Rockbands adaptieren den Blues wie die von Alexis Korner (Blues Incorporated) und „John Mayall's Bluesbreakers", die „Rolling Stones", die „Yardbirds", die „Animals" und Eric Clapton, der sich während seiner langen Musikerkarriere immer wieder dem alten afroamerikanischen Blues zuwendet. Als die Rolling Stones 1964 in der Carnegie Hall in New York City spielen, wird mit diesem Konzert der Jazztitel „Route 66" von 1947, den sie in ihrem Programm haben, zu einem Bluesstandard. Ebenfalls zum Bluesstandard wird ihre Aufnahme von „Little Red Rooster" (1964), die Willie Dixon 1961 für Howlin' Wolf geschrieben hat und dessen Vorläufer von Charlie Patton und Memphis Minnie stammen. Led Zeppelin (gegründet 1968) schauen weit zurück in die Geschichte des Blues mit dem Titel „Nobodys Fault but mine" von Blind Willie Johnson aus dem Jahr 1927. Viele der englischen Rockbands importieren während der sogenannten „British Invasion" den Blues erfolgreich wieder in die USA. Die von den bekannteren oder unbekannteren Rockmusikern reproduzierten Bluestitel beschränken sich jedoch auf den elektrischen Chicago Blues. Er wird von ihnen zumeist schneller mit einem aggressiveren Rock-Sound gespielt; der Bluesrock entsteht.

Auch die amerikanischen neuen weißen Rockbands greifen nun den Blues auf wie die „Paul Butterfield Blues Band" (gegründet 1963). Johnny Winter spielt mit seiner Band auch Blues aus den 1920ern wie auch die Boogie-Bluesband „Canned Heat" (gegründet 1965), die 1971 ein Album mit Bluesman John Lee Hooker aufnimmt. Der Blues der Frauen wurde von den Bluesrockbands nicht adaptiert. Eine Ausnahme ist wohl Memphis Minnies „Me and my Chauffeur" (1941), den die Rockband „Jefferson Airplane" (gegründet 1965) im Jahr 1966 aufgenommen hat. Er geht allerdings nicht in das Repertoire ihrer Live-Konzerte ein. Viele der jungen weißen Bands verdienen Unmengen Geld mit dem Blues, so viel, wie es sich die afroamerikanischen BluesmusikerInnen nicht einmal hätten vorstellen können. Einige der Bands haben zwar zum Teil auch den Vorkriegsblues im Repertoire, orientieren sich aber hauptsächlich an den Bluesmen des Chicago-Blues Stils. Der weiße Blues tritt seinen Siegeszug an und das, was unter Blues verstanden wird, ändert sich. Zwar basiert er weiterhin auf dem Blueserbe und beeinflusst viele Musikstile, aber er verliert auch einige seiner früheren Merkmale. Dazu gehören die nun unterrepräsentierten Blueskünstlerinnen und die, bedingt durch das mangelnde Sprachverständnis in nicht englischsprachigen Ländern, fehlenden Publikumsreaktionen. Die jetzt positiven Reaktionen entstehen hauptsächlich aus der Bewunderung des Bluesgenres und nicht mehr aus Gründen der persönlichen Betroffenheit von dargebotenen Themen. Der Blues verliert seine soziale Bedeutung und Funktion, für eine Schicksalsgemeinschaft als integrierende Kraft zu wirken. Der Blues wird zur Weltmusik und wie andere Musikstile auch, den Gesetzen des Marktes unterworfen. Unterhalb dieser Ebene lebt der historische und zeitgenössische Blues mit seinen vielfältigen Stilen und unterschiedlichen musikalischen Sprachen weiter.

Die zweite britische Bluesfrau

In der britischen Szene des weißen akustischen Blues, dem Folkblues, ist Anfang der 1960er Jahre eine Bluessängerin und -gitarristin zu finden: Jo Ann Kelly, „The British Queen of the Country Blues". Jo Ann, in London geboren (gest. 1990), Gitarristin, Verfasserin von eigenen Bluessongs und Liebhaberin der Bluesfrauen der 1920er und 1930er Jahre ist vor allem eine hervorragende Interpretin des Country Blues. Jo Ann trägt dazu bei, dass der ländliche Blues der AfroamerikanerInnen in Europa noch lange im Blick bleibt. Damit ist sie in dieser Zeit eine absolute Rarität im britischen Blues.

Jo Ann hört Ende der 1950er mit 14 Jahren in der Jukebox eines Cafés eine sie interessierende Musik. Es ist „Lucille" von Little Richard (1932-2020), ein afroamerikanischer Rock'n'Roll-Sänger, -pianist und Songwriter, der Stilelemente des Blues in seine Musik einbezieht. Sie sammelt Schallplatten von ihm, von Elvis Presley und anderen frühen Rock'n'Roll-Sängern. Auch die Stars der neu aufkommenden Skiffle Musik, eine Nachfolgerin der früheren afroamerikanischen Jug-Bands, begeistern die musikinteressierten Jugendlichen. Beim Skiffle stellen die Instrumente zum Teil keine großen technischen Herausforderungen dar. Jede und jeder kann sich daran versuchen wie an leicht, auf alle möglichen Instrumente abzuändernde alte traditionelle Bluestitel („Mama don't allow Skiffle playing here") zu hören ist. Der Gesang und die Gitarre oder das Banjo werden dabei oft von selbstgebastelten Musikinstrumenten wie dem Teekistenbass, dem alten Waschbrett, dem Kazoo oder auch einer Gießkanne oder einem Kamm begleitet. Diese Musik erlangt einen hohen Bekanntheitsgrad durch die in England seit den 1950ern erfolgreiche Old Time Jazzband „Ken Colyer's Jazzmen". Ken öffnet seinen Londoner Club 54 für sonntägliche Bluesjamsessions, an denen auch Jo Ann teilnimmt.

Auch durch den Banjospieler Lonnie Donegan, der zur Jazzband von Chris Barber gehört, einem Förderer der ersten britischen Tour mit afroamerikanischen Bluesmen, wächst die Bekanntheit des Blues in Großbritannien. Zu nennen ist vor allem auch Alexis Korner (1928-1984), der „Vater des britischen Blues". Auch er tritt in den 1950er Jahren zunächst mit diversen Skifflegruppen auf, bis er 1961 seine Band „Blues Incorporated" gründet, die die erste elektrisch verstärkte Bluesband Europas ist. Durch sie gehen viele spätere international erfolgreiche Rockmusiker hindurch, die oft weiterhin bluesorientierte Musiker bleiben. Alexis beeinflusst das europäische Blues Revival der 1960er Jahre nicht nur in Großbritannien, sondern prägt später in den 1970ern auch die deutsche Bluesszene mit. Der Blues begeistert die europäische Jugend und eben auch Jo Ann.

Ihr jüngerer Bruder Dave bringt ihr ein paar Gitarrenakkorde bei und im Sommercamp 1960 spielen sie und ihr Bruder Lonnie Donegans energiereichen und rhythmischen Skiffle-Hit „Rock Island Line", der im Blues verwurzelt ist. John Lomax hat diesen Blues 1934 auf einer Gefängnisfarm aufgenommen, Leadbelly hat ihn 1937 neu arrangiert und aufgenommen, den Lonnie Donegan 1955 neu interpretiert. In einem Plattengeschäft, das amerikanische Musik führt, entdecken Jo Ann und ihr Bruder den afroamerikanischen Pianisten Jelly Roll Morton (1890-1941), Ma Rainey und Bessie Smith aus den 1920er Jahren und die Delta Bluesmen der 1930er Jahre wie Robert Johnson, Son House und Charley Patton. Jo Ann lernt auch den „Down-Home"-Blues von Memphis Minnie kennen, mit dessen Stil sie sich besonders gut identifizieren kann und den sie in Zukunft beibehalten wird.

Jo Ann und ihr Bruder tauchen Anfang der 1960er Jahre aktiv in die sich entwickelnde britische Bluesszene von London ein. Dort singt sie, begleitet von dem Pianisten Bob Hall als akustisches Duo die klassischen Blues-Songs von Bessie Smith und Sister Rosetta Tharpe.

Mit ihrer akustischen Gitarre tritt Jo Ann auch allein in kleineren Londoner Rhythm & Blues Clubs auf, die ab 1963 zahlreich aus dem Boden sprießen. In dieser Zeit boomt der Folk-Blues. Dieser akustische Blues steht seinerzeit im Wettbewerb mit der unverstärkten Musik in den Folk Clubs, von denen einige dem Blues, dieser „neuen Musik", eine Chance geben. Jo Anns Repertoire umfasst nun neben Titeln von Bluesfrauen aus der Vorkriegszeit wie Lucille Bogan („Jump Steady Daddy", „Shave 'em dry") auch Songs der Bluessängerin Lil Green. Jo Ann ist inzwischen so beliebt, dass sie die meisten Nächte in der Woche auftreten kann.

Sie ist die erste Blueskünstlerin, die für die Veranstaltungshalle des Surbiton Folk Club gebucht wird. „Les Cousins" in der Griechischen Straße, oft besucht von Davy Graham und Alexis Korner, war ein regelmäßiger Auftrittsort in ihrer Arbeitswoche. Bald schon verbreitet sich ihr Radius auf Folk- und Bluesclubs über zahlreiche Orte in Großbritannien. Sie spielt ihre eigene Musik, orientiert sich aber auch an den Bluesdiven der 1920er und 1930er Jahre. Sie lernt den Bluesman Leadbelly persönlich kennen und nimmt einige seiner Bluessongs in ihr Repertoire auf.

1968 macht Jo Ann eine Radiosendung mit Alexis Korner für die BBC (British Broadcasting Corporation) und gastiert mit Bluesman Mississippi Fred McDowell im Londoner Mayfair Hotel. Jo Ann hat 1969 einen Auftritt beim „National Jazz & Bluesfestival" auf der Pferderennbahn in Plumpton und wird danach für zahlreiche Auftritte in Universitäten gebucht. Ab dieser Zeit werden über die Jahre viele ihrer eigenen Bluessongs und von ihr interpretierte Bluestitel auf Schallplatte mit ihr und ihrer Gitarre oder mit verschiedenen Trios und anderen Bandformaten gepresst. Sie singt nun mit Erfolg auch auf großen Festivals in verschiedenen europäischen Ländern und in den Vereinigten Staaten. Mit ihrer Gitarre ist sie entweder allein oder mit Bands in New York City und Memphis unterwegs. Eine Reise nach Clarksdale, Mississippi, der Hauptstadt des Delta Blues, öffnet ihr die Augen für die dort herrschende Armut und das Leid der afroamerikanischen Menschen im Süden. Dort erfährt sie, wie die Afroamerikaner tatsächlich leben müssen, von denen sie bisher nur deren ureigene Musik kennt. Zu dieser Zeit herrschen allgemein bei vielen europäischen Menschen romantisierende Vorstellungen vom Leben der AfroamerikanerInnen vor.

Nach ihrer Zusammenarbeit mit diversen Bands geht sie wieder als Duo mit dem Gitarristen Pete Emery auf Tour und wendet sich dem Songmaterial von Memphis Minnie und Kansas Joe McCoy zu wie „My Girlish Days", „Ain't nothing in Rambling" und „Black Rat Swing". Neben Belgien, Holland und Frankreich kommt sie auch nach Hamburg und gibt 1977 zusammen mit Alexis Korner ein Konzert in Bremen. Anfang 1980 stellt sie mit der „Blues Band", in der ihr Bruder Dave als Gitarrist mitwirkt, die Show „Ladies and the Blues", ein Tribut an die großen Sängerinnen des Blues, auf die Beine. Das Showkonzept – in Form eines Trios neu aufgelegt – deckt diverse Blues-Stile wie den Classic Female Blues, den Country Blues, den Jump Blues, die Gospelmusik, den Boogie Woogie, den Jazzblues, den Rock'n'Roll und den Soulblues ab. Eine Musikkritik urteilt begeistert: „Dieses Trio ist perfekt und ausgewogen für dieses Schaufenster der Erwachsenenmusik."

1988 kommt Jo Ann auch nach Deutschland und ist beim Doppelkonzert des „Women in (E)Motion"-Festival mit der amerikanischen Sängerin und Blues-Gitarristin Rory Block mit von der Partie, das von Radio Bremen mitgeschnitten wird. Ende der 1980er Jahre erkrankt sie schwer und verstirbt im Jahr 1990. Kurz zuvor wurde ihr im Rahmen des berühmten Lancashire Festivals der Preis „Female Singer of the Year" von der „British Blues Federation" verliehen. Jo Ann hat mit ihrer außergewöhnlichen Entdeckerfreude in Sachen Blues und ihrer unermüdlichen Auftrittätigkeit – am liebsten in kleinen Clubs – nicht unerheblich dazu beigetragen, dass dieser traditionelle akustische Blues und seine Message am Leben erhalten wird.

Das American Folk Blues Festival

Nach dem Vorbild des „From Spirituals to Swing"-Konzertes von 1938 in der Carnegie Hall in New York City gründet die Agentur Lippmann & Rau das „American Folk Blues Festival" (England, Frankreich, DDR und Bundesrepublik Deutschland). Dieses Festival für das europäische Publikum macht ab 1962 bis 1969 den Blues in Europa bekannt. Auch ein paar Veteraninnen des Blues haben eine Chance ihre Musik einem nun weißen Publikum in Europa vorzustellen. Mit dabei sind: Helen Humes, Victoria Spivey, Sugar Pie DeSanto, Big Mama Thornton, Sippie Wallace und die junge Koko Taylor, die in den 1960er Jahren ihre Gesangskarriere mit Chicago Blues und R&B beginnt. Die Promoter dieser Veranstaltungen folgen dem Konzept, dem Publikum einen Überblick vom Country Blues über die diversen Veränderungen im Bluesstil bis zur Elektrifizierung des Blues zu geben. Auf der Bühne zu ihrer Musik zu tanzen ist den BlueskünstlerInnen nicht erlaubt. So kommt das deutsche Publikum nicht in den Genuss der akrobatischen Darbietungen des Blues- und Showmans T-Bone Walker wie seines Spagats, seines gekonnten Stepptanzes und seiner außergewöhnlichen Art, die Gitarre hinter dem Rücken und waagerecht mit den Zähnen zu bearbeiten.

Da die Organisatoren dieser Folk- und Blues Revival Konzerte nur „authentischen" Blues haben wollen, keinen kommerziellen Blues oder Blues mit einem Anstrich eines Showbusiness, spielen die Bluesfrauen- und männer den archaischen traditionellen Bluesstil, den sie in ihrer Jugend gespielt haben. Es sollte eben nach dem ländlichen Blues, dem Country-Blues klingen. Daheim in den USA aber können sie diesen Bluesstil ihrem Publikum kaum mehr vorsetzen und spielen dort anderes. Diese Konzerte werden zwar sehr begeistert vom europäischen Publikum aufgenommen, aber die emotionalen Reaktionen des ehemals afroamerikanischen Publikums können sie nicht auslösen.

Ein großer Unterschied zum Blues mitsamt seinem afroamerikanischen Publikum ist jetzt, dass die „Call-and-Response"-Funktion entfällt. War dieser Blues ein inhaltlich wichtiges Kommunikationsmittel mit der Zuhörerschaft und umgekehrt, entfällt das im Blueskonzert vor Weißen fast ganz. Das zeigt sich besonders in den nicht englischsprachigen Ländern, wo das Publikum schon allein aus mangelndem Textverständnis nicht in der Lage ist zu reagieren. Auch in der Bundesrepublik Deutschland und in der DDR entstehen nun Bluesbands und eine Bluesszene. Die erste bundesrepublikanische Bluesband „Das Dritte Ohr" wird 1968 in Hildesheim gegründet, die den Blues auf Deutsch und Englisch singt.

Die Bürgerrechtsbewegung

Die amerikanische Bürgerrechtsbewegung der 1960er Jahre weckt wieder ein stärkeres Interesse an amerikanischer Roots-Musik. Afroamerikanische KünstlerInnen verwenden den Blues, aber vor allem ist es die Soulmusik, die das neue Selbstbewusstsein der AfroamerikanerInnen reflektiert. Diese neue Generation scheut sich nicht, die Ungerechtigkeit der Ungleichheit anzusprechen und nach einer schon lange fälligen Veränderung zu rufen. Der musikalische Ausdruck dieses Lebensgefühls ist die Soulmusik, die 1969 das „Harlem Cultural Festival", – auch „das schwarze Woodstock" genannt, – präsentiert. Die sechs kostenlosen Konzerte mit afroamerikanischen MusikerInnen verschiedener Stile hat 300.000 BesucherInnen. Die „Black Panther" arbeiten zusammen mit der Polizei als Sicherheitsdienst. 2021 erscheint nach über 50 Jahren die damals nicht zu finanzierende Bearbeitung des Filmmaterials, das die Musik in den politischen Zusammenhang mit der Bürgerrechtsbewegung stellt. Einer der Höhepunkte dieses Festivals ist der Auftritt von Nina Simone, die in dieser Zeit eine engagierte Bürgerrechtsaktivistin ist. Sie singt ihren „Backlash Blues" von 1967. Nina ist eine der hervorragenden großen afroamerikanischen Künstlerinnen. Auch sie hat den Blues im Repertoire. Vor allem hat sie das „Bluesfeeling", das in allen Musikstilen, die sie spielt, zu spüren ist.

Nina Simone (Eunice Kathleen Waymon; 1933-2003) ist eine Jazz- und Bluessängerin, eine Pianistin und Komponistin und eine Aktivistin der amerikanischen Bürgerrechtsbewegung der 1960er Jahre. Ihre Musik spannt einen weiten Bogen von Musikstilen von der europäischen Klassik, Jazz, Blues, amerikanische Folklore, Rhythm & Blues, Gospel und Popmusik. Mit vier Jahren beginnt sie mit dem Klavierspiel und bekommt mit sechs Jahren eine Klavierlehrerin, die ihr Johann Sebastian Bach nahebringt. Ihren Unterricht bezahlt eine weiße befreundete Familie. Die Mischung von afroamerikanischer und weißer Bevölkerung ist in dieser, für den Süden ungewöhnlichen Stadt Tyron, North Carolina, möglich. Viele Leute unterstützen Nina durch einen für sie gegründeten „Eunice Waymon Fund", denn die Community möchte, dass sie die erste afroamerikanische klassische Pianistin werden soll. Sie studiert ein Jahr Klassik an der renommierten „Juilliard School" in New York City, scheitert jedoch an einer anderen Musikschule, an der sie weitermachen will. Nicht nur Nina hat vermutet, dass es noch zu große rassistische Barrieren für eine afroamerikanische und zudem weibliche klassische Pianistin ist. Diese Erfahrung verändert ihren Lebensweg. Sie arbeitet danach als Klavierlehrerin und kommt dabei zum Gesang. Nina nennt ihre eigene improvisierte Musik „Black Classical Music". Sie interessiert sich nun auch für den Blues, für amerikanische Folklore und Jazz. 1958 hat sie ihren ersten Millionen Hit: „I loves you Porgy" aus der Oper „Porgy and Bess" von George Gershwin. Ein Konzert in der New York City Town Hall im Jahr 1959 macht sie in den USA und in Europa bekannt. Das ist der Beginn ihrer Weltkarriere. Immer wieder singt sie auch viele Bluestitel, darunter sind von Lil Green der Blues „In the Dark" und von Bessie Smith der „Gin House Blues". Wie ihr Musikerkollege Harry Belafonte engagiert sich auch Nina in der Bürgerrechtsbewegung nicht nur mit finanzieller Unterstützung. Sie nimmt an Demonstrationen teil, spricht auf Veranstaltungen der Bewegung und wird zu einer ihrer Leitfiguren. Als „Singer of the Black Revolution" verehrt, komponiert und vertont sie einige politische Protestsongs, die zum Teil zu Hymnen der Bürgerrechtsbewegung werden. In diesen Liedern verarbeitet sie ihre und die Erfahrungen anderer wie es ist, mit einer rassistischen Gesellschaft konfrontiert zu sein. Auch legt sie ihre Perücke ab, die viele dunkelhäutige Künstlerinnen bei Fotoaufnahmen und auf der Bühne tragen. Als erste bekannte Musikerin tritt sie mit dem Afro-Look auf, der Frisur, die den natürlichen Haarwuchs der AfroamerikanerInnen beibehält und der zu einem der Symbole schwarzen Stolzes wird. Nina will eine ehrliche Musik für ihre Community machen, damit auch sie die eigene Hautfarbe als schön an sich entdecken und ihr eigenes Selbstbewusstsein entwickeln können.

Einer ihrer wütenden Protestsongs ist „Mississippi Goddam", dessen Titel etwa mit gottverdammter Staat Mississippi zu übersetzen ist. Er entsteht als erstes einer Serie von Liedern zur Bürgerrechtsbewegung aus Ninas Frustration aufgrund von Gräueltaten, die in dieser Zeit gegen ihre Community begangen werden. Dieser Titel bezieht sich auf ein rassistisch motiviertes Bombenattentat auf eine schwarze Kirchengemeinde in Alabama im Jahr 1963, bei dem vier Kinder sterben und auf den im gleichen Jahr verübten Mord am Bürgerrechtsaktivisten Medgar Evans im Staat Mississippi. Er wird von einem Vertreter des „White Citizens Council", einer Organisation im Süden der USA, die gegen die Aufhebung der Rassentrennung kämpft, hinterrücks erschossen. Der Mörder wird verhaftet und frei gelassen. Er wird erst 1994, 30 Jahre später (sic!), wegen Mordes verurteilt. Mit ihrer souligen und kraftvollen Stimme trägt Nina diesen Song erstmals 1964 öffentlich einem hauptsächlich weißen Publikum vor. Die Ironie von Nina ist unüberhörbar. Die prominente Wiederholung des Ausdrucks „Mach es langsam!" im Refrain bezieht sich auf politisch Gemäßigte, die die Bürgerrechtsbewegung nicht ermutigen wollen, sondern empfehlen, sich langsam und vorsichtig zu bewegen, was Nina hier lächerlich macht. Das Lied wurde in weniger als einer Stunde geschrieben und live in der Carnegie Hall von New York City aufgenommen. Es enthält viele aus dem Blues bekannte bedeutende Ausdrücke und Textzeilen. Später wird es zu einer Single gepresst, die in weiten Teilen des Landes verboten wird, angeblich wegen des Wortes „Goddam" (Gottverdammt!) im Titel. Nur wegen eines Fluches? An einigen Orten werden Kartons mit dieser Schallplatte zerstört, wie es in der Biographie „What Happened, Miss Simone?" dokumentiert worden ist. „Mississippi Goddam" markiert eine Wendung in der Auswahl ihrer Lieder, denn bis dahin war sie eher für harmlose Songs bekannt.

Spoken Introduction:
The Name of this Tune is „Mississippi Goddam"
and I mean every Word of it!
Alabama's gotten me so upset.

Tennessee made me lose my Rest. And everybody knows about
Mississippi, Goddam!
Can't you see it? Can't you feel it?
It's all in the Air. I can't stand the Pressure much longer.
Somebody say a Prayer!

(This is a Show Tune, but the Show hasn't been written for it, yet!)

Hound Dogs on my Trail, School Children sitting in Jail.
Black Cat cross my Path. I think every Day's gonna be my last.

Lord, have Mercy on this Land of mine.
We all gonna get it in due Time. I don't belong here.
I don't belong there. I've even stopped believing in Prayer.

Don't tell me, I'll tell you.
Me and my People just about due. I've been there so I know.
They keep on saying „Go slow!"

Refrain:
But that's just the Trouble „Do it slow!"
Washing the Windows „Too slow!" Picking the Cotton „Too slow!"
You're just plain rotten „Too slow"! You're too damn lazy „Too slow"!
The Thinking's crazy „Too slow"!
Where am I going? What am I doing?
I don't know. I don't know!

Just try to do your very best. Stand up, be counted with all the Rest.
For everybody knows about Missisippi Goddam.
(I bet you thought I was kidding, didn't you)

Picket Lines, School Boycotts. They try to say it's a communist Plot.
All I want is Equality for my Sister, my Brother, my People, and me.

Yes, you lied to me all these Years.
(You told me to wash and clean my Ears)
And talk real fine just like a Lady
And you'd stop calling me Sister Sadie.

Oh, but this whole Country is full of Lies.
You're all gonna die and die like Flies.

I don't trust you anymore.
You keep on saying „Go slow!" „Go slow!"
Refrain:
But that's just the trouble „Too slow"

(…)

Desegregation „Too slow!" Mass participation „Too slow!"
Reunification „Too slow!" Do things gradually „Too slow!"
But bring more tragedy „Too slow!"
Why don't you see it? Why don't you feel it?
I don't know. I don't know.

Nina verwendet auch den Begriff „Go slow!" (Mach es langsam!) während des gesamten Refrains. Auf diese Weise kritisiert sie die Bürgerrechtsbewegung, die sie den Rassendiskriminierungen gegenüber als zu tolerant empfindet. Letztendlich sind die Gefühle, die die Sängerin zum Thema macht, solche, in denen sie von der Notlage ihrer Community frustriert und entmutigt ist. Und was sie eigentlich mehr als alles andere wünscht, ist, dass sie in der politischen Situation dieser Zeit die Gleichheit mit der weißen Mehrheitsgesellschaft erreichen möchte.

Im März 2019 nimmt die „Library of Kongress" in Washington ihren Song „Mississippi Goddam" in das nationale Register für Musiktitel von essenzieller Bedeutung auf.

Auch in anderen Liedern spiegelt sich ihr Einsatz für die Bürgerrechtsbewegung wieder, wie in dem berührenden Folksong und Liebeslied „Black is the Colour of my True Love's Hair". Sie vertont das Lied „To be Young, Gifted and Black" oder komponiert ihren dramatischsten Song „Four Women" (1966). Darin stellt sie vier Frauenbilder in Form der damals gängigen rassistischen Stereotype vor, wie sie von der weißen Gesellschaft gesehen und behandelt werden: Aunt Sarah, Saffronia, Sweet Thing und Peaches. Das Lied beendet Nina mit einm heftigen Zornesausbruch. Aunt Sarah wird als starke Frau gezeichnet, die unterbezahlte schwere Arbeit macht und den physischen und psychischen Schmerz immer wieder erträgt ohne sich zu wehren. Saffronia symbolisiert die relativ hellhäutige Frau, die zwischen zwei Welten lebt – nicht ganz schwarz und nicht ganz weiß. In der Realität wird sie von beiden nicht akzeptiert. Sie glaubt jedoch dazu zu gehören, weil ihr Vater reich und weiß war, der allerdings ihre Mutter vergewaltigt hat. Sweet Thing ist promiskuitiv und steht jedermann zur Verfügung, der genügend Geld besitzt um ihre sexuellen Dienste zu kaufen. Peaches schaut zurück auf die schreckliche Geschichte ihrer Vorfahren und ist davon verbittert, dass sie aufgrund dieses geschichtlichen Erbes auch heute noch keine politische und soziale Gleichbehandlung erfährt – 1966 bis aktuell.

My Skin is black. My Arms are long.
My Hair is woolly. My Back is strong.
Strong enough to take the Pain inflicted again and again.
What do they call me? My Name is Aunt Sarah.
My Name is Aunt Sarah.

My Skin is yellow. My Hair is long between two Worlds.
I do belong my Father was rich and white.
He forced my Mother late one Night. What do they call me?
My Name is Saffronia. My Name is Saffronia.

My Skin is tan. My Hair is fine. My Hips invite you. My Mouth like Wine.
Whose little Girl am I? Anyone who has Money to buy.
What do they call me? My Name is Sweet Thing.
My Name is Sweet Thing.

My Skin is brown. My Manner is tough.
I'll kill the first Mother I see. My Life has been rough.
I'm awfully bitter these Days because my Parents were Slaves.
What do they call me? My Name is Peaches.

Später einmal fasst Nina zusammen, was in diesen Jahren des Kampfes der Bürgerrechtsbewegung viele ihrer MusikerkollegInnen spüren: „Ich fühlte mich lebendiger als jetzt, weil ich gebraucht wurde, weil ich mit meiner Musik meinem Volk helfen konnte. Für mich wurde das wichtiger als alles andere: als klassische Musik und Popmusik – Musik für Bürgerrechte."

Niederschmetternd ist für die Community die Ermordung von Martin Luther King im April 1968. Tage später nimmt sie den Blues „Ain't Got No (I Got Life)" auf, der auf einem Song aus dem Musical „Hair" aufbaut, in dem es auch um die Rassendiskriminierung geht. Symbolisch für die afroamerikanische Community drückt sie die tiefe Trauer und Frustration mit deutlich heiligem Zorn in ihrer Stimme aus.

Anfang der 1970er Jahre verlässt Nina, desillusioniert von der rassistischen amerikanischen Gesellschaft die USA und geht auf ausgedehnte Europatourneen und danach für Jahre nach Afrika. Einem großen Publikum wird sie 1987 (wieder) bekannt als ihr Song „My Baby cares for me" 30 Jahre nach der Aufnahme ein Welthit wird. Anfang der 1990er Jahre lässt sie sich endgültig in Südfrankreich nieder. Nachhaltig prägt Nina die Welt der Musik und des politischen Aktivismus. Mit viel Emotionen und Kraft singt sie von ihrem Blick auf die Welt und beeinflusst viele nachfolgende Sängerinnen verschiedenster Musikgenres. Ihre hypnotisierende Altstimme wird von einem Musikkritiker von „The Nation" treffend als „unglaublich tief und doch unverkennbar weiblich, in ihrer Intensität verletzend und dennoch in der Lage, mit Zärtlichkeit zu entwaffnen. Auf ihre Stimme zu hören, bedeutete, sich von ihrer Macht fast entführt zu fühlen."

Das Kapitel über Nina möchte ich mit dem „Backlash Blues", einem ihrer beeindruckendsten Bluestitel, beschließen. Er ist eine Zusammenfassung von dem, was der Blues der 1920er Jahre begonnen hat, zu thematisieren. Der „Backlash" in diesem Blues aus dem Jahr 1967 bezieht sich auf den Kampf der amerikanischen Bürgerrechtsbewegung (Civil Rights Movement) für eine gerechtere Gesellschaft ohne Rassentrennung. Er ist gegen die rassistischen Gegenreaktionen auf diese Bewegung gerichtet, die teilweise auch aus körperlichen Angriffen auf die afroamerikanische Bevölkerung besteht. Die Aussagen diese Blues sind auch nach über 50 Jahren noch ziemlich aktuell. Die ökonomischen Möglichkeiten der afroamerikanischen Bevölkerung sind noch immer begrenzt. Auch die Wohnsituation ist immer noch ein großes soziales Problem. Viele Schulen sind noch lange nicht denen der Weißen gleichwertig. (In den USA sind die Schulen in armen Gegenden zumeist nicht gut ausgestattet, da sie von den wesentlich geringeren Steuereinnahmen der armen Bezirke unterhalten werden.) Das bluesige Gefühl des Songs fängt die Traurigkeit und den Schmerz der Ungleichheit ein, während die afroamerikanischen Wurzeln des Bluesgenres seine Botschaft weiter verstärken. Der Kampf um die Schaffung einer egalitäreren Welt besteht bis heute. Der letzte Teil dieses Gedichtes verdeutlicht, dass diese bunte Welt nicht mehr passiv bleiben wird, sondern eine radikale Veränderung erfahren wird, nämlich, dass der nächste „Backlash Blues" derjenige der Weißen sein werde.

Der „Backlash Blues" erscheint 1967 zunächst als eine Art Protestgedicht in seiner letzten Lyriksammlung „The Panther and the Lash", eines der bedeutendsten afroamerikanischen Schriftsteller und Dichter Langston Hughes (1902-1967). Hughes ist einer der wichtigsten Vertreter der „Harlem Renaissance" der 1920er und 1930er Jahre, der über den Blues geschrieben und ein von ihm erlebtes Konzert von Memphis Minnie anschaulich geschildert hat.

Den Begriff des „Backlash" definiert Manfred Miller in seinem Buch „Um Blues und Groove" nicht nur als „Rückschlag" gegen fortschrittliche gesellschaftliche Bestrebungen, sondern als eine Anspielung, die ebenso an die Sklavenhaltergesellschaft und an die Sklavenhalter erinnert, die die afroamerikanischen Rücken auspeitschten (Back Lash). Nina ist mit Langston Hughes befreundet und vertont sein Gedicht. Sie komponiert eine Melodie im Stil des Jazzblues hinzu und veröffentlicht es 1967 auf ihrem Album „Simone Sings the Blues". Bei ihren Livekonzerten verändert sie spontn, je nach Anlass ein wenig den Textinhalt.

Mr. Backlash! Mr. Backlash! Just who you do think I am.
You raise my Taxes, freeze my Wages and send my Son to Vietnam.

You give me Second Class Houses and Second Class Schools.
Do you think that all colored Folks are just Second Class Fools?

Mr. Backlash! I'm gonna leave you with the Backlash Blues.
When I try to find a Job to earn a little Cash
All you got to offer is your mean old white Backlash.

But the World is big, big and bright and round. And it's full of Folks like
me, who are black, yellow, beige and brown.

Mr. Backlash! I'm gonna leave you with the Backlash blues

Mr. Backlash! Mr. Backlash! Just what do you think I got to lose?
I'm gonna leave you singing your old Backlash Blues.

You're the one will have the Blues, not me. Just wait and see!

Mr. Backlash! Backlash! Was glaubst du, wer ich bin? Du erhöhst meine Steuern, frierst meine Löhne ein und schickst meinen Sohn nach Vietnam. Du gibst mir Häuser zweiter Klasse und Schulen zweiter Klasse. Glaubst du, dass alle farbigen Leute nur Narren zweiter Klasse sind? Mr. Backlash! Ich werde dich mit dem Backlash-Blues zurücklassen! Wenn ich versuche, einen Job zu finden um ein bisschen Geld zu verdienen ist alles was du zu bieten hast dein alter weißer Backlash. Aber die Welt ist groß, groß und hell und rund und ist voll von Leuten wie mir. Wir sind schwarz, gelb, beige und braun. Mr. Backlash! Ich werde dich mit dem Backlash-Blues zurücklassen! Backlash! Mr. Backlash! Was glaubst du, was ich zu verlieren habe? Ich werde dich zurücklassen und singe deinen alten Backlash Blues! Du bist derjenige, der den Blues haben wird, – nicht ich! Einfach abwarten und sehen!

Die nächsten Jahre ...

In den 1970er Jahren ist der afroamerikanische Blues von den großen Bühnen in den USA und in Europa weitgehend verdrängt. Damit verschwinden auch die Bluesmen wie Muddy Waters, Howlin' Wolf und John Lee Hooker aus dem Blickfeld. Sie treffen nicht mehr den sich wandelnden weißen Publikumsgeschmack.

Einige der um 1940 und 1950 geborenen Bluessängerinnen, blühen weiter im Verborgenen auf einigen der amerikanischen Blues- und Jazzfestivals, auf örtlichen Open-Air Konzerten, in Veranstaltungen von Universitäten, in kleinen Konzertsälen und in noch kleineren Musikclubs. Dazu zählt die Blues- und R&B Sängerin und Songwriterin Sugar Pie DeSanto (geb.1935), die in den 1950er und 1960er Jahren Karriere im R&B-Genre machen kann. Die Chicago Blues-Sängerin Bonnie Lee (1931-2006) tourt zusammen mit den Bluesfrauen Big Time Sarah (1953-2015) und Zora Young (geb. 1948) unter dem Titel „Blues with the Girls" im Jahr 1982 durch Europa. Die große Ausnahme ist die vielseitige Etta James (1939-2012), der eine rasante Karriere gelingt. Sie singt Blues, aber auch R&B, Soul, Rock'n'Roll, Jazz und Gospel. In den 1960ern nimmt sie mit Sugar Pie für Chess zwei Duette auf, die in den R&B-Charts recht erfolgreich laufen werden. Ihr letztes Album „The Dreamer" erscheint im Jahr 2011. Etta ist bis heute ein Vorbild für unzählige Sängerinnen verschiedener Stilrichtungen.

Eine unerwartete kleinere, aber außergewöhnliche Schallplattenkarriere macht Jessie Mae Hemphill (1923-2006), geboren in der Nähe von Senatobia, im Northern Mississippi Hill County. Sie ist eine Country-Bluessängerin und Gitarristin, die in einer musikalischen Familie aufwächst. Ihr Urgroßvater Doc Hemphill, ein Choctaw-Indianer und noch als Sklave geboren, war ein berühmter Geigenspieler (Fiddle). Die Geige ist ein Instrument, das bei afroamerikanischen Musikern auf dem Lande sehr beliebt ist. Jessies blinder Großvater Sid Hemphill (ca. 1876-1963) spielt Blues auf selbstgemachten Instrumenten bei Picknicks und Tanzveranstaltungen auf dem Lande. Er spielt Geige, Gitarre, Banjo, Trommeln, Mandoline, Orgel, Panflöte (Quills) und Flöte (Fife), die aus Bambusrohr hergestellt und wie eine Querflöte gespielt wird. Er ist damals der prominenteste Musiker dieser ländlichen Gegend, der besonders für seine „Fife-&-Drum"-Bluesmusik bekannt ist, die aus verschiedenen Trommeln und der Fife besteht und einen starken afrikanischen poly-rhythmischen Einschlag hat. Seine Töchter Rosa Lee Hill, Sidney Lee Hemphill Carter, beide Country-Bluessängerinnen, und Jessies Mutter Virgie Lee Hemphill spielen Trommeln, Saiteninstrumente und singen. Jessies Vater James Graham spielt Piano. Mit sieben Jahren lernt sie von Rosa Lee und Großvater Sid die Gitarre zu spielen. Später, mit neun Jahren, trommelt sie in seiner „Fife-&-Drum-Band".

Der Musikethnologe Alan Lomax (1915-2002) sammelt für die „Library of Kongress" in Washington bis in die 1960er Jahre amerikanische Volksmusik, zu der auch der Blues gehört. Er nimmt volkstümliche MusikerInnen auf und macht Interviews mit ihnen, darunter auch mit Jessies Großvater Sid. Er fragt die junge Jessie, die nun auch die große Basstrommel und die Snare (kleine Trommel mit Schnarrsaiten, die flach vor dem Körper hängt) spielt, ob es nicht sehr ungewöhn-lich sei als Frau zu trommeln. Jessie kennt keine weitere Trommlerin außerhalb ihrer Familie. Aber wenn die Männer wegen ihrer Arbeit nicht musizieren können, dann, sagt Jessie: „Ich nehme dann ihren Platz ein", so wie auch ihre beiden Tanten und ihre Mutter Virgie es tun. Als Teenager beginnt sie öffentlich aufzutre-ten und gewinnt Wettbewerbe für ihre Fertigkeiten mit dem Tamburin. Auch pflegt sie ihr familiäres musikalisches Erbe und führt die Tradition weiter. Das ist ihr wichtig. Sie lernt auch Fife und weitere Instrumente zu spielen wie die „Quills", eine selbst hergestellte Flöte aus Zuckerrohr und den „Diddley Bow", eine einsaitige

Zitherart, die hauptsächlich im Delta-Blues verwendet wird. Dabei wird in der einfachen Version eine Saite beispielsweise an der Wand befestigt und dann gezupft oder mit einer Glasflasche darüber gestrichen. In den 1950ern tritt sie ab und zu mit einer Band in Bars von Memphis auf. Zumeist spielt sie jedoch zum Vergnügen in der Familie oder auf kleinen lokalen Veranstaltungen wie etwa in Lebensmittelgeschäften, obwohl sie inzwischen eine qualifizierte Musikerin ist. Sie zieht nach Memphis und geht 1941 eine kurze Ehe ein. Erst in den 1970er Jahren wendet sich Jessie in Vollzeit ihrer Musik zu. Sie trägt ihr familiär bedingtes Musikerbe sowie den regional verbreiteten speziellen Northern Mississippi Hill Country Blues vor. Dieser traditionelle Bluesstil zeichnet sich aus durch eine starke Betonung von Rhythmus und Perkussion, verstetigten Gitarrenriffs, wenige Akkordwechsel, unkonventionelle Songstrukturen und eine starke Betonung des „Grooves". Diese Stilrichtung wird als „hypnotischer Boogie" charakterisiert.

Der Plattenproduzent und Folk- und Blueshistoriker George Mitchell macht 1967 als Erster mobile Aufnahmen (Field Recordings) von Jessies Musik. Diese, wie auch ihre Titel von den Aufnahmesessions des Musikethnologen Dr. David Evans im Jahr 1973, die sie noch unter dem Namen ihres geschiedenen Ehemannes Brooks einspielt, erscheinen jedoch nicht. 1978 geht Evans an die Universität von Memphis. Dort gründet er die High Water Recording Company, das die lokale indigene Mississippi-Bluesmusik fördern soll. Evans macht nun hochwertige Musikaufnahmen mit Jessie, die dann später zunächst auf ihrem ersten Album beim französischen Label Disques Vogue mit dem Titel „She-Wolf" im Jahr 1981 unter ihrem Mädchennamen herausgegeben werden. In den USA erscheint „She-Wolf" wegen mangelnder Unterstützung und zu wenig Werbung erst Ende der 1990er Jahre. Zu diesem Album schreibt Evans: „Ich war beeindruckt, wie frisch sie sich einem alten Musikstil näherte. (…) Sie hatte sich auf die tiefsten Traditionen des Blues und der afroamerikanischen Volksmusik gestützt, um einen wirklich zeitgenössischen Country-Blues zu kreieren, nicht nostalgische Nachbildungen einer früheren musikalischen Ära."

In den frühen 1980er Jahren tritt sie mit verschiedenen „Fife-&-Drum"-Gruppen auf, auch mit dem für dieses Bluesgenre berühmten Othar Turner und arbeitet an ihrer Solokarriere. Sie tourt mit ihren eigenen Bluestiteln kreuz und quer durch die USA und Europa. 1987 und 1988 erhält sie den „W.C. Handy Award" als beste traditionelle weibliche Blueskünstlerin. Als ihr Ruhm in den 1990er Jahren wächst, verbreitete sich auch ihr Ruf als echte „She-Wolf" des Blues. Auf den Bühnen der vielen Bluesfestivals pflegt Jessie eine Art von Sexualität, die normalerweise eher männlichen Sängern vorbehalten ist. Sie trägt oft einen auffälligen Cowboyhut, Pailletten und tief ausgeschnittene Oberteile. Mit einem Augenzwinkern und einem blitzenden Goldzahn flirtet sie mit dem Publikum. Für den „hypnotischen" Rhythmus auf ihrer elektrischen Gitarre und mit zahlreichen Glöckchen, die am Bein befestigt sind, tritt sie den Rhythmus mit dem Fuß auf das am Boden liegende Tamburin. Die Zuhörerschaft kann gar nicht anders als im Takt dieser Ein-Frauen-Band mitzuwippen oder zu tanzen. Ihre unverwechselbare Mischung aus neuen und alten Delta-Traditionen mit alltäglichen Beobachtungen der Lebenswirklichkeit gewinnt Jessie internationale Anerkennung als Country-Bluesfrau. Ihr jedoch ist es vor allen Dingen wichtig, die musikalische Familientradition fortzusetzen.

Der Fotograf Bill Steber, der viele traditionelle Bluesmusiker fotografiert hat, schreibt auf seiner Website: „Weibliche Bluesgitarristen der Hemphill-Generation sind aufgrund der sozialen Einschränkungen und Gefahren, die mit dem Lebensstil verbunden sind, selten. Jessie Mae hat jedoch immer gewusst, wie man in einer feindlichen Welt auf sich selbst aufpasst." Jessie: „Meine Mutter hat die ganze Zeit ihre Waffe getragen. (…) Sie war eine ‚Pistol-packing Mama‘ (Frau mit Pistole), also bin ich auch eine ‚Pistol-packing Mama‘!"

In den 1990ern Jahren bekommt sie endlich eine größere Aufmerksamkeit von Bluesfans in aller Welt und ihre Karriere geht bergauf, nicht zuletzt durch den Dokumentarfilm „Deep Blues", in dem sie mit „Fife-&Drum" und mit ihrer Gitarre vertreten ist. Ihr erstes amerikanisches Album „Feelin' Good" (1990) gewinnt 1991 wieder den „W.C. Handy Award" für das beste traditionelle weibliche Bluesalbum. Jessie besingt Blues-Themen wie verlorene und gefundene Liebe, Armut und harte Arbeit, Sex und Erlösung und setzt die Tradition des Singens für und von den Menschen fort. Dem „Guitar Player Magazin" sagt sie:

„Die Songs sind nicht alle von mir (…) Es ist das, was ich denke, was andere Leute fühlen – die Schwierigkeiten, die andere Frauen haben. Wir Frauen haben die gleichen Probleme mit unseren Männern. Ein Teil ist ein bisschen trauriger Blues, weil ich mich manchmal niedergeschlagen fühle und ich weiß, dass es auch anderen Frauen so geht."

1993 erleidet Jessie einen Schlaganfall, der dazu führt, dass sie nicht mehr Gitarre spielen kann. Aber sie singt weiter und begleitet ihre Band mit dem Tamburin und gewinnt nochmals einen „W.C. Handy Award". Obwohl ihre Karriere zum Stillstand kommt, wächst ihr Ruhm weiter. 1998 werden endlich das Album „She-Wolf" in den USA und weitere ältere Titel veröffentlicht. Sie wecken erneut das Interesse von Bluesliebhabern und -wissenschaftlern und machen Jessie zu einer Kultikone in der Blues-Community. So singt und spielt sie Tamburin im Rahmen des „The North Mississippi Hill Country"-Musikevents in Brooklyn Heights, New York City, das der deutsche Regisseur Wim Wenders filmt und 2003 veröffentlicht. Auch bei anderen Kulturprojekten ist das Interesse an ihrer besonderen Bluesstilistik groß. Doch trotz ihres anhaltenden Ruhms lebt sie viele Jahre in einem baufälligen Wohnwagen, bis die „Sunflower River Blues Association" in Clarksdale, Mississippi, die verarmten Bluesmusikern Unterstützung anbietet, ihr dabei hilft, eine bessere Wohnung zu finden. Jessie stirbt 2006.

Weiße Bluesmusikerinnen

Durch die Konzerte auf den amerikanischen Folk- und Bluesfestivals und Auftritten in Universitäten, zu denen viele noch lebende afroamerikanische weibliche und männliche Blueslegenden eingeladen werden, trifft eine Generation von weißen jungen Leuten in den USA und in Europa auf den Blues. Einige weiße Frauen entschließen sich, Bluesmusikerinnen zu werden, von denen manche auch einen Blick auf die Bluessongs der Bluesmen und -frauen aus der Vor- und Nachkriegszeit werfen. Eine der wenigen Musikerinnen, die sich dem Blues der Frauen aus dieser Zeit stärker widmet ist Maria Muldaur, geb. 1943 in Greenwich Village, New York City. Sie ist eine Folk- und Bluessängerin, die aus der Szene des amerikanischen „Folk Music Revivals" der 1960er kommt, zu dem auch der Blues gehört. Ihre Karriere beginnt Anfang der 1960er in „Jug Bands", in denen sie singt und gelegentlich Geige (Fiddle) spielt. Maria ist eine vielseitige Sängerin, die gerne viele Musikstile ausprobiert, neben Folk, Blues und Rhythm & Blues auch Gospel und Jazz sowie anderes amerikanisches Liedgut wie „American Roots Music". 1962 macht sie die Bekanntschaft der Bluessängerin Victoria Spivey, die ihr alte 78er-Platten vorspielt. Diese Begegnung sollte großen Einfluss auf Marias spätere Karriere haben.

In den 1990ern tauchen auf Marias unzähligen Alben die ersten Titel einiger Bluesmen sowie Bluesfrauen der älteren Generation wie Bessie Smith, Blue Lu Barker und Memphis Minnie auf, deren Repertoire sie sich liebevoll annimmt. In ihren nächsten Alben wird dieser Anteil immer größer. 2005 nimmt sie einige Bluestitel von Memphis Minnie wie den „Crazy Cryin' Blues" und Lucille Bogans „Tricks ain't walking" auf. 2007 erscheinen auf ihrem Album „Naughty, Bawdy and Blue" Titel weiterer klassischer Bluesfrauen auf. Von Mamie Smith der „Down Home Blues", „Up the Country" von Sippie Wallace, von Ethel Waters „My Handy Man", von Bessie Smith der „Empty Bed Blues", Victoria Spiveys „One Hour Mama" und von Ma Rainey „Yonder comes the Blues". 2009 bringt sie den „Bank Failure Blues" von Martha Copeland auf ein Album und widmet Blue Lu Barker 2018 das Tribut-Album „Don't You Feel My Leg: The Naughty Bawdy Blues of Blue Lu Barker".

Eine Sängerin, die sich dem Country-Blues Stil (Down Home) verschrieben hat, ist Aurora „Rory" Block (geb. 1949), Bluessängerin und -gitarristin. Mit 14 Jahren lernt sie den Mississippi Delta Blues kennen. Mit 15 reißt sie von zuhause aus, um noch lebende Bluesgiganten zu besuchen. Sie macht Mississippi John Hurt, Reverend Gary Davis und Son House ausfindig. In Berkeley, California, spielt sie mit ihrer akustischen Gitarre den traditionellen Blues in Kaffeehäusern und Clubs. Nach einer Familienphase kehrt sie in den 1970ern wieder zur Musik und in den 1990er Jahren zum klassischen Blues zurück. Darunter sind auch einige Titel der klassischen Bluesfrauen wie „On the Wall" (1930) der Delta-Blues-Sängerin und -pianistin

Louise Johnson, eine zeitweilige Freundin von Bluesman Charlie Patton und der „Tallahatchie Blues" (1930) der Delta-Blues-Sängerin und -gitarristin Mattie Delaney sowie einige Songs von Bessie Smith. 2018 widmet sich Rory den Bluessongs von Bessie auf ihrem Album „A Woman's Soul: A Tribute to Bessie Smith".

Die Sängerin und Slide-Gitarristin Bonnie Raitt hat wie viele andere den Blues in der örtlichen Folk-Music-Szene kennengelernt. Bonnie wird eine vielseitige Musikerin werden. 1971, auf ihrer ersten Schallplatte befinden sich die zwei Titel „Woman be wise" und „Mighty Tight Woman" der zu diesem Zeitpunkt noch lebenden Bluessängerin Sippie Wallace. Ein besonders schöner Titel ist der Song „Everybody's Cryin' Mercy", den sie 1973 in ihr Album „Taking my Time" aufnimmt:

I don't believe the Things I'm seein'.
I've been wonderin' 'bout some Things I've heard
Everybody's crying: „Mercy!"
When they don't know the Meaning of the Word

A bad enough Situation is sure enough getting worse
Everybody's crying: „Justice!"
Just as soon as there's Business first

Toe to Toe, touch and go,
Give a Cheer and get your own Souvenir.

Well, the People 'running round in Circles.
Don't know what they're headed for.
Everybody's crying: „Peace on Earth!"
Just as soon as we win this War

You don't have to go to Off-Broadway
To see something playin' absurd.
Everybody's crying: „Mercy!"
When they don't know the Meaning of the Word

Straight ahead, knock 'em dead
So pack your Kit, choose your own Hypocrite.

You don't have to go to Off-Broadway
To see something playin' absurd.
Everybody's crying: „Mercy!"
When they don't know the Meaning of the Word

Bonnie arbeitet im Jahr 1973 an ihrem dritten Studioalbum „Takin' my Time". Mit dem ersten Produzenten ist sie unzufrieden: „Es wurde zu emotional. Es ist schwer, wenn eine starke Frau dem Mann ihre Ideen erzählt, wenn der Mann tatsächlich die Entscheidungsmacht übernehmen will." Sie konzipiert das Album mit zehn Coverversionen verschiedener Musikgenres wie Blues, Folk, Jazz, New

Orleans Stil, Rhythm & Blues und Calypso: sanfte, gefühlvolle bluesige Balladen bis hin zu beschwingten, rhythmischen Titeln. Von Musikjournalisten erhält sie für die Zusammenstellung der von exzellenten Komponisten geschriebenen Songs positive Kritiken. So beschreibt das Magazin „Billboard" das Album als „eine Top-Mischung aus Blues und Balladen von einer der am meisten unterschätzten Sängerinnen." Ein Kritiker von „Record World" hebt hervor: „Bonnies wunderschöne Stimme und das super Blues-Gitarrenspiel zieren eine Sammlung wundervoller Songs." Laut Komponist und Texter Mose Allison „war Bonnie Raitt die erste, die eine solche Zusammenstellung gemacht hat, weit vor allen anderen. Sie ist eine gute Freundin von mir, und ich habe damals Showmöglichkeiten für sie eröffnet." Der Song „Everybody's Crying Merci" ist eine kritische Stellungnahme mit Bezug zum Vietnamkrieg, dessen Zeilen Bonnie sehr passend zwischen Müdigkeit und Ekel interpretiert: „Jeder schreit: Gerechtigkeit! Aber nur dann, wenn die Geschäfte an erster Stelle stehen. Jeder schreit: Friede auf Erden! Sobald wir diesen Krieg gewinnen!" Bekanntlich haben die Amerikaner den Vietnam-Krieg nicht gewonnen. Die Bluesmusikerin Susan Tedeschi zählt das Album „Takin' my Time" zu ihren Lieblingsplatten von Bonnie: „Was für eine Zusammenarbeit von Musikern! Bonnie weiß, wie man sie auswählt! Taj Mahal, Jim Keltner, Lowell George und Little Feat und mehr. Ich kann nur sagen ‚Wow!' (…) Sie hat Momente mit rockigem Soul, Doo-Wop, Blues, Reggae und Killer-Balladen auf dieser Platte! Ihre Gitarre und Stimme sind in Topform. Ich liebe diese Platte!"

Mose Allison (1927-2006) hat „Everybody's Cryin Mercy" im Jahr 1968 während des Vietnamkrieges komponiert. Der Text macht seinen universellen Standpunkt gegen den Krieg deutlich. Mose Allison, Pianist, Sänger und Komponist/Texter, wird entweder als Blueskünstler, der Jazzklavier spielt, oder als Jazzpianist, der den Blues singt und spielt, beschrieben. 1990 sagt er der „New York Times", dass er glaube, dass er der Mann sei, der nicht in eine bestimmte Kategorie einzusortieren sei: „Die Leute versuchen immer, mich als Vertreter des Blues, Jazz oder Folk zu klassifizieren." Schon als Kind spielt er Klavier und fühlt sich vom Blues und Boogie Woogie angezogen, die er von afroamerikanischen Musikern in den Musiklokalen (Juke Joints) und Jam-Sessions seiner ländlichen Gemeinde im Mississippi-Delta hört. In seiner Musik vermischt er Blues-, Jazz- und Americana-Stile und schafft so seinen unverwechselbaren Sound. („Americana" oder „Roots Music" bezeichnen eine Mixtur aus vielfältigen traditionellen amerikanischen Musikstilen, die das Erbe der amerikanischen Musikkultur vereinen. Dazu gehören Blues, Folk, Jazz, Rhythm & Blues, Gospel, Rock'n'Roll und Country.) Dabei helfen ihm sein unverstellter Blick auf die Welt wie sie ist und sein Talent, Texte prägnant, satirisch und zeitlos zu verfassen. Im Laufe der Zeit findet seine Musik viel Bewunderung und Zuspruch auch bei Blues- und Rock-Musikern, die eigene Interpretationen dieses und anderer Titel von Mose machen; Bonnie greift „Everybody's crying Merci" im Jahr 1973 auf.

Bonnie Raitt (geb. 1949) wird in Los Angeles als Tochter des Broadway-Stars John Raitt geboren; ihre Mutter ist Komponistin und Pianistin. So überrascht es nicht, dass Bonnie im Alter von acht Jahren anfängt Gitarre (eine Stella) zu spielen. In ihrer Zeit am rein weiblichen Radcliffe College in Cambridge, Massachusetts (Harvard), wo sie Afrikanistik und Sozialwissenschaften studiert, kommt sie mit der dortigen Folkblues-Szene in Kontakt. Ihr frühes Vorbild ist die Folk- und Bluessängerin Judy Roderick, die sie ermutigt, sich als Bottleneck-Gitarristin (Slide) weiterzuentwickeln. Bonnie tritt in kleinen Clubs und verlässt nach drei Jahren das College, um sich ganz der Musik zu widmen. In den 1960er und 1970er Jahren, den Jahren der Protestszene gegen den Vietnamkrieg und der Anti-Atom-Bewegung haben ihre Songs zumeist einen politischen Hintergrund. Noch in den 1960er Jahren ist es zudem unwahrscheinlich, dass Frauen den Weg in die Musikindustrie einschlagen können, zumal Bonnie es ablehnt, als „Sexkitten" auf der Bühne zu stehen. Doch sie beißt sich durch und veröffentlicht in den 1970ern zahlreiche Alben, mit denen sie sich so langsam als künstlerisch anspruchsvolle Blues- und Folk-Musikerin und Songwriterin etabliert. Bonnie ist stark von den älteren BluesveteranInnen beeindruckt und beeinflusst. Ihre gefühlvollen bluesigen Interpretationen von Folk-, Blues-, Rhythm & Blues und Popsongs werden zwar von der Musikkritik und Musikerkollegen gefeiert, ihr großer kommerzieller Durchbruch bleibt jedoch zunächst aus.

Ende der 1960er Jahre entdeckt Bonnie die noch lebende Bluessängerin und -pianistin der ersten Generation auf Schallplatte, Sippie Wallace, und öffnet ihr den Weg zu Plattenaufnahmen und Konzerten. Sie finden sich sympathisch und bestreiten zusammen Konzerte, TV-Auftritte und die gemeinsame Produktion des Albums „Sippie", das einen „W.C. Handy Award" gewinnt. Zu ihren Erfahrungen mit dem Blues sagt Bonnie: „Ich bin sicher, dass es ein unglaubliches Geschenk für mich war, nicht nur mit einigen der größten ,Blues People' befreundet zu sein, die je gelebt haben, sondern auch zu lernen, wie sie gespielt haben, wie sie gesungen haben, wie sie ihr Leben gelebt haben, wie sie mit ihren Ehen und ihren Kindern umgegangen sind. Ich hatte besonders viel Glück, da so viele von ihnen nicht mehr bei uns sind."

Sie kann tatsächlich persönlich von den noch lebenden Giganten des Blues wie Fred McDowell aus Mississippi, Sippie Wallace, Son House, Charles Brown, Muddy Waters und John Lee Hooker wertvolle Blueslektionen lernen. Nachdem Bonnie ihre Alkohol- und Drogenprobleme der frühen 1980er Jahre – sie verliert dadurch ihren Plattenvertrag bei Warner – überwunden hat, geht sie wieder auf Tour und nimmt 1987 am ersten „Sowjetisch-Amerikanischen Friedenskonzert" in Moskau teil. 1988 ist sie Mitbegründerin der „Rhythm and Blues Foundation", die das Ziel hat, die noch lebenden afroamerikanischen BluesmusikerInnen zu unterstützen, ihnen Anerkennung zu verschaffen und dafür zu sorgen, dass sie für ihre musikalischen Leistungen Lizenzgebühren bekommen. Vormals erhielten viele von ihnen für ihre Aufnahmen sehr wenig bis gar kein Geld, geschweige denn finanzielle Beteiligungen an den Plattenverkäufen. Bonnie finanziert in Mississippi auch Gedenksteine, beispielsweise für die Bluesmusikerin Memphis Minnie.

1989, fast 20 Jahre nach der Veröffentlichung ihres Debütalbums erhält ihr zehntes Album „Nick of Time" drei Grammys. Sie bekommt damit nicht nur große Aufmerksamkeit vom Publikum, sondern ist auch kommerziell erfolgreich. Das Album verkauft sich allein in den USA fünf Millionen Mal. Auch für ihr Duett „I'm in the Mood" mit dem berühmten Bluesman John Lee Hooker gewinnt sie einen Grammy. In den vielen Jahren ihrer Karriere erlangt Bonnie zehn „Grammy-Awards" und zählt damit zu den erfolgreichsten Künstlerinnen ihres Genres.

Bonnie macht eine siebenjährige Pause vom Studio. 2012 kehrt sie mit dem Album „Slipstream" ins Musikgeschäft zurück, herausgegeben auf ihrem eigenen Redwing-Label. Im Laufe der Jahre erweitert sie ihr musikalisches Spektrum und gastiert bei über 100 Albumprojekten anderer Musiker, die in völlig anderen Genres zuhause sind. Darunter befinden sich die kapverdische Sängerin Cesaria Evora, der Country-Musiker Willie Nelson und Ray Charles. In ihre eigenen Shows lädt sie Bluesman Keb Mo oder den Rockstar Brian Adams, John Lee Hooker und andere ein. Sie macht auch einige Aufnahmen und Shows mit ihrem Vater, dem Broadway-Musical Star John Raitt. Im Blues gibt es nicht viele zwischen Männern, Frauen oder gemischte Duette. Ein sehr schönes modernes Duett hat beispielsweise Bonnie Raitt mit John Lee Hooker aufgenommen: „I'm in the Mood" (1989).

Bonnie engagiert sich seit ihrer Studienzeit stark in sozialen und politischen Projekten und Kampagnen, für die sie unzählige Benefizkonzerte spielt. Beispielsweise unterstützt sie das Anti-Apartheid-Projekt „Sun-City" und „Little Kids Rock", eine gemeinnützige Organisation, die Kindern an öffentlichen Schulen in den USA kostenlose Musikinstrumente und Musikunterricht bietet. Zudem gründet sie das „Musicians United for Safe Energy" (MUSE) mit. Im Herbst 2004 nimmt sie an der Konzerttournee „Vote for Change" gegen die Wiederwahl von Präsident George W. Bush teil. Des Weiteren fördert sie Projekte, die sich für den Umweltschutz und für die Rechte von Frauen sowie die „Native Americans" (Indianer) einsetzen. So verkündet die „Los Angeles Time" 1998, dass Bonnie 200 Dollar teure Plätze ihrer Show direkt den fünf protestierenden Indianerstämmen am Colorado River zukommen lässt, die den Bau der „Ward Valley Nuclear Waste Dump" (Atommülllagerstätte) verhindern wollen.

Candye (Candice) Kane, (1961-2016) ist eine Blues- und Jazzsängerin mit einem bewegten Leben. Mit 18 beginnt sie eine Karriere als Stripperin und Modell für Videos und Magazine. Ein Studium am Musikkonservatorium schlägt sie aus und taucht in den frühen 1980ern in die Punk-Rock Szene ein. Sie wird entdeckt und von CBS als Country-Sängerin vermarktet, solange bis ihre Vergangenheit in der Porno-Szene bekannt wird. Candye studiert „Women's Studies" (feministischer Studiengang), schreibt weiterhin Songs und entdeckt die frechen afroamerikanischen Bluesfrauen der Nachkriegszeit wie Big Maybelle, Ruth Brown, Big Mama Thornton, Etta James und die klassische Bluesfrau Bessie Smith. Bald tourt sie weltweit und singt auf prestigeträchtigen Blues- und Jazzfestivals wie dem „Monterey Jazzfestival", dem „Byron Blues Festival" in Australien, dem „Waterfront Blues Festival" in Portland, Oregon, auf dem die Bluesfrauen Katie Webster, Jessie Mae Hemphill, Deanna Bogart, Maria Muldaur, Angela Strehli, Koko Taylor, Shemekia Copeland, Irma Thomas, Marcia Ball und im Jahr 2000 Candye Kane zu sehen und zu hören sind.

Mit ihrer Tätigkeit in der Sexindustrie geht Candye offen um. Sie bezeichnet sich als dem Sex positiv gegenüberstehende Feministin. Sie unterstützt auch Aktionen, die auf das Thema „Gewalt gegen Sexarbeiterinnen" aufmerksam machen und engagiert sich für Aidskranke. Sie arbeitet mit anderen Bluesmusikerinnen zusammen, beispielsweise mit der Gitarristin Laura Chavez und der Bluespianistin Sue Palmer. Candye gehört nicht zum Mainstream des etablierten weißen Blues. Offensichtlich erlebt sie einige Ignoranz von Teilen dieser Szene. Sie wendet sich an die „Puristen" des Bluesgenres und schlägt vor, dass sich manche Bluesfans stärker mit der Bedeutung von Sexualität für die Geschichte des Blues beschäftigen sollten.

Unter ihren zahlreichen selbst geschriebenen Bluestiteln, ist der 1997 verfasste originelle feministische Song „The Lord was a Woman": Gott war eine Frau (doch sie kleidete sich wie ein Mann) enthalten. Daneben schaut sie auch in das frühe weibliche Blueserbe mit Titeln wie den „Dirty Blues" von Lil Johnson, die 1936 singt: „Press my Button(Ring my Bell)", interpretiert den Blues „Gimme a Pigfoot and a Bottle of Beer" (1933) von Bessie Smith und den R&B-Titel „Scream in the Night" (1951; remastered 2020), gesungen von Julia Lee und „I'm a bad, bad Girl" (1951) von Little Esther Philips.

Das folgende Bluesduett schreibt Candye 1994 und singt diesen Titel mit dem Bluessänger und Mundharmonikaspieler Kim Wilson. Dieser Blues beschäftigt sich mit alltäglichen Ehestreitigkeiten und Reibereien über wichtige und nichtige Themen. Dieser Typus stammt noch aus der afroamerikanischen Unterhaltungsbranche des 19. Jahrhunderts, des beliebten „Husband and Wife"-Genres. In den 1920er und 1930er Jahren werden diese Songs gerne mit typischen Bluestexten von BluesmusikerInnen wie Coot Grant und Kid Wilson auf Schallplatte aufgenommen und ihrem erfreuten Livepublikum vorgetragen. Candye führt diese Tradition mit ihrem Titel „Don't blame it on me" fort, der die unliebsamen Fehler des Partners thematisiert:

> Sie: *When you choose do drive and drink,*
> *You're so stubborn, you won't think*
> *And you're sitting in that Jail,*
> *Call big Candye to post your Bail**

138

But don't blame it on me (Er: It's all your fault) 4x
When you and I just can't agree.
Uh-uh, Honey, don't you blame it on me

Er: When you come Home about half past four
And find yourself standing at a locked Front Door
One Day you'll know what alone can be
And when you do, don't blame it on me
Don't blame it on me
(Sie: It's all your fault) 4x
When lonely Nights are all you see.
Come on, Honey, don't blame it on me

Sie: When you gamble all Night long
And soon you find that Paycheck gone
Well, I hate to say that I told you so, but if you'd only stayed Home,
Then you'd know Don't blame it on me (Er: It's all your fault) 4x
When you're alone in Misery, come on, Honey, don't blame it on me

*Bail = Kaution für die Freilassung aus dem Gefängnis bis zum Prozessbeginn.

Marcia Ball, geb. 1949 in Orange, Texas, ist eine der bekanntesten Musikerinnen des Louisiana-Blues. Die Sängerin und Pianistin wächst in Louisiana in einer musikalischen Familie auf. Im Alter von fünf Jahren beginnt sie mit dem Klavierspielen. Mit 13 Jahren kommt sie mit dem Blues in Kontakt. In New Orleans, Louisiana, hört sie eines Tages die temperamentvolle Blues- und Soulsängerin Irma Thomas (geb. 1941), eine Vertreterin des Louisiana Blues, die sie nachhaltig beeindruckt. Marcia zeigt auch Interesse für die Art und Weise des Pianostils wie ihn der New Orleans Bluespianist Professor Longhair vertritt. Ein paar Jahre später, während ihres Studiums an der Louisiana State University, spielt sie erste Auftritte mit einer bluesorientierten Rockband. 1974 startet sie eine erfolgreiche Solokarriere und findet ihren eigenen Stil, der im New-Orleans-Blues mit Elementen von Boogie Woogie und Zydeco, eine Mischung von Blues, R&B und der französisch-kreolischen Musik wurzelt. Für ihre Songs schreibt sie Texte, die viel Witz und Humor enthalten. Von Bluesman Tampa Red übernimmt sie den Blues von 1942 „Let me play with your Poodle", den sie mit ihrem überschwängliche Temperament interpretiert. In den 1990er Jahren arbeitet sie mit den Bluessängerinnen Angela Strehli und Lou Ann Barton zusammen. Ende 1997 stellt Marcia in einem ähnlichen Projekt mit drei Bluesdiven für die Plattenfirma Rounder eine Tournee zusammen. Mit dabei ist die Bluessängerin Tracy Nelson und die frühe „Queen of Soul" Irma Thomas. Die New York Times schreibt über sie: „Marcia Ball spielt ein New-Orleans-Barrelhouse-Piano mit zwei Fäusten und singt mit einer heiseren Stimme, die von all den Schwierigkeiten weiß, in die Männer und Frauen auf dem Weg zu einer guten Zeit geraten können." Der Houston Chronicle sagt einfach: „Sie ist so perfekt, wie eine Künstlerin nur sein kann."

Susan Tedeschi (geb. 1970) ist eine Sängerin, Blues-Gitarristin und Songschreiberin. Sie kommt aus einer musikalischen Familie und gründet mit 15 Jahren ihre eigene Band. Sie absolviert ein Studium am „Berklee College of Music", ein privates College in Boston, Massachusetts, und gründet 1994 ihre „Susan Tedeschi Band". Während ihrer Familienphase beschränkt sie sich auf Studioaufnahmen. Ab 2010 spielt sie in der gemeinsamen Band mit ihrem Ehemann Derek Trucks Blues und Bluesrock. Sie interpretiert einige Songs ihrer Vorgängerinnen wie den Hit „Ain't nobody's Business if I do" von Bessie Smith unter dem Titel „Ain't no business", den Song „Mama, he treats your daughter mean" von Ruth Brown und „Voodoo Woman" von Koko Taylor.

Eine türkische Blues- und Bluesrocksängerin und Gitarristin ist Göksenin Tuncalı, geboren in Istanbul. Sie schreibt eigene Songs und widmet sich seit dem Jahr 2008 ganz ihrer Musik. Sie tritt hauptsächlich in Istanbul auf. Göksenin erkennt als Musikerin, dass das reichhaltige Erbe der großen afroamerikanischen Bluessängerinnen in Blueskonzerten weitgehend ignoriert wird. Um 2015 verlagert sie ihren musikalischen Schwerpunkt, um die weibliche Bluestradition bekannt zu machen und ihrem bluesaffinen Publikum nahe zu bringen. Sie gibt Konzerte unter dem Titel „Woman Blues with Goksenin" mit einem Repertoire, das auch Bluessongs von Mamie Smith, Ma Rainey, Bessie Smith, Alberta Hunter, Memphis Minnie, Big Mama Thornton, Koko Taylor, Etta James, Susan Tedeschi und Shemekia Copeland enthält. 2020 erscheint ihr Album „Women's Blues" mit eigenen und einer Auswahl von Bluestiteln, die vor allem von den großen afroamerikanischen Bluessängerinnen ab den 1920er Jahren gesungen worden sind. Göksenin ist 2018 Mitbegründerin und Vorstandsvorsitzende der ersten und einzigen „Blues Association" der Türkei.

4. Davon können die Bluesfrauen ein Lied singen ...

Die Freiheit des Reisens und der innere Zwiespalt

Nach Norden oder zurück in den Süden

Ein zentrales Thema ist – wie bei den Bluesmen – auch bei den Bluesfrauen das Reisen. Ohne Beschränkungen reisen zu können, ist ein starkes Symbol für die gewonnene persönliche (Entscheidungs-)freiheit und Selbstbestimmung. In der Zeit der Sklaverei ist das Reisen von der Erlaubnis des Sklavenhalters abhängig oder es ist mit einer gefährlichen Flucht vor dem Sklavenhalter in den Norden verknüpft.

POWERFRAUEN

IRENE SCRUGGS (Country Blues / Piedmont Blues / voc / Songwriter) • SODARISA MILLER (Classic Blues / voc) • SUGAR PIE DESANTO (R&B / voc) • THORNETTA DAVIS (Blues / R&B / Soul / voc) • HATTIE HART (Blues / voc) • LAURA SMITH (Classic Blues / Country Blues / voc) • ANN JOHNSON (Blues / voc) • KATE McTELL alias RUBY GLAZE (Blues / Gospel / voc) • BARBARA DANE (Blues / Jazz / Folk / voc / git) • LIL JOHNSON (Blues / voc) • MATTIE DELANEY (Delta Blues / voc / git) • LUCILLE BOGAN (Classic Blues / voc) • CLARA BURSTON (Classic Blues / voc) • GEESHIE WILEY (Country Blues / voc / git) • IRMA THOMAS (Blues / Soulblues / voc) • IDA COX (Classic Blues / Jazz / voc) • ADDIE SPIVEY (Blues / voc) • RUTH BROWN (R&B / Rock'n'Roll / voc) • SARA MARTIN (Classic Blues / voc) • SUE FOLEY (Bluesrock / voc / e-git) • MOZELLE ALDERSON (Classic Blues / voc) • AMANDA SORTIER (Blues / Washboard) • BESSIE TUCKER (Classic Blues / Country Blues / voc) • IZZY RINGGOLD (Blues / voc) • JO ANN KELLY (Country Blues / voc / git / Songwriter) • BERTHA LEE (Blues / voc) • HELEN HUMES (Blues / Jazz / Jump Blues / voc) • EDITH WILSON (Classic Blues / voc) • MA RAINEY (Classic Blues / Country Blues / voc) • LAVERN BAKER (R&B / voc) • RUTHIE FOSTER (Blues / Folk / Gospelblues / voc / git) • ANN LAURIE (R&B / voc) • COOT GRANT (Blues / voc / git / Songwriter) • ALURA MACK (Classic Blues / voc) • ALBERTA ADAMS (Blues / voc).

Da ist es selbst mit Erlaubnis des Besitzers gefährlich, überhaupt eine Reise anzutreten, weil die SklavInnen leicht verdächtigt werden, AusreißerInnen zu sein. Mit der Abschaffung der Sklaverei erlangen die ehemaligen SklavInnen die individuelle Reisefreiheit, die auch massenhaft in die Tat umgesetzt wird. Die Reisefreiheit trägt nicht zuletzt dazu bei, dass der Blues sich mit der Migration aus den Südstaaten über die Vereinigten Staaten ausbreiten kann. Männern wie Frauen im Süden erfahren, dass es in der aufkeimenden Industrie des Nordens viel besser bezahlte Arbeit gibt. Dies löst um 1900 bis in die 1970er Jahre eine Binnenmigration von Millionen von AfroamerikanerInnen vom Süden in den Norden aus. Ein großes Problem besteht darin, dass Frauen und Männer kaum eine Schulbildung genossen haben, denn in den langen Zyklen der Erntearbeit sind Schulen für die afroamerikanischen Kinder geschlossen. Das bedeutet, dass sich die Arbeit Suchenden auch im Norden mit niedrigen Löhnen zufrieden geben müssen.

Viele junge Männer nutzen die Reisefreiheit dazu, ihre Abenteuerlust auszuleben. Zumeist verlassen sie aus ökonomischen Gründen ihre (Herkunfts-)familie. Auf der Arbeitssuche oder manchmal auch wegen unliebsamer Verpflichtungen suchen sie das Weite. Nicht wenige Männer fliehen vor ihren Spielschulden oder wegen des Unvermögens, die Pacht für ihre Farm zu bezahlen oder vor zu erwartenden Gefängnisstrafen. Umherwandernde, wie die Hobos (Landstreicher), springen gern auf Züge auf und lassen sich treiben. So mancher kann oder will kein Ticket bezahlen. Der ungebundene Bluesgitarrist zieht von Farm zu Farm, um mit seiner Musik ein wenig Geld zu verdienen. Er unterhält seine ZuhörerInnen in Juke Joints, auf den Plantagen, in Holzfäller- und Deichbaucamps mit seinen Bluessongs. Er bevorzugt das unstete Leben als Wandermusiker und Gelegenheitsarbeiter, denn auf diese Weise kann er der äußerst gering bezahlten schweren Landarbeit auf den südlichen Plantagen entkommen. Denn diese funktionieren noch fast genauso wie in der Zeit nach der Sklaverei. Durch die Musik können sich die Bluesmen aus der Abhängigkeit von weißen Bossen befreien. Sie spielen ihre Musik für die „Black Community", die an den musikalisch vorgetragenen Geschichten sehr interessiert ist.

Die überwältigende Mehrheit der afroamerikanischen Frauen im Süden bleibt jedoch zurück. Sie haben eine Familie, die sie oft wegen der Abwesenheit ihrer Männer allein durchbringen müssen. Sie erziehen die vielen Kinder und führen den Haushalt so gut es geht. Vor Ort kämpfen sie für das Überleben der Familie und viele versuchen ein wenig Geld zu verdienen, – womit auch immer. Doch auch Frauen entdecken das Reisen für sich. Es erfordert viel Mut, die gewohnte soziale Umgebung im Süden zu verlassen, denn allein reisende Frauen gehören noch nicht zum allgemein akzeptierten Bild der neuen afroamerikanischen Frau. Ein signifikanter Unterschied zu den reisenden Männern ist, dass Frauen – bis auf wenige Ausnahmen – das Reisen im Zugabteil mit einem bezahlten Ticket bevorzugen. Die Gründe der Frauen zu reisen, unterscheiden sich teilweise von denen der Männer.

Neben der Idee, ihre Familie im Süden finanziell zu unterstützen, aber auch der harten Landarbeit zu entkommen, versuchen viele junge Mädchen, in der Unterhaltungsbranche Fuß zu fassen. Aber auch der Gedanke daran, einem beengten Alltag in Armut zu entgehen und in der Fremde als Frau ein selbstbestimmtes Leben führen zu können, ist attraktiv.

Die Reise in den Norden

Die jungen Mädchen, noch ohne Familie, suchen, neben höheren Löhnen für ihre Arbeit auch ein besseres Leben. Ein wenig Abenteuerlust ist sicher auch dabei. Die Vorstellung, im Norden ein Leben führen zu können, dass ihre persönliche Freiheit garantiert und eigene Entscheidungen über ihr Leben zulässt, ist reizvoll. Eines der Motive in die Städte des Nordens auszuwandern ist, dass diese jungen Frauen ihr Glück in der Welt des Theaters suchen. Die im Süden gastierenden glitzernden Minstrel- und Vaudeville-Shows sowie die Shows der großen Bluesfrauen der 1920er Jahre sind verlockende Vorbilder dafür, es auch als Tänzerin, Komödiantin oder als Sängerin im Norden zu versuchen. Viele Frauen schaffen das. Von nun an gehören lange beschwerliche Reisen zu ihrem Beruf. Die weiße Bevölkerung pflegt nicht nur im Süden, sondern auch im Norden starke Rassenvorurteile, was sich in vielerlei Hinsicht auswirkt. Daraus erwachsen bittere Erfahrungen. Zum Beispiel dürfen die MusikerInnen die Theater und Clubs nur durch die Hintertür betreten und sich nicht unter das Publikum mischen. Oft gibt es auch keine Hotels für sie vor Ort. Sie müssen in den Tourbussen auf dem Parkplatz wohnen und schlafen. In einem Interview erzählt die Bluessängerin Blue Lu Barker, dass sie damals, während der Rassentrennung, nicht einmal im Notfall auf die den Weißen vorbehaltene Toilette durfte, obwohl keine Toilette für „Coloured People" vorhanden ist. Ab und zu ist es möglich, die verordneten Rassenschranken zu durchbrechen, wie es Alberta Hunter gelang, deren Begleitband im Jahr 1923 weiß ist. In den Bluestexten der städtischen Frauen finden sich viele Belege dafür, wie wichtig ihnen ihre individuelle Freiheit ist.
Das gleiche gilt für ihr männliches und weibliches Publikum, das hauptsächlich aus der afroamerikanischen Landarbeiter- und Arbeiterschicht stammt. Dazu gehört auch die Freiheit des Reisens. Allgemein ist das Reisen ein bedeutsamer Akt und ein Symbol individueller Freiheit. Es ist wichtig zu wissen, dass es prinzipiell möglich ist, dem Hier und Jetzt den Rücken kehren zu können, um ein neues Ziel anzusteuern. Das bedeutet auch, dass Frauen durch die Sängerinnen erfahren, dass auch sie sich in bestimmten Lebenslagen nicht passiv verhalten müssen, sondern wie die Künstlerinnen auch aktiv handeln können. Ihre Vorbilder auf der Bühne verdeutlichen ihnen in vielen Bluestexten, dass auch sie nicht gezwungen sind, sich auf die ihnen zugedachte soziale Rolle als Heimchen am Herd zu beschränken.

Konkret geht es in den Texten oft um ungewöhnliche Frauen, die aus einer Reihe von Gründen ein unabhängiges Leben wählen. Einige gehen für immer weit weg und kehren nicht zurück. Andere wiederum reißen schon als Jugendliche von zuhause aus oder fliehen aus unglücklichen gewaltsamen Partnerschaftsbeziehungen. Ganz nach Belieben nehmen sie den Zug, brechen zu anderen Orten auf oder ziehen eine Weile einfach nur ziellos umher. Sie verlassen einen Liebhaber und verschwinden mit dem nächsten Zug, sie besuchen ihre Liebhaber in anderen Städten oder suchen sich an anderen Orten einen neuen „Papa" oder „Daddy". In vielen Bluestiteln wird deutlich, dass es ein Hin und Her im Dasein zwischen Norden und Süden gibt und irgendwann Entscheidungen anstehen. Auf der einen Seite das „Leaving Home", weg von zuhause und auf der anderen Seite das „Coming Home", das wieder zurück nach Hause gehen, basiert auf individuellen Entscheidungen. Wenn dann die Bluesfrauen wie Bessie Smith im Norden vom fernen Dixieland singen, über das Heimweh nach dem Süden, dem gewöhnungsbedürftigen schwierigen Leben in der Stadt, dem ungewohnt kalten Klima, kommen die ZuhörerInnen massenweise in ihre Shows. Alle wollen sie sehen und hören.

Die Eisenbahn – Ein Symbol der Freiheit

Die Eisenbahn ist für die südliche afroamerikanische Bevölkerung vor allem ein Freiheitssymbol wie beispielsweise die problemlose Möglichkeit der Reise- und der individuellen Bewegungsfreiheit. Gebaut werden die Bahnlinien der weißen Eisenbahngesellschaften, die ins Delta zu den Baumwollanbaugebieten in den Südstaaten führen zu dem Zwecke, die geerntete Baumwolle profitabel, schnell und billig zu ihren entfernten Zielen transportieren zu können. Nicht chinesische Vertragsarbeitern, wie vorher im Norden, sondern die ansässigen afroamerikanischen Arbeiter legen die Gleise und erledigen anfallende Reparaturen. Die Züge bekommen Namen wie „Yellow Dog", dem W.C. Handy einen Blues komponiert hat. Andere Züge sind der „Peavine", dessen Name eine Wickenart bezeichnet, der „Katy", die Missouri-Kansas-Texas-Linie oder der „Dixie Flyer", der Zug, der von Chicago bis runter nach Florida rattert.

Im Blues zeigt sich an den zahlreichen Titeln der Frauen und Männer mit dem Thema „Eisenbahn und Eisenbahnbau", wie wichtig die Personenbeförderung für die afroamerikanische Community ist. Gern wird das Pfeifen eines Zuges (The blowing Whistle) beschrieben; die Geräusche des fahrende Zuges übersetzt der Gesang gerne mit „Choo-Choo" wie im „Choo Choo Ch' Boogie" (1946) von Louis Jordan. Viele PianistInnen übertragen den vom Zug erzeugten Polyrhythmus auf ihr Spiel, besonders im Boogie-Woogie wie dem von Cleo Brown interpretierten „Pinetop's Boogie" (Pinetop Smith). Auch mit der Mundharmonika (Blues Harp) werden Geräusche eines Zuges musikalisch nachgeahmt. Diese Sounds sind wie geschaffen, Freiheits- und Befreiungsgefühle auszudrücken, die die Eisenbahn symbolisch ins Leben gerufen hat. Kompositorisch ist das zu dieser Zeit einmalig. Allgemein ist die Eisenbahn ein unverzichtbares Verkehrsmittel zur Überwindung der Langstrecken in den USA. Der Zug war auch eines der Fluchtmittel für AfroamerikanerInnen, die die Diskriminierungen und Ungerechtigkeiten des Jim-Crow-Südens hinter sich lassen und im Norden und Westen neu anfangen wollten. Die Züge im Süden sind „natürlich" gemäß der diskriminierenden Maßnahmen aufgrund der Rassentrennung ausgestattet. Im „farbigen" Bereich gibt es keine Gepäckablagen, sodass die Reisenden ihre Koffer auf dem Boden unterbringen müssen. Die Toilette ist dort kleiner und es fehlen die Annehmlichkeiten des „weißen Badezimmers" (Bathroom).

All dies sind mehr oder weniger subtile Erinnerungen daran, dass die Weißen in die Kategorie der wertvolleren Menschen gehören. Für die BluesmusikerInnen im Besonderen sind die Eisenbahnen existenziell wichtig. Sie müssen lange Strecken zu ihren Konzerten im Süden und zu Plattenaufnahmen im Norden zurücklegen. Die Showtruppen mitsamt dem Bühnenequipment können oft nur mit Eisenbahnwaggons transportiert werden.

Doch die Existenz der Eisenbahn hat auch eine symbolische und traurige Seite wie viele Bluesmänner berichten. Sie besingen den „Mean ol' Train", den gemeinen alten Zug, der ihnen ihre Frau wegnimmt oder den „Cruel Engineer", den Lokführer, der die Macht hat, mit seiner Maschine die Frau mitsamt dem Baby fort zu bringen. Auch Bluesfrauen beschimpfen die Eisenbahn heftig, etwa Bessie Smith im „Chicago Bound Blues" (1923), geschrieben von ihrer Pianistin Lovie Austin.

Die Eisenbahn hat ihren Daddy in den Norden mitgenommen. Der gemeine „Fireman", der die Kohlen ins Feuer des Zuges schaufelt und der grausame Lokomotivführer sind Schuld daran, dass sie jetzt, von ihrem Daddy verlassen, allein dasteht. Morgen wird im Chicago Defender unter einer großen roten Schlagzeile zu lesen sein: „Frau tot im Süden wegen des Chicago Blues!"

Mean old Fireman, cruel old Engineer
Lord, mean old Fireman, cruel old Engineer
You took my Man and left his Mama standing here

Big red Headline, tomorrow Defender* News
Big red Headline, tomorrow Defender News
„Woman dead Down Home, these old Chicago Blues!"
I said Blues!

*Der „Chicago Defender" ist eine Zeitung mit afroamerikanischer Leserschaft, heimlich auch im Süden.

Auch Memphis Minnie ist wütend auf die Eisenbahn, den Chickasaw Train, ab 1924 ein schneller Personenzug, benannt nach einem Indianerstamm. Sie be-

schuldigt diesen Zug in ihrem „Chickasaw Train Blues" von 1934, ihr übel mitge-
spielt zu haben. Sie wird allen erzählen, was dieser Zug ihr angetan hat. Er hat ihr
den Mann gestohlen und ihr diesen verdammten Rauch des Zuges entgegen gebla-
sen. Er ist ein gemeiner dreckiger Hund!

Minnie fährt nicht gern mit dem Chickasaw, denn überall wo er stoppt, stiehlt er
einer Frau den guten Mann. Er ist ein gemeiner dreckiger Hund! Heute Morgen
hat sich Minnie im Depot des Zuges darüber beschwert, dass der Chickasaw sie
nicht gut behandelte. Der Fahrkartenverkäufer hat ihrem Mann ein Ticket verkauft
und sie weiß, dass der Zug am Abend die Stadt verlässt.

Er, der Fahrkartenverkäufer, ist ein gemeiner dreckiger Hund! Minnie geht die
Eisenbahnstrecke entlang, aber der Chickasaw lässt sie nicht einmal als blinde
Passagierin mitfahren. Der Zug stoppt und holt auf der ganzen Linie Männer ab.
Er ist ein gemeiner dreckiger Hund! Mmm-mmm summt Minnie, der Chickasaw
beachtet sie nicht, stoppt weiterhin und holt auf der ganzen Linie die Männer ab.
Oh, diese Eisenbahnen!

I'm goin' tell everybody, what that Chickasaw has done done for me 2x
She done stole my Man away, and blow that doggone Smoke on me
She's a low down dirty Dog!

Ain't no Woman, like to ride that Chickasaw 2x
Because everywhere she stop, she's stealing some Woman's good Man,
Oh! She's a low down dirty Dog!

Told the Depot this Mornin', I don't think he treats me right 2x
He done sold my Man a Ticket,
And know that Chickasaw leavin' Town tonight
He's a low down dirty Dog!

I walk down a Railroad Track.
That Chickasaw wouldn't even let me ride the Blinds 2x
And she stops, picking up Men, all up and down the Line
She's a low down dirty Dog!

Mmm-mmm, that Chickasaw don't pay no Woman no Mind 2x
And she stops picking up Men, all up and down the Line

Vorsicht! In diesem Blues ist der Zug kein typisch männliches Symbol der Macht,
wie es im englischen Text zu lesen ist, sondern als eine Frau zu verstehen, die
anderen Frauen den Mann abspenstig macht. (Es handelt sich also um eine
Doppeldeutigkeit!)

Viele Frauen hoffen darauf, dass die Eisenbahn, die ihn mit sich fort genommen hat, ihn auch wieder zurück bringen wird. Ein Blues aus der Zeit um 1900 von Mamie Desdunes (oder Desdumes) beklagt das für Frauen tragische Erlebnis, von ihrem Mann verlassen worden zu sein. Von den bitteren Folgen berichtet der Blues „219 oder 2:19", auch „Mamie's Blues" genannt. Zwar hofft sie darauf, dass er eines Tages zurückkommt, die harte Realität ist jedoch, dass sie nun, arm wie sie ist, mit nassen Füßen an der Ecke steht und jeden Mann, den sie trifft um Geld anbetteln muss.

The Two-nineteenth brought my Baby away 2x
The Two-seventeenth will bring him back someday

Standin' in the Corner with her Feet soakin' wet 2
Beggin' each and every Man that she met

If you can't give a Dollar, give me a lousy Dime 2x
I wanna feed that hungry Man of mine

Dieser Blues hat mehrere Verwandlungen erfahren. Der Ragtime- und Jazzpianist Jelly Roll Morton spielt ihn 1940 auf dem Piano unter dem Titel „Mamie's Blues" ein, produziert von dem Ethnomusikologen Alan Lomax. 1988 singt die britische Country-Blues-Gitarristin Jo Ann Kelly diesen Blues mit ihrer Akustikgitarre unter dem Titel „2:19". Das Album „This is Janis Joplin" enthält „Mamie's Blues" unter dem Titel „219", wunderschön von Janis im Jahr 1965 gesungen. Sie behält nur die erste Strophe von Mamie bei und erweitert den Blues auf vier Strophen:

Two Nineteen, done took my Man away 2x
The two seventeen Train, is bound to bring him back to me someday

I went down to the Station, I watched a Train roll by 2x
Saw my Man's Face at the Window, Lord,
I hanged down my Head and cried

I walked over that Hill, the Clouds were hangin' low
Now I raise up my Head and listen, every Time
I hear a Train Whistle blow

When a Man gets the Blues, Lord, he grabs a Train and rides 2x
But when a Woman gets the Blues, Honey
She hangs down her Head and she cries

Diese letzte Strophe ist von Peetie Wheatstraw's „C. & A. Blues" von 1931 übernommen. Bluesman Peetie gilt wegen seiner Texte als ziemlich frauenfeindlich.
Sein Vorurteil: Männern handeln, Frauen heulen. Die Bluesfrauen zerfließen tatsächlich nicht vor Selbstmitleid, sondern gehen ihre Situation aktiv an. Sie suchen
sich sofort einen neuen Daddy, wenn der letzte verschwunden ist. Manchmal fahren sie auch mit dem Zug los und suchen ihren „Used-to-be".

Auch Maggie Jones zieht es in die Nordstaaten. Sie will sich der Großen Migration
in den Norden anschließen. Sie hat sich entschieden, die Stadt im Süden zu verlassen, in der sie lebt. Dort gelten noch die „Jim-Crow"-Gesetze der Rassentrennung,
von denen sie sich befreien möchte. 1925 ist es soweit, es geht nach Norden in
Richtung New York City („North Bound Blues"). Dort gibt es die „Jim-Crow"-
Gesetze nicht mehr. Dort kann sie frei leben. Mit Elend und Not sollte es vorbei
sein und Maggie hofft, dass auch die Arbeit nicht mehr so hart sein wird wie in
Arkansas und Tennessee. „Got my Ticket in my Hand and I'm leaving Dixieland!"

Going North, Child, where I can be free 2x
Where there's no Hardships, like in Tennessee

Going where they don't have Jim Crow Laws 2x
Don't have to work there, like in Arkansas

When I cross the Mason-Dixon Line 2x
Goodbye old Gal, your Mama's gonna fly

Maggie will zu ihrem Liebsten, zu ihrem Daddy, der schon in den Norden emigriert
ist.

Die texanische Bluessängerin und Pianistin Maggie Jones (geb. 1894) geht 1922
nach New York City, wo sie in Nachtclubs auftritt. Das Thema ihres „North Bound
Blues" ist mit seinem Hinweis auf die Mason-Dixon-Line, die die Grenze zwischen
dem Norden und dem Süden mit der Rassentrennung bezeichnet, im Blues sehr
selten. Ungewöhnlich ist auch der Hinweis auf die „Jim-Crow"-Gesetze. In diesem
Song hat sie ihren Entschluss zur Migration mitsamt ihren Hoffnungen auf ein
besseres Leben verarbeitet. Zwischen 1923 und 1926 kann sie bei verschiedenen
Plattenlabeln 38 Bluestitel aufnehmen. Sie tourt mit Wandertheatern, kann Ende
der 1920er in eine Broadway-Produktion, der Revue „Blackbirds", einsteigen und
reist mit ihr durch die USA und Kanada. Aber sie arbeitet auch außerhalb der
Musikindustrie als Mitbesitzerin in einem Bekleidungsgeschäft in New York City. In
den 1930ern stellt sie in Dallas, Texas, ihre eigene Revue-Truppe auf. Dann verschwindet sie aus dem Fokus der Öffentlichkeit.

Auch Bertha Henderson (geb. ca. 1900) will weg. Allein. Ihr reicht's! Bertha ist
Bluessängerin und Songschreiberin. Über sie ist nur bekannt, was sich aus den

alten Plattenkatalogen entnehmen lässt. 1925 spielt Bertha ihre ersten Schallplatten ein. Die New York Times bezeichnet ihren Gesangsstil als „lamentierendes Selbstgespräch". Ich habe ihren Song „Leavin' Gal Blues" aus dem Jahr 1928 ausgewählt, der den Grund erklärt, warum sie alle Bindungen und Verpflichtungen aufgibt, bevor sie den Verstand verliert. Sie ist getreten und misshandelt worden. Auf ihrer Arbeit? Entschlossen hat sie schon das Ticket für den frühen Zug gekauft. Sie kommt auf keinen Fall mehr zurück und stellt ihrem Mann frei, wen er nun lieben will. Sie bittet ihn, ein Trauerflor an seinem Ärmel zu befestigen und allen zu erzählen, dass sie tot sei.

> *I've been dogged and mistreated till I done made up my Mind, 2x*
> *Gonna leave this old Country, and all my Troubles behind.*
>
> *Get my Ticket at the Junction and flag the 'fore-day Train, 2x*
> *I'm goin' to leave this Country before I go insane.*
>
> *When I leave this Morning, Papa, pin Crepe on your Sleeve, 2x*
> *Ain't comin' here no more, you can love just who you please.*
>
> *When they all mistreat you, no Need to think about me, 2x*
> *'Cause I'm leavin' this Country blue as I can be.*
>
> *If the Blues kill me, tell everybody the News, 2x*
> *Here lays a Woman died with the Leavin' Gal Blues.**

*Der Titel eines Blues wird oft in der Schlusszeile des Textes genannt.

Zurück in den Süden

In vielen der frühen Bluestexte sind Erinnerungen an die „schöne" alte Lebensweise im Süden enthalten, die, teilweise glorifiziert und nostalgisch angehaucht, ein großes Publikum finden. Auch tauchen in den Texten Überlegungen auf, doch wieder zurückzugehen, was jedoch eher diejenigen Männer und Frauen betrifft, die sich dem städtischen Leben nicht anpassen können oder es finanziell nicht geschafft haben. Die reale Perspektive nach der Migration in den Norden ist wirklich nicht rosig, denn die mangelnde Bildung und Ausbildung beschränken ihre Möglichkeiten auf dem Arbeitsmarkt sehr.

Auch Victoria Spivey beklagt in ihrem Blues von 1936, dem „Detroit Moan" vordergründig das kalte Wetter in Detroit, Michigan. Ihre Geschichte lässt ahnen, wie schwierig es ist, dort ein gutes Auskommen zu haben. Victoria hat kein Geld mehr. Sie würde ja ins Armenhaus gehen, aber sie schämt sich zu sehr. Tagsüber geht es ja, aber diese kalten, kalten Nächte! Sie ist es Leid, immer nur Chili und Bohnen zu essen. Sie will Detroit verlassen. Und wenn sie es nach Hause in den Süden schafft, will sie nie wieder nach Detroit zurückkehren.

Detroit's a cold cold Place and I ain't got a Dime to my Name 2x
I would go to the Poorhouse but Lord you know I'm ashamed

I been walking Hastings Street, nobody seems to treat me right 2x
I can make it in the Daytime, but Lord these cold cold Nights

Well I'm tired of eating Chili and I can't eat Beans no more 2x
People it hurts my Feelings, Lord, from Door to Door

I'm gonna leave Detroit if I have to flag Number 94 2x
And if I ever get back home, I ain't never coming to Detroit no more

Das Heimweh nach dem Süden ist Thema vieler Bluessongs. Das unterschiedliche Leben im Süden und im Norden erzeugt einen inneren Zwiespalt. Die Frauen stellen sich die Frage, wo sie leben möchten und glorifizieren den Süden als Sehnsuchtsort und romantisieren ihr ehemaliges Leben in ihrer Herkunftsfamilie. Die nostalgischen Schwärmereien sprechen das Bluespublikum an, denn diese innere Zerrissenheit spüren viele in den Norden Ausgewanderte und Zurückgebliebene. Aber Träumen nachhängen, das darf sein!

Josie Miles (geb. ca. 1900) träumt von ihrem guten, alten Tennessee, wo der Mississippi fließt. Sie kommt aus Summerville, im Südstaat North Carolina, und kann 1922 ihre ersten Schallplatten bei einer neuen afroamerikanischen Firma aufnehmen, dem Label Black Swan (1921-1924) in Harlem, New York City. Sie geht mit der Begleitband „Black Swan Troubadours" auf Tournee, spielt weitere Platten bei anderen Firmen ein und singt bei der New Yorker Radiostation WDT. Ihre letzten Aufnahmen datieren aus dem Jahr 1925. Danach widmet sie sich kirchlichen Aktivitäten in Kansas City, Missouri.

Josie träumt: „When I dream of Old Tennessee" (1923), schließe ich meine Augen und höre „Old Black Joe" seine Lieder singen:

When I dream of Tennessee, oh Lordy
Then the World looks good to me I can hear my Mammy's Lullaby
While the Cotton Moon is shining in the Sky

Wenn Josie von Tennessee träumt, sieht die Welt wunderbar aus. Sie kann das Schlaflied hören, dass ihr ihre Mutter immer vorgesungen hat, während der fahle „Cotton Moon" am Himmel steht. Sie sehnt sich nach ihrer süßen Liebe, die dort auf sie wartet. Romantisch verklärt sieht sie vor Augen, wie die Ranken der Wein-reben dort die Tür des Holzhauses umrahmen.

> *My Honey Love is waiting there for me*
> *Where I long to be I can see the Vines a-creeping round the Cabin Door*
> *Let me keep on sleeping 'til I dream some more*
> *For I can see what Heaven ought to be*
> *When I'm dreaming of old Tennessee*

Noch liegt für Josie die Reise in den Süden in weiter Ferne. Die Möglichkeit aber gibt es!

Der folgende Blues von Trixie Smith ist einer der seltenen Songs von Blues-frauen, die die eigene Mutter thematisieren. Trixie denkt an den Tag zurück, an dem sie ihr Zuhause verlassen hat und in den Norden gegangen ist. Dort hat sie viel Pech. Hat sie doch gedacht, dass sie Geld bekommen würde, das auf Bäumen wächst. Aber die Leute in New York leben wie dicke Hummeln. Jeder schuftet. Es erscheint ihr so, als hätten sie alle die Geldkrankheit. „Mama, kannst du mich rufen hören?" Trixie vermisst ihre Mutter sehr. Sie möchte noch einmal bei ihr sein und die Tage der Kindheit mit dem von ihr bewunderten Kaminfeuer zurückbrin-gen. In ihrer Erinnerung sieht sie ihre Mutter in ihrem alten Lehnsessel sitzen. Sie hat so gute Bonbons gemacht! Die waren super gut! „Jetzt bin ich nur noch krank und müde, habe nichts zu essen. Ich bin zerlumpt, pleite und hungrig. Also jetzt weißt du genau, wie ich mich fühle."

Jede Nacht träumt sie von ihrem süßen Zuhause („Home Sweet Home"), dem Blockhaus, und verflucht den Tag, an dem sie geboren wurde. Es tut ihr sehr Leid, dass sie weggegangen ist. Ja, Trixie hat den „Log Cabin Blues" (1923).

> *Crying, yes I'm always crying, sighing, my poor Heart is sighing*
> *For your Log Fire I once admire*
> *Your thoughts follow me where I roam*
> *I've got the Blues for my Old Log Cabin Home*

In dieser Zeit ist der Norden in den Augen der meisten im Süden lebenden Afro-amerikanerinnen noch ein Ort, der mit der Hoffnung auf ein besseres Leben ver-bunden ist. Aber viele Migrantinnen, die in den Norden übergesiedelt sind, müssen feststellen, dass der schöne Schein der glitzernden Stadt die tatsächlich herrschen-de Armut in den Ghettos nicht vertuschen kann. Ma Rainey erklärt deshalb in ihrem „Bessemer Bound Blues" von 1926 dezidiert, dass sie ihrem „Papa" nicht mehr wie ein Hund hinterherlaufen wird und sie zurück nach Memphis will. Denn:

„Electric all right and Light shine nice and bright. But I'd rather be in Memphis reading by a Candle Light". Elektrisches Licht, schön und gut, aber sie wäre lieber in Memphis und würde bei Kerzenlicht lesen. Wenn im von Ma Rainey gesungenen „South Bound Blues" (1924), eine gescheiterte Beziehung mit einer verlassenen Frau endet, ist eine solche Trennung nicht nur mit den persönlich erfahrenen enttäuschten Hoffnungen verbunden. Es sind als frustrierend empfundene Ereignisse im Alltagsleben, die oft mit einer Phase der allgemeinen Ernüchterung über das Leben im Norden verbunden sind. Dieser Typus des Blues zeigt zugleich die diversen Probleme auf, unter denen die Frauen in solchen Fällen als Folge ihrer Migration leiden müssen. Dabei kann die Idee der Rückkehr zu ihren Leuten (Folks) als auch die tatsächliche Umsetzung dieses Gedankens den Frauen die Hoffnung auf eine sichere Zuflucht in ihrer Herkunftsfamilie vermitteln.

> Yes, I'm mad, my Heart's sad
> The Man I love treat me so bad
> He brought me out of my Home Town
> Took me to New York and throwed me down
>
> Without a Cent to pay my Rent
> I'm left alone without a Home
> I told him I would leave him and my
> Time ain't long. My Folks done sent me
> Money, and I'm Dixie bound.
>
> Done bought my Ticket, Lord, and my Trunk is packed
> Goin' back to Georgia, Folks, I sure ain't comin' back
> My Train's at the Station, I done sent my Folks the News
> You can tell the World I've got those South Bound Blues

Dieser Blues bestätigt die im Süden gewachsene afroamerikanische Kultur im Umgang mit schwierigen Situationen des Alltags, die gemeistert werden müssen. Sie bringt notwendigerweise einen Typus von Weiblichkeit hervor, der auf Eigenständigkeit und Unabhängigkeit beruht. Das Lied appelliert an die Frauen, mutig und unabhängig ihre Probleme zu lösen, denn diese Kompetenz brauchen Frauen unter den Lebensbedingungen im Süden jeden Tag.

Selten gibt es in den Bluestexten einen konkreten Hinweis auf die Rassengesetze und ihre Folgen für afroamerikanische Reisende. Clara Smith beschreibt in ihrem „N. & L. Blues" (Zug von Nashville, Tennessee, nach Louisville, Kentucky) 1925 ihre Fahrt mit der Eisenbahn in den Süden. Sie sei eine Streunerin, sagt sie, sie wolle sich eine Fahrkarte kaufen und mit der Eisenbahn in den Süden fahren. Allerdings sei es so, dass sie an der Mason-Dixon-Linie den Pullman-Zug verlassen und mit dem N. & L. Zug weiterreisen müsse. Diese Eisenbahngesellschaft praktiziert die rassistischen Vorgaben der Jim-Crow-Gesetze, deren letzte noch bestehenden Regularien durch den Druck der Bürgerrechtsbewegung erst im Civil Rights Act von 1964 bundesweit abgeschafft werden. Ihrer reaktionären Ideologie der Rassentrennung folgend hält die Gesellschaft aber noch lange an der illegalen Apartheit fest und plaziert afroamerikanische Reisende strikt in besonderen, von den weißen Fahrgästen getrennten Zugabteilen.

(…)
I'm a ramblin' Woman, I've got a ramblin' Mind 2x
I'm gonna buy me a Ticket and ease on down the Line

Mason-Dixon Line is down where the South begins 2x
Gonna leave a Pullman and ride the L. & N.
(…)

Bessie Smith singt den „Dixie Flyer Blues" (1925) und will mit diesen Zug in den Süden fahren. Er fährt von Chicago, Illinois, im Norden bis nach Miami, Florida, im Süden, denn, so Bessie, ihr Zuhause sei nicht im Norden, sondern „Dixieland", der großartigste Ort auf Erden. Bessie muss einen Platz im Schlafwagen nehmen, denn die Fahrt dauert sehr lange. Sie ist freudig erregt. Der „Dixie Flyer" soll endlich losfahren. „Schaffner, hier ist mein Ticket! Heim zu meiner Mutter! Unten in Dixieland!"

Hold that Engine, catch me Mama, get on Board 2x
'Cause my Home ain't here. It's a long Way down the Road

On that Choo-choo, Mama gonna find a Berth 2x
Home into Dixieland. It's the grandest Place on Earth

Dixie Flyer, come on and let your Driver roam 2x
Wouldn't say enough to save nobody's doggone Soul

Blow your Whistle, tell them Mama's comin' too 2x
Take it up a little Bit 'cause I'm feelin' mighty blue

Here's my Ticket, take it please, Conductor Man 2x
Homin' to my Mammy Way down into Dixieland

Die Bluesfrauen touren, wenn sie nicht in den Theatern oder Stadthallen im Norden beschäftigt sind, mit ihren zum Teil selbst gegründeten Showtruppen durch die für AfroamerikanerInnen bestimmten Theater im Süden. Sie sind dort mit ihren großen Showzelten auf Güterzügen unterwegs. Dort finden sie ein auch vom städtischen Blues begeistertes Publikum vor, dessen Geschmack sie mit ihren Songs treffen. Die meisten der Blueskünstlerinnen kommen aus dem Süden und sind noch stark mit der südlichen Musikkultur verbunden wie Ma Rainey, die während ihrer gesamten Karriere im Süden wohnen bleibt. Dort hört man nicht nur gerne etwas Positives über den Norden, sondern auch vom dem schwierigen Leben in der Stadt und dem Heimweh der Emigrierten. So erzählen viele der Bluessongs von ihrem Heimweh nach Dixieland und ihren Gedanken an eine Rückkehr in ihre warme Heimat (Down Home). Nachdenklich sinniert Clara Smith in ihrem „Down South Blues" von 1923 über ihre Lieben da unten. Dort ist ihre Heimat. Sie hat bemerkt, dass ihr Leben wie Treibholz, wie ein rollender Stein (Rolling Stone) dahinfließt. Clara hat ihre Lektion gelernt. Sie geht zur Bahnstation und will den schnellsten Zug nehmen, der in den Süden geht, dort „wo das Wetter zu meinen Kleidern passt!" (Redewendung; gemeint ist: zu mir passt) Diese Phrase vom Wetter, das nicht gut sei, ist als Metapher gebräuchlich und verdeckt die vielschichtigen realen Gründe für die Rückkehr, die nicht genannt werden, wie finanzielles Scheitern oder zerbrochene Partnerschaften oder auch das nicht zu ertragende kalte Klima.

> *I think of the Ones down there, down South is my Southern Home*
> *I realize my Life has been Driftwood, like some Kind of Rolling Stone*
> *But I've learned my Lesson, I mean it, I am through*
> *And Folks I am not joking when I sing these Down South Blues*
>
> *I'm going to the Station and catch the fastest Train that go 2x*
> *I'm going back South where the Weather suits my Clothes*

Ihre Eltern hatten ihr einst davon abgeraten in den Norden zu gehen, denn die Männer dort würden sie zum Narren halten. Deren Liebe sei wie Wasser aus dem Wasserhahn, an und aus. Wenn sie glauben würde, sie zu haben, dann drehen sie den Hahn aus und gehen. Claras Entschluss steht fest. Sie kehrt wieder zurück, denn sie hat ein gebrochenes Herz. Sie geht auch dann, wenn sie dabei 99 Paar Schuhe verschleißen muss. Es ist ihr offensichtlich ernst.

> *I said my Mama told me and my Daddy told me too 2x*
> *Don't go North and let them Men make a Fool out of you*
>
> *Because their Love's like Water, it turns off and on 2x*
> *Time you think you've got 'em, it's turned off and gone*
>
> *I'm going back South, if I wear out ninety-nine Pairs of Shoes 2x*
> *Because I'm broken-hearted, got those Down South Blues*

Auch Ida Cox, die „Ungekrönte Königin des Blues", stammt aus Georgia. Sie will uns im „Southern Woman's Blues" von 1925, begleitet von „Lovie Austin & Her Blues Serenaders" glauben machen, dass das nördliche Wetter mit Schnee und kaltem Wind daran Schuld ist dorthin zurück zu gehen, „wo das Wetter zu meinen Kleidern passt". Sie hat wohl schlechte Erfahrungen gemacht, die sie nicht noch einmal erleben möchte. Sie lässt uns im Unklaren darüber, welcher Art diese Erfahrungen sind. Aber man kann es erahnen, denn Ida singt ein Loblied auf die Männer im Süden von Kentucky bis New Orleans, von denen sie glaubt, dass die immer zu ihrer Mama stehen würden, ganz im Gegensatz zu den Männern aus dem Norden. Idas definitive Meinung dazu: „Aus dem Norden will ich weder einen Gelben, einen Schwarzen noch einen Braunen!"* Sie gehe zurück in den Süden, wo sie ihren „Hambone"* kochen lassen könne, während die Männer aus dem Norden ihren armen „Hambone" nur verderben lassen würden.

*Die Farbabstufungen beziehen sich auf ein internes Ranking von Hautfarben innerhalb der afroamerikanischen Community. *In Bluessongs ist ein „ Hambone", eigentlich ein Schinkenknochen, typischerweise ein Euphemismus für einen Penis, obwohl Bluessängerinnen diesen Begriff manchmal verwenden, um sich auf ihre eigenen intimen Geschlechtsteile zu beziehen.

Das früheste bekannte Lied, das „Hambone" als Metapher verwendet, ist dieser „Southern Woman's Blues".

> Takes a southern Woman to sing this Southern Song 2x
> Lord, I'm worried now but I won't be worried long
>
> Yes, I'm going back down where the Weather suits my Clothes 2x
> Down where there ain't no Snow and the chilly Wind never blows
>
> I don't want no northern Yellow, no northern Black nor Brown 2x
> Southern Men will stick by you when the northern Men can't be found
> If you ever been South, you know just what I mean 2x
> Southern Men are all the same from Kentucky to New Orleans
>
> I'm going back South where I can get my Hambone boiled 2x
> These northern Men are about to let my poor Hambone spoil

Naturkatastrophen

Hurrikane und Wirbelstürme sind in bestimmten Regionen der Südstaaten nicht ungewöhnlich. Nur solide Bauwerke können diese Stürme heil überstehen. Die von der ärmeren afroamerikanischen Bevölkerung bewohnten leichten Behausungen (Shacks) halten solchen Ereignissen oft nicht stand. Am 29. September 1927 rast für fünf Minuten ein Tornado mit ungewöhnlicher Stärke über die Stadt St. Louis, Missouri, hinweg. Er bringt vielen Menschen den Tod und verursacht einen riesigen Sachschaden in den ärmeren Bezirken der Stadt. Davon berichtet im gleichen Jahr die Bluessängerin Elzadie Robinson (ca. 1897-1975). Sie ist in Louisiana geboren und eine klassische Bluessängerin und Songschreiberin, die von 1926 bis 1929 eine kleinere Schallplattenkarriere macht. Sie spielt hauptsächlich Bluestitel für Paramount Records ein. Elzadie hinterlässt 34 Bluessongs, die auf Document Records wieder veröffentlicht worden sind. Sie beschreibt in ihrem „St. Louis Cyclone Blues" ihr schreckliches Erlebnis mit dem Tornado ganz sachlich, so wie sie den Sturm beobachtet hat:

> *I was sittin' in my Kitchen, lookin' out across the Sky, 2x*
> *I tought the World was ending, I started into cry.*

> *The Wind was howling, the Buildings begin to fall, 2x*
> *I seen that mean old Twister comin' just like a Cannon Ball.*

> *The World was black as Midnight, I never heard such a Noise before, 2x*
> *Like a Million Lions, if turned loose they all roar*

> *The Shack where we was livin', reeled and rocked but never fell 2x*
> *How the Cyclone started, nobody but the Lord can tell.*

Elzadie sitzt in der Küche, sieht in den Himmel und denkt, dass das, was jetzt kommt, das Ende der Welt ist. Sie sieht Gebäude umfallen, denn der „Twister", der Tornado, kommt näher herangeflogen wie eine Taube. Die Welt ist schwarz wie die Nacht. Noch nie hat sie solch einen Lärm gehört – wie eine Million losgelassener brüllender Löwen. Elzadies Familie hat Glück. Zwar hat ihr Shack ordentlich gewackelt, ist aber stehen geblieben. Ein Shack ist in den Südstaaten die hauptsächliche Unterkunft der ärmeren afroamerikanischen Bevölkerung. Es ist eine einfache selbstgebaute kleine Hütte, die aus allen möglichen Materialien, die gerade zur Hand sind, wie Bretter und Bleche, zusammengebaut ist.

Im gleichen Jahr bricht die „Great Mississippi River Flood" über den Süden der USA herein. Die Flut beginnt im Sommer 1926. Der Cumberland River verursacht dabei eine verheerende Flut, die Nashville, Tennessee, am Morgen des Weihnachtstages 1926 trifft. Das Wasser steht fünf Meter über normal, der Höchststand dieser Flut. Die Katastrophe richtet in den betroffenen Bundesstaaten besonders unter der armen afroamerikanischen Bevölkerung großes Leid an. Tausende Tote sind zu beklagen und viele der Häuschen sind zerstört. Die AfroamerikanerInnen bewohnen eher die niedrig gelegenen flachen Ränder entlang des unteren Mississippi. Nicht nur die Infrastruktur der Umgebung sowie ihre Häuser mitsamt Hab und Gut sind zerstört, sondern auch ihre gewachsenen Communities. Viele von ihnen nehmen diese Katastrophe zum Anlass um in den Norden auszuwandern, denn auf staatliche Hilfe können sie als Nicht-Weiße kaum hoffen.

Bessie Smith hört von dieser verheerenden Flutkatastrophe, nimmt einen Zettel und schreibt spontan den „Backwater Blues":

> *When it rains five Days and the Skies turn dark as Night 2x*
> *Then Trouble's takin' Place in the Lowlands at Night*
>
> *I woke up this Mornin', can't even get out of my Door 2x*
> *There's been enough Trouble to make a poor Girl wonder*
> *Where she want to go*
>
> *When it thunders and lightnin' and when the Wind begins to blow 2x*
> *There's Thousands of People ain't got no Place to go*
>
> *Then I went and stood upon some high old lonesome Hill 2x*
> *Then looked down on the House where I used to live*
>
> *Backwater Blues done call me to pack my Things and go 2x*
> *'Cause my House fell down and I can't live there no more*
>
> *Mmm, I can't move no more 2x*
> *There ain't no Place for a poor old Girl to go*

Fünf Tage lang regnet es schon, und der Himmel ist dunkel wie die Nacht. Das bedeutet für die in den niedrig gelegenen Landflächen wohnenden Menschen große Not. Am Morgen wacht Bessie auf und kommt nicht mehr aus ihrer Tür hinaus. Sie packt ihre Sachen und wirft sie in das kleine Boot mit dem sie gerettet wird. Es blitzt und donnert und Tausende Menschen haben keinen Ort, wohin sie gehen können. Von einem höheren Hügel aus kann sie nun auf die Hütte hinunterschauen, wo sie gelebt hat. Ihr Shack ist zusammengefallen und nicht mehr bewohnbar. – „Ich kann nicht mehr zurück, denn für ein armes (afroamerikanisches) Mädchen gibt es keinen Ort, wohin sie gehen könnte." Der „Backwater Blues" von Bessie ist zu einem musikalischen Symbol der „Great Mississippi River Flood" von 1927 geworden.

Auch Sippie Wallace nimmt in diesem Jahr einen Blues über diese Katastrophe auf, den „The Flood Blues". Sippie steht im Wasser und wünscht sich, sie hätte ein Boot. Sie sieht als einzige Möglichkeit, ihre Sachen zu packen und wegzugehen. Das Wasser steigt und die Leute fliehen auf die Hügel. Man soll die Stadt verlassen. Für Sippie kommt diese Nachricht zu spät. Sie ist schon vom Hochwasser eingeschlossen. Sogar ein Deich wird gesprengt, um die Situation ein wenig zu entschärfen. Aber das Wasser steigt. Da hilft nur noch beten. Was kann ein armes Mädchen schon tun?

> *The Water is rising. People fleeing for the Hills 2*
> *Lord, the Water will obey if you just say be still*
>
> *They sent out a Law for everybody to leave Town 2x*
> *But when I got the News I was High-water bound*
>
> *They dynamite the Levee, thought it might give us ease 2x*
> *But the Water still rising. Do you hear this Plea?*
>
> *I called on the good Lord and my Man too 2x*
> *What else is there for a poor Girl to do*

Armut – Reichtum – Knappes Geld

Im Blues werden konkrete kurz- und langfristig eintretende Folgen der Armut angesprochen. Dazu gehören die plötzliche Zerstörung eines stabilen Alltags, die persönlichen Nöte von hoffnungslosen und verzweifelten Frauen, und welche ungewöhnlichen Ideen und Strategien sie entwickeln, um der Verarmung zu entgehen. Die prekären Jobs, vor allem die der Männer, bieten kaum eine wirtschaftliche Sicherheit. Das geht in der Realität von der verzweifelten Suche der Männer nach Einkommen, nämlich weiterzuziehen und woanders neu anzufangen bis dahin, im Armenhaus zu landen. Für Frauen gehört dazu noch die Möglichkeit sich zu prostituieren.

Einer der wenigen Bluessongs, die sich an jemanden außerhalb der afroamerikanischen Community wenden ist der „Poor Man's Blues", den Bessie Smith 1928 komponiert hat. Der Song, ein Jahr vor der Großen Depression geschrieben, bezieht sich auf den I. Weltkrieg in den die USA 1917 eintreten. In Frankreich wird die erste afroamerikanische Einheit, die „Harlem Hellfighters" eingesetzt, die Ende November 1918 den Rhein erreicht. Die Zwischenkriegszeit ist besonders für die afroamerikanische Bevölkerung eine bittere Zeit mit ernsthaften ökonomischen Problemen. Bessie beschreibt den großen Unterschied zwischen reich und arm, zwischen dem Leben der Frau eines reichen und dem eines armen Mannes.

Bessie wendet sich an Mister Rich Man: Er solle sein Herz und seinen Verstand für die Probleme der Unterprivilegierten öffnen und den armen Menschen eine Chance geben. Er solle helfen, diese harten Zeiten zu stoppen. Er lebe in seiner Villa und wisse nicht, was ein hartes Leben bedeute. Die Frau des Arbeiters hungere, seine eigene Frau aber lebe wie eine Königin. Bessie möchte, dass er sich ihre

Bitte anhören möge, denn diese harten Zeiten könne sie nicht mehr lange durchhalten. Sie argumentiert, dass solche Zeiten den ehrlichsten Mann dazu bringen Dinge zu tun, von denen man weiß, dass sie falsch sind. Sie bringt ein weiteres Argument vor, das an die Mächtigen im Staat gerichtet ist. Alle Männer haben Schlachten geschlagen und jeder würde es heute wieder tun. Jeder würde alles tun, wenn du ihn im Namen der USA fragst. Jetzt ist der Krieg vorbei. Alle müssen leben, genauso wie du auch. Wenn der arme Mann nicht wäre, Mister Rich Man, was würdest du tun?

Mister Rich Man, Rich Man. Open up your Heart and Mind 2x
Give the poor Man a Chance. Help stop these hard, hard Time

While you livin' in your Mansion you don't know what
hard Time means 2x
Oh, workin' Man's Wife is starvin'. Your Wife is livin' like a Queen

Please, listen to my Pleadin', 'cause I can't stand
these hard Time long 2x
They'll make an honest Man do Things, that you know is wrong

All Man fought all the Battles. All Man would fight again today 2x
He would do anything you ask him in the Name of the U. S. A.

Now the War is over. All Man must live the same as you 2x
If it wasn't for the poor Man, Mister Rich Man, what would you do?

Dieser Blues ist einer der wenigen Songs, der die soziale Lage der afroamerikanischen Männer und Frauen analysiert und in dem es um einen direkten Protest gegen die sozialen Ungerechtigkeiten in den USA geht. Das Problem der Armut wird im Blues aber auch gelegentlich humorvoll beschrieben. Der folgende Blues enthält einen Hinweis auf die sozialen Probleme (nicht nur) der afroamerikanischen „Working Poor", derjenigen Menschen, die trotz Arbeit nicht genug Geld zum Leben haben. Einen originellen Ausweg aus ihrer finanziellen Notlage wegen der fälligen Miete findet Mary Johnson. Ihre gute Idee trägt sie im „Room Rent Blues" (1929) ihren ZuhörerInnen ironisch vor:

My Room Rent is due this Morning. I did not have a Dime. 2x
The Landlord told me he'd give me till half past nine.

I said „Kind Papa, will you please give me a Chance? 2x
I'll get myself some Money, and pay my Room Rent in Advance. "

I'm just a poor Girl, I have no Place to go. 2x
I've got no good Man, and I'm drifting from Door to Door.

I'm going to the Radio Station, put my Voice on the Air. 2x
And maybe by Broadcasting, I can save my Room Rent somewhere.

Leider erfahren wir nicht, ob der Vermieter sich auf diese Lösung ihres finanziellen Problems einlässt. Doch die Idee, über eine kleine Ansprache im Radio um Spenden zu bitten, ist auf jeden Fall originell. Wir wünschen ihr viel Glück!

Im Blues geht es oft darum, zu beklagen, was man verloren hat, sei es Geld, das Haus oder den guten Mann oder die gute Frau. Ein absolut seltenes Bluesthema behandelt der folgende Song, den Martha Copeland 1928 aufgenommen hat. Der „Bank Failure Blues" erscheint noch vor Beginn der Großen Depression. Vermutlich bezieht er sich auf die amerikanische Wirtschaftskrise von 1913/14.

Martha ist sehr wütend: „Ich habe mein ganzes Leben lang gearbeitet, Leute, habe jeden Nickel gespart, den ich kriegen konnte. Ich dachte, dass ich eines Tages einen Notgroschen haben würde, aber mein Zuhause wird ein Armenhaus sein. Jeden Samstag habe ich mein Geld bekommen. Am Montagmorgen habe ich es auf die Bank gebracht. Jetzt, wo die verdammte Bank zusammengebrochen ist, ist jeder Nickel, den ich gespart habe, im Wert gesunken. Herr, es ist sehr schwer sein Geld zu verlieren, wenn du es zusammen gekratzt und darum gekämpft hast wie ich es getan habe, so wie ein Prediger, der seine Kanzel verlässt und seine Bibel gegen ein Gatlin-Gewehr eintauscht. Ich gehe zum Schalter des Kassierers mit Blut in meinen Augen. Ich sehe rot! Und wenn ich mein Geld nicht bekomme, werde ich den Mann auf meine Größe zusammenstauchen. Ich will mal so sagen, Leute, es gibt zwei Dinge, die ich einfach nicht ausstehen kann: Wenn jemand mit meinem Geld herumspielt und wenn andere mit meinem guten Mann herummachen!"

I've been working all my Life, Folks,
Saved every Nickel I could get 2x
Thought someday I'd have a Nest Egg,
But my Home will be the Poorhouse yet

Got my Money every Saturday,
Monday Morning took it to the Bank 2x
Now that doggone Bank gone busted,
Every Nickel that I saved done sink

Lord, it's hard to lose your Money
When you've scraped and scrambled as I've done 2x

160

Make a Preacher leave his Pulpit,
Trade his Bible for a Gatlin Gun

Going down to the Cashiers Window
Going down with Blood in both my Eyes 2x
And if I don't get my Money,
Gonna cut that Man down to my Size

Let me tell you, Folks, there's two Things,
Two Things that I just can't stand 2x
One is messing with my Money,
Others messing 'round with my good Man

Diesen Blues legt Maria Muldaur, die schon viele schöne alte Bluesstücke wieder hervorgeholt hat, 2009 in modernisierter Form vor. Er scheint zeitlos zu sein. Klingt er nicht so, als wäre er erst gestern geschrieben worden?

Es gibt auch Bluessongs, die davon berichten wie es ist, wenn der Verlust der Möbel aufgrund der nicht gezahlten Raten fällig ist. Dann klopft der Möbelmann, der „Furniture Man" an die Tür. Er ist mit seinem Wagen da und holt die Möbel wieder ab. Die Lieder vom „Furniture Man" gehen auf die Minstrelsongs des 19. Jahrhunderts zurück. Wie in der Zeit zwischen den beiden Weltkriegen ist auch damals die Armut groß. Besonderen Anklang finden diese Titel in den 1920er Jahren, als die Ratenzahlung für alle möglichen Waren üblich wird. Eine durchschnittlich finanzstarke Person kann sich nun mit einem Bankkredit größere Anschaffungen leisten. Die Möbelhändler sind die ersten, die bei diesem Zahlungssystem dabei sind. Laut einer Umfrage des Handelsministeriums finanzieren in dieser Zeit die Ratenkredite 80 bis 90% des Möbelumsatzes. Im amüsant verfassten „Furniture Man Blues" (1928) unterhalten sich Victoria Spivey und ihr Duettpartner, der große Bluesman, Gitarrist und Sänger Lonnie Johnson als „Furniture Man" über Victorias Möbelproblem. Der Möbelmann verlangt die Bezahlung der einst gelieferten Möbel. Victoria bittet um etwas mehr Zeit, denn sie sei eine schwer arbeitende Frau. Darauf äußert er den Verdacht, dass sie wohl keinen guten Lohn erhalte und dass sie genügend Zeit gehabt habe um die Möbel zu bezahlen, denn nun nicht zu zahlen, das sei kriminell. Victoria will verhandeln und deutet an, dass sie eine gute Liebhaberin sei. Das interessiert den Möbelmann nicht, weil sie nicht mal einen einzigen Dime habe. Sie bittet ihn, ihr liebes Klappbett nicht mitzunehmen. Aber er muss es ja mitnehmen, sonst verliert er seinen Job. Victoria hält dagegen: „Aber dort bekomme ich mein Vergnügen!" Er: „Oh no, da legst du deinen Kopf hin!" Sie möchte noch eine Woche Zeit haben, aber er macht „Hot Mama Victoria" klar, dass er heute wenigstens etwas Geld braucht. Sie sagt zu, dass ihr Mann etwas Geld bringen werde. Er solle es besser sofort bringen, so der

Möbelmann. Er soll auch ihren Herd stehen lassen, denn es werde sonst verdammt kalt, gibt Victoria zu bedenken.

Zuletzt wird das Geplänkel zwischen den beiden noch richtig glühend heiß. (Die Fortsetzungen folgen auf der zweiten Seite der Schallplatte)

> Sie: *Who is that?*
> Er: *Furniture Man*
> Sie: *Oh! Aw, I ain't got no Money today Furniture Man,*
> *please don't take my Furniture away*
> Er: *I've got to take it. I ain't going to let it stay*
> Sie: *I'm a hard-working Woman*
> Er: *Yes, but you don't seem to get much Pay*
> Sie: *Don't be so mean. Give a poor Girl a little Time*
> Er: *You done had your Time, and now it is a Crime*
> Sie: *But I'm a good-lovin' Mama*
> Er: *But you ain't got a single Dime*
> Sie: *Furniture Man, don't move my lovin' Foldin' Bed*
> Er: *I'm going to move it or lose my Job instead*
> Sie: *That's where I get my Pleasure*
> Er: *Oh no, that's where you rest your Head*
> Sie: *Furniture Man, let me have another Week to pay*
> Er: *I said no, Hot Mama, I must have some Dough today*
> Sie: *Well, my Man will bring some Money*
> Er: *Well, he better bring it right away*
> Sie: *Leave my Stove 'cause it's getting too doggone cold*
> Er: *I got to haul your Ashes before they get too old*
> Sie: *Oh, please remove that Clicker*
> Er: *Then it will be red hot, I'm told*

Dieser Blues geht über zwei Plattenseiten. Mit der Schallplattenzeit verschwinden die Bluessongs, die ursprünglich durchaus 20 Strophen und mehr haben können, fast ganz. Sie passen nicht zur Aufnahmekapazität der Schallplatte.

Die Geschichte vom „Furniture Mann" geht auf der zweiten Seite weiter. Victoria fragt scheinheilig, ob er nicht nach Eintritt der Dunkelheit bei ihr vorbeikommen wolle. Er könne bleiben und sie würden dann Geschäftliches regeln. Sie weiß, wie die Sache aus der Welt geschafft werden kann. Er arbeitet noch bis vier Uhr. Noch ist er nicht überzeugt und sie solle ihn nicht in Versuchung bringen. Alle seine Tagespläne würden damit über den Haufen geworfen. Er kenne ihre Tricks. Aber Victoria lässt nicht locker und bittet um das Treffen und wenn das durch sei, storniere er alle Forderungen, die sie noch schuldig ist. Er fragt lieber noch einmal vorsichtig nach, ob sie zusammen, wenn er Victoria denn kriegt, auch „so-and-so" machen würden. Aber ja, er solle es sie nur wissen lassen. Das begeistert ihn dann doch und nun soll es mit seinem frisch gekürten Honey und Baby auch losgehen. Sie bittet den „Furniture Man" in ihr Wohnzimmer; die Tür soll er zu machen. Möbelmann Lonnie ist etwas verunsichert: „Baby, ich kann das nicht aushalten. Du wirst mich nervös machen, da bin ich mir sicher." Sie: „Ich habe etwas für dich!" Lonnie: „Warum hast du das nicht gleich gesagt?" Doch Victoria will auf Nummer sicher gehen und fragt den Möbelmann, ob er ihr noch eine Chance geben würde und der antwortet: „Du kannst etwas Geld haben, Mama, nimm es einfach im Voraus." Sie erfreut: „Das hast du gesagt!" und er: „So ist es, Mama, gleich da drüben in meiner Hose." Problem gelöst. Die Möbel bleiben da.

Sie: *Furniture Man, won't you crawl around here after Dark?*
Er: *If I crawl around, Mama, will you let me park?*
Sie: *Yes, and we'll do some Business*
Er: *I'm out until Four-o'-Clock*
Sie: *If you will agree, I know how we can get it fixed*
Er: *Gal, stop tempting me. I will get all o' my Days nixed*
Sie: *Let's get together*
Er: *I'm on to all of your Tricks*
Sie: *When I get through, you'll cancel every Debt I owe*
Er: *And when I get you, Mama, we will do so-and-so?*
Sie: *Well, then, make me know it*
Er: *Well, come on, Honey. Baby, let's go*
Sie: *Come into my Parlor, Furniture Man, and close the Door*
Er: *Baby, I can't stand it. You will get me nervous, I'm sure*
Sie: *I got something for you*
Er: *Why ain't you said that long before?*
Sie: *Furniture Man, say you'll give me just another Chance?*
Er: *You can have some Money, Mama, just take it in Advance*
Sie: *Now you talkin', Daddy!*
Er: *That's it, Mama, right over in my Pants.*

In nicht wenigen Bluessongs gibt es Beispiele für das komische und das ironische Element gerade auch bei traurigen und ernsten Angelegenheiten. Diese ästhetische Strategie zu lachen, um nicht weinen zu müssen, haben die afroamerikanischen Menschen schon in den Work-Songs in der Ära der Sklaverei verwendet. Papa Charlie Jackson (1887-1938) ist der erste Bluessänger, von dem 1924 eine Schallplatte produziert wird. Er spielt Gitarre, Gitarrenbanjo und Ukulele und begleitet Bluessängerinnen wie Ida Cox und Hattie McDaniel. Mit Ma Rainey nimmt er 1928 den von Ma geschriebenen Blues „Ma und Pa Poorhouse Blues" auf, bei dem Charlie Ma mit dem Banjo begleitet. Es ist tragisch! Beide stehen nun vor dem

Nichts. Charlies Banjo ist gepfändet und Mas Tourbus ist gestohlen worden. Beide sind betrübt. Kein Geld mehr, keine Freunde mehr. Ma will es die ganze Welt wissen lassen, dass sie pleite ist. Sehr unerfreulich! Was tun? Aus Solidarität gehen sie zusammen ins Armenhaus um dort irgendwie weiter zu leben.

(speaking)
Ma: *Hello there, Charlie!*
Charlie: *Hello, Ma!*
Ma: *Charlie, where's that big Banjo you had?*
Charlie: *Ma, that big Banjo's been pawned.*
Ma: *Been pawned?*
Charlie: *Yes, Ma'am.*
Ma: *Too bad, Jim!*
Charlie: *Hello, Ma!*
Ma: *All right, Charlie!*
Charlie: *What's become of that great big Bus you had?*
Ma: *Ah! Somebody stole that Bus.*
Charlie: *Stole it?*
Ma: *Charlie, you know I'm broke?*
Charlie: *Ma, don't you know I'm broke too?*
Ma: *I tell you what let's do.*
Charlie: *What we gonna do?*
Ma: *Let's both go to the Poorhouse together.*
Charlie: *All right, let's go together.*
(sung)
Ma: *Too bad, too bad, too bad, too bad, too bad! 2x*
I lost all my Money, lost everything I had.
Charlie: *Ma, being broke 's all right.*
When you know you got some more Money comin' in, 2x
But when you lose your Money, that's where Friendship ends.
Ma: *Oh! Here I'm on my Knees. 2x*
Charlie (speaks): *Don't worry. I'll soon be down on my Knees with you.*
Ma: *I want the whole World to know, Mama's broke and can't be pleased.*
Charlie: *When you have Lots of Money, you have plenty Friends.*
Ma: *Lord! Lost all my Money, that was my End.*
Oh, ain't got no Money now.
Both: *We better go to the Poorhouse, and try to live anyhow.*
Ma: *Oh!* Charlie (speaks): *Ah, moan it, Ma!* Ma: *Oh!*
Charlie (speaks): *Hear me talking to you, doggone you!*
Both: *We better go to the poorhouse, and try to live anyhow.*

Für viele afroamerikanischen Frauen sind die Finanzen des Haushalts ein großes Problem. In vielen Beziehungen gibt es zwischen den Partnern Streit um Geld. Es handelt sich oft darum, dass im Haushalt für die Lebenshaltungskosten wie die Miete aus verschiedenen Gründen kein Geld mehr vorhanden ist. Die Frauen verhandeln mehr oder weniger wütend mit ihren Männern oder Ehemännern über diesen wichtigen Aspekt des Alltags. Frauen sind diejenigen, die sich konkrete Sorgen um die Finanzen machen und für den Erhalt der Wohnung kämpfen und die mit den Vermietern verhandeln. Sie sorgen sich um das knappe Geld, um ihre Familien oder Partner mit dem Lebensnotwendigsten versorgen zu können. Es soll nicht erst so weit kommen, dass sie in ihrem Lebensmittelgeschäft nicht mehr anschreiben lassen dürfen. Davon können Bluesfrauen ein Lied singen!

Ein Beispiel dafür ist der Blues „Put it right here (or keep it out there)" von 1928. Bessie Smith beklagt sich über ihren nichtsnutzigen Mann, der ihr in Gelddingen keine Hilfe ist und droht ihm mit Konsequenzen. Seit 15 Jahren lebt er nun bei Bessie, hat ein Zimmer und einen Schrank. Er war mal ein „Cadillac", jetzt ist er ein alter abgenutzter „Ford". Noch nie hat er ihr einen lausigen Dime in die Hand gedrückt. Das soll jetzt anders werden, denn sie hat für die Zukunft einen Plan.

> *I had a Man for fifteen Years, give him his Room and Board*
> *Once he was like a Cadillac. Now he's like an old worn out Ford*
> *He never brought me a lousy Dime and put it in my Hand*
> *So there'll be some Changes from now on according to my Plan*

Er muss das Geld irgendwie beschaffen, es herbringen und es hier hinlegen oder er kann draußen bleiben. Und wenn er's stehlen, erbetteln oder irgendwo ausleihen muss! Solange er es heranschafft ist ihr das egal. Sie ist es Leid Schweinekoteletts zu kaufen, um seine dicken Lippen einzufetten. Er muss einen anderen Platz finden, wo er seine alten Hüften ablegen kann.

> *He's got to get it, bring it, and put it right here*
> *Or else he's gonna keep it out there*
> *If he must steal it, beg it, or borrow it somewhere,*
> *Long as he gets it, Child, I don't care*

> *I'm tired of buyin' Pork Chops to grease his fat Lips*
> *And he has to find another Place for to park his old Hips*
> *He must get it, and bring it, and put it right here*
> *Or else he's gonna keep it out there*

Bessie hält ihm das vorbildliche Verhalten von Tieren vor: „Die Biene bringt den Honig zur Wabe in den Bienenkorb. Zu zeigen, wie sie es machen, beobachte

Hund und Katze. Alle vom Maultier bis zur Mücke tun das. Der Hahn findet den Wurm und bringt ihn der Henne und auch das Murmeltier bringt es in seinen Bau." Dies, so Bessie, sollen Tipps für alle nutzlosen Männer sein. Also muss ihr Mann das Geld auch bringen. Sie beendet ihre Gardinenpredigt mit dem Fluch: „Verdammt sei seine Seele!"

> *The Bee gets the Honey, and brings it to the Comb*
> *Else he's kicked out of his Home, sweet Home*
> *To show you that they brings it, watch the Dog and the Cat*
> *Everything even brings it, from a Mule to a Gnat*
>
> *The Rooster gets the Worm, and brings it to the Hen*
> *That oughta be a Tip to all you no-good Men*
> *The Groundhog even brings it and puts it in his Hole*
> *So my Man has got to bring it, doggone his Soul!*

Bessie wird ihm, wie es der Chinese tut, sagen: „Wenn du dem keinen Scheck bringst, kriegst du deine Wäsche nicht wieder, selbst wenn du ihm den Hals umdrehst. Also bring es her, sonst kannst du draußen bleiben."

> *I'm gonna tell him like the Chinaman: when you don't bring 'em Check*
> *You don't get 'em Laundry, if you break 'em down Neck*
> *You got to get it, bring it, and put it right here*
> *Or else you gonna keep it out there*

Vielleicht haben Bessies fordernde Ermahnungen ja tatsächlich handfeste Wirkungen zur Folge!?

Viele junge Frauen haben finanzielle Sorgen, vor allem, wenn ihr Mann ein „No-good Man" ist, der keine richtige Arbeit hat und überhaupt zu nichts zu gebrauchen ist. Einen davon hat Lucille Bogan. In ihrem „Pot Hound Blues" von 1929 lässt sie uns an ihrer Standpauke, die sie ihrem Mann hält, Anteil nehmen. Es hagelt wütende Vorwürfe und bitterböse Anschuldigungen. Es muss sich etwas ändern, sonst ... Lucille schimpft: „Nimm eine Arbeit an oder bring mir Geld! So eine Liebe wie deine kann ich an jeder Straßenecke haben. Jeden Tag kommst du nach Hause und schaust nach deinem Bohneneintopf! Du hast mehr Nerven als jeder andere Pot Hound, den ich je gesehen habe. Jetzt nimmst du einfach dein Geld und hast woanders deinen Spaß! Nichts hast du mehr, wenn die Miete ansteht. Ich bin damit durch, dir deinen Bohneneintopf zu kochen! Du kannst mehr Nackenknochen* essen als jeder andere Mann, den ich jemals gesehen habe! Wenn du mich willst, Baby, musst du deine Geldbörse öffnen und dein Geld zu meinem dazu tun! Jetzt liegst du in meinem Bett zwischen meinen beiden weißen Laken.

Ich kann nichts sehen und riechen, außer deine verdammten Füsse. Ich bin durch damit, aus dir einen Mann zu machen! Und falls du keine Arbeit annimmst, schau bei mir nicht mehr nach deinem täglichen Eintopf. Ich arbeite hart von Montag bis spät am Samstagabend! Du bist ein dreckiger Mistreater!* Du behandelst mich nicht gut! Ich bin durch damit, dir deinen Bohneneintopf zu kochen! Du bist ein dreckiger Pot Hound, genau so dreckig wie jeder andere Mann, den ich jemals gesehen habe."

*Pot Hound = Schimpfwort für eine Person, die riesige Essensmengen auf Kosten anderer wegisst. *Nackenknochen ist billiges Fleisch. An dem Knochen befindet sich noch ein wenig Fleisch. *Mistreater = Slangwort für eine Person, die andere misshandelt und deren Charakter sich durch Gewaltanwendung definiert. Diese Misshandlungen betreffen vor allem Frauen, die oft allen Ernstes glauben, sich tatsächlich in einer Liebesbeziehung zu befinden.

You must bring me a Job or Money from anywhere 2x
'Cause I can get your Kind of Lovin' in the Street just anywhere

You come Home every Day lookin' for your Stew and Beans 2x
And you have got more Nerve than any Pot Hound I've ever seen
Now you take your Money, you have your Fun
You don't have nothin', when House Rent come

And I'm thru, cookin' your Stew and Beans
And you can eat more Neckbones that any Man I've ever seen

Now if you want me, Baby, you got to make your Purse show down 2x
And you got to put your Money down where I got mine

Now you're layin' up in my Bed, between my two white Sheets
I can't see and smell nothin', but your doggone Feet
And I'm thru, tryin' to make a Man of you
And if you can't bring a Job don't you look for your daily Stew

I worked hard from Monday until late Saturday Night
And you're a dirty Mistreater, you ain't treatin' me right
And I'm thru, cookin' your Stew and Beans
And you's a dirty Pot Hound, dirty as any Man I've seen

Ob Lucille ihn endgültig hinauswerfen muss? Aber einige Frauen wollen auf Sicherheit gehen und wehren sich von vorn herein gegen schmarotzende Männer. Tatsächlich versuchen arme Männer sich an die ebenso armen Frauen zu hängen, um sich ihren Lebensunterhalt zu sichern. Ungebildete Frauen haben in den Städten des Nordens eine kleine Chance, in Haushalten von weißen Familien einen zwar schlecht bezahlten Job, aber immerhin Arbeit zu bekommen. So klären die Frauen besser, bevor sie eine Beziehung eingehen, dass es bei ihnen nichts umsonst gibt, dass sie keinen dieser schmarotzenden Männer haben wollen. Das tut auch Ethel Waters im Blues „Bring your Greenbacks" von 1926.

Come all you Sheiks*, and Lovers, too. Listen to what I'm tellin' you
I took a Resolution New Years Day, never to give nothin' away!
So run along and let me be, 'Cause what I've got I'm holdin' for me!

So if you want to be my Man, bring the Greenbacks* when you call,
'Cause I've just got enough for myself
And I can't spare nothing at all!

Don't depend upon your Looks and try to get my Dough*
I can look at pretty Papas in a Movie Show!
So if you want to be my Man, bring the Greenbacks when you call!

So if you want to be my Man ...

Don't come askin' me for my Money, 'cause it ain't no use,
For all you'll get from me is going to be abused!
So if you want to be my Man, bring the Greenbacks when you call!
Now, I'll give you a Piece of Cake, also a Piece of Pie,
But not a nare Piece of Flesh, 'cause Meat's too high!
So if you want to be my Man, just bring the Greenbacks when you call!

*Sheik = Romeo, Schönling, Verführer nach dem damals prominenten Frauenschwarm, dem berühmten Schauspieler Rudolfo Valentino im Film „The Sheiks" (1921) *Greenback = meint Dollars (Bucks). Altes Slangwort aus dem 19. Jahrhundert für Papiernoten, die auf der Rückseite mit grüner Tinte beschriftet waren und als vereinheitlichte Währung von den USA zur Bezahlung von Arbeit und Waren ausgegeben wurden. *Dough = Geld

Ob Ethel ein Geschäft mit Sex betreibt? Wir wissen es nicht. Jedenfalls klärt sie eindeutig, was sie umsonst serviert und was nicht. Sie hat den Entschluss gefasst, nichts mehr ohne Geld wegzugeben, denn sie hat gerade genug für sich selbst und nichts übrig. Keiner soll sich auf sein Aussehen verlassen, um an ihr Geld zu kommen, denn hübsche Kerle kann sie sich auch im Film anschauen. Niemand soll nach ihrem Geld fragen. Es würde nichts nützen. Er kann sich damit nur Beschimpfungen einhandeln. Ein Stück Kuchen oder Torte bietet sie an, aber kein Fleisch.

Das ist zu teuer. Ethel: „Wenn du also anrufst und mein Mann sein willst, dann bring Dollars mit!"

Ethel Waters (1896-1976) beginnt ihre lange künstlerische Laufbahn als eine der frühen klassischen Bluessängerinnen. 1919 ist sie in New York City. Mit ihrer Begabung für besondere Phrasierungen der Melodien, die ihren Songs einen unverwechselbaren Swing verleihen, ist Ethel als Bluesinterpretin eine Rivalin von Bessie Smith. Ihre erfolgreiche Zusammenarbeit mit dem Plattenlabel Black Swan trägt dazu bei, den Markt für die afroamerikanischen „Race-Records" ab den 1920ern zu etablieren. Ihr „Down Home Blues" ist die erste Schallplatte des Labels aus dem Bereich Blues. Aufgrund ihrer schlanken und attraktiven Figur erlangt sie bald große Bekanntheit unter der Bezeichnung „Sweet Mama Stringbean" (Süße Mama Bohnenstange).

Sie singt Jazz, Blues, Gospel und Pop. In späteren Jahren startet sie eine zweite Karriere in verschiedenen Genres. Auf den Bühnen des Broadways in New York City ist sie später die erste afroamerikanische Künstlerin, die gute Rollen erhält. Obwohl auch Weiße zu den Schauspielern gehören, bekommt sie, nicht wie sonst üblich für Afroamerikanerinnen, große oder sogar Hauptrollen in Hollywood-Filmen. Sie betreibt eigene Bühnenshows und hat eine Weile sogar eine eigene Fernsehshow.

Hoodoo und ein Mojo gegen Pech und Unglück

Hoodoo ist eine volkstümliche afroamerikanische religiöse Lehre mit magischen Anteilen, die die Sklaven nach Louisiana und anderen französischen Kolonien mitbringen. Sie hat sich in den ländlichen Südstaaten entwickelt, deren Zentrum New Orleans ist. Diese Lehre verbindet Symbole und Riten afrikanischer und indianischer Magie mit europäischen Einflüssen (Protestantismus). Im tiefen Glauben an Zauberkräfte hoffen viele AfroamerikanerInnen und auch arme Weiße, ihre täglichen Probleme mit Hilfe von Hoodoo-Magie lösen zu können. Die Sehnsucht, das persönliche Glück kontrollieren und Unheil abwenden zu können, ist im Süden weit verbreitet. Zu diesen Praktiken zählen Weissagungen, Verwünschungen oder Abwehrzauber gegen Krankheiten. Dazu ist vor allem der Erwerb und das Tragen von Amuletten und Talismanen wie „Mojos" oder anderen „Hoodoo Hands" notwendig. Mit diesen „helfenden Händen" glaubt man sich gegen die Widrigkeiten des Lebens wappnen zu können.

Ein Mojo ist ein kleiner, mit allerlei magischen Steinchen, Kräutern, Wurzeln, Stofffetzen und mit einem schwarz angemalten Knochen einer schwarzen Katze gefüllter Zauberbeutel aus Stoff. Er wird unter der Kleidung getragen und enthält wichtige, auf die jeweilige Person individuell zugeschnittene Zutaten, die für die magische Wirksamkeit garantieren sollen. Schließlich soll der Mojobeutel zu befürchtendes Unheil abwenden, den großen Gewinn beim riskanten Glücksspiel sichern oder Glück in der Liebe bringen. Mit diversen Heilsversprechen wird den ahnungslosen AfroamerikanerInnen das Geld aus der Tasche gezogen.

Heutzutage ist Hoodoo, nicht zu verwechseln mit Voodoo, kommerzialisiert. Touristen können auf dem Markt in New Orleans die mit Nadeln durchstochenen Hoodoo-Puppen kaufen, die ehemals für Verwünschungen von Personen genutzt wurden. Doch schon in den 1920er und 1930er Jahren ist die Herstellung und der Vertrieb von Hoodoo-Artikeln eine in städtischen Gebieten ansässige Industrie geworden. Das Wort „Mojo" wird seitdem als Markenname für eine Vielzahl von Waren benutzt. Dazu zählen Kosmetika, Haarpflegeprodukte, Arzneimittel, Kerzen, Weihrauch, Schmuck, Haushaltswaren, Schmuckstücke und Bücher.

Viele Bluessängerinnen beschäftigen sich mit dem Hoodoo und informieren ihr Publikum musikalisch über die Funktionsweisen und seine Wirkungen. Dieses Thema hat zwar kaum mit ihren eigenen Erfahrungen im Norden zu tun, ist aber bedeutsam für das Publikum im Süden. Die Bluesfrauen nutzen ihre Songs über Hoodoo oft dazu, zu berichten, wie die Bindung eines Mannes an sich zu festigen oder er wieder zurück zu gewinnen sei. Auch soll „die andere Frau", die Rivalin, davon abgehalten werden, ihr den Mann zu „stehlen". Das ist der Grund, warum Hattie Burleson unbedingt eine „Hoodoo Hand" benötigt. Sie teilt in ihrem „Superstitious Blues" vom Ende der 1920er Jahre mit, dass sie sich in Louisiana einen Hoodoo-Glücksbringer holen wird. Damit will sie Frauen davon abhalten, mit ihrem Mann ein Techtelmechtel anzufangen. Hattie gesteht: Sie mache sich für ihren „Daddy" zur Sklavin, sei ihm überall hin gefolgt. Es könne nicht sein, dass sie von ihrem Mann so überaus schlecht behandelt werde und sich deshalb niedergeschlagen fühle.:

I'm going to Louisiana to get me a Hoodoo Hand 2x
Gonna stop you Women from messing with my Man.

I've been a Slave for my Daddy, I've tramped all of my Days 2x
And I can't be downhearted, mistreated this a Way.

Hattie hat schon drei lange Wochen ihren Süßen nicht mehr gesehen und sie fragt sich, was in aller Welt ihn wohl fernhält. Eine Wahrsagerin will sie aufsuchen und hofft, dass sie Hattie von diesem alten abergläubischen Blues heilen kann.

I ain't seen my Sugar, three long Weeks today 2x
And I wonder what in the World is keeping my Man away.

I'm going to find me a Fortune Teller to tell me the News 2x
And maybe that will cure these old Superstitious Blues.

Leider erfahren wir nicht, ob Hatties Bemühungen Wirkung gezeigt haben. Ein Mojo muss sehr gehütet werden, denn er darf von niemandem gesehen oder berührt werden. Seine Zauberkraft würde dadurch verloren gehen. Das Verbot von Berührungen ist im Fall des „Nation Sacks", des nur von Frauen aus der Gegend von Memphis getragenen Mojos, besonders stark ausgeprägt. Der 1932 in New York City zur Zeit der Großen Depression aufgenommene Titel „Take your Hands off my Mojo" des Duos Coot Grant und Kid Wesley breitet diese Sorge um ihr Mojo in ihrem Dialog mit ihrem Mann (sie ist mit ihm auch im richtigen Leben verheiratet) vor uns aus. Kid will sich an ihr Mojo herantasten. Coot wehrt ihn kratzbürstig ab. Er fragt: Warum?

> (spoken)
> (f) *Ah, play that Thing! Did you get off?*
> (m) *Come here, Honey, I got something to tell you.*
> (f) *Whaddaya want? Don't do that! Don't do that!*
> *As long as you know me, don't you put your Hand on my Mojo!*
> (m) *Why, Honey?*

Coot erzählt, dass sie, bedingt durch die Wirtschaftskrise, eine Menge Dinge getan hat, die sie zuvor nie getan habe. Bei einer Wahrsagerin habe sie jetzt ein Glücks-Mojo bekommen. Kid trocken: Er sehe kein Mojo. Das Ding sei nur ein Scherz. Sie klärt ihn auf: Er solle seine Hände von ihrem Mojo fernhalten, damit er ihr Glück nicht zerstöre, vor allem wenn er in diesen schweren Zeiten nicht mal einen Dollar habe. Sie jedenfalls sei eine Frau, die niemals pleite sein werde. Coot will keinen Mann, der pleite ist und mit ihr nur herumspielen will.

> (f) *Now, the Depression has made me do a Lot of Things*
> *That I never done befo'. That's why I went to a Fortune Teller*
> *And got me this Lucky Mojo*
> (m) *Honey, I done seen your Mojo. That Thing ain't nothin' but a Joke*
> (f) *But if you keep your Hands off a' my Mojo,*
> *I'm one Woman will never be broke*
> (sung)
> (f) *Just keep your Hands off a' my Mojo, you can't cut off my Luck*
> *Now, keep your Hands off a' my Mojo, if you ain't got a Buck*
> *Time's is hard as hard can be*
> *I don't want no broken Man messin' 'round with me*
> *Keep your Hands off a' my Mojo, you ain't got no Time for me*

Kid hat es aber immer noch nicht kapiert und will wissen, welchen Schaden es denn anrichten würde, wenn er ihr Mojo berühren würde. Coot macht ihrem heißen Papa klar, dass es dazu nichts zu sagen gibt. Coot deutet an, dass sie beginnen könnte ihn zu lieben. Kid: „Heh, wenn du jemals anfangen würdest mich zu lieben. Wäre das nicht toll?" Sie kühl: „Wer hat denn schon Zeit einen Mann zu lieben, der nicht einmal einen kleinen Dime hat?" Kid beteuert, dass er viel Liebe geben könne, denn er sei wie eine verliebte Katze. Es nützt nichts. Coot betont, dass die Zeiten verdammt hart seien und eine Frau davon nicht leben könne. Es sei Zeit zu Lieben, zu Beten, zu Jammern und zu Schreien, aber es sei eine Zeit in der eine Frau über andere Dinge nachdenken möchte.

> (m) *Now, me put my Hands on your Mojo,*
> *Honey, what harm would that do?*
> (f) *Now, it ain't no tellin', red hot Papa. Mama may start lovin' you*
> (m) *Heh, if...if you EVER start to Lovin' me Baby,*
> *Won't that be just fine?*
> (f) *But who's got Time to love a Man ain't got one thin Dime?*
> (m) *Yeah, but looky here – I can give you Lots of lovin',*
> *Cause you know I'm a lovin' Cat*
> (f) *But Times' so doggone hard now, Baby*
> *A Woman can't live off a' that*
> *It's Time to love, it's Time to pray*
> *It's Time to moan and shout*
> *It's a Time a Woman's got other Things*
> *That she wants to think about*

Coot: „Also, lass deine Finger weg von meinem Mojo, das mir Glück bringt. Ich wünschte ich hätte zwei oder drei. Ich trage mein Mojo über meinem Knie, damit es dich davon abhält mich zu ‚Hoodooen'. Hände weg von meinem Mojo, wenn du weiter nichts für mich hast!" Tja! Es gibt eben nichts umsonst!

> (f) *Now, keep your Hands off a' my Mojo,*
> *'Cause it sure is lucky to me*
> *Now, keep your Hands off a' my Mojo,*
> *I wish I had two or three*
> *I wear my Mojo above my Knee*
> *To keep you from tryin to Hoodoo me*
> *So keep your Hands off a' my Mojo,*
> *If you ain't got no Stuff for me*

Coot „Cutie" Grant (geb. 1893), geboren in Birmingham, Alabama, ist eine Vaudeville-Blues Sängerin, Gitarristin und Songwriterin. Mit acht Jahren ist Leola B. Pettigrew Ensemblemitglied bei den „Mayme Remington's Pickaninnies" und mit dieser Show auf Tournee durch Europa und Südafrika. (Pickaninnies sind süße kleine afroamerikanische Kinder) 1913 heiratet sie den Varieté-Künstler Grant, der 1920 stirbt. Mit 14 Jahren lernt Coot ihren zukünftigen Mann, den Pianisten Wesley Wilson kennen und heiratet ihn 1929. Schon als Kind unter dem Namen „Coot" bekannt, bildet sie zusammen mit ihrem Mann am Klavier das Duo „Grant & Wilson", ein „Husband & Wife"-Act. Mit diesem Duo tritt Coot unter unterschiedlichen Namen in Musikkomödien, Zeltshows und Revuen auf. Ab 1925 bis Ende der 1930er Jahre entstehen einige selbstgeschriebene Titel auf Schallplatten. Zusammen mit dem Bluesgitarristen Blind Blake nimmt Coot auch einige Country Blues Titel solistisch auf. Zusammen schreiben sie und ihr Mann rund 400 Songs für ihr Duo und Bluestitel für SolistInnen. Darunter sind für Bessie Smith ihre Hits „Gimme a Pigfoot and a Bottle of Beer" oder „Do your Duty", die 1933 zu ihren allerletzten Aufnahmen gehören, mit denen sich Bessie dem neuen Genre des Swing annähert.

Tief im Blues verwurzelt sind die sogenannten „Husband & Wife"-Teams, Duos in denen es hauptsächlich um komödiantisch dargebrachte Beziehungsstreitigkeiten geht. Diese Gesangspaare haben seit den 1860er Jahren eine lange Tradition in den afroamerikanischen Minstrel-Shows. Neben „Butterbeans & Susie" sind „Coot Grant & Kid Wilson" die Besten dieses Genres. Mitte der 1930er Jahre lässt der Erfolg ihrer Auftritte als „Husband & Wife" Team nach. Vor allem Wesley zieht sich Ende der 1940er Jahre aus dem Musikgeschäft zurück. Der weitere Verbleib der beiden ist nicht bekannt.

Doch es gibt Nachfolger, wie das streitlustige Paar: Bluessängerin Candye Kane und Sänger und Bluesharpspieler „Kim" Wilson mit „Don't blame it on me" (1994). Auch das Team Bonnie Raitt und Bluesman Taj Mahal mit seinem Blues „She caught the Katy and left me a Mule to Ride" (2009) haben sich gestritten.

Im „Black Cat Blues" von 1937 ist noch ein kleiner Nachhall davon zu spüren, dass der schwarze Katzenknochen für ein Mojo immer noch wichtig und sehr begehrt ist. Die große schwarze Katze von Memphis Minnie hat jedoch die alleinige Aufgabe ein guter Rattenfänger in ihrem Haus zu sein. Ohne diese Katze würden die Ratten ihre Kleider und Schuhe zerfressen. Sie besitzt die Katze nun schon seit einigen Jahren und niemand wollte sie bisher haben, bevor sie den Kater hierher mitgebracht hat. Seitdem Minnie ihn hat, gibt es keine Rattenlöcher mehr in den Wänden. Minnie nimmt sie überall hin mit. Alle wollen Minnies schwarze Katze haben. „Nein, ich verkaufe diese Katze nicht, nur damit du deine Seele retten kannst!"

I got a big black Cat sittin' in my Back Door
He catches every Rat run across my Floor
Now everybody wants to buy my Kitty 3x
I wouldn't sell that Cat to save your Soul

If it wasn't for that Cat, I wouldn't know what I would do
Rats cutting up all of my Clothes and Shoes
Now everybody wants to buy my Kitty …

I been had this old Cat, now, for three, four Years
Didn't nobody want him till I brought him here
Now everybody wants to buy my Kitty …

(spoken: *Catch a Rat!*)

Before I got that Cat, Rats had Holes all in my Walls
Since I brought her home you can't find no Holes at all
Now everybody wants to buy my Kitty …

Auch Jessie Mae Hemphill hat einen Country Blues über den begehrenswerten Knochen einer schwarzen Katze komponiert. Der „Black Cat Moan" ist auf ihrem Album „She-Wolf" von 1981 zu finden.

Jessie hat einen Mann von dem sie glaubt, dass er den Knochen einer schwarzen Katze, ein Mojo, besitzt. Sie weiß nicht, was er damit vorhat. Jessie fühlt sich wohl, wenn ein Mann Liebe mit ihr macht. Aber was soll sie denn noch alles machen? Jessie hat alles Menschenmögliche getan, um gut mit ihm auszukommen.

I believe to my Soul my Baby got a Black Cat Bone. 2x
I tried so hard. This Girl is in Love.
Come on Baby! Tell me what you're trying to do. 2x
Trying to love me, Baby. Some other Woman too

Afroamerikanische Hoodoo-Praktizierende glauben, dass jede schwarze Katze einen magischen Knochen hat, der ein mächtiges Mojo oder Zaubermittel ist. Einige behaupten sogar, dass das Tragen eines schwarzen Katzenknochens unsichtbar macht. Er könne auch Musiker berühmt machen, die allerdings einen frühen Tod sterben, wenn sie diesem Köder nicht widerstehen können.

Nora Zeale Hurston ist eine Sammlerin von Volksgebräuchen und eine viel gelesenen Schriftstellerin der „Harlem Renaissance" der 1920er Jahre, einer soziokulturellen Bewegung von afroamerikanischen Intellektuellen. Hurston ist eine der wenigen Intellektuellen, die sich auch für den Blues interessiert. Eines ihrer Ziele ist, die Blues-Ästhetik zu verstehen. 1928 erlebt sie in New Orleans die Zeremonie zur Erlangung eines „Black Cat Bone":

„Eine schwarze Katze wurde im Dunkeln nach einem schweren Regen gefangen (…) und eilig tief in den Wald gebracht, wo in einem von neun Hufeisen geschützten Ring ein neuer Kessel (…) mit Wasser gefüllt und zum Kochen gebracht wurde. In dieses Wasser warf man die Katze und verfluchte sie dreimal, wenn sie im Todeskampf schrie. Um Mitternacht wurden die Überreste der Katze aus dem kochenden Wasser gefischt und ihre Knochen durch den Mund gezogen, bis man einen fand, der bitter schmeckte – den ‚Black Cat Bone‘." Ist der Katzenknochen nicht richtig schwarz geworden, muss er schwarz angemalt werden.

Bluesfrauen nennen in ihren Bluessongs über Hoodoo verschiedene Gründe, wozu und warum sie ein Mojo einsetzen. Die Rhythm & Blues-Sängerin Ann Cole erzählt 1956 in ihrem Blues „Got my Mojo working" was sie nicht alles versucht hat, um von ihrem Angebeteten ein positives Zeichen seiner Liebe zu erhalten. Sie besitzt den reinen, trockenen Knochen einer schwarzen Katze und hat ein vierblättriges Kleeblatt aufgehängt. Sie hat die Hoodoo-Asche, ein verbranntes Stück Papier, worauf sein Name geschrieben steht, um sein Bett ausgestreut. Und zudem hat sie „Black Snake Roots", magische Wurzeln gegen das Böse unter seinen Kopf gelegt. Es wirkt aber alles einfach nicht!

I got my Black Cat Bone, all pure and dry
I got a four-leaf Clover, all hangin' high
Got my Mojo working, but it just won't work on you
I wanna love you so till I don't know what to do

Got my Hoodoo Ashes all around your Bed
Got my Black Snake Roots underneath your Head
I got my Mojo workin' …

Tja! Bei ihm zeigen ihre intensiven Bemühungen leider keinerlei Wirkung! Es tut sich einfach nichts! Aber Ann liebt ihn doch so sehr. Was soll sie denn noch tun?

I got a Gypsy Woman givin' me Advice
I got some red hot Tips I got to keep on Ice
I got my Mojo workin' …

Got a Rabbit Foot, I know it's workin' right
I got a Strand of Hair I'm keepin' Day and Night
I got my Mojo workin' …

Sie hat von einer Wahrsagerin heiße Tipps bekommen und sich eine Hasenpfote besorgt, von der sie genau weiß, dass sie funktioniert. Eine Haarsträhne von ihm trägt sie Tag und Nacht bei sich. Aber? – Nichts!

Ann Cole (1934-1986) ist eine Sängerin des frühen Rhythm & Blues und des Soul. In den 1950ern und frühen 1960ern hat sie ein paar kleinere Hits. Ihr größter Erfolg ist die Originalfassung des später oft gecoverten Blues „Got My Mojo Working". Ann singt als Jugendliche Gospel in der Formation ihres Vaters. Ab 1954 tritt sie als Sängerin und Pianistin in Bars rund um New York City auf. 1956 tourt sie mit Bluesman Muddy Waters durch die Südstaaten, bei der sie regelmäßig den neuen Song von Preston Foster „Got my Mojo working" singt. Von diesem R&B Song beeindruckt, nimmt ihn Muddy Waters bei Chess mit einigen Textveränderungen auf und sichert sich die Urheberschaft. In der gleichen Woche werden 1957 beide Fassungen veröffentlicht, erreichen beide aber nicht die Charts. Später erhält Foster per Gerichtsentscheid die Urheberschaft zugesprochen. 1957 wird Ann von einem Magazin zur vielversprechendsten R&B-Sängerin gewählt. Ihre musikalische Karriere endet jedoch 1962 durch ihren schweren Autounfall. Berühmt und zum Blues-Standard geworden ist dieser Titel erst viel später durch Muddy Waters. Allerdings hat er mit seinen Textveränderungen dem „Mojo", dem Glücksbringer, in diesem Song einen chauvinistischen Anstrich verpasst und den Sinn eines Mojo verfälscht. Ein Mojo war nie ein Instrument, um Macht über Frauen zu demonstrieren, die sich alle seinem Kommando zu unterstellen haben. Eine bezeichnende Zeile daraus:

> I'm going down to Louisiana to get me a Mojo Hand
> I'm gonna have all you Women right here at my Command

Hoodoo wird von den Bluesfrauen gerne als Mittel genutzt, um andere Frauen davon abzuhalten, mit ihrem Mann zu flirten oder auszugehen.

Die Songschreiberin Selma Davis schreibt einen Bluestext für Ma Rainey, der 1928 mit dem Titel „Black Dust Blues" bei Paramount aufgenommen wird. Darin berichtet Ma von ihren Schwierigkeiten, die vor ungefähr einem Jahr begonnen haben. Sie hatte damals Ärger mit einer Frau, die behauptete, dass Ma ihr den Mann weggenommen habe. Sie hat Ma einen Brief geschrieben, in dem sie unverholen droht, dass sie sie fertig machen und etwas arrangieren werde, damit Ma ihrem Mann nicht mehr hinterherjagen würde. Tatsächlich findet Ma eines Tages schwarzen Staub vor ihrer Türe. Es ist der magische „Goofer Dust", ein Mix, der zum Teil schwarze Erde von einem Grab (Graveyard Dirt) enthält. Sie fühlt sich so schlecht wie nie zuvor, wird immer dünner und bekommt dazu noch Probleme mit ihren Füßen. Der schwarze Dreck wird immer dann, wenn sie gerade essen will, auf ihr Haus geworfen. Schwarzen Dreck findet sie an ihrem Fenster und auf der Fußmatte der Veranda vorm Haus. Ma geht es wirklich schlecht. „Dieser schwarze Dreck lässt mich wie eine Katze auf allen Vieren laufen", klagt sie.

> It was Way last Year, when my Trouble began 2x
> I had done quarrelled with a Woman, she said I took her Man

She sent me a Letter, said she's gonna turn me round 2x
She's gonna fix me up so I won't chase her Man around

I began to feel bad, worse than I ever before 2x
Lord, I was out one Morning, found Black Dust all round my Door

I began to get thin, had Trouble with my Feet 2x
Throwing Dust about the House whenever I tried to eat

Black Dust in my Window, Black Dust on my Porch Mat 2x
Black Dust's got me walking on all Fours like a Cat

Die Probleme mit den Füßen, der Dreck vor der Tür und auf der Verandamatte gehören zur sogenannten Magie der Fußspuren. Diese Zauberwirkungen, und dass Ma wie eine Katze auf allen Vieren herumkriechen muss, ist ein unzweifelhaftes Zeichen dafür, dass sie ein Opfer des Hoodoo geworden ist. Und nun?

Bessie Brown löst das Problem, dass eine Frau ihr ihren Mann „gestohlen" hat tatkräftig mit bestimmten Hoodoo-Maßnahmen. In ihrem „Hoodoo Blues" (1924) erläutert Bessie ihren ausgeklügelten Plan, mit dem sie mit ihrer Rivalin gleich ziehen will, denn sie ist auf dem Kriegspfad. Bessie ist übel drauf und sehr böse wegen dieser anderen Frau. Sie wird den „Goofer Dust" um ihre Tür herum streuen, eine Spinne in ihren „Dumpling", in ihren leckeren Knödel stecken: Dadurch wird Bessie die andere Frau dazu treiben, auf allen Vieren am Boden herumkriechen zu müssen. Da ist sich Bessie sicher. Unter das Fenster der Frau wird sie einen „Black Cat Bone" legen, mit einer Kerze ihr Bild anzünden. Sie hat sich ein paar „Gris-Gris", einige Zutaten für ihr Mojo-Säckchen besorgt und will ihn solange bei sich tragen, bis sie ihren guten Mann wieder zurückbekommen hat. Außerdem verbirgt sie in ihren Schuhen diverse Beschwörungen. Bessie will die andere Frau fertig machen bis die den Hoodoo Blues singt!

I'm on the War Path now, I'm mean and evil I vow, 2x
Some Woman stole my Man, to get even I've a Plan.

Gonna sprinkle ding 'em Dust all around her Door 2x
Put a Spider in her Dumplin', make her crawl all over the Floor

Goin' 'neath her Window, gonna lay a Black Cat Bone 2x
Burn a Candle on her Picture, she won't let my good Man alone.

Got myself some Gris-Gris*, tote it up in a Sack 2x
Gonna keep on wearin' it till I get my good Man back

I was born 'way down in Algiers, I wear conjure in my Shoes 2x
Gonna fix that Woman, make her sing them Hoodoo Blues.

*Gris-Gris = ein französisch geschriebenes zentralafrikanisches Wort („gree-gree")
und bedeutet „Fetisch" (Zauber). Wenn's denn hilft!

In Memphis, Tennessee, spielt Hattie Hart 1930 als Hauptsängerin mit der „Memphis Jug Band". Diese Band ist eine der berühmtesten Jugbands mit einer 30jährigen Karriere (ab 1920 bis 1950), mit der auch Memphis Minnie einige Aufnahmen gemacht hat. Das Ensemble setzt sich aus einem besonderen Mix von Instrumenten wie Mundharmonika, Kazoo, Geige und Mandoline oder Banjo zusammen, unterstützt von Gitarre, Klavier, Waschbrett, Teekistenbass und einem Jug (Krug), der angeblasen wird und tiefe dumpfe Töne erzeugt. Der Krug ersetzt in den „Jug Bands" die Tuba oder die Posaune. In das Kazoo wird hineingeblasen und mitgesummt, was die menschliche Stimme durch seine Membran ins Krächzende und Verzerrte verändert.

Die Bands spielen langsameren Blues, humorvolle Unterhaltungssongs und fröhliche Tanznummern mit Jazzfeeling. Der Blueshistoriker Paul Oliver bemerkt, dass der „krächzende, summende Klang" einiger Instrumente einer „Jugband" der musikalischen Ästhetik Afrikas nahe komme und dass der Krug und das Kazoo die Stimmen von Tieren oder Ahnengeistern repräsentieren. 1967 veröffentlicht die britische Rockband „Pink Floyd" unter dem Titel „Jugband Blues" ihre eigene moderne Variation eines solchen Blues.

Jennie May Clayton hat für Hattie den „Spider's Nest Blues" komponiert, der 1930 in Memphis, Tennessee, bei Victor aufgenommen wird. Wegen einer schwarzen Spinne ist Hattie ohne ihr Mojo völlig hilflos. Sie bedeutet Pech für Hattie. Irgendwie findet sie das lustig, denn die Spinne ist in ihren Tee gefallen. Nun glaubt sie, dass sie 30 Tage Unglück haben werde. Sie geht nach New Orleans um ihr Toby, ihr Mojo, reparieren zu lassen. Sie glaubt ganz stark an ihr Unglück und kann nicht anders als Weinen und Weinen. Es soll jemand kommen, bei dem sie ihren Kopf an seine Brust anlehnen kann, denn sie ist in dieses Spinnennetz eingewickelt und vollkommen darin verheddert:

Here comes a Black Spider, that means Bad Luck to me 2x
I been feelin' kinda funny, all this hold on me

Thirty Days of Trouble I dreamed was meant for me 2x
Because that Jet Black Spider have fallen in my Tea

I'm goin' to New Orleans to get this Toby fixed of mine 2x
I am havin' Trouble, Trouble; I can't keep from cryin'

Mmmmmm Mmmmmm Mmmmmm Mmmmmm
Mmmmmm Mmmmmm Mmmmmm ...

Come here, somebody, let me lay my Head on your Breast 2x
Because I'm wound up and tangled in this Spider Web Nest

Entweder braucht sie jetzt ganz schnell ihr repariertes Mojo oder jemanden, der sie tröstet. Oder besser beides!

Eine Besonderheit im Hoodoo-Blues ist der „Black Gypsy Blues", der unter diesem Titel von Merline Johnson 1940 in Chicago für Vocalion Records eingespielt wurde. Die Wahrsagerei, eigentlich eine Profession, die von Frauen des Zigeunervolks ausgeübt wird, ist von den Hoodoo-Gläubigen im Süden aufgegriffen worden und hat als afroamerikanische Gipsy vor allem im städtischen Blues Eingang gefunden. Die „Black Gypsy" rühmt sich ihrer Kräfte. Sie beginnt von vorn und es endet erst in deiner Seele, verspricht sie ihren männlichen Kunden. Wenn du dich einsam und alleine fühlst, dann geh zu ihr! Rosa Lee weiß, was zu tun ist. Alle Männer der Stadt gehen zu ihr, denn sie weiß, wie sie ihr Elend lindern kann. Sie arbeite eben professionell und den Mann, dem sie seine Qualen nicht lindern könne, den gebe es nicht. Ganz nebenbei und subtil deutet die raffinierte „Black Gipsy" an, dass sie auch gewerbsmäßig der Prostitution nachgeht:

I'm the Black Gypsy, don't you want your Fortune told? 2x
I will start from the First, and end up on your Soul.

When you get lonesome, and begin to feelin' blue, 2x
Go to see a Black Gypsy, she will tell you what to do.

I'm the Black Gypsy, and they call me Rosa Lee, 2x
When you get lonesome, call around to see me.

All the Men in Town, comes to see poor me, 2x
Because I know what to do, to ease your Misery.

Yes, I'm the Black Gypsy, and all my Work's by Trade, 2x
And the Man I can't ease his Misery, has never been made.

Ida Cox sieht die Sache mit den Hoodoo-Zaubermittelchen vollkommen anders. Sie hält nichts vom Aberglauben, wie sie 1928 in ihrem Blues „Fogyism" (Rückständigkeit) überzeugend darlegt. Sie fragt sich, warum so viele Leute an alte magische Zeichen glauben. Wenn jemand den Schrei eines Käuzchen hört, bedeute das, dass jemand sterben werde. Wenn jemand einen Spiegel zerbreche, bedeute das, sieben Jahre Pech zu haben. Wenn eine schwarze Katze den Weg kreuze, würden Leuten die Tränen kommen. Wenn jemand von schlammigem Wasser träume, bedeute das, es klopfe Unheil an die Tür einer Frau. Ihr Mann verlasse sie mit Sicherheit und komme nie wieder zurück. Ida dagegen meint, dass solch ein Vorhaben eines Mannes daran erkennbar sei, wenn er eines Tages, wütend gestimmt, nach Hause kommt und ihr sagt, dass sie dabei sei, alt zu werden. Das sei ein sicheres Zeichen, dass ihm eine andere Frau seine „Jelly Rolls" backt!

Why do People believe in some old Sign? 2x
To hear a Hoot Owl Holler, someone is surely dyin'

Some will break a Mirror, cry Bad Luck for seven Years 2x
And if a Black Cat crosses them, they'll break right down in Tears

To dream of muddy Water, Trouble is knockin' at your Door 2x
Your Man is sure to leave you, and never return no more

When your Man come Home evil, tell you you are getting old 2x
*What's a true Sign he's got someone else bakin' his Jelly Roll**

*Jelly Roll = ein doppeldeutiger Begriff und eine Methapher für das männliche oder manchmal auch das weibliche Sexualorgan und für Heroin. Eigentlich ist es jedoch eine leckere Bisquitrolle mit Marmelade.

Leben mit Gewalt

Gewalt ist eine tiefgehende Erfahrung in der afroamerikanischen Community – bis heute. Schon seit der Zeit der Sklavenhaltergesellschaft ist es nicht nur die strukturelle Gewalt durch Institutionen und gewaltförmige Gesetze, die den Rassismus zementieren und die direkt gegen die afroamerikanische Bevölkerung gerichtet sind. Diese geben der weißen Bevölkerung Raum für rassistische Taten gegen Menschen der afroamerikanischen Community.

Die Züchtigung und Vergewaltigung von Frauen bedeutet für den Sklavenhalter hauptsächlich ein unübersehbarer persönlicher Machtbeweis gegenüber den Frauen und vor allem gegenüber den afroamerikanischen Männern. Nach dieser Zeit werden weiterhin rassistische Vorurteile in der weißen Mehrheitsgesellschaft gepflegt. Besonders die afroamerikanischen Männer gelten grundsätzlich als Vergewaltiger weißer Frauen. Diese Strategie mit weiteren diversen entwürdigenden Klischeebildern dienen der Rechtfertigung und der Legitimierung von Gewalttaten, die bis Mitte der 1950er Jahre zu verzeichnen sind und fast immer straflos bleiben. Vor allem im Süden häufen sich Lynchmorde, die hauptsächlich durch den Ku-

Klux-Klan ausgeführt und oft mit Beteiligung einer aufgehetzten jubelnden weißen Menge einhergehen.

Die eindrucksvollste musikalische Darstellung des kaltblütigen Lynchmordens ist sicherlich der von Billie Holiday 1939 gesungene Song „Strange Fruit", der als Protestsong gegen diese Morde zu verstehen ist.

Die frühen Bluesfrauen und -männer berichten in ihren Bluessongs über die Erfahrungen mit der strukturellen Gewalt eher indirekt, beispielsweise von den vielfältigen Auswirkungen der weitgehenden Rechtlosigkeit und dem mehr oder weniger Ausgeliefert-sein an die dominante weiße Gesellschaft und deren Institutionen.

Die Bluesmusiker der 1920er und 1930er Jahre leben in einer gewalttätigen Welt, in der es häufig zu Kämpfen zwischen Männern in den spelunkenartigen Auftrittsorten der städtischen Vergnügungsviertel und der ländlichen Kneipen kommt. Einige der Bluesmen haben in Wirtshausstreitigkeiten oder Eifersuchtsdramen andere Männer ermordet oder sitzen wie Bluesman Leadbelly, der des Öfteren wegen krimineller Aktivitäten, wegen versuchten Mordes in Louisiana und wegen eines im Kampf in Manhattan von ihm erstochenen Mannes im Gefängnis. Bei den Konzerten ist es durchaus üblich, eine Waffe zu tragen und die Augen offen zu halten, um bei Bedarf am schnellsten von der Bühne herunter und aus dem Gebäude herauszukommen. Bessie Smith und Memphis Minnie beispielsweise wissen sich gegen Gewalt aus dem Publikum, auch unter Anwendung von Gewalt, zu wehren und zu schützen. Diese furchtlosen Frauen im Unterhaltungsbusiness fühlen sich nicht als Opfer von Gewalt. Viele von ihnen haben von Berufs wegen ihre Rasiermesser und Pistolen immer zur Hand und drohen deren Anwendung in bestimmten Situationen nicht nur in ihren Bluessongs an.

In den frühen 70ern des 20. Jahrhunderts fangen Frauen der Frauenbewegung in den USA und in Europa an, öffentlich über die spezielle häusliche Gewalt, die Vergewaltigung in der Ehe zu sprechen. Diese Problematiken zu thematisieren, ist bis dahin in den westlichen Gesellschaften ein Tabu, das weitgehend vertuscht oder verleugnet und als nicht existent angesehen wird. Das Private ist Tabu! Die Frauen der Frauenbewegungen in den USA wie in Europa entdecken hier wie dort, dass in Zukunft körperliche Gewalterfahrungen in Liebesbeziehungen ein Thema für den öffentlichen Diskurs sein müssen.

Die männlichen Vorstellungen von ihrer Macht über Frauen und ihre konkrete Ausübung in Form von gewaltförmigen Partnerschaften geht quer durch die sozialen Schichten der amerikanischen Gesellschaft und sind schon damals in den 1920ern ein schwerwiegendes soziales Problem. Der Blues ist eine der wenigen kulturellen Bereiche, in dem über Gewalt gegen Frauen öffentlich berichtet wird. Häusliche Gewalt ist nicht nur den ärmeren afroamerikanischen und weißen Frauen aufgrund ihrer schwierigen Lebensverhältnisse ein Problem, sondern betrifft auch besser situierte Frauen, auch einige Bluesfrauen. Viele der klassischen Bluesfrauen nehmen das Thema der häuslichen sowie der Partnerschaftsgewalt in ihr

Repertoire auf, ohne das bürgerliche gesellschaftliche Tabu zu respektieren, denn der Blues kennt keine Tabus. Jedoch das Thema Vergewaltigung in der Ehe oder Partnerschaft findet nur selten Eingang in den Frauenblues. Die Formel der „Misshandlung" (mistreating) wird, zumeist ohne das Ausmaß oder die konkrete Bedeutung, was außer Gewalt genau dahinter steckt, benutzt. Das erklärt sich m.E. daraus, dass diese Art und Weise noch nicht als strafbare Vergewaltigung erkannt ist, denn das thematisiert offen erst die Frauenbewegung der 1970er Jahre, auch in den USA. Weil existierende Gewalterfahrungen von den Bluesfrauen aber öffentlich, von der Bühne herunter, vorgetragen werden, können es die davon betroffenen Frauen im Publikum als privates Problem wahrnehmen, das durchaus von öffentlichem Interesse ist. Wie die Frauenbewegung seinerzeit dann betont: „Das Private ist politisch!" Ein Beispiel für häusliche Gewalt ist der „Beating Blues" (1928) von Clara Herring, Vaudeville-Bluessängerin, die 1928 zwei Aufnahmen in schlechter Qualität für das Label Gennett macht.

Heute Morgen wacht Clara auf und ihre Augen sind schwarz wie die Nacht, denn ihr Mann handelt nicht richtig. Er schlägt sie am Morgen, er schlägt sie schon vor Tagesanbruch. Sie ist es langsam leid so behandelt zu werden. Es muss dafür wohl keine Gesetze geben, glaubt sie. Jemand anderes wird wohl in Zukunft seinen Platz einnehmen. Und wieder schlägt er zu. Sie packt ihre Sachen und geht: „Denk daran. Daddy, dass du ernten wirst, was du gesät hast!"

Woke up this Morning, my Eyes were dark as Night 2x
And you know about that my Man ain't acting right

He beats me in the Morning and before the Break of Day 2x
Then I'm getting tired of being treated this Way

Now the Way he beats me, there must not be no Laws 2x
And I know about that, some other Girl is in my Path ?

Someday sweet Papa, someone's going to take your Place 2x
But he took you down and left with that in your Face

You don't want me papa, I'll pack my things and go 2x
But remember Daddy, you got to reap just what you sow

Auch Chippie Hill fühlt sich bei ihrem Liebhaber nicht mehr sicher. Er ist ein Mann, den sie 1925 im „Kid Man Blues" besingt. Sie beschließ zu ihrem „Used-to-be", ihrem Mann von vorher, zurück zu gehen, denn in der aktuellen Nebenbeziehung läuft einiges falsch. Chippie droht, wenn sie ihn beim Stehlen erwischen würde, würde er den Tag bereuen, an dem er geboren wurde. Wenn Daddy sein Rasiermesser nimmt, jammern die Babys in der Wiege, denn sie haben ihre Mama verloren und sind allein. Keiner weiß, was so ein „Sheik" tun wird, bemerkt Chippie. Die würden ihr ganzes Geld ausgeben und dich traurig und allein zurücklassen. Sie fällt die Entscheidung ihren „Kid Man" zu verlassen, denn sie mag ihren Ex-Mann. Ihr „Kid Man" möchte nicht, dass jemand mit ihr spricht. Wie bitte?

Papa, Papa, something's going on wrong 2x
If I catch you stealing, regret the Day you's born

When Daddy gets his Razor, Babies in the Cradle moan 2x
Because they lost their Mama, he's got them all alone

Nobody knows what the Sheik will do 2x
They'll spend all their Money, leave you sad and blue

I'm going to quit my Kid Man*. I like my Used-to-be 2x
My Kid Man don't want nobody to talk to me

*Kid Man = unberechenbarer Liebhaber.

Selbst wenn die Frauen über ihren sie misshandelnden Mann verzweifelt oder enttäuscht sind und nicht wissen, was sie tun sollen, entscheiden sich doch viele von ihnen zu handeln. Die von den Bluesfrauen den Zuhörerinnen vorgeschlagenen Handlungsmöglichkeiten bedeuten, sich in solch einer Lage nicht als völlig machtlos erfahren zu müssen. Sie verlassen diesen Mann, gehen woanders hin oder drohen ihm Gewalt dafür an, falls er sich noch einmal bei ihr blicken lassen sollte. Aber sie wehren sich auch mit härteren Mitteln der Selbstverteidigung, wie mit dem Rasiermesser und – eher symbolisch – mit Gift und Mord.

Im Blues „Out of that" (1923), gesungen von Bessie Smith, erscheint männliche Gewalt als annehmbar und in Ordnung. Dieser Blues wird oft so interpretiert, dass darin eine sadomasochistische Beziehung offen duldet wird. Ich meine, dass dieser Song das Gegenteil davon ist. Er stellt mit der Waffe der Ironie die Gewalt gegen Frauen bloß. Sie lobt ihren Geliebten für seine sexuellen Fachkenntnisse und behauptet, dass sie ihn liebt, trotz aller Brutalität ihr gegenüber. Sie kritisiert damit Frauen, die sich mit Begeisterung auf eine Partnerschaft einlassen, die ihrem körperlichen und emotionalen Wohlbefinden schadet. Und so belobigt sie ihn für seine Taten bis zum Äußersten:

„Ich habe den gemeinsten Mann im Land, aber seine Liebe bleibt ein Markenzeichen. Sein Kuss auf meinen Lippen erregt mich bis in die Fingerspitzen. Die Leute sagen, ich sei eine Idiotin. Er ist herzlos und auch grausam. Abgesehen davon, geht es ihm gut mit mir. - Abgesehen davon ist er so süß, wie er nur sein kann. Ich liebe ihn so treu wie die Sterne. Er verprügelt mich. Aber wie er lieben kann! Ich habe seit dem Tag meiner Geburt nie mehr so geliebt. Ich sag zum Spaß: ‚Ich will dich nicht mehr!' Und der süße Papa? Sauer. Haut mir ein blaues Auge. Sehe nix mehr! Er versetzt seine Geschenke an mich! – Aber abgesehen davon, geht es ihm gut mit mir. Ich sag zum Spaß: ‚Ich will dich nicht mehr!' Und der süße Papa? Sauer. Er versetzt auch noch meine eigenen Sachen. ‚Du bist ein dreckiger alter Dieb!' Er dreht sich um und schlägt mir zwei Zähne aus. – Abgesehen davon geht es ihm gut mit mir."

> *I've got the meanest Man in the Land*
> *But his Love is that sticking Brand.*
> *His Kiss just lingers on my Lips and thrill me to my Fingertips.*
> *People say I'm a Fool. He's heartless and also cruel.*
> *But outside of that, he's all right with me -*
> *Outside of that, he's sweet as he can be.*

> *I love him as true as Stars above. He beats me up, but how he can love.*
> *I never loved like that since the Day I was born.*
> *I said for Fun: „I don't want you no more!"*
> *And when I said that, I made sweet Papa sore.*
> *He blacked my Eyes, I couldn't see.*
> *Then he pawned the Things he gave to me.*
> *But outside of that, he's all right with me.*

> *I said for Fun „I don't want you no more!"*
> *And when I said that, I made sweet Papa sore.*
> *When he pawned my Things I said: „You're a dirty old Thief!"*
> *Now, then he turned around and knocks out both of my Teeth.*
> *Outside of that, he's all right with me.*

Dieser Blues ist ein gutes Beispiel für einen raffinierten ironischen Blick auf Ausbrüche männlicher Gewalt. Klar und sachlich stellt Bessie fest, dass – wie es andere Leute auch schon bemerkt haben, – ihr Lover herzlos und grausam ist und sie verprügelt.

So ist das eben! Mit ihren Drohungen – aus Spaß, – ihn zu verlassen, macht sie ihn sehr sauer und wütend. Seine Reaktionen? Kriminelle Gewalt: ein blaues Auge und seine einstigen Geschenke an Bessie versetzen. Die Steigerung: zwei ausgeschlagene Zähne und versetzen von Bessies eigenen Sachen. Aber das ist doch Diebstahl!!! Bessie kann dazu nur bedauernd sagen, dass er es doch sehr, wirklich sehr schwer hat, immer ein solch rohes unverschämtes Verhalten ihretwegen an den Tag legen zu müssen. Er muss sich ja geradezu von Bessie dazu gezwungen fühlen, diese Schwierigkeiten mit ihr gewaltförmig zu bewältigen. Abgesehen davon ist es für Bessie dennoch auch beruhigend, dass es, trotz allen Schwierigkeiten mit ihr, ihm gut mit ihr geht.

Böse Mädchen

Die Sängerin Dinah Washington etabliert im Blues und im R&B eine neue klangliche Gesangsstrategie, die „mean" genannt wird. Dieser Begriff steht für einen Gesang, der Durchsetzungsfähigkeit und Selbstbewusstsein signalisiert und vielleicht mit „böse", „widerspenstig", „angriffslustig" und „bestimmend" halbwegs beschrieben ist. Dinahs Nachfolgerinnen Big Mama Thornton, Koko Taylor, Big Maybelle, Etta James und Tina Turner entwickeln diesen Sound weiter.

1943 nimmt Dinah mit dem Lionel Hampton Quartett den „Evil Gal Blues" auf. Er hat die böse schlimme Frau zum Thema, die die Taschen des Mannes leert und ihm nur Kummer und Elend bereitet. Dinah warnt ihn jedoch vor ihr: Sie habe Männer links und Männer rechts, Männer jeden Tag, Männer jede Nacht. Es seien so viele, dass sie nicht mehr weiß, was tun. „Daddy, ich bin nicht gut zu dir!" Zudem hat sie noch Männer im Osten, Männer im Westen. Aber ihr Kerl in Harlem ist immer noch ihr bester Lover. „Ich bin eine Schlimme und ich brauche einen ebenso schlimmen Kerl!" Momentan ist sie aber völlig fertig und am Boden zerstört, weil sie ihn an „Uncle Sam" verloren hat. Der amerikanische Staat hat ihn nämlich auf die Rekrutierungsliste für Soldaten für den Einsatz im II. Weltkrieg gesetzt. Eine letzte Warnung von Dinah an ihren Verehrer: „Wenn du glücklich bleiben willst, dann häng nicht mit mir herum, den ich bin ein schlimmes Mädchen und – ich will dich frei lassen."

I'm an evil Gal, don't you bother with me.
Yes, I'm an evil Gal, don't you bother with me.
I'll empty your Pockets and fill you with Misery.

I've got Men to the left – Men to the right!
Men every Day and Men every Night!
I've got so many Men. Mmmmh! I don't know what to do.
So I'm tellin' you, Daddy, I ain't no good to you!

I've got Men in the East – Men in the West
But my Man here in Harlem always loves me the best!
I'm an evil Gal, and I need an evil Man,
But I'm down in the Dumps since I lost him to Uncle Sam.

If you want to be happy, don't hang around with me,
Mmmh, I said if you wanna be happy, don't hang around with me,
'Cause I'm an evil Gal, and I want to set you free.

Auch Aretha Franklin (1942-2018) nimmt sich 1964 dieses Bluestitels mit leicht verändertem Text und souliger Gospelstimme an. Arethas „Evil Gal" ist noch boshafter als Dinahs. Schnippisch singt sie: „Wenn du mir ‚Guten Morgen' sagst, sage ich dir, dass das eine Lüge ist. Wenn du sagst: ‚Hello, Baby!' werfe ich dir einen bösen Blick zu. Ich will Kaviar zum Frühstück und jede Nacht Champagner." Yeah!

Ein anderes böses Mädchen ist Esther Phillips (1935-1984), eine Sängerin, die ihre Karriere mit dem frühen Rhythm & Blues beginnt. Esther, geboren in Galveston, Texas, ist in vielen Stilrichtungen wie Blues, Pop, Country, Jazz, Soul und besonders im Rhythm & Blues zuhause. Singen lernt sie in ihrer Kirchengemeinde. 1949 gewinnt sie im „Barrelhouse Club" von Johnny Otis, Musiker und Plattenproduzent, einen Amateurwettbewerb. Otis ist von der 14jährigen beeindruckt, produziert ihre Debutschallplatte mit dem Hit „Double Crossing Blues" (1950). Das Duett ist ein Nachfahre des „Husband & Wife"-Genres. Die eigentliche Komponistin dieses Songs, Jessie Mae Robinson, bekommt nach einer gerichtlichen Auseinandersetzung das Urheberrecht zugesprochen. Jessie Mae ist eine der wenigen afroamerikanischen SongwriterInnen, die im Musikmarkt die Barriere zwischen schwarz und weiß durchbrechen kann.

Otis nimmt Esther auf seine wandernde R&B-Revue „California Rhythm and Blues Caravan" unter dem Namen „Little Esther" mit. Er fördert auch die Karrieren von Etta James und Big Mama Thornton. Esther wird sich auch an Big Mamas „Hound Dog" versuchen. Esther ist eine der wenigen Frauen, die im Jahr ihres Schallplattendebuts viele erfolgreiche Hits feiern kann. Ihre baldige Heroinabhängigkeit bremst ihre Karriere jedoch beträchtlich. Einer ihrer größten Triumphe nach ihren großen R&B-Erfolgen in den 1950er Jahren ist 1972 der Song „Home Is Where the Hatred Is", ein Bericht über Drogenkonsum. Geschrieben hat ihn Gil Scott-Heron (1949-2011), ein Musiker, der sich als „Bluesologist" bezeichnet, in seinen Songs sozialpolitische Themen verarbeitet und sich mit den Quellen des Blues befasst. Ihren R&B-Titel „I'm a bad bad Girl", den die Komponistin Gladyces DeJesus geschrieben hat, singt sie im Jahr 1951 noch unter dem Namen „Little Esther". Damit landet die erst 14jährige sofort einen Hit. Darin gibt sie unumwunden zu, ein böses böses Mädchen zu sein, so schlimm zu sein wie es nur geht. Was ist nur mit ihr los? Sie wird von Problemen nur so verfolgt. Letzte Nacht hat sie eine schwarze Katze umgebracht. Anscheinend will sie ihre Schwierigkeiten mit Hoodoo-Zauber vertreiben. Dafür benötigt sie einen Katzenknochen. Auch den magischen „Goofer Dust" verstreut sie an ihrer Tür. In der Morgendämmerung muss sie jedoch dafür bezahlen. Der Teufel will seinen Lohn. Dabei sei sie nur ein böses Mädchen, das gar nicht böse sein will. Sie wendet sich an ihren „Daddy", der ihr jedoch lauter Geschichten erzählt, wie gut er doch sei. Aber Esther hat herausgefunden, dass er es selbst dann, wenn er gut sein könnte, es nicht sein würde. Sie will sein „Jive-Talking", sein Gerede, nicht mehr hören. Sie will ihn einfach nicht mehr. Esther gibt ihm zu verstehen, dass ihre Tür weit offen stehe, und dass das für ihn bedeute, dass er jetzt gehen müsse. Na klar, sie war ein böses Mädchen, ja, aber der Herr weiß, dass sie es nicht sein wollte. Jetzt spricht ihr Daddy eindringliche und klare Worte: „Hör zu, kleine Esther! Du hast mich dazu veranlasst, mein Zuhause zu verlassen. Du hast gewusst, dass ich nicht gut bin und dass alles, was ich getan habe, falsch gewesen ist. Jetzt hast du dein Bestes versucht, mich loszuwerden. Aber ich habe Neuigkeiten für dich, Baby, denn du wirst niemals frei sein. Du bist nur ein böses Mädchen, und du wirst es immer bleiben. Du warst für mich bestimmt!" Esther sieht ein, dass es wohl so sein muss und beide gestehen sich schlussendlich ein: „Well, we'll both be just plain bad!" (Nun, wir sind beide einfach nur schlecht!) und Esther ist nun sonnenklar: „I'm a bad Girl!"

Sie: *I'm a bad Girl. Just as bad as I can be 2x*
I don't know what's the matter,
Trouble always follows me

I killed myself a black Cat just the Night before
Spread the little Goofer Dust all around my Door
Hoping I'd chase some Evil away
But when the Dawn appeared I had the Devil to pay
I'm just a bad Girl but Lord knows I don't mean to be

You told me Lots of Stories. Said that you'd be good
But I just found out, Daddy, that you wouldn't if you could
I'm tired of your Jiving. Don't want you anymore
My Doors wide open and it means you got to go
I've been a bad Girl. Lord knows, I didn't mean to be

Er: *Listen little Esther! You made leave my Home*
Know that I'm no good and everything I've done is wrong
Now you tried your Best to get rid of me
But I've got News for you, Baby, cause you'll never be free
You're just a bad Girl you're always gonna be

Er: *You were meant for me.*
Sie: *Since it had to be*
Beide: *Well we'll both be just plain bad.*
Sie: *I'm a bad Girl!*

In diesem Song werden die Figur des Teufels, der seinen Obolus haben will und die alten Hoodoo-Zauberrituale vergangener Zeiten wieder lebendig: der Katzenknochen und der „Goofer Dust", die Erde von einem Grab. Die Mittelchen haben ihr nicht geholfen, ihren bösen Daddy loszuwerden. Esther muss eben ein böses Mädchen bleiben. Böse Mädchen sind faszinierend, aber auch gefährlich. Einem untreuen Mann trachten sie schon mal nach dem Leben. Monette Moore fühlt sich in ihrem Blues „Treated Wrong Blues" (1924) von ihrem Mann nicht gut behandelt und stellt ihn zur Rede: „Komm mal her, mein Süßer, ich möchte dich eine Sache fragen. Wieso behandelst du jedermann besser als mich Ärmste?"

Come here sweet Babe, I want to ask one Thing of thee 2x
What makes you treat everybody better than you do for me?

Monette dachte, dass sie ihren Mann für sich allein habe. Sie hat jedoch herausgefunden, dass er eine Andere hat.

I thought I had my Man all to myself 2x
I come to find out he has somebody else

Monette: „Ich weiß, alle wundern sich, dass ich diesen Blues mit Freude singe. Ich habe den Blues so lange gehabt, der Blues macht mir keine Sorgen."

I know, Folks wonder why I sing these Blues with Glee 2x
I've had the Blues so long, them Blues don't worry me

Sie droht ihm die Kehle durchzuschneiden und sein Blut wie Wein zu trinken. „Alle diese Frauen sollen wissen, dass du mein Mann bist. Und wenn dich jemand fragt, Baby, wer diesen Song spielt, dann sag ihnen: ‚Ein armes Mädchen, dass nicht gut behandelt worden ist.'"

I'm gonna cut your Throat, Babe, drink your Blood like Wine 2x
I'll let these Women know that you're a Man of mine

If anybody asks you, Babe, who's playing this Song 2x
You can tell them „A poor Girl who's been treated wrong!"

Monette Moore (1902-1962) wächst in Kansas City, Missouri, auf. Sie bringt sich das Klavier spielen autodidaktisch bei und arbeitet ab den frühen 1920ern als Theaterpianistin. Sie spielt 44 Bluestitel ein, einige unter dem Namen Susie Smith.

In den 1930ern arbeitet sie als Pianistin für Ethel Waters und macht in New York City ihren eigenen Club „Monette's Place" auf. Sie spielt und singt in den 1940ern in Nachtclubs, manchmal auch zusammen mit dem Klarinettisten Sidney Bechet. Sie bekommt einige kleine Rollen in Filmen und Revuen und macht noch einmal ein paar Schallplattenaufnahmen. In den 1950ern spielt sie noch ab und zu bei örtlichen Veranstaltungen, arbeitet als Dienstmädchen und Toilettenfrau und bis kurz vor ihrem Tod in Disneyland.

Ein böses Mädchen wie Rosa Henderson singt 1924 den Blues vom Leichenbestatter, den „Undertaker's Blues". Rosa fragt in die Runde: „Hört ihr nicht die Kirchenglocken läuten?" Ihre trockene Erklärung folgt: „Nun gut. Ein untreuer Mann ist tot. Mama hat ihn beim ‚dampfwalzenartigen' Anbaggern von Frauen erwischt. Habe dem Halunken eine Kugel in den Kopf geschossen. Auf seinem letzten Weg tragen ihn sechs Sargträger zu seinem Platz, ein Meter unter der Erde." (Six Feet Under) Und Rosa stellt fest:

„Der Friedhof ist sicher ein einsamer Ort. Wenn du tot bist, werfen sie dir Erde ins Gesicht. Ich kann nicht weinen, ich werde mich nicht einmal schwarz anziehen." Rosa hofft, dass er nie wieder zurückkommt. Sie hat ihm Blumen gekauft, die sie neben den Kopf ihres guten Mannes gelegt hat. Rosa bemerkt betont sachlich: „Er kann sie nicht riechen, denn er ist sicher tot."

Don't you hear the Church Bells tollin'?
Well, a triflin' Man is dead,
Mama caught him out steamrollin',
Shot that Rascal through the Head.

Six Pall Bearers take him on his last go 'round, 2x
Gonna place him 'neath six Feet of Ground.

Cemetery sure is one more lonesome Place, 2x
When you're dead, they throw Dirt in your Face.

I can't cry, ain't gonna even dress in black, 2x
'Cause for good that he ain't comin' back.

Bought him Flowers, laid 'em at my good Man's Head, 2x
He can't smell 'em, 'cause he's surely dead.

Gute Mädchen können durch gewisse Umstände aber auch sehr böse werden. Davon kann Rosetta Crawford (ca. 1900 – nach 1939), ein Lied singen. Die Bluessängerin spielt 1923/24 einige wenige Schallplattenseiten ein und hat 1939 ein kurzes Comeback mit vier Titeln. Darunter ist der folgende Blues:

Rosetta hat einen Mann, der oft aus dem Nichts, ohne Vorwarnung wütend wird. „My Man jumped salty on me" (1939); geschrieben von Perry Bradford. Diese

Modephrase aus dem Harlem der 1930er Jahre, erzählt davon, welche Reaktionen das ungebührliche Verhalten eines Mannes bei Rosetta auslösen kann. Rosetta erzählt: Bin gerade auf dem Weg zum Fluss mit einem Seil und einem schweren Stein. Werde mir das Seil um den Hals binden und von der Brücke springen, denn mein Mann ist dauernd wie aus heiterem Himmel wütend auf mich. Niemand kann meine Meinung mehr ändern. Ich bin misshandelt worden und mir macht es nichts aus, wegen diesem ewig wütenden Mann zu sterben. Hole mir etwas Gift und vergifte mich, denn der Mann, den ich liebe, hat mich zu den Akten gelegt (put me on the Shelf). Diese dreckige alte Viper trampelt auf mir herum. Wenn er mich nicht mehr will, muss er deshalb doch nicht gleich lügen. Der Tag, an dem ich ihn sehe, ist der Tag, an dem er sterben wird. „Baby, du kennst meine Absicht nicht", droht sie ihm. „Wenn du mich lachen siehst, lache ich nur, um nicht zu weinen. Ein Mann, dem man nicht trauen kann, ist schlimmer als ein ebensolcher Würfel. Mit Würfeln verlierst du Geld, mit Männern verlierst du dein Leben. Oh, dieser Narr! Trampelt auf mir herum! Ich hole mir ein Rasiermesser und eine Waffe, resteche ihn damit, wenn er still steht, erschieße ihn, wenn er wegrennt, weil dieser Mann ‚jumped salty on me'."

> *Goin' down to the River, take a Rope and a Rock*
> *Tie it round my Neck and jump off the Dock*
> *'Cause my Man he jumped salty on me*
>
> *Ain't no one can Change my Mind*
> *I've been mistreated and I don't mind dyin'*
> *Cause that Man jumped salty on me*
>
> *Gonna get me some Poison, kill myself*
> *'Cause the Man I love has put me on the Shelf*
> *The dirty old Viper jumped salty on me*
>
> *If he didn't want me he didn't have to lie*
> *The Day I see him, that's the Day he'll die*
> *'Cause that Man jumped salty on me*
>
> *I'm gonna get me a Razor and a Gun*
> *Cut him if he stands still, shoot him if he runs*
> *'Cause that Man jumped salty on me*

Zum Glück springt sie nicht von der Brücke. Allerdings wird sie langsam sehr wütend mit ernsten Konsequenzen, die für „diese dreckige Viper" von Mann wohl nicht gut ausgehen werden. Aber böse, von aggressivem Zorn getriebene Mädchen kommen auf noch krassere Ideen. Das ungewöhnliche Spektrum von blinder Gewalt ist in diesem besonderen Blues versammelt. Es reicht von einem absoluten Vernichtungswillen über Allmachtsphantasien bis zum blutrünstigen Hass und ohnmächtiger Wut auf alles und jedes. Gewalt in Bluestexten ist nicht ungewöhnlich. Sie ist aber zumeist auf einzelne Personen gerichtet. Der „Mad Mama's Blues" (1924) besitzt gewiss eine Sonderstellung. Er ist der einzige Blues, der jemals auf einem Phonographen, einem Tonaufnahme- und Abspielgerät in Walzenform des Erfinders und Elektroingenieurs Thomas Alva Edison aufgenommen worden ist. Gesungen wird er von der afroamerikanischen Sängerin Josie Miles, was diese Edison-Aufnahme noch ungewöhnlicher macht, denn dieser Blues hat den aggressivsten Text, der jemals auf einer Edison-Maschine abgespielt wurde. Ob das Publikum von 1924 geschockt ist?

Es ist verwunderlich, dass dieser Text bei der Edison-Firma durchrutschte. Ich vermute, dass er einer der gewalttätigsten Bluestitel ist, der von einer Frau interpretiert wird, und den auch Julia Moody für eine andere Firma eingespielt hat. Diese misanthropische Phantasie zeugt von tiefer Frustration einerseits und ungeheurer Zerstörungswut andererseits. Allerdings ist dem Titel die ironische Kraft des Wortes nicht fremd. Josie und Julia sind verkleidete Teufelinnen. In ihren Augen steht Mord geschrieben. Mitleidslos schauen sie auf die Toten. Blut rinnt die Straße hinunter. Es macht ihnen nichts aus, wenn irgendjemand tot vor ihren Füßen liegt. Auf jeden Fall ist der Mann als solcher ihr Freund, denn er hat den Krieg erfunden.

Her mit dem Schießpulver! Her mit dem Dynamit! Nicht nur die Stadt wollen sie in die Luft jagen, sondern darüber hinaus soll die ganze Welt brennend zugrunde gehen. Her mit der Winchester! Niemand, wirklich niemand soll am Ende übrig bleiben. Ist das etwa schon der Anfang von „Heavy Metal"?

Wanna set the World on Fire. That is my one mad Desire
I'm a Devil in Disguise. Got Murder in my Eyes

Now I could see Blood runnin' through the Streets 2x
Could be everybody layin' dead right at my Feet

Now Man who invented War sure is my Friend 2x
Don't believe that I'm sinkin'. Just look what a Hole I am in

Give me Gunpowder! Give me Dynamite! 2x
Yes, I'd wreck the City. Wanna blow it up tonight

I took my big Winchester down off the Shelf 2x
When I get through shootin' there won't be nobody left

Im Gefängnis

Besonders eindrucksvoll sind die Bluessongs über die weiblichen Kriminellen, die oft eine indirekte Kritik der Werte der dominanten weißen politischen Klasse mit einer Kritik am Rassismus und an der männlichen Herrschaft verbinden. Die Bluesfrauen berichten über die Macht der Gefängniswärter, die die afroamerikanischen Frauen auf vielerlei Art zu spüren bekommen. Die Bluessongs erzählen davon, wie schnell AfroamerikanerInnen, speziell die Ärmeren, bis heute wegen Kleinigkeiten im Gefängnis landen können und schildern deren Alltag. Vor allem im Süden werden Frauen wie Männer in den Gefängnissen des Staates oder des County (des Bezirks) in der Landwirtschaft oder in Fabriken beschäftigt. Das System des „Convict Lease" bringt den Gefängnissen bis 1928 eine Menge Geld ein. Die Strafgefangenen werden dabei als Vertragsarbeiter zur Arbeit auf Baumwollfeldern, Zuckerrohrplantagen und für andere landwirtschaftliche Arbeiten herangezogen und als billige Arbeitskräfte an private Farmer verliehen. Geldstrafen können die weitgehend mittellosen AfroamerikanerInnen auf diese Weise abarbeiten. Allerdings wird allgemein die Bezahlung äußerst gering gehalten, sodass die ArbeiterInnen unangemessen lange für die ihnen auferlegten Strafen schuften müssen. Zwar wird dieses Verfahren per Gesetz schon 1887 abgeschafft, was in den Südstaaten allerdings niemanden interessiert. Fast wie während der Sklaverei arbeiten auf den riesigen Farmen der Staatsgefängnisse zum Teil Tausende von Männern und Frauen unter schlimmen Bedingungen. Sechzehn Stunden lange Arbeitstage und brutale Strafen bei renitentem Verhalten gegen die Staatsgewalt sind keine Seltenheit. Zumindest sind die hygienischen Zustände in den Staatsgefängnissen besser als in anderen. In den gefängniseigenen Farmen bauen die Insassen Zuckerrohr, Baumwolle und Gemüse, produzieren oft auch Fleisch und stellen in dazu gehörigen Werkstätten und Konservenfabriken der Arbeitshäuser andere Lebensmittel her. Private Unternehmer von außen können die Produkte der Gefängnisbetriebe billig bekommen. Das bedeutet keine Verbesserung der Lage der Insassen, selbst dann nicht, wenn die Arbeit außerhalb der Gefängnisse abgeschafft wird, weil sie letztlich eine Billigkonkurrenz für Privatunternehmen darstellt. Das neue Problem ist nun die Langeweile. Zur direkten Verwendung für den Staat wird nur noch wenig produziert.

Eine verbreitete Überwachungsmethode der Gefängnisinsassen ist, je nach Art der Arbeit, „Chain Gangs" zu bilden. Dabei werden Männer, Frauen und auch Kinder an einer langen schweren Eisenkette nebeneinander angekettet. Dieses Verfahren wendet der Bundesstaat Georgia noch bis in die 1940er Jahre an. Bei Arbeiten, die freie Hände voraussetzen, bekommen die Gefangenen eine dicke Fußkette mit einer Zwanzig-Pfund-Kugel daran. Bis in die 1950er Jahre setzt der Bundesstaat Florida diese mittelalterlich anmutenden Foltermethoden ein. Sind die Arbeitsstellen für staatliche Projekte wie der Gleisbau für die Eisenbahn und der

Straßenbau weit weg, werden die Strafgefangenen mit von Pferden gezogenen Güterwagen dorthin transportiert, die nach dem II. Weltkrieg durch fahrbare Käfige ersetzt werden.

Zahlreiche BluessängerInnen haben diese brutalen Gefängnisse mit vielen machtbesessenen korrupten Wachleuten am eigenen Leib erlebt. Darunter Texas Alexander, Leadbelly und Bukka White, der auf der „Parchman Prison Farm", dem Staatsgefängnis von Mississippi (Mississippi State Penitentiary) einsaß. Seine Erlebnisse hat er im oft gecoverten „Parchman Farm Blues" (1940) verarbeitet. Die meisten BluesmusikerInnen gehören zu den unteren Schichten der amerikanischen Gesellschaft. Das lässt sie klar auf diese Atmosphäre der Unterdrückung und Repression der rassistischen bürgerlichen weißen Gesellschaft blicken. Auch Frauen werden nicht geschont. Paul Oliver schreibt in seinem Buch „Blues fell this Morning", dass ältere afroamerikanische Frauen den Campus des „Georgia State College", eine höhere Unterrichtsstätte für bürgerliche Frauen, unter bewaffneter Aufsicht umgraben müssen.

Die aus Georgia stammende Ma Rainey singt von der Bestrafung einer jungen Frau in ihrem „Chain Gang Blues" von 1925: Die junge Frau sieht ihrer Bestrafung entgegen. Der Richter hat sie für schuldig befunden und der Angestellte hat alles aufgeschrieben. Nun muss sie, das arme Mädchen, die „County Road" (in die Bezirksstrafanstalt) gehen:

„Bin nur ein armes Mädchen in Schwierigkeiten. Ich weiß, dass ich die ‚County Road' gehen muss. Das werden viele Tage der Sorgen, viele Nächte voller Leid werden. Überall, wo ich hingehe sind meine Hände mit einem Vorhängeschloss gefesselt, am Fuß eine schwere Kugel mit Kette. Und das alles wegen eines verheirateten Mannes, den ich ‚gestohlen' habe. Heute früh hatte ich meine Verhandlung: 90 Tage ‚County Road' und der Richter hat nicht einmal gelächelt."

The Judge found me guilty, the Clerk he wrote it down 2 x
Just a poor Gal in Trouble, I know I'm County Road bound

Many Days of Sorrow, many Nights of Woe 2 x
And a Ball and Chain everywhere I go

Chains on my Feet, Padlock on my Hand 2 x
It's all on Account of stealing a Woman's Man

It was early this Morning that I had my Trial 2 x
Ninety Days on the County Road, and Judge didn't even smile.

Auch wegen Kleinigkeiten, die bei Weißen kaum eine Rolle spielen oder auch gänzlich ohne Grund, ist die Chance für AfroamerikanerInnen groß, im Gefängnis zu landen. Es herrscht eine unberechenbare Willkür. Alice Moore aus Missouri singt 1929 in ihrem „Prison Blues" davon, dass sie für sechs Monate ins Gefängnis gehen und danach noch sieben Monate zum Arbeiten auf die „County Farm" muss. Der Richter hat sie verurteilt. Weshalb? Sie hat ihre Schulden nicht bezahlt. Ihr Mann sagt, dass es ihm Leid tue. Das war's von ihm!

Nun verrichtet sie schwere Arbeit und versucht dabei, ihn zu vergessen. Sie meint, dass er es eines Tages noch bereuen würde, sie so behandelt zu haben. Aber schlussendlich, so meint Alice, wenn er etwas taugen würde, hätte er ihre Schulden ja wohl bezahlt. Sie überlegt, sich einen Galgen zu bauen, um sich aufzuhängen, denn sie möchte den Mann, den sie liebt, damit zu Tode ängstigen.

Oh, Judge he sentenced me, and the Clerk he wrote it down. 2x
My Man said „I'm sorry for you, Babe, but you are County Farm bound."

Oh, six Months in Jail, seven Months on the County Farm. 2x
If my Man he had 've been any good he would have met my Bond.

I worked hard on the County Farm, tryin' to forget my Babe. 2x
Some Day he's gonna be sorry he treated me this Way.

I'm gonna build me a Scaffold just to hang myself, 2x
Because the Man I'm lovin' 'bout to worry, poor me, to Death.

Dieses sehr menschliche Gefühl dieser hin und her schwankenden Zerrissenheit findet sich im weiblichen Blues oft in Bezug auf ihren Partner.

Von AfroamerikanerInnen begangene Morde an Weißen werden im Süden äusserst streng bestraft. Gnädiger sind die Richter, wenn sich AfroamerikanerInnen gegenseitig umbringen oder sie von Weißen getötet werden. Dies hängt aber allein davon ab, in welchem Bundesstaat welche Gesetze bei Straftaten Anwendung finden und wie die Richter sie auslegen

Sara Martin ist ins Gefängnis gegangen und bittet den Gefängniswärter, ihren „Used-to-be", ihren verflossenen Daddy, noch einmal sehen zu dürfen. Er hat seinen Vater umgebracht. Sie blickt ihm ins Gesicht und teilt ihm ungerührt mit, dass sie nun mal den Platz mit ihm nicht tauschen könne. Realistisch und pragmatisch wie sie ist, braucht sie jetzt einen neuen Daddy. Sara warnt alle Frauen, auf ihre Männer gut aufzupassen. Es sei nun wirklich ratsam, ein gutes Vorhängeschloss und einen Schlüssel anzuschaffen, „denn nur so kannst du deinen Mann von mir fernhalten."

Sara in tiefer Verzweiflung: „Und wenn der Blues Whisky wäre, wäre ich die ganze Zeit betrunken, denn ich musste meinen Daddy zurücklassen." „I've got to go and leave my Daddy behind" aus dem Jahr 1923:

I went to the Jail-House crying: „Jailer, please!
Please, Mister Jailer, let me see my Use-to-be."

The Jailer felt sorry, then looked at me and smiled.
Said, „I'm sorry, pretty Lady, but your Man's done Patricide."

I turned to the Cell, looked my Daddy in the Face.
„I'm sorry, pretty Daddy, but I just can't take your Place."

Now Girls! You better buy yourself a Padlock and Key,
'Cause that's the only Way you can keep your Man from me.

And if the Blues was Whisky I'd be drunk all the Time.
I had to go and leave my Daddy behind.

Bei diesem Blues wird Sara von dem Gitarristen Sylvester Weaver begleitet. Die Aufnahmen dieser Session gelten als die ersten Bluessongs mit Gitarrenbegleitung.

Tatsächlich ermorden nur wenige Frauen ihren Partner. Rachephantasien wegen Untreue mitsamt tiefen Wutgefühlen bis hin zum Mord sind aber ein bedeutendes Thema der Bluesfrauen. Ab und zu drohen sie aus verschiedenen Gründen damit, ihre Männer bei nächster Gelegenheit umzubringen. Rosa hat ihren Liebhaber wegen Untreue getötet.

Rosa Henderson (1896-1968), geboren in Henderson, Kentucky, ist eine der klassischen Bluesfrauen und Unterhaltungskünstlerin im Vaudeville-Bereich. Mit 17 Jahren tritt sie der Zirkustruppe ihres Onkels bei. Mit 22 Jahren heiratet sie Douglas Henderson und wird Mitglied in seiner Wandershow. Als Musikkomödiantin ist sie in den frühen 1920ern am Broadway in New York City tätig. In ihrer neunjährigen Schallplattenkarriere nimmt sie über 100 Bluestitel mit ihrer Band „Rosa Henderson and the Choo Choo Jazzer" auf, zum Teil unter Pseudonym. Die Auswirkungen der Großen Depression treffen auch Rosa, 1932 ist Schluss mit ihrer Plattenkarriere. Sie nimmt einen Job in einem New Yorker Kaufhaus an und singt bis in die 60er Jahre noch ab und zu auf Benefitzveranstaltungen. In ihrem „Penitentiary Bound Blues" von 1925 schildert Rosa ihre letzten Minuten bevor sie in ihre Zelle des Staatsgefängnisses eingeschlossen wird. In dieser Art Gefängnis landen die Schwerverbrecher und MörderInnen des jeweiligen Bundesstaates. Sie muss ins Arbeitshaus des Gefängnisses, denn sie hat lebenslang bekommen. Der Gefängniswärter kommt mit dem Schlüssel und tief betrübt verabschiedet sie sich von ihrer Freiheit. Es nütze nichts, wenn man sie bemitleiden würde, meint Rosa. Ihre Nummer sei 41144 und gleich werde sie Gefängnisinsassin hinter einer Stahltür sein: „Leute, Ich habe meinen untreuen Mann getötet. Ich habe ein Verbrechen begangen. Nichts wird mich befreien, nichts als der alte Vater Zeit."

Goin' to the Work House, my Heart's filled with Grief and Strife 2x
Goin' to the Penitentiary. Judge, he sentenced me for Life

Good-bye, everybody, here's the Jailor with the Key 2x
Farewell to my Freedom; ain't no use to pity me

Gonna get my Number, four-eleven-forty-four 2x
Soon I'll be an Inmate, with the Steel upon my Door

Killed my triflin' Papa, Folks. I done commit a Crime 2x
Nothing will release me, nothing but old Father Time

Den Blues „Send me to the 'Lectric Chair" macht Bessie Smith in den späten 1920er Jahren zu einem berühmten Bluesstandard. 1957 spielt Dinah Washington ihn zusammen mit einer Bigband ein. Die kanadische Bluessängerin und Gitarristin Sue Foley trägt den inzwischen 90 Jahre alten Song auf dem Utah Blues Festival 2019 als Bluesrocktitel vor.

Bessie gesteht den Mord an ihrem untreuen Mann. Sie bittet den Richter, sie anzuhören, bevor er das Gerichtsverfahren eröffnet: Sie wolle keine Sympathie, denn sie habe ihrem Mann die Kehle durchgeschnitten, weil sie ihn mit einer herumtändelnden Jane erwischt habe. Bessie hatte ihr Messer dabei, wurde wahnsinnig wütend und den Rest kenne er ja. Der Richter solle sie auf den elektrischen Stuhl schicken. Sie wolle die Reise hinunter zum Teufel antreten. Sie habe ihren Mann getötet und wolle nun ernten, was sie gesät habe. Zwar habe sie ihn sehr geliebt, ihm aber mit ihrem Taschenmesser, dem Barlow, in die Seite gestochen. Daneben habe sie gestanden und darüber gelacht, wie er sich herumwälzte und gestorben sei. Sie wolle auch keinen Bürgen für die Kaution. Auf keinen Fall möchte sie 99 Jahre im Gefängnis zubringen. „Deshalb, lieber guter Richter, schick mich auf den elektrischen Stuhl!"

Judge, you wanna hear my Plea before you open up your Court
But I don't want no Sympathy 'cause I done cut my good Man's Throat
I caught him with a trifling Jane.
I warned him 'bout before I had my Knife
And went insane and the Rest you ought to know

Judge, Judge, please, Mr. Judge, send me to the 'lectric Chair
Judge, Judge, good Mr. Judge, let me go away from here
I wanna take a Journey to the Devil down below I done killed my Man.
I wanna reap just what I've sowed
Oh, Judge, Judge, Lordy, Lordy, Judge, send me to the 'lectric Chair

Judge, Judge, hear me, Judge, Send me to the ‚Lectric Chair
Judge, Judge, send me there, Judge, I love him so dear
I cut him with my Barlow.* I kicked him in the Side
I stood there laughing over him while he wallowed 'round and died
Oh, Judge, Judge, Lordy Judge, send me to the 'lectric Chair

Judge, Judge, please, Mr. Judge, send me to the 'Lectric Chair
Judge, Judge, good, kind Judge, burn me, 'cause I don't care
I don't want no Bondsman there to go my Bail
I don't want to spend no nine and ninety years in Jail
So Judge, Judge, good kind Judge, send me to the 'lectric Chair

*Barlow = ein preiswertes einfaches Taschenmesser, das in den 1920er Jahren nur einen Dollar kostet.

Victoria Spivey hingegen verhandelt in dem von ihr geschriebenen Blues „Murder in the First Degree" von 1927 aus dem Gefängnis heraus mit dem Richter:

Well, I'm layin' here in this Jailhouse, scared as any Fool can be 2x
I believe they're gonna hang me, from what my Lawyer said to me

My Man got runnin' around with a Woman he know I can't stand 2x
There's one Notch on my Gun, and the World's rid of one triflin' Man

I scrubbed them Pots and Kettles, I washed and ironed
them white Folks' Clothes 2x
Any Charge that I'm makin', I killed him, Judge, and that's all I know
Judge, if you had killed your Woman, and had to come before me
If you'da killed a Woman who trifled and had to come before me
I'd send her to the Gallows, and, Judge, would let you go free

I said I ain't done nothin' but killed a Man what belonged to me 2x
And here they got me charged with Murder in the First Degree

Sie ist im Gefängnis und wird wohl gehängt werden. Der Grund: Ihr Mann trieb sich mit einer anderen Frau herum, die sie nicht ausstehen kann. Victoria hat nun eine Kerbe auf ihrem Gewehr, denn die Welt hat einen untreuen Mann weniger. Sie hat für die Weißen Töpfe und Kessel geschrubbt, deren Wäsche zusammen mit seiner gewaschen und gebügelt. Victoria argumentiert: „Herr Richter, ich habe ihn getötet. Das ist alles, was ich weiß." Und noch etwas: „Herr Richter, wenn du deine untreue Frau getötet hättest und du hättest hier vor mir stehen müssen, ich würde sie an den Galgen bringen und dich, Herr Richter, frei lassen. Ich habe nichts weiter getan als meinen Mann zu töten, der mir gehört. Und hier werde ich wegen vorsätzlichen Mordes (First Degree) angeklagt!" Ihr enttäuschtes Kopfschütteln über dieses richterliche Unverständnis ihrer Situation ist geradezu spürbar.

Es gibt aber auch manchmal günstige Gelegenheiten, aus dem Gefängnis auszubrechen. Es geschieht tatsächlich, dass Strafgefangene aus den kleineren Bezirksgefängnissen fliehen. Entweder sind die Wärter zu sorglos, oft auch gleichgültig oder die Sicherheitsvorkehrungen sind ungenügend. Aber auch durch Bestechung der korrupten Wärter mit Geld oder Sex eröffnen sich Möglichkeiten zur Flucht. In den Südstaaten lassen die Wärter häufig Gefangene entlaufen – nicht zuletzt um Besuchern vorzuführen, wie gut ihre Bluthunde (Bloodhounds/Jagdhunde) darin sind, sie wieder einzufangen. Diese Hunde haben sehr gute Spürnasen, und die Polizei setzt sie auch gerne zur Verfolgung Verdächtiger ein. Victoria Spivey kann das wütende Gebell dieser Bloodhounds noch persönlich in Houston, Texas, hören, mit denen die Wärter der „Central State Farm", dem Staatsgefängnis, Jagd auf die Entflohenen machen. 1930 schreibt sie zu diesem Thema den „Bloodhound Blues": „Nun, ich habe meinen Mann vergiftet. Ich habs in sein Getränk getan. Jetzt bin ich im Gefängnis und muss immer darüber nachdenken. Ich habe meinen Mann vergiftet. Ich hab's in seinen Trinkbecher getan. Nun, es ist leicht ins Gefängnis zu gehen, sie haben mich hinter Gitter gebracht. Als der Wärter mir den Rücken zudrehte, bin ich aus meiner Zelle ausgebrochen. Aber jetzt sind mir leider Bluthunde auf der Spur. Sie wollen mich zurück in dieses kalte einsame Gefängnis bringen. Nun, ich weiß sehr wohl, dass ich etwas falsch gemacht habe, aber er hat mich getreten und mir ein blaues Auge verpasst. Ich habe es in einem Anfall von Wut getan. Ich dachte es wäre so Brauch. Aber wenn mich die Bloodhounds jemals erwischen, werde ich auf dem elektrischen Stuhl sterben."

Well, I poisoned my Man, I put it in his Drinking
Now, I'm in Jail, and I can't keep from Thinking,
I poisoned my Man, I put it in his Drinking Cup.

Well, it's easy to go to Jail, but, Lord, they send me up.

Well, I broke out of my Cell when the Jailer turned his Back, 2x
But now I'm sorry, Bloodhounds is on my Track.

Bloodhounds, Bloodhounds, Bloodhounds is on my Trail 2x
They want to take me back to that cold, cold lonesome Jail.

Well, I know I done wrong, but he kicked me and he blacked me.
I done it in a Passion, I thought it was the Fashion.

I know I done wrong, but he kicked me and blacked my Eyes.
But if the Bloodhounds ever catch me, in the Electric Chair I'll die.

In der Realität bekommen in den 1930er und 1940er Jahren etwa 24 Frauen und 3.100 Männer, von denen mehr als die Hälfte Afroamerikaner sind, die Todesstrafe. Es sind angeblich 350 Vergewaltiger weißer Frauen dabei, ausschließlich afroamerikanische Männer. Die Anklage wegen Vergewaltigung einer weißen Frau ist oft nur vorgeschoben, denn der afroamerikanische Mann unterliegt dem rassistischen Vorurteil, grundsätzlich ein Vergewaltiger zu sein. Weiße Vergewaltiger eines schwarzen Mädchens stehen hingegen selten vor Gericht.

Die Farbe der Haut

Ein besonderes Thema im Blues ist die Hautfarbe der AfroamerikanerInnen. Sie spielt in einer rassistischen Gesellschaft eine zentrale Rolle und bestimmt die Position eines Menschen oder einer Gruppe sowie die gesamten Lebenschancen. Der Rassismus entscheidet, dass das Leben der afroamerikanischen Bevölkerung ein anderes zu sein hat als das Leben der Weißen. Afroamerikaner bleiben nach der Sklaverei eine unterprivilegierte Klasse in einem der reichsten Länder der Welt, was sich auch heute noch immer nicht zur Gänze erledigt hat. Die freie Entfaltung einer auf die Hautfarbe reduzierten Person trifft auf zahlreiche gesellschaftliche Hindernisse.

Im Blues ist die gesellschaftspolitische Rassendiskriminierung ein selten direkt angesprochenes Thema, außer in den Titeln, die sich mit den „Jim-Crow"-Gesetzen oder der „Mason-Dixon"-Grenze befassen. Indirekt jedoch ist die Diskriminierung durch die Mehrheitsgesellschaft fast immer spürbar. Selbst innerhalb der afroamerikanischen Community ist die Schattierung der Hautfarbe ein Problem, bestimmt sie doch in einigen gesellschaftlichen Bereichen beispielsweise die Jobchancen. Vor allem dann, wenn es um neue weiße Kundschaft im Unterhaltungsgewerbe geht, wird die Hautfarbe wichtig. Als 1923 der „Cotton Club" in Harlem eröffnet, werden die weiblichen Entertainer einem „Paper Bag"-Test unterzogen. Das bedeutet, dass nur diejenigen Frauen ein Engagement bekommen, deren Hautfarbe heller ist als die typische amerikanische braune Papiertüte.

In vielen Bluestiteln, besonders in den 1920er und 1930er Jahren, wird die hierarchische Einteilung von Menschen aufgrund der Hautfarbe vorgenommen und manchmal sogar mit angeblichen Charaktereigenschaften verbunden. Die Reihenfolge von schwarz, braun, gelb ist allerdings nicht durchgängig festgeschrieben.

Im „Black Man Blues" (1924) zum Beispiel geht es um den „schwarzen" Mann. Wie beurteilt Edmonia Henderson ihn als möglichen Partner? – Je schwärzer eine Beere, desto süßer der Saft! Nimm dir einen „schwarzen" Mann und lass den „Gelben" gehen.

Blacker the Berry, sweeter the Juice 2x
Get yourself a Black Man and turn that Yellow a-loose

Wenn du ein bisschen Liebe haben willst, wenn du dich einsam fühlst, nimm einen „glänzenden schwarzen Mann", der weiß, was zu tun ist.

If you wanna have some Loving when you're feeling blue 2x
Get yourself a Jet Black Man, he knows just what to do

Einige Frauen mögen ihren „Gelben", einige mögen einen flotten Braunen. „Schwarz wird bei dir bleiben", rät Edmonia, „während dein Gelber dir eine Abfuhr erteilt."

Some like her Yellow, some like teasin' Brown 2x
Black will stick by you when your Yellow turns you down

Gelbe Männer sind böse, ein braunhäutiger Mann ist noch schlimmer. Ich nehme mir einen Jet Black Man und setze auf Nummer Sicher.

Yellow Men are evil, Brown-Skin Men are worse 2x
Get myself a Jet Black Man and play Safety first

So ganz klar sind die Zuschreibungen für die angeblichen Charaktere der Männer auf Basis der Tönung der Haut wohl doch nicht. So ist im „Brownskin Blues" von 1927 von Lillian Glinn zu hören, dass nur ein braunhäutiger Mann für sie infrage kommt. Lillian verlangt, dass die Hellhäutigen ihr mal zuhören sollen:
Ein gelber Mann ist süß, ein schwarzer Mann ist in Ordnung, aber ein braunhäutiger reißt dich von den Füßen. Und falls ihr nicht glaubt was ich euch sage, dann wartet mal ab, wenn er in Fahrt kommt. Darum sage ich, ein braunhäutiger Mann ist der Richtige für mich.

Now all High Yellers you ought to listen to me,
A yellow Man's sweet, a black Mann's neat
A Brownskin Mann will take you clear off your Feet.

And if you don't believe what I say,
Just get him to shake the Shivaree,
That's why I say a Brownskin Man's all right with me.

Ein Jahr später veröffentlicht der Sänger und Piedmont-Bluesgitarrist Barbecue Bob den Antwortblues „Chocolate to the Bone" auf den Song von Lillian. Darin heißt es, dass er sehr froh sei, einer der beliebten Brownskin-Männer zu sein. Er sei wie Miss Lillian. Tatsächlich ist sie auch braunhäutig. Wie bei den Bluesfrauen, haben die „High Yellers"-Männer und -Frauen auch bei den Bluesmännern keinen guten Ruf. Denn sei der Mann einmal weg von zuhause, stehe bei so einer „High Yeller" sofort ein anderer Mann in der Tür, und anspruchsvoll und unzuverlässig seien diese Frauen auch noch. Das gilt auch umgekehrt. Im wirklichen Leben ist es so, dass die sehr hellhäutigen Frauen und Männer manchmal die Rassenschranke durchbrechen und einen Job ergattern, der eigentlich für Weiße reserviert ist. Gelingen kann das, wenn sich diese Person speziell dafür kulturell anpassen kann. In der Community kann das einmal als Verrat und als mangelnder „Rassenstolz" oder anders als Spaß, den man sich mit den Weißen macht, gewertet werden.

Einige männliche Bluessänger meinen, dass der hohe Status hellhäutiger Frauen es schwieriger macht, mit ihnen eine erotische Romanze anzufangen. Haben sie vielleicht Angst vor ihr? Hellhäutige Frauen gelten allgemein als schöner und reicher. Ihr gesellschaftlicher Status ist höher, allerdings würden sie Männer nicht gut behandeln.

Bessie Smith sagt in ihrem „Young Woman's Blues" (1925) über sich, dass sie eine gute Frau sei. Sie sei keine beliebte „High Yeller", sondern nur eine „dunkle Killer Brown". Sie werde weder heiraten noch sich irgendwo niederlassen. Sie werde den guten „Moonshine" trinken und die „Braunen" fertig machen.

> *I'm as good as any Woman in your Town*
> *I ain't no High Yellow, I'm a deep Killer Brown*
> *I ain't gonna marry, ain't gon' settle down*
> *I'm gon' drink good Moonshine and run these Browns down.*

Viele Frauen und Männer wollen unbedingt eine hellere Haut haben und geben viel Geld für Kosmetika zum Pudern der Haut aus. Auch das Glätten der Haare gilt als schön. In den afroamerikanischen Zeitungen wie dem „Chicago Defender" werden daher gerne neben der Werbung für Bluesplatten Anzeigen für hautaufhellende Cremes geschaltet.

Edmonia Henderson plädiert 1924 im „Brownskin Man" Blues für den braunhäutigen Mann. Der sei der Beste. Jetzt, erzählt Edmonia, gibt es viele Leute, die von einem dunkelhäutigen „Monkey Man", einem Mann, der sich von einer Frau zum Affen machen lässt, behaupten, dass er nur verrückt nach einer „High Yellow" sei. Die würde ihn jedoch nur verwirren und das sei noch nicht alles. Jede Nacht, wenn er das Haus verlässt, würde ein weiteres Maultier in ihrem Stall stehen, weiß Edmonia. Außerdem würden sich diese Frauen mit dem vielen Geld, das sie haben, groß hervortun. Den dunkelhäutigen Männern würde ein hellhäutiges Mädchen sagen, dass er bei ihr nicht ankommt und nichts zu machen sei.

Diese „High Yellows" bringen's einfach nicht! Edmonia empfiehlt den Frauen einen Mann mit brauner Haut. Der würde sie lieben und mit Sicherheit gut behandeln. Sie sollen dann zuhause bleiben und dort Tag und Nacht alle Arbeiten für ihn verrichten. Dieser Blues ist wohl eher eine Ausnahme, denn hier legt eine Bluesfrau anderen Frauen explizit die Hausarbeit ans Herz. Der Rat, ihn großzügig zu verwöhnen, damit er ein guter Mann bleibt, kommt ab und an in Texten vor. Edmonia glaubt auch, dass die brave selbstlose Frau großes Lob erhält, denn von dem Dollar, den sie von ihm in die Hand bekommt wird sie zwei Fünftel behalten und sechs Fünftel davon ihrem Mann zurückgeben. – Wie geht denn das? Ist das Ironie?

Von Kopf bis Fuß steckt nämlich „Elgin Movement" (eine Uhr der Firma Elgin Movement) in einem Braunen: er arbeitet automatisch mit 20 Jahren Garantie!

> I said a brownskin Man, he's the best Man after all.
> I say he'll stick you in the Winter, Summer, Spring and Fall.
>
> Now there's a Lot of Folks who claim the Monkey-Man of dark Color
> Is only crazy 'bout a High Yellow
> A High Yellow will throw you and that ain't all
> Every Night when you leave Home, another Mule in your Stall
> A Brown Skin Man will love you, will surely treat you right
> Stay at Home and do his Work both Day and Night
> A Yellow Gal with Lots of Money, and loudly she will sing
> Tellin' all dark-lookin' Men she ain't puttin' out a Thing
> But a Brown will have a Dollar, can see it in her Hand
> She's keeping 2/5ths for herself and giving 6/5ths to her Man
> A Brown's got Elgin Movement from his Head to his Knees
> Automatic Work and 20 year Guarantee."

Alice Moore aus St. Louis hat mehrere Versionen ihres „Black and Evil Blues" aufgenommen, in denen sie ihre Hautfarbe beklagt und sehr wütend über die Folgen dieser Tatsache ist. In der Fassung von 1929 heißt es in einer Zeile: „I'm black an evil and I did not make myself" (Ich bin schwarz und böse und ich habe mich nicht selbst gemacht). In der Aufnahme des „Black and Evil Blues" von 1935 hat sich diese Aussage dahingehend verändert: „And I'm blue, black and evil, and I wished I had made myself" (Und ich bin einsam, schwarz und böse, und ich wünschte, ich hätte mich selbst gemacht).

Alice ist in ihrer innersten Seele davon überzeugt, dass der Herr sie verflucht hat: „I believe to my Soul, the Lord has put a Curse on me!" Und manchmal sieht sie rot vor Wut: „When I get so blue, black and evil, I get Blood all in my Eyes!"

Der ursprünglich vom Sänger und Pianisten Fats Waller 1929 verfasste Blues „(What Did I Do to Be So) Black and Blue" wird 1930 ein Hit für Ethel Waters. Darin schildert sie einige durch ihre Hautfarbe ausgelöste Bürden und Leiden. Braune und Gelbe, alle haben Freunde. Gentlemen ziehen die Hellen vor. Ich wünschte ich könnte verblassen, kann so wie ich bin den Anforderungen nicht genügen. Es sind nur dunkle Tage in Sicht.

Browns and Yellers, all have Fellers. Gentlemen prefer them light
Wish I could fade, can't make the Grade. Nothing but dark Days in Sight

Etwas weiter im Text spricht aus Ethel die pure Verzweiflung über ihre Erfahrungen mit den Diskriminierungen durch die Weißen. Direkt genannt werden die Weißen nicht: Innerlich bin ich weiß, aber das hilft mir in diesem Fall nichts. Ich kann mein Gesicht nicht verstecken. Oh! Ich bin so verzweifelt. Mein Leben ist dornig. Mein Herz ist zerrissen. Warum nur wurde ich geboren? Was habe ich getan, so schwarz und einsam zu sein?

I'm white inside, it don't help my Case
'Cause I can't hide, what is on my Face, oh!
I'm so forlorn, life's just a thorn
My heart is torn, why was I born?
What did I do to be so black and blue?

Wenn du Schwarz bist, denken die Leute, dass du ein mangelhaftes Wesen bist. Sie lachen über dich und verachten dich noch dazu. Wenn du in ihrer Nähe bist, lachen sie und verhöhnen dich noch respektlos obendrein. Sie ignorieren dich und du wirst abgelehnt!

'Cause you're black, Folks think you Lack
They laugh at you, and scorn you too
When you are near, they laugh and sneer
Set you aside and you're denied

Ethel ist traurig und fühlt sich jeden Tag schlechter. „Die Bewertung meines Fleisches, meiner Haut, scheint ein Fluch zu sein. Wie wird das enden? Meine einzige Sünde ist meine Haut. Was habe ich getan, so schwarz und einsam zu sein?"

How sad I am, each Day I feel worse
My Mark of Ham seems to be a Curse, oh!
How will it end? Ain't got a Friend
My only Sin is my Skin
What did I do to be so black and blue?

POWERFRAUEN

MEENA CRYLE (Blues/ Bluesrock / voc) • ROSETTA CRAW-
FORD (Classic Blues / voc) • MARGIE EVANS (Blues / Gospel
/ voc / Songwriter) • HATTIE BOLTON (Blues / voc) • ANGE-
LA BROWN (Blues / Gospel / voc) • KAREN LOVELY (Blues /
voc / Songwriter) • SHIRLEY KING (Blues / Gospel / R&B /
voc) • ROSA HENDERSON (Classic Blues / voc) • VERA HALL
(Piedmont Blues / Country Blues / Folk / voc) • EDNA JOHN-
SON (Blues / voc) • MINNIE MATHES (Blues / voc / Song-
writer) • CEE CEE JAMES (Blues / Bluesrock / voc) • ROSET-
TA THARPE (Blues / Jazz / Gospel / Rock'n'Roll / voc / e-git)
• ALICE LESLIE CARTER (Classic Blues / voc) • BERTHA HEN-
DERSON (Classic Blues / voc / Songwriter) • DEVONIA WIL-
LIAMS (R&B / voc / p) • ELIZA BROWN (Classic Blues / voc)
• EARLENE LEWIS (Blues / b) • ALBERTA JONES (Vaudeville
Blues / voc) • BIRLEANNA BLANKS (Blues / Jazz / voc) •
ALBINIA JONES (R&B / Jazz / voc) • RUBY SMITH (Vaude-
ville Blues / voc / Songwriter) • FANNY MAE GOOSEBY
(Blues / voc) • SHAKURA S'AIDA (Blues / voc / Songwriter)
• JULIA JOHNSON / Blues / voc) • BONNIE RAITT (Blues /
Country / voc / e-git) • JOANNE SHAW TAYLOR (voc / e-git)
• SHIRLEY JOHNSON (Blues / R&B / Soul / voc) • LULU
JACKSON (Country Blues / voc) • NINA SIMONE (Blues /
Jazz / voc / p / Songwriter) • CAMILLE HOWARD (R&B /
voc) • MISSISSIPPI MATHILDA (Delta Blues / voc) • TRA-
CEY NELSON / Blues / Country / voc) • DOROTHY EVERETTS
(Blues / voc).

Der weibliche Blick auf Partnerschaft und Ehe

Wie in den Traditionen der volkstümlichen Songs ist auch im Blues die Beziehung zwischen Mann und Frau ein beherrschendes Thema. Wohl fast alle menschlichen Gefühle sind vertreten. Gefühlshaltige Aspekte bestimmen das Themenspektrum von Liebe, Begehren, Sehnsucht, Wärme, Zwiespältigkeit, Angst, Schmerz, Hoffnungen, Untreue, Hass, Trennung, verlassen und verlassen werden, Aggression, Reue und Versöhnung. Diese Facetten eines oft beschwerlichen Lebens fängt der Blues der Frauen der 1920er und 1930er Jahre besonders intensiv ein. In den mehr oder weniger lockeren Partnerschaften oder Ehen sind in diesen schwierigen Zeiten vor dem II. Weltkrieg besonders die ökonomischen Verhältnisse beider Geschlechter für das Gelingen einer Beziehung enorm wichtig. Eheähnliche Beziehungen werden im Süden leichter eingegangen und wieder aufgelöst. Dieser Art von Zweierbeziehung hängt kein besonderer Makel an. Obwohl die Kirchen großen Einfluss auf die afroamerikanische Arbeiter- und Landarbeiterschicht ausüben, sind illegale Verbindungen in der afroamerikanischen Community weder eine Seltenheit noch bedeuten sie einen Zwang zur Heirat. Formen bürgerlicher Vorstellungen von Ehrbarkeit von Frau und Mann müssen nicht gelebt werden. In der Realität sind die Partnerschaften dieser Zeit besonders unter den armen, aus dem Süden in den Norden eingewanderten jungen AfroamerikanerInnen instabil. Die stressigen Lebensbedingungen in der fremden städtischen Lebenswelt des Nordens machen ihnen viele zuvor unbekannte Probleme. Die Hoffnungen der Männer und Frauen auf ein besseres Leben zerschellen oft schnell. Die Gründe dafür sind oft mangelnde Schulbildung und fehlende Berufsausbildung. Im Allgemeinen müssen sich die unterbezahlten Hilfskräfte mit einem prekären Arbeitsplatz zufrieden geben. Der gezahlte Lohn ist zwar viel höher als im Süden, aber auch sehr unsicher. Viele ArbeiterInnen unterstützen ihre Familie im Süden, jedoch fällt in ökonomisch schwierigen Zeiten die emotionale Unterstützung durch die Herkunftsfamilie komplett weg.

Die Bluesfrauen der 1920er und 1930er Jahre gewähren uns einen realistischen Blick auf die weiblichen Erfahrungen mit ihren Partnerschaften unter diesen konkreten Lebensbedingungen. Vielen Frauen ist es sehr wichtig, ihren guten Mann zu behalten, so sie denn einen haben. Nach diesem guten Mann, der arbeitet und Geld nach Hause bringt, suchen die jungen Frauen mal mehr oder weniger erfolgreich. Es dreht sich viel um die Frage der Finanzen, der körperlichen oder psychischen Gewalt in der Partnerschaft, das heißt, ob ein Mann seine Frau auf irgendeine Art misshandelt oder nicht. In einer desolaten sozialen Umgebung ist es nicht ungewöhnlich, dass gewalttätige Handlungen in Ehen oder Partnerschaften vorkommen. Die von diesen Sorgen betroffenen Frauen brauchen gute Ratschläge. „If You Want To Keep Your Daddy Home", dann folge dem, was Alberta mit einem Hauch Ironie empfiehlt:

„What's the use to worryin' yourself sick.
If your Man starts running 'round, Gal, don't kick.
'Cause what it takes to keep him home.
You have got it, you alone.
Simple as one-two all you've got to do."

Was nützt es, sich Sorgen zu machen bis du krank bist. Wenn dein Mann anfängt, sich herumzutreiben, Mädchen, stoße ihn nicht gleich zurück. Denn was ist nötig, um ihn zu Hause bei dir zu halten? Du hast es in der Hand, du allein. So einfach wie „Eins-Zwei" ist alles was du tun musst:

If you want to keep your Daddy home, you can do it with ease.
Get a Book and learn how Loving's done,
make him think the Moon's green Cheese.
When he gets home, give him a Shout,
hug and kiss him, 'til he's falling out.
Every Man will tumble for a Woman's Looks.
So imitate the Pictures in the Fashion Books.
That's my Policy, and it may help you keep your Daddy home to stay.
Keep your Daddy home!

Wenn du deinen Daddy zu Hause behalten möchtest, kannst du das mit Leichtigkeit tun. Nimm ein Buch und lerne, wie Liebe machen geht und lass ihn denken, dass der Mond ein grüner Käse sei. Wenn er nach Hause kommt, begrüße ihn himmelhochjauchzend, umarme und küsse ihn bis zum Umfallen. Jeder Mann wird durch das Aussehen einer Frau verwirrt. Also imitiere die Bilder in den Modeheften. Das ist meine Verfahrensweise, die dir dabei helfen kann, dass dein Daddy zu Hause bleibt. Behalte deinen Daddy zu Hause!

If you want to keep your Daddy home, I'll tell you what to do.
Get a Stick and hit him right across his Dome.
Let him know just who is who. If your rough Treatment fails you,
Then he's a Man just like all other Men.
There's a way that you can call his Hand.
Let him see you hug and kiss with another Man, Lord.
That's my Policy, and it may help you keep your Daddy home to stay.
Keep your Daddy home!

Wenn du deinen Daddy zu Hause bei dir behalten möchtest, dann erzähle ich dir, was zu tun ist. Nimm einen Stock und hau ihm eins quer über seine Rübe. Lass ihn einfach wissen, wer wer ist. Wenn deine grobe Behandlung versagt, ist er ein

Mann wie alle anderen Männer. Es gibt einen Weg, wie du ihn drankriegst. Lass ihn sehen, wie du einen anderen Mann umarmst und küsst. Das ist meine Verfahrensweise, die dir dabei helfen kann, dass dein Daddy zu Hause bleibt. Behalte deinen Daddy zu Hause! Ich bin zuversichtlich, dass irgendeine Methode davon schon funktionieren wird!

Aber es gibt auch ihn, den gleichberechtigten Mann. Der humorvolle Barrelhouse Blues, den die Pianistin Lovie Austin 1923 geschrieben hat, und der von Ma Rainey gesungen wird, skizziert eine „Good-Time Mama", die mit ihrer Sexualität genauso umgeht wie ihr „Papa". Im „Barrel House", in der Kneipe, geht es hoch her. Es ist ein Ort der Musik, des Alkohols und der sexuellen Freiheit. „Moonshine", den illegalen billigen Alkohol vom „Bootlegger" mag Ma nicht trinken, obwohl sie furchtbaren Durst hat. Sie hat Angst, daran zu sterben:

> *Got the Barrel House Blues, feelin' awf'ly dry. 2x*
> *I can't drink Moonshine, 'cause I'm 'fraid I'd die*

Die Vorlieben von „Papa" und „Mama" können im Barrelhouse unproblematisch ausgelebt werden. Papa mag Sherry und Shimmy tanzen, Mama liebt Portwein, Gin und „Sport" (Liebesspiele). Beide sind gleichberechtigt, denn Papa mag seine Frauen außerhalb ihrer beider Beziehung, Mama mag ihre andere Männer.

> *Papa likes his Sherry, Mama likes her Port. 2x*
> *Papa likes to Shimmy, Mama likes to Sport.*

> *Papa likes his Bourbon, Mama likes her Gin 2x*
> *Papa likes his outside Women, Mama likes her outside Men.*

Als eine der wenigen bekannten Blues- und Jazz-Pianistinnen, die dieser Zeit aktiv sind, ist Lovie Austin (1887-1972) ausgesprochen angesehen und nachgefragt. Lovie ist eine studierte Blues- und Jazzpianistin, Arrangeurin und Komponistin, die hauptsächlich in den 1920er Jahren als Berufsmusikerin arbeitet. In diesen Jahren ist sie eine populäre Bandleaderin und Sessionmusikerin in Chicago. Ihre musikalische Karriere beginnt sie als Pianistin in diversen Vaudeville-Shows. 1923 geht sie nach Chicago. Erste Studioaufnahmen macht Lovie als Hauspianistin bei Paramount Records, wo sie mit den besten und bekanntesten Bluessängerinnen dieser Zeit wie Ida Cox und fortan mit Ma Rainey, Ethel Waters und Alberta Hunter arbeitet. Auch ihre eigene Band „Lovie Austin & Her Blues Serenaders" fungiert als vielfältige Begleitband für Bluessängerinnen. Zudem leitet sie eigene Tourneen zusammen mit ihrer Band im Rahmen des „TOBA-Circuit", dem Zusammenschluss afroamerikanischer Theaterbesitzer. Ab den 1930ern arbeitet sie 20 Jahre lang als musikalische Leiterin im „Monogram Theater" und weiteren Theatern in Chicago.

Im II. Weltkrieg ist sie für die U. S. Navy als Sicherheitsbeauftragte tätig. 1961 nimmt sie mit ihrer engen alten Freundin Alberta Hunter ihre letzte Langspielplatte auf. Die Jazzpianistin, Arrangeurin und Komponistin Mary Lou Williams (1910-1981) bezeichnet Lovie, die sie als Kind in Konzerten erlebt hat, als ihren größten Einfluss. 1977 illustriert sie Lovie in ihrem Element: „Als ich zwischen acht und zehn Jahre alt war (1918 oder 1920), nahmen mich mein Stiefvater und mein Schwager Hugh Floyd oft zu Tänzen und Theatern mit, um Musikern zuzuhören. Nun, es gab ein T.O.B.A-Theater in Pittsburgh, in das alle schwarzen Entertainer kamen. Ich erinnere mich, wie ich diese großartige Frau in der Grube sitzen sah und, mit gekreuzten Beinen und einer Zigarette im Mund, eine Gruppe von fünf oder sechs Männern dirigierte, die Show mit der linken Hand spielte und mit der rechten Musik schrieb. Beeindruckend! Ich habe diese Episode nie vergessen (...) Mein gesamtes Konzept basierte auf den wenigen Malen, in denen ich in der Nähe von Lovie Austin war. Sie war eine fabelhafte Frau und auch eine fabelhafte Musikerin. Ich glaube nicht, dass es jetzt eine Frau gibt, die mit ihr konkurrieren könnte. Sie war ein größeres Talent als viele der Männer dieser Zeit."

Die Bluesfrauen sprechen gerne über ihre Männer, mal positiv, mal negativ. Auch verhandeln sie untereinander über ihre Männer. Im folgenden Blues geht es um einen zeitweiligen Partnerverleih beziehungsweise Partnertausch. Eine Frau fragt höflich bei einer anderen an, ob sie sich ihren Ehegatten einmal ausleihen dürfe. Dafür würde sie ihren auch an sie ausleihen. Er soll sie lieben, er sehe so gut aus und sie brauche ihn so sehr. Sie solle ihr nicht böse sein. „Bist du etwa spießig? Er kann uns beide lieben. Das ist o.k. für mich!" Sie wisse durchaus, dass das Angebot nicht richtig sei, aber deshalb müssten sie beide sich ja nicht streiten. „Sei nicht so egoistisch und leih mir deinen Mann für heute Nacht!"

1949 hat Blue Lu Barker den Blues „Loan me your Husband" eingespielt. 2018 präsentiert Maria Muldaur ihn mit Begleitmusikern aus New Orleans neu. Dieser Blues ist Bestandteil von Marias Tribute-Album für Blue Lu „Don't You Feel My Leg: The Naughty Bawdy Blues of Blue Lu Barker". Maria ist bis zu Blu Lus Tod im Jahr 1998 mit ihr befreundet.

Loan me your Husband and I will loan you mine.
Loan me your Husband and I will loan you mine.
I want him to love me! Your Husband looks so fine!

I need your Husband! Please, don't be mad at me.
I need your Husband! Just how square can you be?
He can love both of us. It's okay with me.

I want your Husband! I know, that is not right.
I love your Husband! No Need for us to fight.
Don't you be so selfish! Loan your Man to me tonight.

Louisa (Blue Lu) Barker (1913-1998) wurde in New Orleans, Louisiana, geboren. Ihr Vater betreibt ein Lebensmittelgeschäft und eine Billardhalle und verdient während der Prohibition viel Geld mit illegalem Alkohol. Früh heiratet sie den Jazzgitarristen Danny Barker aus New Orleans. In der Musikszene von New Orleans sind sie Stammgäste. Danny begleitet Luisa in diesen frühen Jahren ihrer Karriere mit dem Banjo oder mit der Gitarre. 1930 ziehen sie nach New York City. Dort ist Louisa jetzt als „Blue Lu Barker" bekannt und in den nächsten 20 Jahren eine der beliebtesten Blues-Performerinnen. Sie bekommt dort die Gelegenheit mit berühmten großen Orchestern wie dem von Cab Calloway zusammen zu arbeiten. Billie Holiday übt als Sängerin auf sie einen starken Einfluss aus. In den 1940ern nimmt Apollo Records Blue Lu unter Vertrag. Viele R&B-Größen wie Dinah Washington stehen bei dem Label ebenfalls unter Vertrag. Mit dem Song „A little Bird told me" erreicht sie Ende der 1940er sogar einen Hit in den R&B Charts, der wochenlang einen der vorderen Plätze einnimmt. In einer der Harlemer Apollo-Sessions sind Blue Lu und Danny sogar bei einer Jam-Session mit dem jungen Altsaxophonisten Charlie Parker dabei.

Es gibt eine Schallplattenaufnahme in dem sich Bessie Smith und Clara Smith über einen Mann unterhalten, den beide haben wollen. Sie möchten eine einvernehmliche Lösung dieses Problems finden. Anfang der 1920er Jahre, als der folgende Blues entsteht, buhlen Bessie und Clara nicht nur musikalisch um die Aufmerksamkeit eines Mannes, sondern sind auch als Bluessängerinnen ernste Rivalinnen im Musikgeschäft. Im humorvollen „My Man Blues" (1924 oder 1925) verhandeln die beiden Frauen den Stand der Dinge und wie sie künftig mit ihrem Männerproblem umgehen wollen:

Bessie: *Clara! Who was that Man I saw you with the other Day?*
Clara: *That was my smooth black Daddy that we call Charlie Gray*
B: *Don't you know that's my Man? Yes, that's a Fact*
C: *I ain't seen your Name printed up and down his Back*
B: *You better let him be*
C: *What old Gal? Because you ain't talkin' to me*
B: *That's my Man, I want him for my own*
C (spoken): *No! No!*
C (sung): *He's my sweet Daddy. You'd better leave that Man alone.*

Bessie und Clara keifen sich an, denn Clara behauptet, dass es ihr Mann Charlie gewesen sei mit dem Bessie sie neulich gesehen habe. Natürlich giftet Bessie zurück, dass das der ihre sei. Clara cool: Sie habe nicht gesehen, dass Bessies Name auf seinem Rücken geschrieben steht. Eigentlich reden die beiden seit einiger Zeit nicht mehr miteinander. Doch nun müssen sie feststellen, dass sie beide glauben, dass dieser Charlie ihr beider Daddy sei. Obendrein wird klar, dass Bessie ihm gerade in der letzten Woche einen neuen Anzug geschenkt hat und Clara schon seit fünf Jahren ihrem „schwarzen Sheik" die Kleidung kauft:

> B: *See that Suit he's got on? I bought it last Week*
> C: *I've been buyin' Clothes for five Years for that is my black Sheik**
> (Somebody whistles)
> B: *Is that you, Honey? Charlie says: 'Tain't nobody but, who's back here?*
> (spoken)
> C: *It sounds like Charlie*
> B: *It is my Man, sweet Papa Charlie Gray*
> C: *Your Man? How do you git that Way?*
> B: *Now, look here, Honey, I been had that Man for umpteen Year*
> C: *Child, didn't I turn your Damper down?*
> B: *Yes, Clara, and I've cut you every Way but loose!*
> C: *Well, you might as well be get it fixed*
> B: *Well, then ...*

Jemand pfeift. „Bist du das, Schatz?" fragt Bessie. Es ist der vor sich hin pfeifende Charlie: „Es ist niemand, aber wer ist denn da?" Bessie ist hoch erfreut, dass ihr süßer Papa Charlie gekommen ist. Zu Clara gewandt erklärt sie, dass sie diesen Mann schon seit zig Jahren hat. Clara: „Kind, habe ich dir nicht soeben einen Dämpfer verpasst?" Ja, sagt Bessie und gibt zu, dass sie Clara zwar überall geschnitten habe, aber nur ein bisschen. Clara meint versöhnlich, dass man das ja wieder genauso gut reparieren könne. Bessie: Und dann ...

> B: *I guess we got to have him on Cooperation Plan 2x*
> (spoken):
> C: *Bessie!*
> B: *Clara!*
> (Bessie und Clara gemeinsam): *Ain't nothin' different 'bout that rotten Two Time Man*
> B (spoken): *How about it? C: Suits me!*
> B: *Suits me!*
> B: *Well then ...!*

Bessie schlägt vor, dass sie einen Plan für ihre Zusammenarbeit hinsichtlich des Problems Charlie machen müssen. – Clara! – Bessie! – Sie nicken einander zu.

Bessie und Clara sind sich einig: Er ist nichts anderes als ein mieser fremdgehender Mann. Wie wäre es? Passt mir! Passt mir! Na dann...!

*Sheik = nach dem Filmstar Rudolfo Valentino in „The Sheik" (1921) ein verführerischer Schönling.

Die Herkunft der Bluesduos ist in den afroamerikanischen Unterhaltungsetablissements des 19. Jahrhunderts, dem beliebten Segment des „Man and Housewife"-Songs zu suchen, die oft alltägliche zänkische Ehestreitereien zum Inhalt haben, gewürzt mit Humor und Ironie. Die folgende Geschichte hätte auch anders ausgehen können, denn es gibt Frauen, die gerne die Männer anderer Frauen „stehlen". Edna Hicks ist eine solche. Aber sie warnt im „Uncle Sam Blues" (1924) die anderen Mädchen vor ihr, damit ihre Männer nicht ihre Beute werden. Den Grund für das Begehren anderer Männer schildert Edna so:

„Uncle Sam"* hat ihr Leid angetan und ihr den süßen Ehemann weggenommen. Uncle Sam ist noch einmal gekommen und hat ihr auch noch ihren früheren Liebhaber, ihren Daddy entrissen. Auch den hat er zum Militärdienst eingezogen und ihn aus dem modischen Jackett heraus in einen Khaki-Anzug gesteckt. Sie will Uncle Sam einen Brief schreiben und ihm sagen, dass der Krieg vorbei sei und er ihr ihren „Honey Man" zurück senden soll.:

Let me tell you Folks what Uncle Sam has done to me 2x
He took my sweet Husband, come back and got my Used-to-be

Uncle Sam, he thought he was so doggone cute 2x
*He took my Daddy out of a Boxback and put him in a Khaki Suit**

Gonna sit down and write a Letter to my Uncle Sam 2x
Tell him „War is over, send me back my Honey Man"

In ihrer traurigen Lage wendet sie sich an die anderen Mädchen und warnt: „Mädchen, besser ihr stoppt euren Mann dabei mir ins Gesicht zu lächeln, sonst wacht ihr eines Morgens auf und Edna B. hat euren Platz eingenommen. Ich habe dazu Möglichkeiten wie der Teufel, geboren in einer Löwengrube. Meine Hauptbeschäftigung: den ‚Monkey Women', den dämlichen Frauen, ihre Männer wegnehmen!"

Girls, you better stop your Man from smiling in my Face 2x
Wake up one these Mornings, Edna B. done took your Place

I got Ways like the Devil, born in a Lion's Den 2x
My chief Occupation: takin' Monkey Women's Men*

*Uncle Sam (U.S.) ist eine nationale Personifikation der US-Bundesregierung oder

der USA und der dafür steht, Soldaten für den Kriegsdienst einzuziehen. *Khaki Suit bezieht sich vermutlich auf die amerikanischen Interventionen in Honduras *Monkey Woman ist eine übermäßig zuvorkommende oder nachgiebige, aber dämliche Frau. Sie ist das pendant zum Monkey Man.

Manchmal reichen Bluesfrauen ihre Männer auch generös weiter an seine Neue. Sie, Alberta, hört von einer anderen Frau, dass ihr Mann nicht mehr ihr allein gehöre. Deshalb muss sie aber mit dieser Frau keinen Krach anfangen, denn den Mann, so sagt Alberta ihr, kann sie gerne haben. Außerdem habe sie ja sowieso schon einen Neuen. Sie möchte jedoch ihrer Nachfolgerin noch einen Tipp mitgeben. Sie soll ihrem Ex-Partner ein Heim bieten, wo er bleiben kann. Sie jedenfalls ist froh, ihn los zu sein. Abgesehen davon werde sie schon selbst herausfinden, dass seine Liebe nicht wahrhaftig ist. Er ist keinen Cent wert. Er will nur, dass jemand seine Miete bezahlt. „Diesen Vogel gebe ich dir gerne!“ Bloß weg von hier mit dem schnellsten Zug, den es gibt!

I'm leavin' Town today. I'm gonna have my Way.
You say my Man is not my own, well, you can have him.
Just give him a Home.

Don't have to start a Row. Go on and take him now.
Go on, I say, take him to stay, 'cause I've got a new Papa now!
Now you can have that Man, if you say he comes to see you too.

Go on and take that Man. You will find out that his Love ain't true.
A Man like him ain't worth a Cent.
He just wants you to pay his Room Rent,
Take it from me, I'm glad I'm free, so you can have that Man!

I will gladly give that Bird to you.
Got all my Clothes packed, gonna leave this Shack*. Don't want nobody,
Lord, to call me back! My Daddy wants me. Sweet Papa wants me
For me to come there, I'm going now. I'm going to take the fastest Train.
So you can have that Man!

*Shack = ärmliche Holzhütte.)
Alberta Hunter singt 1923 diesen Blues über einen Taugenichts von Mann, den Frau besser schnell weiter gibt: "You Can Have My Man If He Comes to See You Too".

Viele männliche Bluessongs sind aus der Perspektive des leidenschaftlichen Liebhabers geschrieben, vergleichen den Mann der Angebeteten mit einem Hund. Der Blues „He may be your Dog, but he's wearing my Collar“ (1923), wird als weibliches Gegenstück von der Firma Vocalion in New York City produziert. Zwar wird auch hier die Metapher vom Mann als Hund benutzt, aber aus der Perspektive von Rosa Henderson handelt es sich um ihre zu verteidigenden Ansprüche sowie um die Anrechte auf den „Hund" ihrer Rivalin. Sehr amüsant!

I'm not ashamed to say what's in my Heart 2x
Because I know the best of Friends must part

You came to me, you said my Dog was yours 2x
I'm not ashamed to speak my Mind because:
He may be your Dog but he's wearing my Collar I'm putting you right
He may be your Dog but it's me he'll follow
When he wants good Exercise

Rosa spricht die andere Frau offen an, die vermutlich einmal ihre beste Freundin war. Sie antwortet auf deren Behauptung, dass der „Hund" ihr gehöre aus vollster Überzeugung mit dem folgenden Argument: „Er mag ja dein Hund sein, aber er trägt mein Halsband. Ich muss das mal gerade rücken. Er mag dein Hund sein, aber er wird mir folgen, wenn er gute ‚Leibesübungen' haben will."

All Day long you treat him right
But you'll find him at my House every Night
He may be your Dog but he's wearing my Collar
How you gonna keep him home?

I'm not ashamed to say when I am wrong 2x
Because I know a Lie can't stand up long.
Down in my Home to lie is something strange 2x
That's why I mean to tell you to your Face
He may be your Dog but he's wearing my Collar …

Rosa macht ihrer Rivalin klar: „Den ganzen Tag über behandelst du ihn richtig, aber du wirst ihn jede Nacht in meinem Haus finden. Er mag dein Hund sein, aber er trägt mein Halsband. Wie willst du ihn zu Hause halten? Ich schäme mich nicht zu sagen, wenn ich falsch liege, weil eine Lüge nicht lange durchzuhalten ist. In meinem Zuhause ist zu lügen etwas Fremdes. Deshalb möchte ich es dir ins Gesicht sagen: ‚Er mag ja dein Hund sein, aber …'"

He might eat right off your Hand
But you can't make him beg like Mama can
He may be your Dog but he's wearing my Collar …

He's with you each Night till six
Then he comes over here and does his Tricks
He maybe your Dog but he's wearing my Collar ...

„Er frisst dir wohl aus der Hand, aber du kannst ihn nicht zum Betteln bringen, wie ich, die Mama, es kann. Er ist jeden Abend bis sechs bei dir. Dann kommt er hierher und macht seine ‚Tricks'. Er mag ja dein Hund sein, aber er trägt mein Halsband. Wie willst du ihn zu Hause halten?" Den hat wohl tatsächlich Rosa des Nachts an der Leine, an einer langen Leine!

Auch in einer guten Partnerschaft können Männer in manchen Situationen ihren Frauen sehr lästig fallen. Ma Rainey hat dafür ein Beispiel im von ihr verfassten Blues „Yonder come the Blues" von 1926 parat. Sarkastisch trocken schildert sie eine solche Situation in der ersten Strophe: Ich mache mir den ganzen Tag Sorgen, ich mache mir die ganze Nacht Sorgen. Jedes Mal, wenn mein Mann nach Hause kommt, möchte er mich nicht in Ruhe lassen und mit mir streiten, gerade wenn ich die Zeitung nehme, um die Neuigkeiten zu lesen. Gerade wenn ich zufrieden bin, da kommt der Blues daher. ...

I worry all Day, I worry all Night.
Every Time my Man comes home, he wants to fuss and fight
when I pick up the Paper to read about the News.
Just as I'm satisfied, yonder comes the Blues. ...

Viola McCoy macht sich Gedanken über die Institution der Ehe. Sie hat eine schlechte Erfahrung mit ihrem Geliebten gemacht, der ihr versprochen hatte, ihr bis ans Ende aller Tage treu zu sein. Sie hat ihn jedoch mit ihrer besten Freundin beim Sex erwischt. Die Konsequenzen, die sie aus dieser Affäre zieht: „I ain't gonna marry, ain't gonna settle down" (1924). Sie hat vor weder zu heiraten, noch sich irgendwo niederzulassen.

I ain't going to marry, I ain't going to settle down,
Because the Man I love is Alabama bound.
He broke my Heart to pass the Time away,
Now he wants it back again, but it's too late!
He promised to be faithful until the End,
But I caught him making Love to my best Friend,
You know that Kind of Loving won't never do!

Er will Violas Herz wieder zurück haben, aber das ist jetzt zu spät. Eine solche Liebe will sie nicht. Viola bittet ihre Freundinnen, ihren Rat anzunehmen, denn „wenn du einmal gestochen worden bist, lass dich nicht ein zweites Mal stechen."

Viola sinniert über die Ehe: „Das Eheleben ist äußerst süß, aber ein Leben als Single ist kaum zu schlagen. Es ist schön, wenn du sagen kannst, dass ihr Mann und Frau seid, aber es ist schwierig einen Kumpel zu finden, der das ganze Leben bei dir bleibt. Wenn also der Richtige nicht so leicht zu finden ist, – ich jedenfalls heirate nicht oder lasse mich irgendwo nieder."

> So Friends of mine, take my Advice,
> If you've been stung once, don't get stung twice;
> Married Life is mighty sweet,
> But a single Life personally is hard to beat;
> It's nice to say that you are Man and Wife,
> It's hard to find a Pal who will stick through Life;
> So if the right one ain't easy found,
> I ain't gonna marry or settle down.

Warnungen und Ratschläge

Bei vielen Bluesfrauen der 1920er Jahre gibt es Texte, die sich mit Ratschlägen zu wichtigen Themen der Lebensführung beschäftigen. Sie richten sich nicht nur an die Frauen im Publikum, sondern auch an alle Hörerinnen des Blues auf Schallplatte; weiße Zuhörerinnen gibt es noch kaum. Diese Songs aus der weiblichen Perspektive spiegeln die Situationen der Frauen, mit denen sie im alltäglichen Leben konfrontiert sind. Auf den Live-Konzerten ist es üblich, dass die Aussagen der Bluesfrauen von Stimmen aus dem Publikum bewertend kommentiert werden. So wie es noch heute bei Gospelmusik oder Predigten in afroamerikanischen Kirchen üblich ist. Dadurch findet ein lebendiger Austausch zwischen der Sängerin und ihrem Livekonzert-Publikum und umgekehrt statt. Durch diese lautstarken Kommentare von einzelnen oder Gruppen von Zuhörerinnen, die das Dargebotene im Laufe eines Songs bestätigen oder negieren, feuern sie die Sängerinnen zu weiteren Glanzleistungen an. Leider haben sich die Plattenlabels dieser Zeit nie die Mühe gemacht, jemals ein Livekonzert aufzunehmen.

Die weiblichen Bluessongs warnen vor den Männern in vielerlei Hinsicht und geben konkrete Ratschläge, wie diese zu behandeln sind. So empfiehlt Ma Rainey den Frauen in ihrem Blues „Trust no Man" (Trau keinem Mann) von 1926, komponiert von ihrer zeitweiligen Pianistin Lilian Hardaway Henderson, auf ihren Rat zu hören. Zwar solle eine Frau ihrem Mann zeigen, dass sie ihn liebt, ihm aber trotzdem nicht trauen, lieber misstrauisch sein und ihn nicht aus den Augen lassen. Das sei wichtig, denn sonst sei er plötzlich weg. – Im Winter leihst du ihm Geld, im Sommer ist dieser Betrüger verschwunden. In diesem Blues ermahnt sie zwischendurch die Frauen mit den Worten: „Nimm Ma Raineys Ratschlag an! Traue keinem Mann! Ich meine, nicht einmal deinem eigenen!" Ma prophezeit den Frauen:

Ah, trust no Men. trust no Man, no further than your Eyes can see.
Ah, trust no Man, no further than your Eyes can see.
He'll stay with you in Winter, like the Money you loan.
Look out in the Summer, you'll find your Cheater gone.
I said, trust no Man, no further than your Eyes can see.

Sippie Wallace (1898-1986) warnt die Frauen vor ihrem Kreis von Freundinnen. Ihr Ratschlag richtet sich an diejenigen Frauen, die ihren Mann behalten und ihn nicht der Gefahr aussetzen wollen, ihn durch ihre beste Freundin zu verlieren. Die „Texas Nightingale" Sippie ermahnt die Frauen: „Women be wise!" Frauen, seid schlau!

Women be wise, keep your Mouth shut. Don't advertise your Man.
Don't ever sit around gossiping, explaining what he really can do.
For these Women nowadays, they ain't no good.
They will laugh in your Face, they'll try to steal your Man from you.
Women be wise, keep your Mouth shut.
Don't advertise your Man
Don't be no Fool. Don't advertise your Man.

Your best Girlfriend, oh, she might be a Highbrow.
Changes Clothes three Times a Day.
But what do you think she's doing now while you're so far away?
You know she's lovin' your Man in your own damn Bed.
You better call for the Doctor! Try to investigate your Head.
Women be wise, keep your Mouth shut. Don't advertise your Man

Women be wise, keep your Mouth shut.
Don't advertise your Man. Now don't sit around.
Girls, telling all your Secrets
Telling all those good Things he really can do
Cause if you talk about your Baby. Yeah, you tell me he's so fine.
Honey, I might just sneak up and try to make him mine.
Women be wise, keep your Mouth shut. Don't advertise your Man.

Diese Fassung trägt Sippie, eine der großen Bluesdiven der 1920er, mit Bonnie Raitt 1972 auf dem „Ann Arbor Blues und Jazzfestial" in Michigan als Duett vor. Sippie warnt vor den Frauen, die heutzutage nicht gut sind. Sie sind gemein und verführen die Männer anderer Frauen. Auch der besten, blendend aussehenden Freundin ist nicht zu trauen. Sippie: „Also Frauen, seid schlau und haltet eure Klappe und preist euren Mann nicht an. Erzähl nicht herum wie toll er ist und was er alles kann." Genüsslich sät Bonnie Zweifel: „Sippie, was meinst du, was deine beste Freundin gerade tut, jetzt wo du weit weg bist von zuhause? – Sie schleppt deinen Mann in dein eigenes Bett! Und wenn du mir weiter so von ihm vorschwärmst, werde ich versuchen, ihn für mich zu gewinnen." Sippie: „Also darum Frauen, seid schlau, seid nicht dumm und preist euren Mann nicht an."

Im Blues ist es durchaus üblich, auf ältere Bluesnummern anderer Musiker zurückzugreifen. Sippie, die auch zahlreiche eigene Songs geschrieben hat, adaptiert hier einen früheren Bluessong „Don't Advertise Your Man", der 1924 von der Bluessängerin Clara Smith (Porter Grainger am Klavier und Sterling Conaway an der Ukulele) bekannt gemacht wurde. Darauf aufbauend verwandelt ihn Sippie nun, 50 Jahre später, in ihren eigenen Song. Sie wendet sich, wie bei den Bluesfrauen der 1920er Jahre zumeist üblich, direkt an den weiblichen Teil ihres Publikums, das sich gut mit den lebensnahen Themen der Sängerinnen identifizieren kann und dem die geschilderte Situation bekannt vorkommen dürfte.

Sippies Bluesstil beschreibt der Journalist Jon Pareles und charakterisiert Sippies Originalsongs „Mighty Tight Woman" und „Women Be Wise" in der „New York Times als „erdig und selbstbewusst".

Sippie Wallace (Beulah Thomas) wird 1898 in Houston, Texas als viertes von dreizehn Kindern in eine streng religiöse Familie geboren. Ihre Liebe zur Musik entwickelt sie früh. Schon mit sieben Jahren singt und spielt sie die Orgel in einer Baptistengemeinde, bei der ihr Vater als Diakon arbeitet. Die religiösen Eltern bestrafen ihre Kinder, wenn sie den Blues, die Teufelsmusik, singen. Das ist bei vielen Eltern der afroamerikanischen Arbeiterklasse nicht unüblich. Im Alter von elf Jahren verliebt sich Sippie in eine wandernde Zeltschau in der Nachbarschaft. Von außen hört sie dem Blues und dem Ragtime zu. Mit zwölf Jahren überzeugt sie eine Tante in Galveston, sich um sie zu kümmern, damit sie den Sommer damit verbringen kann, mit dieser Show durch Ost-Texas zu touren. Sie fährt mehrere Sommer damit fort zu touren, zuerst als Mitglied des Chors, dann als Solistin. Sie beginnt auch in und um Houston zu singen und hat regelmäßige Auftritte im Haus ihrer Schwester. Diese führt ein gewinnorientiertes „Good-Time"-Haus (illegaler Verkauf von Alkohol und Sex), ein sicheres Haus für reisende „Pullman Porters" (afroamerikanische Schlafwagenschaffner). Sie lernt viel von ihren musikalisch talentierten Geschwistern. Ihre ältere Schwester Lillie, eine gute Sängerin, hilft Sippie, ihren Gesang zu verbessern. Sippies Nichte Hociel Thomas, auch Bluessängerin und -pianistin, begleitet sie oft bei Auftritten. Als ihr jüngerer Bruder Hersal Thomas, der noch ein großer Bluespianist und Komponist werden wird, etwas älter ist, tritt er manchmal auch mit den beiden auf, wenn sie auf Picknicks oder kleinen Tanzveranstaltungen spielen. Ihr älterer Bruder, George W. Thomas Jr., Pianist, Komponist und Bandleader, zieht 1912 in das Storyville-Quartier von New Orleans, um ins Musikgeschäft einzusteigen. Bald folgt ihm die 15jährige Sippie, den jüngeren Bruder Hersal im Schlepptau. Dort trifft sie auf die vielen UnterhaltungskünstlerInnen, deren Leben sie faszinierend findet. Ihre frühe Ehe scheitert 1917. Sippies Karriere auf der Bühne einer Wandershow beginnt erst einmal als Assistentin bei der Schlangentänzerin Madame Dante in „Phillip's Reptile Show". Sie zündet Lichter an und reicht der Tänzerin die Schlange. Doch bald steht sie ebenfalls auf der Bühne und singt und tanzt mit der „Chorus Line". Wie schon früher schreiben ihr Bruder George und Sippie zusammen Bluestitel und ziehen mitsamt Bruder Hersal, dem Pianisten, große Aufmerksamkeit auf sich, als sie 1922 für das Okeh-Label (weiße Plattenfirma) erste Aufnahmen in der „Race-Record"-Sparte machen.

Die Titel „Shorty George" und „Up the Country" verkaufen sich 100.000 Mal. Sippie erhält einen Fünfjahres-Vertrag und gehört nun als neuer Star zu den beliebtesten Okeh-Künstlerinnen. Beworben werden ihre Bluessongs mit ihrem Namen und dem Titel „Texas Nightingale". Mit dem TOBA-Circuit, einer Agentur für afroamerikanische Künstler, die hauptsächlich durch die ihr angeschlossenen Theater des Südens tourt, nimmt ihre Karriere Fahrt auf. Sippie erobert ihr Publikum im Sturm und wird zu einer der Headliner, die mit großen Lettern auf Plakaten angekündigt werden.

Sie versprüht auf der Bühne ein unglaubliches Charisma und fasziniert mit ihrem optimistischen, extravaganten Stil ihre ZuhörerInnen. Sippie kann ohne Hilfe eines Mikrofons mit ihrer kräftigen Stimme die Band übertönen. Die Ideen für ihre Bluestexte hängen mit ihren persönlichen Sorgen und oft tragischen Lebenserfahrungen zusammen und inspirieren ihre Musik: „Ich singe den Blues, um mich zu trösten."

In zweiter Ehe heiratet sie Ende 1922 Matthew Wallace, der ihr Manager wird. Matthew beschert dem Paar durch seine Glücksspielschulden immer wieder ernste Geldprobleme. Die beiden gehen oder besser fliehen 1923 nach Chicago zu ihrem Bruder George. Dort nimmt Sippie bis 1927 noch über 40 Bluestitel auf, die sie und ihre Brüder größtenteils selbst geschrieben haben. Sie tritt mit bekannten Musikern auf, darunter Louis Armstrong (Kornett), Clarence Williams (Piano), Sidney Bechet (Sopransaxophon und Klarinette), Perry Bradford (Piano) und King Oliver (Kornett), die Crème der damaligen Jazzmusiker.

1929, mit der Aufnahme des beliebten Blues „I'm a Mighty Tight Woman" bei RCA Victor, einem ihrer wenigen erotischen Songs, endet ihre Schallplattenkarriere. Mit dem Zusammenbruch der Plattenindustrie in der Großen Depression von 1929 endet auch die Ära des „Classic Female Blues", die große Zeit der berühmten städtischen Bluesdiven. Wie viele andere Blueskünstlerinnen, hat sie keine Vielseitigkeit im Gesangsstil oder in ihrem Repertoire entwickelt. Die Möglichkeit, beim Film oder beim Theater unterzukommen, hat sie nicht. Daher zieht sie sich vom Musikgeschäft weitgehend zurück. Ihr Bruder George und ihr Mann Matthew, mit denen sie eng zusammengearbeitet hat, sterben beide um 1937 kurz hintereinander. Der Verlust von George bedeutet das Ende einer fruchtbaren musikalischen

Kooperation und lässt Sippie ohne seine fachliche Führung zurück. In ihrer Baptistengemeinde in Detroit arbeitet sie nun als Krankenschwester und leitet den Chor, für den sie Gospels schreibt. Sie begleitet sich selbst am Klavier und spielt zum Geld verdienen noch ab und zu auf kleinen lokalen Veranstaltungen und in Clubs.

Eine zweite Karriere beginnt 1966, als Sippies alte Freundin, die texanische Bluessängerin Victoria Spivey, Sippie dazu drängt mit ihr ein Album mit Duetten aufzunehmen. Inzwischen gibt es ein junges, nun zumeist weißes Fanpublikum, das sich für den Blues und die frühen Bluesfrauen begeistert, zu denen Sippie in den Zeiten der „Race Records" gehört hat. Sie hören von Sippie einen für sie neuen Sound. Sippie geht im Rahmen des „American Folk Blues Festival" mit den Pianisten Roosevelt Sykes und Little Brother Montgomery in Europa auf Tour und findet ein enthusiastisches weißes Publikum vor. Später singt und spielt sie auch in den Vereinigten Staaten auf großen amerikanischen Festivals und im renommierten „Lincoln Center" von New York City.

Die Bluessängerin und Slidegitarristin Bonnie Raitt, damals noch Studentin, stößt 1968 auf Sippie und ist von ihr sehr beeindruckt. Ihr schelmisches Duett „Women Be Wise" besiegelt ihre Freundschaft. Sie nehmen 1981 zusammen das Album „Sippie" auf, das 1984 einen W. C. Handy Award verliehen bekommt.

In Deutschland wird Sippie 1983/84 bekannt. Sie geht mit dem Blues- und Boogie-Pianisten Axel Zwingenberger auf Tour und kehrt kurz vor ihrem Tod im Jahr 1986 noch einmal für ihre hochgelobten Konzerte nach Deutschland zurück.

Vorsicht vor bestimmten Männern walten zu lassen will auch Bessie Smith ihrer weiblichen Zuhörerschaft nahebringen. Sie singt über den „Pinchback", der gerne eine Frau mit Geld heiratet. Wie im Blues üblich, knüpft auch dieses Stück keine romantischen Erwartungen an die Ehe, sondern Bessie warnt Frauen davor, einen ausbeuterischen Mann zu heiraten. Als „Pinchback" wird ein Mann bezeichnet, der eine billige Imitation eines gestandenen Mannes darstellt. Nicht alles, was glänzt, ist Gold!

Im „Pinchback Blues" (1924) wendet sich Bessie direkt an die „Girls" im Publikum. Sie will sie vor den unwiderstehlichen, aber parasitären „Sweet Men" warnen. Der kann und würde ihnen bestimmt nicht einmal ein gewisses Maß an Sicherheit geben. Ausgehend von ihren persönlichen Erfahrungen mit solchen Männern spricht Bessie, die den Bluestext geschrieben hat, zu ihren Zuhörerinnen:

> Girls, I wanna tell you about these Sweet Men
> These Men goin' around here tryin' to play cute
> I'm hard on you Boys! Yes Sir!

Sie erzählt, wie es ihr ergangen ist, als sie sich in einen „Sweet Man" verliebt hat. Er hat von seinen „vielen netten Dingen" gesprochen, die er tun würde, wenn sie mit ihm käme. Er schmeichelt ihr, wie glücklich sie sich fühlen würde von Stadt zu

Stadt zu ziehen. Doch wisst ihr nicht, warnt Bessie, dass er nicht arbeiten geht? Also: „Girls, take this Tip from me!"

> *Get a working Man when you marry*
> *And let all these Sweet Men be.*
> *Child, it takes Money to run a Business*
> *And with me I know you Girls will agree.*

Etwas müssen diese jungen Frauen über das Eheleben unbedingt noch wissen. Bessie empfiehlt den Frauen, diese „Sweet Men" zu ignorieren und sich einen zu suchen, der arbeitet. Schließlich braucht man Geld, um ein Geschäft aufzubauen und zu betreiben. „Wenn also ein Sweet Man vor deinem Eingangstor steht, machst du sofort das Licht aus und schließt die Haustür ab."

> *Yes, get a working Man when you marry.*
> *Let all these Pinchbacks be!*

Also: Lasst ab von diesen „Sweet Man", den „Pinchbacks", diesen Geizhälsen, Ausbeutern und halbseidenen Figuren!

Im „Jelly Bean Blues" von 1926, gecovert von Ma Rainey, schlägt Clara Smith eine andere Lösung des Problems vor. Clara hat sich ausgedacht, wie sie sich gegen die „Sweet Men" am besten wehren kann. Morgens in der Frühe steht sie mit der aufgehenden Sonne auf und geht wie jeden Tag zur Arbeit. Junge Frauen, die einer Arbeit als Putzfrau, Hausmädchen oder in einer Küche bei den Weißen nachgehen, sind von vielen Männern begehrt. Sie haben ein Einkommen, – wenn auch ein sehr kleines, von dem es sich immerhin halbwegs leben lässt. Manche Frauen sind stolz darauf, ihre Männer ernähren zu können. Clara weiß, dass es für ein anständiges Mädchen schwierig ist, den richtigen Weg zu finden und nicht davon abzukommen. Das jedoch sei das Ziel, das diese hübschen „Sweet Men" haben. Aber nicht mit Clara:

> *All these so-called and pretty Men, please take 'em away.*
> *All they want to do, to lead some poor Girl astray.*
> *Some are like Jelly-Beans, so cute and so sweet.*
> *I carry Carbolic Acid* for every one of them I meet.*

*Karbolsäure zur eigenen Verteidigung einzusetzen, ist nicht ungewöhnlich. Gerade für hübsche junge Männer ist das gefährlich. Eigentlich wird diese Chemikalie damals wegen ihrer antiseptischen Wirkung als Reinigungsmittel benutzt. Es hat jedoch auch starke Nebenwirkungen, denn es schädigt bei ungeschütztem Kontakt das menschliche Gewebe. Das ist für die Haut eines „Sweet Man" sehr gefährlich!

Männer sind eine Enttäuschung

Im Blues der Frauen gibt es eine große Anzahl von Titeln, die sich mit den Enttäuschungen beschäftigen, die sie durch Männer erlitten haben. Es sind nicht nur Enttäuschungen wegen einer Liebelei, die zu Ende geht oder wegen ernsthafteren Liebesbeziehungen, die von Männern plötzlich abgebrochen werden. Schließlich tun Frauen das auch. Hinter diesen dramatischen Ereignissen stehen in der Realität oft ernsthafte ökonomische Probleme. Es ist nicht ungewöhnlich, dass Männer und Frauen ihre prekären Jobs plötzlich verlieren. Das äußert sich in Paarbeziehungen oder in Familien sofort in akutem Geldmangel, der nicht nur zu Streitereien, sondern auch zu häuslicher Gewalt führen kann. Auch unzuverlässiges Verhalten von Männern, die ihre Tage weitgehend in Kneipen verbringen oder andere Beziehungen eingehen, sorgen für Instabilität des Zusammenlebens. Für afroamerikanische Frauen ist das ein großes Thema, vor allem dann, wenn dieses Verhalten in ärmeren Milieus geschieht. Ida Cox hat einen Mann, der sie sehr enttäuscht. Sie spricht im „My mean Man Blues" (1924) davon, dass sie in der Falle sitzt und ihn trotz allem, was er ihr antut, weiterhin lieben muss. Er hat ihr gesagt, dass er keiner sei, der andere Frauen verführe. Da ist ihr Herz schwach geworden. Als sie ihn kennen lernte, war er eine Perle von Mann. Aber jetzt sei er der mieseste Mann in der Welt. Er behandele sie wie einen Hund:

> My Man told me he wouldn't sheik*
> Ever since I had him, he's made my Heart weak
> When I first met him he was a Pearl
> But now he's the meanest Man in the World
> My Man, my Man treats me like a Dog

Den Frauen im Publikum gibt sie Folgendes mit auf den Weg: Wenn sie einen guten Mann haben, der nett und freundlich ist, sollen sie ihn gut behandeln, denn ein guter Mann ist schwierig zu finden. Er mag alt sein, er mag fett sein, aber wenn er gut ist, dann sollen sie damit zufrieden sein, denn ihr eigener Mann behandelt sie wie einen Hund.

> If you've got a good Man who's nice and kind
> Treat him right 'cause a good Man is hard to find
> He may be old, he may be fat
> But if he's a good Man, be satisfied with that
> 'Cause my Man, my Man treats me like a Dog

Und Ida erzählt weiter: „Mein Mann hat ein Temperament wie die aufgehende Sonne. Er nimmt mein Geld und verpasst mir ein blaues Auge nur so zum Spaß.

Aber ich liebe ihn immer noch, ich weiß nicht warum. Wenn ich ihn jemals verliere sollte, weiß ich, dass ich sterben werde. Mein Mann behandelt mich wie einen Hund!"

> *My Man's got a Temper like the rising Sun*
> *He takes my Money and blacks my Eye for Fun*
> *But still I love him, I don't know why*
> *If I ever lose him, I know I'll die*
> *My Man, my Man treats me like a Dog*

* to sheik bezieht sich auf den Film des Frauenschwarms Rudolfo Valentino „The Sheik" von 1921 und meint damit einen attraktiven und verführerischen Frauenhelden, einen Romeo.

Von einer ähnlichen Erfahrung mit Männern erzählt Bessie Smith in dem von ihr geschriebenen „Dirty No Gooder's Blues" (1929). Sie fragt die Frauen, ob auch sie schlechte Erfahrungen mit einem Tunichtgut gemacht haben. Nein? Sie will die Frauen vor solchen Männern warnen und erklärt ihnen, wie leicht eine Frau an den Falschen geraten kann:

„Habt ihr euch jemals in einen Mann verliebt, der nicht gut war? Egal, was ihr für ihn getan habt, er hat das nie verstanden. Selbst noch das Gemeinste, was er sagen konnte, hat euch durch und durch fasziniert. Für solch einen Mann war nichts niederträchtig genug, um es zu tun. Er hat euch nett und freundlich behandelt bis er euer Herz und eure Hand gewonnen hat. Dann wurde er grausam, dieser Mann, so dass ihr es nicht mehr ertragen konntet."

> *Did you ever fall in Love with a Man that was no good? 2x*
> *No matter what you did for him, he never understood*
>
> *The meanest Thing he could say*
> *would thrill you through and through 2x*
> *And there wasn't nothin' too dirty for that Man to do*
>
> *He'd treat you nice and kind till he win your Heart and Hand 2x*
> *Then he git so cruel that Man, you just could not stand*

Ich nehme an, dass nicht wenige Frauen im Publikum, heftig mit dem Kopf nickend, Bessies Erzählung zustimmen. Persönlich davon Betroffene werfen laute wütende Kommentare dazu in die Runde. Bessie versteht es sehr gut, bei ihren Liveauftritten solche Publikumsreaktionen, wie es auch bei Gospelkonzerten üblich ist, hervorzurufen. Sie fügt ihre eigene Meinung aufgrund von solchen bitteren Erfahrungen, die sie gemacht hat, hinzu und sagt:

„Herrgott, ich glaube nicht, dass die Liebe eines Mannes von Dauer sein kann. Sie lieben dich zu Tode, bis geht nicht mehr, und behandeln dich dann wie eine Sache aus der Vergangenheit. Es gibt 19 Männer in meiner Nachbarschaft. 18 von ihnen sind Dummköpfe und der eine ist verdammt nicht gut. Dieser dreckige Tunichtgut von Mann behandelt mich als wäre ich ein Hund!"

Lawd, I don't think no Man's Love can last 2x
They'll love you to Death then treat you like a Thing of the Past

There's nineteen Men livin' in my Neighbourhood 2x
Eighteen of them are Fools and the one ain't no doggone good

Lawd, Lawd, Lawd, Lawd, Lawd, Lawd, Lawd 2x
That dirty no-good Man treats me just like I'm a Dog

Einen guten Rat hat Viola McCoy für diejenigen Frauen auf Lager, deren Männer eines Tages plötzlich verschwunden sind und sie für immer verlassen haben. Sie stellt ihre Geschichte mitsamt einem guten Rat für die Frauen im Blues „If your good Man quits you, don't wear no black" (1924) vor. Sie bietet den davon betroffenen Frauen eine ganz neue Perspektive auf diese Angelegenheit an: „Jedes Mal, wenn ich ein Trauerband an einer Tür hängen sehe, weiß ich, dass jemand einen Kumpel verloren hat. Es kann ein Mädchen oder ein Junge sein. Kein Zweifel, es ist das beste Mädchen eines Mannes. In zwei oder drei Tagen wirst du sie Schwarz tragen sehen. Sie weinen um die Person, die ihr Herz gebrochen hat. Es ist schrecklich schwer, jemanden zu verlieren, den du wirklich liebst. Trotzdem müssen sich die besten Freunde einmal trennen. Mein Mann ist nicht tot, aber er ist weg, und deshalb singe ich dieses Lied: Wenn dein guter Mann dich verlässt, trage niemals Schwarz! Du verschwendest nur Zeit damit, wenn du dir darum Sorgen machst, und ihn wird das niemals zurückbringen. Weinen tut niemals gut; es steht deiner Weiblichkeit nicht. Lass ihn wissen, dass du klar kommst. Lass deine Tür immer offen stehen, wenn du deinen Freund verlierst. Wenn er hinausgeht, tritt gleich wieder ein anderer ein. Sei einfach eine Waschechte und spiel das Spielchen mit. Und – man kann fast überall einen guten Mann bekommen."

Any Time I see Crepe hanging on a Door,
I know someone has lost a Pal;
It may be a Girl or it may be a Boy,
No Doubt it's some Man's best Gal;
In two or three Days, you see them wearing black,
Weeping for who's broke their Heart,
It's awful hard to lose someone you really love,

Still the best of Friends must part.
My Man is not dead, but he is gone,
And that is why I sing this Song:

If your good Man quits you, don't never wear no black!
You lose Time worrying that will never bring him back;
Crying will never do no good, it doesn't show your Womanhood.
Let him know that you can get along.
Leave your Door wide open, anytime you lose your Friend.
When he walks out, another one will step right in.
Just be true blue, and play the game on the Square,
And you can get a good Man 'most anywhere.

Das ist doch keine schlechte Lösung des Problems? Auch Edmonia Henderson hat einen Mann, der plötzlich eines Morgens weg ist, einfach abgehauen mit Sack und Pack. So ist Edmonia voller Hass auf diesen miesen Mann. Aber sie findet für ihr Problem mit diesem Mann eine eigene spezielle Lösung. Sie hat den „Hateful Blues" (1924) und der geht so: Edmonia wacht auf, hasserfüllt und einsam, denn ihr Mann ist einfach weggelaufen. Sie ist verzweifelt, hat sie doch die letzte und die vorletzte Nacht geweint, als ob sie kein bisschen Verstand mehr hat. Doch eines ist gewiss, sie wird nicht mehr weinen. Wenn der es aushält seine „Mama" zu verlassen, kann sie das auch. Dieser Tag wird nicht noch einmal wiederkommen. Sie vermutet, dass er eines Tages merken wird, dass seine „Mama" seine einzige Freundin gewesen ist;

Woke up this Morning all hateful and blue
'Cause my Baby treats me wrong
He's got his Satchel Pack, Clothes upon his Back, and gone
Yes, I'm low-down, nothing worries me long
I cried last Night and all the Night before
Just like I didn't have a Bit of Sense at all
But I will tell you Folks that I ain't gonna cry no more
If he can stand to leave his Mama, I can stand to see him go
The Day that's gone will never come again, just wait and see
The Day that's gone will never come again
Then he will know his Mama was his only Friend

Edmonia ist nun ganz von Rachegedanken erfüllt: Jetzt bin ich voller Hass, weil er mich so gemein behandelt. Falls ich diesen Mann finde, dann denke ich an Mord. Wenn ich ihn sehe, werde ich ihn schlagen. Ich werde ihn auch würgen und beißen. Ich werde mein ungebrauchtes Rasiermesser nehmen und ihn überall damit schneiden. Der Krankenwagen wartet schon und der Leichenbestatter auch. Wenn ich fertig bin, werden sie ihn auf den Friedhof bringen. Ich muss eine 44er-Pistole und ein Gatlin-Gewehr kaufen. Wenn ich ihn sehe, werde ich ihn töten. Für ihn hat es keinen Zweck wegzurennen, denn meine Liebe wurde missbraucht. Jetzt habe ich den hasserfüllten Blues.

Now I'm hateful 'cause he treats me so unkind
If I find that Man, while Murder's on my Mind
If I see him I will beat him, gonna choke and bite him too
I'll take my lonesome Razor, cut him through and through
The Ambulance is waiting, the Undertaker too
They'll take him to the Graveyard after I'm through
I gotta Forty-Four, gonna buy a Gatling Gun*
If I see him I will kill him, so there ain't no use to run
'Cause my Love has been abused
Now I've got the Hateful Blues

*Gatlin Gun ist eigentlich kein Gewehr, sondern eine Frühform des Maschinengewehrs auf Rädern.

Bertha „Chippie" Hill gibt die Hoffnung nicht auf, dass er eines Tages wieder zu ihr zurückkommt. Davon ist Chippie fest überzeugt. Sie wird bis in alle Ewigkeit auf ihn warten. Ein sentimentaler Blues „Some cold rainey Day" (1928) von der illusionären Hoffnung und der Geduld der Frauen. Eines kalten regnerischen Tages …

Eines Tages, wenn du ergraust, wirst du zurückkommen. Jetzt wirst du dein Zuhause verlassen. Wenn der Schnee fällt und du überhaupt keine Freunde hast, wenn dein Magen wie ein leerer Sack herunter hängt, wenn du weg bist und du deine Liebe haben willst, wenn du fix und fertig bist, du krank im Bett liegst und jemanden brauchst, der deinen schmerzenden Kopf hält, dann wirst du zurück kommen." Chippie zuversichtlich an die Frauen gewendet: „Wenn dein guter Mann dich nicht mehr will und deine Füße aber fest auf dem Boden stehen, dann wird er an einem kalten, regnerischen Tag zurückkommen:

You'll come back some old Day,
When your Head is turning gray.
You'll come back some cold, rainy Day.

Baby, look where the Sun's done gone.
Now, you're gonna leave your Home.
You'll come back some cold, rainy Day.

When the Snow begins to fall
And you ain't got no Friends at all,
You'll come back some cold, rainy Day.
Hmmmmm! Hmmmmm!
You'll come back some cold, rainy Day.

When your Stomach hangs like an empty Sack
And it feels like it's lower in your Back,
You'll come back some cold, rainy Day.

When you can't get out on your Run
And you need to have your Lovin' done,
You'll come back some cold, rainy Day.

When you get down, sick in your Bed
And you need someone to hold your achin' Head,
You'll come back some cold, rainy Day.

Bertha „Chippie" Hill (1905–1950), ist in Charleston, South Carolina, als eines von 16 Kindern auf die Welt gekommen. 1915 geht die Familie nach New York City und Chippie beginnt mit 14 Jahren in einem Nachtclub zu singen, in dem auch Ethel Waters Engagements hat. Mit Ma Rainey ist sie bei den „Rabbit Foot Minstrels" auf Tour. 1925/26 bietet sich ihr in Chicago die Chance mit Louis Armstrong einige Schallplatten aufzunehmen. In den Jahren darauf spielt sie auch mit den Bluesgitarristen Lonnie Johnson, Tampa Red, Scrapper Blackwell und dem Pianisten Leroy Carr einige Bluessongs ein. 1930 beendet sie ihre Musik-karriere und kümmert sich fortan um ihre sieben Kinder. 1946 arbeitet sie als Verkäuferin in einer Bäckerei. Noch im selben Jahr startet sie im Rahmen der „Lovie Austin's Blues Serenaders" ein erfolgreiches Comeback. Chippie ist im Radio zu hören und tritt in zahlreichen Clubs und Konzerthallen, einschließlich der Carnegie Hall in New York City auf. 1950 wird sie von einem Auto überfahren und stirbt mit 45 Jahren.

Es kommt nicht oft vor, dass auch eine Bluesfrau sich wegen ihres untreuen Mannes keinen Rat mehr weiß. Er hat sie einfach aus der Wohnung ausgeschlos-sen und vergnügt sich im Haus mit einer anderen Frau. Sie sitzt die ganze Nacht draußen auf den Stufen und heult sich die Augen aus, wie Memphis Minnie es im „Crazy Cryin' Blues" (1931) tut. Sehr selten findet sich in einem Blues von Frauen ein solch eindrucksvolles lautmalerisches Weinen:

I been going crazy, I just can't help myself. Ahhhhuuuuhaaahhhh 2x
Because the Man I'm loving, he's loving someone else

(spoken: *You know I'm bound to cry*)
Ahhhhaaahhhhuuuuhhuh 3x
I was locked outdoors, sat on my Steps all Night long
And cried. Ahhhhaaahhhuuuhhhaaah 2x
I'm going crazy, crazy as I can be

I got up this Morning,
I made a Fire in my Stove. Ahhhhaaahhhuuuhhhaaah 2x
I made up my Bread and set my Pan outdoors

I'm crazy! I'm crazy!
Just can't help myself. Ahhhhaaahhhuuuhhhaaah 2x
I'm just as crazy, crazy as a poor Girl can be
Ahhhhaaahhhhuuuuhhuh 3x

Frauen reicht's – sie wollen ihn nicht mehr

Die Bluesfrauen klagen in ihren Songs oft darüber, dass das Unglück sie verfolgt. Denn sie haben ständig Pech in der Liebe. Auch Helen Humes ist über das, was ihr widerfahren ist, sehr unglücklich, wie sie im Blues „Unlucky Woman" (1942) bestätigt. Helens Gedanken schwanken zwischen Aberglaube und Wirklichkeit. Sie glaubt nicht mehr so recht an die Liebe:

I was born on Friday, married on Friday too 2x
But I didn't believe in Jinxes* till the Day that I met you

I don't want no more Lovin', I'd rather be all alone 2x
So when Payday comes around, I can call my Money my own

Now Love is just a Gamble, it's just like shootin' Dice
But it's my Bad Luck that I got Snake Eyes* twice

I'm an unlucky Woman, guess I was born that Way
And if anyone can change me, they can move right in today

Am Freitag geboren, auch am Freitag geheiratet, trotzdem hat sie bis zu dem Tage, an dem sie ihn getroffen hat, nicht an Pechvögel geglaubt. Sie will keine Liebe mehr von ihm, sie wäre lieber allein. Wenn nämlich jetzt der Tag der Lohnauszahlung kommt, gehört ihr das Geld. Jetzt ist Liebe nur ein Glücksspiel, es ist wie mit den Würfeln. Aber ihr Pech ist, dass sie schon zweimal „Snake Eyes"* gewürfelt hat. Sie sei eine unglückliche Frau, die glaubt, dass sie schon so geboren wurde.

Und wenn sie jemand ändern könne, könne er noch heute bei ihr einziehen:

I don't want no more Excuses, I don't want no Jive
I wouldn't want you Daddy, if you was the last Man alive
I've learned my Lesson, and I've learned it just in Time
Good Luck will never find me, till I cross you off my Mind.

*Jinx = ein Pechvogel. *Der Ausdruck Snake Eyes bezieht sich auf zwei Einsen bei zwei Würfeln, die den Schlangenaugen gleichen. Dieser Pasch ist nicht viel Wert.

Helen ist entschlossen: Ich will keine Ausreden mehr, ich will kein dummes Herumgerede. Dich würde ich nicht wollen, Daddy, auch wenn du der letzte lebende Mann wärst. Ich habe meine Lektion gelernt und ich habe sie gerade noch rechtzeitig gelernt. Das Glück wird mich nie finden, bis ich dich aus meinen Gedanken getilgt habe.

Viola McCoy (ca. 1900 – ca. 1956) ist eine klassische Bluessängerin mit einer über 20jährigen Karriere über die Große Depression hinweg bis Ende der 1930er Jahre. Vor 1920 tourt sie mit verschiedenen Vaudeville Shows in einer kleinen Band. Ab 1923 kann sie für ein paar Jahre Schallplatten für verschiedene Labels aufnehmen, oft unter Pseudonym. Ihr gehört kurzzeitig ein Cabaret in New York City, und danach betreibt sie einen Nachtclub in Saratoga, New York.

Viele Frauen, wie auch Viola, haben es satt, sich mit ihren Männern herumzuschlagen. Auch Viola reißt der Geduldsfaden. Sie berichtet davon in ihrem Blues „I don't want nobody that don't want me" (1924). Sie hat einen Mann, den sie versucht, gut zu behandeln. Fast jede Nacht schreit er viel herum und droht ihr an wegzugehen. Er packt seine Sachen und verschwindet tatsächlich am nächsten Tag. Nicht lange danach ist er wieder da, fällt auf die Knie und bittet sie, ihn zurückzunehmen. Doch Viola sagt ihm dieses Mal kühl ins Gesicht: „Ich habe noch einen Daddy, der deinen Platz einnimmt!"

Sie wolle niemanden, der sie nicht will. Sie meint, dass das doch wohl so klar sei wie der Tag. Ob er das nicht verstehe? „Du bist weggegangen und hast mich verlassen. Das scheint ja wohl sehr lustig zu sein. Du kommst jetzt zurück und willst mich Schatz nennen? Genauso sicher wie eins und eins zwei ist, habe ich dich früher geliebt. Jetzt bin ich mit dir fertig. Ich war so blind wie nur was, aber nun kann ich deutlich sehen: Ich will niemanden, der mich nicht will!"

I got a Man, I tried to treat him right,
But he would fuss with me 'most every Night,
Then he said he was going away,
Packed up his Grip and left the very next Day.
Just half past, when he came back,
Down on his Knees for me to take him back,

Then I told him right to his Face,
„I got another Daddy to take your Place!"
I don't want nobody that don't want me,
I mean it plain as Day, you see,
You went away and left me, now it seems so funny,
You come back now and want to call me Honey?
Just as sure as one and one make two,
I used to love you, now I'm through with you,
You had me blind as I could be,
But now I can plainly see,
I don't want nobody that don't want me!

Das wäre geklärt! Schluss! Aus!

Auch Mary Dixon macht einem Mann eine heftig derbe Szene. Sie will ihren Liebhaber, der wohl ihr „Back-Door Man" ist, schnellstens loswerden. Mary, eine der klassischen Bluesfrauen der 1920er, ist auf den „Down-and-Dirty Blues", auf Sex spezialisiert oder von ihrer Plattenfirma darauf festgelegt worden. Weiter ist über sie nichts zu erfahren.

Mary stellt in ihrem Blues „You can't sleep in my Bed" von 1929 mitleidslos klar, dass er mit seiner Jammerei aufhören und woanders hingehen soll, wo er seinen faulen Körper hinlegen könne.

Er sei weder süß noch glaube sie, dass er sauber sei. Er sei das mieseste Ding, das sie jemals gesehen habe. Es werde heute nicht laufen, wie er sich das vorgestellt hat. Mary raunzt ihn an: „Runter von meinem Bett! Wie in aller Welt bist du bloß dahin gekommen?" Er solle abhauen, denn ihr Mann würde bald kommen. Er solle aufhören mit dem Schwanz zu wedeln. So ein Hund wie er müsse wohl zu viel „Bread" (Vagina) haben, also: „Raus aus meinem Zimmer! Du kannst hier nicht schlafen!"

What's the matter with you, stop your Whining around. 2x
Find some other Place to lay your lazy Body down

You're too big to be cute, and I don't think you are clean. 2x
You're the darnest-looking Thing that I have ever seen.

What you got in Mind ain't gonna happen today. 2x
Get off of my Bed! How in the World did you get that Way?

You'd better be gone when my Man comes in. 2x
Stop shaking your Tail, 'cause I don't know where you've been.

Now a Dog like you must have too much Bread. 2x
Come out of my Room! You can't sleep in my Bed!

So! Auch die Angelegenheit von Mary wäre nun geklärt. Aber auch Bessie Smith hat es mit einem Mann zu tun, den sie nicht mehr gebrauchen kann. Bessie hat keine andere Lösung des Problems mehr gesehen als zu einem drastischen und konsequenten Mittel zu greifen. In ihrem „Sam Jones Blues" von 1923 lässt sie Sam wissen, dass er schon längst ihr Ex-Mann ist. Die Szene spielt sich folgendermaßen ab:

Bessie: „Wer klopft da an meine Tür? Jones? Besser du gehst weg von meiner Tür. Ich kenne niemanden mit dem Namen Jones. Du bist in der richtigen Kirche aber in der falschen Kirchenbank!"

Was ist passiert? Sam Jones hat seine liebe Frau verlassen, um sich herumzutreiben. Nach einem Jahr kommt er zurück zu seiner „High Brown"*, geht zum gewohnten „ehelichen Hafen" und klopft sich dort die Knöchel wund. Seine Frau kommt, aber zu seiner Schande erkennt sie sein Gesicht nicht mehr.

Sam: „Ich bin dein Ehemann, meine Liebe!"

Bessie: „Mein Lieber, das ist seltsam zu hören! Du redest nicht mit Mrs. Jones. Du sprichst jetzt mit Miss Wilson. Ich war deine liebe Kameradin, aber der Richter hat mein Schicksal gewendet. Es gab eine Zeit, da konntest du hier hereinkommen und all dies dein Heim, dein ‚Sweet Home' nennen. Aber jetzt gehört dies alles für alle Zeiten mir. Ich bin frei und lebe hier ganz allein. Ich brauche dein Zeugs, deine Miete und deine Siebensachen nicht. Obwohl ich nicht reich bin, mache ich meinen Stich (Geld) und bin stolz darauf. Hör mal, gib mir den Haustürschlüssel, denn auf dem Türschild steht nicht mehr ‚Sam Jones'. Du redest nicht mit Mrs. Jones. Du sprichst jetzt mit Miss Wilson."

Who's that knockin' on that Door? Jones?
You better get away from that Door
I don't know nobody named Jones.
You're in the right Church, Brother, but the wrong Pew.

Sam Jones left his lawf'ly Wife, just to step around
Came back Home, 'bout a Year. Took it for his High Brown*
Went to his accustomed Shore and he knocked his Knuckles sore
His Wife she came, but to his Shame she knew his Face no more.

Sam said, „I'm your Husband, Dear!"
But she said, „Dear, that's strange to hear.
You ain't talkin' to Mrs Jones. You speakin' to Miss Wilson now.
I used to be your lawf'ly Mate but the Judge done changed my Fate.

Was a Time you could-a' walked right in
And call this Place your Home sweet Home

But now it's all mine, for all Time. I'm free and livin' all alone
Don't need your Clothes, don't need your Rent.

Don't need your Ones and Twos
Though I ain't rich, I know my Stitch.
I earned my strutting Shoes
Say, hand me the Key that unlocks my Front Door
Because that Bell don't read Sam Jones no more, no.
You ain't talkin' to Mrs Jones. You speakin' to Miss Wilson now!"

*High Brown = eine afroamerikanische Frau mit hellbraunem Teint.

Dieses Lied ist bemerkenswert für die Art und Weise, wie Bessie den Konflikt zwischen den Wahrnehmungen der Ehe zweier Kulturen, der weißen und der afroamerikanischen, und insbesondere den Platz von Frauen innerhalb der Institution Ehe in musikalischen Kontrast und Streit übersetzt. Es ist leicht vorstellbar, dass Bessie mit diesem Blues viele zustimmende Reaktionen aus ihrem weiblichen Publikum hervorrufen kann. In diesem Song deutet sich eine frühe Welle der Emanzipation der afroamerikanischen Frauen von alten Verhältnissen an. Das Recht auf freie Entscheidung und Handlungsfähigkeit, eigene Wünsche und Zukunftsvisionen selbständig umzusetzen ist in der Realität für die Frauen in den Arbeiter- und Landarbeiterschichten noch längst keine Selbstverständlichkeit. Afroamerikanische Frauen haben zu dieser Zeit schon zu einem gewissen Teil die sklavische Unterwürfigkeit abgelegt. Den Männern und Frauen der vorhergehenden Generation machen solche Handlungsweisen noch große Schwierigkeiten, denn sie sind noch nicht sehr weit von den während der Sklaverei für sie zum Überleben notwendigen Verhaltensweisen entfernt. Jetzt beginnt ein Wandel. Eine Mentalitätswechsel deutet sich an: Männer und vor allem Frauen, und nicht nur die etablierten und selbstbewussten Bluessängerinnen erlauben sich, die Möglichkeiten persönlicher Freiheit mutig auszutesten.

So ist auch der nächste Blues zu verstehen, in dem eine junge Frau, Edna Hicks, zumindest im Augenblick keinen Mann mehr lieben will, weil sie dann auch keinen Blues mehr bekommt. „I don't love nobody, so I don't have the Blues" (1923) lässt uns Edna wissen: Ich lasse mich niemals mehr von einem weiteren Mann täuschen. Ich war so besorgt, wie ein Mädchen es nur sein kann. Ich befand mich zwischen dem Teufel und dem tiefblauen Meer. Aber jetzt ist mein Herz wie ein Stein. Ich werde dem König auf seinem Thron sagen, dass ich niemanden liebe, niemanden unter der Sonne. Ich liebe niemanden, also habe ich keinen Blues. Ich bin nur eine tändelnde Frau, die mit dem Liebesspiel fertig ist. Ich brauche niemanden, um ihm meine Probleme zu erzählen, denn ich bin damit durch, wie früher immer auf faule Männer hereinzufallen. Ich möchte, dass die Welt weiß, dass ich niemanden liebe. Wenn ich mit einem Kerl zusammen bin, ist das einfach nur noch Show. Ich behalte ihn bis sein Geld aufgebraucht ist und sage ihm dann, dass er nichts als ein pures Greenhorn ist. Ich liebe niemanden, also habe ich keinen Blues. Ich wäre eigentlich nicht so cool zu den Männern, aber seht, ich liebte einen Mann, der mich zum Narren gehalten hat. Deshalb: Ich liebe niemanden, also habe ich keinen Blues:

> *I never let another Man fool me.*
> *I've been as worried as a Girl could be.*
> *I've been between the Devil and the deep blue Sea.*
> *But now my Heart 's just like a Stone.*
> *I'll tell the King upon his Throne,*
> *That I don't love nobody, nobody under the Sun.*
>
> *I don't love nobody, so I don't have no Blues.*
> *I'm just a Dancing Dame,*
> *Who's through with the loving Game;*
> *I don't need nobody to tell my Troubles to,*
> *'Cause I'm through falling to lazy Papas like I used to do.*
>
> *I don't love nobody. I want the World to know,*
> *When I'm with a Fellow, It's simply for making a Show.*
> *I keep a Fellow spending 'til his Money's gone.*
> *And tell him that he's nothing but a pure Greenhorn.*
>
> *I don't love nobody, so I don't have no Blues.*
> *I wouldn't be so cool to the Men, but see,*
> *I used to love a Man who made a Fool of me.*
> *So, I don't love nobody, so I don't have no Blues.*

Edna Hicks (1895-1925), stammt aus in New Orleans, Louisiana und ist schon in jungen Jahren als Bluessängerin und -musikerin populär geworden. Sie kommt in den Norden und arbeitet dort zunächst als Krankenschwester. 1912 heiratet sie einen Vaudeville-Unterhaltungskünstler und singt in seinen kleinen Shows im Norden wie im Süden. Im afroamerikanischen Vaudeville im Mittleren Westen ist Edna ab 1910 bis in die 1920er Jahre sehr bekannt. Sie macht bei sieben verschiedenen Plattenlabels Aufnahmen mit einigen damals bekannten Pianisten. Ein tragischer Unfall beim Betanken ihres Autos setzt ihrem Leben ein Ende. Ihre Halbschwester ist die Bluessängerin Lizzie Miles.

POWERFRAUEN

ESTHER PHILLIPS (R&B / Blues / Country / Jazz / Pop / voc) • MAGGIE MAYALL (Blues / voc / Songwriter / Bandleader) • „WEE" BEA BOOZE (R&B / Jazz voc / e-git) • VIOLA MCCOY (Classic Blues / voc) • LADY BIANCA (Blues / voc / p / Songwriter) • ANN COLE (Blues / R&B / Gospel / Soul / voc) • HATTIE BURLESON (Blues / voc) • ETTA BAKER (Piedmont Blues / git / banjo) • NELLIE LUTCHER (Blues / Jazz / voc / p) • DEBBIE DAVIS (Blues / voc / e-git) • KITTY BROWN (Classic Blues / voc) • KATHERINE HANDY (Blues / Jazz / voc / p) • COLETHA SIMPSON (Classic Blues / voc) • KAZ HAWKINS (Blues / Soul / Jazz / voc / git) • DAISY MARTIN (Classic Blues/ voc / Schauspielerin) • ELIZABETH COTTEN (Country Blues / Folk Blues / voc / git / Songwriter) • ROSETTA HOWARD (Classic Blues / voc) • RORY BLOCK (Delta Blues / voc / git / Songwriter) • PERLINE ELLISON (Blues / voc) • CLEO GIBSON (Classic Blues / voc) • ELLA MAE MORSE (R&B / Rock'n'Roll / voc) • NELLIE FLORENCE (Classic Blues / voc) • LILLIAN ETTA OFFITT (Blues / R&B /voc) • ALBERTA HUNTER (Classic Blues / voc) • SUSAN TEDESCHI (Bluesrock / voc / e-git / Songwriter) • DEITRA FARR (Blues / Soul / Gospel / voc) • ETTA JAMES (R&B / Soulblues / voc) • JULIA LEE (R&B / Jazz / voc / p) • LUCILLE SPANN (Blues / voc)• ANDRA FAYE (Blues / voc / b / mandolin) • HAZEL MYERS (Classic Blues / Country Blues / voc) • VIOLA WELLS (Blues / Jazz / voc) • BIG MAYBELLE (Blues / R&B / Gospel / voc) • JANICE HARRINGTON (Blues / Gospel / voc).

Auch Frauen wollen einen Rausch:
Alkohol, Drogen und die Spielhölle

Im Januar 1920 beginnt die Prohibition, mit der die Herstellung, Verkauf, Transport, Einfuhr und Ausfuhr „berauschender Flüssigkeiten" verboten wird. Nicht nur Hochprozentiges, sondern auch Wein und Bier sind nun illegal. Bereits 1916 waren 26 von 48 Staaten trocken, und als die Vereinigten Staaten in den I. Weltkrieg eintreten, wurde das Verbot mit Patriotismus gleichgesetzt. Nicht damit einverstanden sind die eingewanderten deutschen Amerikaner mit ihren Bierbrautraditionen.

Neben Ängsten der Weißen, wie der Bedrohung des Überlebens der weiße „Rasse" (ich möchte an dieser Stelle darauf hinweisen, dass es Rassen nicht gibt und niemals gegeben hat) durch die verschiedenen „farbigen" (coloured) Bevölkerungsgruppen gehört, auch der Kreuzzug gegen Alkohol zu den diversen „Säuberungskampagnen", die gegen AfroamerikanerInnen gerichtet sind. So muss die afroamerikanische Bevölkerung für die Legitimierung des Alkoholverbots herhalten. Schon am Anfang des Jahrhunderts weisen „Antiliquor Crusader" (Alkoholgegner) auf die angeblich im Süden vorherrschenden Unsicherheitsgefühle der Weißen gegenüber den „roaming drunken Negroes", den besoffen herumstreunenden armen Afroamerikaner hin. Eine Fülle neuer und ungleichmäßig über die USA verteilten durchgesetzten „Dry-Laws" gegen Alkohol dienen dazu, afroamerikanische als auch die armen weißen Arbeitslosen zu disziplinieren. Geringe Verstöße wie das Herumlungern in der Freizeit bis zu Landstreicherei können nun geahndet werden und als Disziplinierungsmaßnahmen wirken. Eine der Auswirkungen der von den Weißen gewollten Rassentrennung erzeugt bei selbigen großes Misstrauen. Es ist die Existenz von klapprigen Kneipen und Bars für die afroamerikanische Bevölkerung. Ein „Rassenkrieg" könne dort zu jeder Zeit ausbrechen, denn die kollektiven Versammlungen der AfroamerikanerInnen in den „couloured only" Kneipen seien politisch gefährlich. Dazu seien sie eine tödliche Bedrohung für weiße Frauen, Kinder und das eigene Heim. Zudem wird verbreitet, dass diese Kneipen Lasterhöllen seien und den Afroamerikanern den Lohn rauben würden. Abgesehen davon, das hauptsächlich weiße Gangster an der Prohibition sehr gut verdienen, profitieren auch andere davon. Wein kann zu liturgischen Zwecken erworben werden und weißen Ärzten ist es gestattet, ihren Patienten aus medizinischen Gründen Whiskey zu verordnen. Viele Ärzte lassen sich diesen Schnaps auf Rezept gut bezahlen. Es beginnt das beispiellose gesellschaftliche Experiment, ein Land mit mehr als 100 Millionen Einwohnern zur Abstinenz und protestantischer Tugendhaftigkeit zu verpflichten. Doch der Wunsch, Alkohol zu genießen, bleibt bei Schwarz und Weiß bestehen!

In großen Städten blühen zunehmend Tausende von neuen „Speakeasies" auf. Historiker schätzen, dass es bis 1925 allein in New York City bis zu 100.000 illegale Bars für die reichen und Kaschemmen für die Armen gibt. Alkohol wird geschmuggelt und illegal gebrannt. Es ist ein gutes Geschäft für die immer reicher werdenden Gangster ebenso wie für die kleinen „Bootlegger", die Schwarzhändler. Das Alkoholverbot führt dazu, dass Menschen nicht nur illegalen Bootleg-Moonshine trinken, sondern auch legal verfügbare Substanzen wie „Canned Heat", ein Brennspritus. Er wird verdünnt und dient als legaler und billiger Schnapsersatz, der allerdings schwerwiegende gesundheitliche Probleme wie Blindheit verursacht. 1928 schreibt der große Deltablues-Gitarrist und -sänger Tommy Johnson seinen „Canned Heat Blues" in dem der singt:

Crying Canned Heat, Mama, crying sure,
Lord, killing me. Takes Alcorub to take these Canned Heat Blues.

Das Ende der allgemeinen Prohibition ist 1933 gekommen. Als letzter Staat hebt Mississippi 1966 das Alkoholverbot auf, aber noch heute halten sich in den stark evangelikal geprägten Staaten viele Gemeinden an das Alkoholverbot.

Es gibt einige Bluestitel aus der Probitionszeit über Alkoholersatz wie den „Alcorub" in „Clarksdale Moan" (1930) von Son House. Diese Songs fangen dieses Phänomen und die damit verbundenen Probleme auf sehr realistische Weise ein. Einige illegale Alkoholika sind so billig, dass sich viele ärmere Menschen ihn sich noch leisten können. In den ländlichen Gegenden der Südstaaten gibt es relativ wenige alkoholkranke Frauen, in den Großstädten des Nordens schon mehr. Im Süden übt die Kirche noch einen starken Einfluss auf die Frauen aus, der im Norden weitgehend wegfällt. Die Gesetze der Prohibition erlauben es, eine betrunkene Person ins Gefängnis zu stecken in der Hoffnung, dass damit ihre Sucht beendet würde.

Das passiert Ma Rainey, die in ihrem Song „Blues and Booze" von 1924 davon berichtet, wie es einer betrunkenen Frau ergehen kann. Sie geht zu Bett und hat einen im Tee. Morgens schüttelt sie die Polizei wach und nimmt sie mit zum Gefängnis, so betrunken und blau wie nur was. Der grausame alte Richter schickt ihren Mann weg und sie tragen Ma ins Gerichtsgebäude. Und wie sie geweint hat! Für 60 Tage wird sie eingesperrt, denn mit Geld kann Ma die Kaution, um auf freiem Fuß bleiben zu dürfen, nicht bezahlen. 60 Tage sind ja eigentlich nicht lang, wenn man sie verbringen kann, wie man möchte, überlegt Ma. Aber dieses scheint eher ein Gefängnis als eine Zelle zu sein, in dem es keinen Schnaps gibt. Ihr Leben fühlt sich elend an, wenn sie keinen Alkohol bekommt. Jeden Dime gibt sie dafür aus. Sie muss den Alkohol haben, um mit ihrem schlimmen Leben und diesem Blues fertig zu werden:

Went to Bed last Night, and Boy, I was in my Tea, 2x
Woke up this Mornin', the Police was shakin' me

I went to the Jailhouse, drunk and blue as I could be 2x
But that cruel old Judge sent my Man away from me

They carried me to the Courthouse, Lordy, how I was cryin' 2x
They jailed me sixty Days in Jail, and Money couldn't pay my Fine

Sixty Days ain't long if you can spend them as you choose 2x
But this seems like Jail than a Cell where there ain't no Booze

My Life is all a Misery when I cannot get my Booze 2x
I spend every Dime on Liquor, got to have the Booze
To go with these Blues

Während der Prohibition entsteht 1928 der von Bessie Smith gesungene Blues „Me and my Gin" (später unter dem Titel „Gin House Blues" erschienen). Die hochkarätige Sängerin Dinah Washington covert den Song im Jahr 1958 und Nina Simone veröffentlich 1961 ebenfalls eine eindrucksvolle Fassung:

Stay away from me 'cause I'm in my Sin 2x
If this Place gets raided, it's just me and my Gin

Don't try me nobody, 'cause you will never win 2x
I'll fight the Army, Navy, just me and my Gin

Any Bootlegger sho' is a Pal of mine 2x
'Cause a good ol' Bottle of Gin will get it all the Time

When I'm feelin' high, ain't nothing I won't do 2x
Get me full of Liquor and I'll sho' be nice to you

I don't want no Clothes and I don't need no Bed 2x
I don't want no Pork Chops, just give me Gin instead.

Bessie, die auch in der Realität gerne zur Flasche greift, gesteht wie wertvoll ihr der Gin ist: „Bleib weg von mir, ich sündige gerade. Wenn dieser Ort überfallen wird, ist es nur wegen mir und meinem Gin. Niemand und auch du nicht sollen mich belästigen, denn du wirst nicht gewinnen. Ich werde gegen die Armee kämpfen, gegen die Marine, nur ich und mein Gin. Jeder Bootlegger ist wirklich ein Kumpel von mir, denn eine gute alte Flasche Gin kann ich jederzeit bekommen. Wenn ich mich gut fühle, gibt es nichts, was ich nicht tun würde. So fülle mich mit Alkohol ab und ich werde sicherlich nett zu dir sein. Ich will keine Kleidung und ich brauche kein Bett. Ich will auch keine Schweinskoteletts, gib mir stattdessen nur Gin." Nach der Prohibition nimmt Lucille Bogan 1934 unter ihrem neuen Bühnennamen Bessie Jackson den „Drinking Blues" auf, der einen besonderen Bezug zu ihren schweren Sorgen herstellt.

> *Blues has got me drinkin', Trouble's got me thinkin' and it's goin'*
> *To carry me to my Grave. 2x*
> *And I'm goin' to keep on drinkin', the Rest of my worried Days.*

> *Don't a Woman feel real funny, When the Broad wakes up*
> *cold in Hand. 2x*
> *And she ain't got a Dollar, oh, to meet the House-Rent Man.*

Der Blues hat sie erwischt und zum Trinken gebracht. Sie muss ihre Sorgen überdenken, die sie an den Rand des Grabes bringen. Sie wird bis zum Rest ihrer sorgenvollen Tage weiter trinken. Es fühlt sich für eine junge Frau nicht lustig an, wenn sie ohne einen Cent in der Hand aufwacht und sie nicht mal einen Dollar hat, um die Miete zu bezahlen.

> *Trouble's got me thinkin', and I just can't keep from drinkin',*
> *Tryin' to drive my worried Blues away. 2x*
> *How I been worried each and every lonesome Day!*

Wegen dieser Probleme kann sie einfach nicht mit dem Trinken aufhören. Sie versucht, damit ihre täglichen Sorgen zu vertreiben. Ihr Herz schmerzt, und sie braucht den Whiskey um den Blues zu verscheuchen. Sie beschließt, jeden weiteren sorgenvollen Tag betrunken zu sein.

> *Now my Heart is achin', and Whiskey's all it's takin'*
> *Just to drive these Blues away. 2x*
> *And I stay drunk each and every worried Day*

> (zu ihrem Pianisten Walter Roland gesprochen:)
> *Beat 'em a long Time, Baby!*

Walter Roland (1902?-1972) ist ein Bluessänger, ein Boogie Woogie- und Jazzpianist, der Lucille oft am Piano oder mit der akustischen Gitarre begleitet.

Auch Memphis Minnie treiben Geldsorgen um. Im „Drunken Barrelhouse Blues" von 1934 begleitet sie sich auf ihrer akustischen Gitarre. Alle Leute sollen gut zuhören, was sie zu sagen hat. Das gute Zeugs ist da. Sie hat es gerade herausgefunden. Minnie will sich am Morgen betrinken und sie will deshalb kein einziges

Gemurmel hören. Alles kann sie uns davon nicht erzählen: „Ich werde euch nichts davon sagen, was ich gehört habe."

Sie plant, sich zu betrinken und dann das alte Barrelhouse abzureißen, weil sie kein Geld hat. Sie hofft, dass dann alles (Geld und ?) aus der Stadt kommt. „Hol mir noch einen Drink. Trink und lass uns besaufen und Spaß haben!" Sobald sie wieder zuhause ist, will sie alles erzählen. „Gib mir ein Shiner Beer oder wenn nicht, einen Gin. Ich fühle, dass ich wieder nüchtern werde. Ich möchte mich wieder betrinken."

If you listen to me good People, I'll tell you what it's all about (2 x)
Well that good Stuff is here and I just found out

Get me drunk in the Mornin'. Don't say one mumblin' Word (2 x)
I can't tell you all about it and I ain't gon' tell you nothin' I heard

Well I believe I'll get drunk, tear this old Barrelhouse* down (2 x)
'Cause I ain't got no Money but I can hope all outta Town

Get me one more Drink. Drink and let's ball and fun (2 x)
And I'm gon' tell everything just as soon as I get back Home

Give me a Shiner Beer* if not a drink of Gin (2 x)
I feel myself gettin' sober, I want to get back drunk again

*Barrelhouse = eine Kneipe in der große Fässer stehen. Die Theke besteht aus Fässern mit einem darüber gelegten Brett. Diese übel beleumdeten Kneipen liegen vor allem außerhalb der Stadtgrenzen. *Shiner Beer = eine Biermarke, die von Texas bis Louisiana verbreitet ist. 1909 gründet Kosmos Sproetzl aus Bayern die Brauerei in Shiner, Texas.

Auch Clara Morris ist eine „Whisky-headed Woman". Sie beschreibt ihre Sucht-krankheit im Blues „I stagger in my Sleep" von 1941 sehr eindringlich. Sie taumelt im Schlaf und jeden Morgen die Straße herunter. Sie bekommt keinen Whisky, geht nach Hause und jammert. Ihre Art und Weise die Sorgen zu vertreiben, ist die, die ganze Zeit betrunken zu bleiben. Hat sie keinen Alkohol, wird sie böse, sodass sie sogar mit dem Teufel nicht mehr gut auskommt. Es ist ein furchtbar schlechter Whisky. Ihren Freund hat sie verloren. Aber was nützt es, sie trinkt bis zu ihrem Ende. Alle diese minderwertigen Alkoholprodukte sind tatsächlich ziem-lich giftig und ein baldiges Lebensende sehr real.

I drink so much Whisky I staggered in my Sleep. 2x
Soon every Morning, I'm staggering down the Street.

I can't get no Whisky – dear me, I go home and whine. 2x
The Way I keep from worryin' I stay drunk all the Time.

When I ain't got no Liquor, look like everything I do wrong. 2x
That's when I get evil, me and the Devil can't get along.

It was so-bad Whisky, made me lose my best Friend, 2x
But I can't help it, I will drink until the End.

Über die Bluessängerin Clara Morris ist nichts bekannt, außer dass sie vier Titel für das Plattenlabel Bluesbird (Chicago) und zwei weitere für Okeh eingespielt hat, die nicht veröffentlicht wurden. 1947 hat Merline Johnson diesen Blues mit leicht verändertem Text unter „Bad Whiskey" auf ihrer letzten Aufnahmesession eingesungen. Der Song wurde ebenfalls nicht veröffentlicht.

Ida Cox hat 1928 ein anderes Problem, das sie im „Booze crazy Man Blues" darlegt. Ihr Mann trinkt. Sie bittet ihn inständig, sie nicht aus dem Haus zu schmeißen. Ida beschwört ihn, das Whiskeytrinken zu lassen, das sie, seine einzige Freundin vertreibt. Er wisse doch, dass sie bei ihrem süßen Daddy geblieben und mit ihm durch dick und dünn gegangen sei. Sie hat schwer gearbeitet, bis sie am Morgen fast tot war. Und nur, damit ihr Daddy einen Platz hat, auf dem er seinen müden Kopf betten kann. Ida klagt, dass sie wie eine Sklavin behandelt wird. Doch sie mahnt nur: „Der schlechte Whiskey wird dich noch ins Grab bringen."

Daddy, oh, sweet Daddy, please don't drive me away 2x
I love you sweet Papa, please let your Mama stay

Don't let your Whiskey, drive away your only Friend 2x
You know I've stuck with you, sweet Daddy through thick and thin

I've worked so hard for you, till Morning I was almost dead 2x
Just for Daddy to have some Place to lay his weary Head

But now, I'm bein' treated like a Slave 2x
Your goin' to let bad Whiskey carry you to your Grave

In dieser Zeit produzieren die Hersteller von billigen Gins, Weinen und angeblichem Whiskey ungefähr 50 Millionen Liter „Moonshine" pro Jahr. Ein Großteil davon geht an Menschen mit geringen Einkommen. Die AfroamerikanerInnen bilden davon einen unverhältnismäßig hohen Prozentsatz.

Der Name drückt aus, das „Moonshine" hauptsächlich in der Nacht, oft tief in den Wäldern, produziert wird, um der Entdeckung des illegalen Tuns möglichst zu entgehen. Die hätte zur Folge, dass die Brennereien und Lagerräume zerschlagen oder beschlagnahmt werden und gerichtliche Verfahren folgen.

Ein wenig Geld können sich die kleinen VerkäuferInnen mit dem illegalen und minderwertigen Moonshine-Alkohol verdienen. Memphis Minnie erzählt in ihrem Blues „Moonshine" von 1936 davon, dass sie wohl schnellstens die Stadt verlassen muss, denn sie möchte nicht wegen des Verkaufs von „Moonshine" erwischt werden. Interessant an diesem Blues ist, dass sich Minnie dafür einen lebhaften Rhythmus ausgesucht hat, der im Gegensatz zum ernsten Text steht. Minnie lässt wissen: „Ich muss diese Stadt verlassen, bevor die Sonne untergeht, weil ich es satt habe, dass die Polizei um mich herumrennt." Letzte Nacht und die Nacht davor hat Minnie schon im Gefängnis gesessen und sie wäre noch dort, wenn ihr Daddy für die Kaution nicht Geld hätte springen lassen. Dieses Mal will sie, sobald sie entlassen ist, keinen „Moonshine" mehr verkaufen. Sie packt ihren Koffer, läuft schnell die Straße hinunter und zieht von dannen.

„Jetzt werde ich nicht mehr von diesen großen bösen Bullen belästigt!" Minnie versichert: „Ich habe mir in den Kopf gesetzt, keinen Schnaps mehr zu verkaufen. Jawohl!"

I've got to leave this Town, I've got to go before the Sun goes down 2x
'Cause I done got tired of these Coppers* running me around

I stayed in Jail last Night and all last Night before 2x
I would have been there now if my Daddy hadn't sprung the Do'

I stay in so much Trouble, that's why I've got to go 2x
But when I get out this Time, I won't sell Moonshine no more

I done packed my Trunk and done shipped it on down the Road 2x
Now I won't be bothered with these big bad Bulls no more

Just keep me a-moving going from Door to Door 2x
I done made up in my Mind not to sell Moonshine no more. Yeah!

*Coppers = Cops, Polizisten.

Doch trotz allem steigen rauschende Partys unter den jungen Leuten. Sie finden in Juke Joints oder in Privathäusern statt, denn der städtische und ländliche Blues ist immer schon auch Tanzmusik gewesen. Für die afroamerikanische junge Bevölkerung im Süden gibt es noch lange Zeit keine größeren Tanzschuppen. In den 1930ern spielen die BluespianistInnen den Boogie Woogie, nach dem alle wie wild tanzen können. Eine davon ist Cleo (Cleopatra) Brown (1907-1995), geboren in Meridian, Mississippi. Sie ist Blues- und Jazzsängerin und Boogiepianistin. 1919 zieht die Familie nach Chicago. Von ihrem Bruder, der zusammen mit dem Pianisten Pinetop Smith auftritt, lernt sie Klavier spielen. Smith spielt als einer der ersten Bluespianisten 1928 einen einflussreichen Boogie Woogie-Titel ein, den „Pinetop's Boogie Woogie". Dieser Boogie verweist schon auf den kommenden Rock'n'Roll.

Auch Cleo entwickelt sich zu einer rasanten Boogiepianistin; dieser Stil wird ihr Markenzeichen. Sie tritt regelmäßig in Clubs in Chicago auf, tourt viel und nimmt sowohl für Decca als auch für Capitol Records Schallplatten auf. In den 1930ern spielt sie auch „Pinetop's Boogie Woogie" ein, einen energiereichen rhythmischen Titel zum Tanzen, bei dem sie die TänzerInnen anleitet wie zu tanzen sei. Cleo hat als Sängerin viele humorvolle, ironische Titel im Repertoire wie den Song über die drückenden neuen Schuhe „Breakin' in a new Pair of Shoes" und „When Hollywood goes Black and Tan". Letzterer beschreibt wie es wäre, wenn AfroamerikanerInnen in Zukunft gute Jobs beim Film in Hollywood bekommen würden und Hollywood schwarz und braun(-häutig) würde. Klar! Es wäre dort viel mehr los!

Zu diesem Zeitpunkt ergattern diese Frauen beim Film jedoch fast nur kleinere Rollen als Dienstmädchen oder Nannys bei reichen weißen Familien.

Cleo erlangt mit ihrer Musik internationales Ansehen und tritt bis 1953 regelmäßig in New York, Hollywood, Las Vegas, Los Angeles und San Francisco auf. Danach zieht sie sich vom Musik-Business vollständig zurück, wird Krankenschwester und macht Kirchenmusik.

Einen kleinen Einblick in die damalige feuchtfröhliche Feieratmosphäre gewährt uns ihr munterer Blues „The Stuff is here and it's mellow" von 1935: Schließt die Fenster und die Tür. Starten wir die Party noch einmal. Hey, Hey! Lasst uns fröhlich sein! Das Zeug ist da! Jeder schnappe sich ein Glas, weil die guten Sachen gleich weg sind! Der Pianomann hämmert wie wild auf dem Klavier herum. Hey, Hey! Lasst uns fröhlich sein! Das Zeug ist da! Der Klavierspieler lässt sich auf seinen Stuhl fallen und spielt wie wild!

Lock the Windows and close the Door,
Start the Party up once more!
Hey, hey, let's get gay,
'Cause the Stuff is here!

Everybody grab a Glass,
'Cause the good Stuff's about to pass,
Hey, hey, let's get gay,
'Cause the Stuff is here!

Piano Man falls upon his Stool,
Plays that Piano like he's nobody's Fool!

Everybody grab that Glass,
'Cause the good Stuff's about to pass,
Hey, hey, let's get gay, 'cause the Stuff is here!

Der Drogenrausch ist auch für einige Frauen attraktiv. Die Auswahl an Rausch-mitteln ist in den 1920er Jahren beträchtlich. Das Wort Dope (Droge) kommt in den USA während des Opiumwahns im 19. Jahrhundert auf. Vor dem Bürger-krieg ist Marihuana eine wichtige Einnahmequelle für die USA, denn es gibt viele Plantagen. Von 1850 bis 1937 wird die Pflanze häufig als Arzneimittel verwendet und kann sogar in Apotheken und Gemischtwarenläden rezeptfrei gekauft wer-den. 1886 wird das neue Getränk „Coca-Cola" eingeführt, das Sirup aus Koka-blättern enthält. Als erster Staat wird in Georgia 1902 das Kokain daraus entfernt.

Marihuana wird zur attraktiven Alternative zum Alkohol, nachdem 1920 der Alkoholpreis stark ansteigt. In dieser Zeit werden Marihuana und Kokain sowie die Folgen der Sucht nur verdeckt in den Medien thematisiert. Doch es ist nicht zu übersehen, dass sich auch in der afroamerikanischen Community der Drogen-konsum verbreitet. In den 1930er Jahren tauchen Studien auf, die den Marihuana-konsum von unteren gesellschaftlichen Schichten mit Kriminalität und Gewalt in Verbindung bringen, was schließlich 1937 zum Verbot von Marihuana führt. Män-ner, Frauen, Alte und Junge sind betroffen.

Wesentlich billiger als Kokain, Marihuana und Heroin bleibt jedoch, besonders für die afroamerikanische Bevölkerung, der Alkohol. Die „Bootlegger" liefern selbst-gebrannte Alkoholika wie Whiskey und darüber hinaus die allerbilligsten Sorten. Wie den Alkoholersatz Alcorub.

In der Musikbranche beginnen viele Sitzungen in Aufnahmestudios mit Drinks und Drogen. Die MusikerInnen sollen sich damit in eine lockere Stimmung brin-gen. Dies treibt viele in die Abhängigkeit von Alkohol und Drogen. Es scheint jedoch, dass der Gebrauch in dieser Zeit im Jazzbereich viel weiter verbreitet ist als unter den Bluesmusikern und unter den Bluesfrauen noch weniger.

Als Victoria Spivey 1927 den „Dope Head Blues" (mit Lonnie Johnson an der Gitarre und Porter Grainger am Klavier) aufnimmt, umfasst der Begriff Dope noch alle Arten von Drogen, die süchtig machen. Damit erweitert der „Reefer Blues" den Katalog der Bluesthemen. Victorias Blues handelt von den schwierigen Folgen der Drogenabhängigkeit, die in der Wahnvorstellung endet, reich, wichtig und ge-sund zu sein:

Just give me one more Sniff of, another Sniff of that Dope 2x
I'll catch a Cow like a Cowboy, and throw a Bull without a Rope

Doggone, got more Money than Henry Ford* or John D.* ever had 2x
I bit a Dog last Monday and forty doggone Dogs went mad

Feel like a fighting Rooster, feel better than I ever felt 2x
Got double Pneumonia and still I think I got the best Health

Aw, Sam, go get my Airplane and drive it to my Door 2x
I think I'll fly to London, these Monkey Men makes Mama sore 2x

The President sent for me, the Prince of Wales* is on my Trail 2x
They worry me so much, I'll take another Sniff and put them both in Jail

*Henry Ford = Autobauer des preiswerten T-Modells. *John D. = John D. Rocke-
feller. *Prince of Wales = Edward, der 1924 die USA besucht und dort zum berühmten Vorbild für englischen Herrenmode wird.

Der „Dope Head Blues" ist der erste Song, der öffentlich das Drogenproblem
anspricht. Er gilt als eines der Meisterwerke des Blues, geschrieben und interpretiert von Victoria Spivey, eine der großen Bluesdiven der 1920er Jahre. Der Blues
thematisiert das Schnupfen von Kokain. Die Folgen der Drogenabhängigkeit werden konkret vor Augen geführt: orientierungslose Halluzinationen und Wahnvor-
stellungen. Aus diesem Text spricht eine Sehnsucht nach Selbstwirksamkeit, das
Begehren, stark zu sein, viel Geld zu haben, eigene Machtgelüste ausleben zu können und Verfügungsgewalt über Menschen, Tiere und Dinge zu besitzen. Der große Wunsch, trotz einer Lungenentzündung zu glauben, vollkommen gesund zu
sein, bezieht sich auf die afroamerikanische Realität, denn speziell für die beengt
wohnende arme Bevölkerungsgruppe ist die oft ausbrechende Lungenentzündung
eine lebensgefährliche Krankheit.

Victoria Regina Spivey (1906-1976) wird als eines von acht Kindern in Houston, Texas, geboren. Ihr Vater, ein Eisenbahner und Teilzeitmusiker, bildet mit
mehreren ihrer Brüder eine Stringband mit Saiteninstrumenten und einer Musik-
mischung aus weißer Südstaaten-Musik und schwarzem Blues. Ihre Mutter Addie
ist Krankschwester und singt religiöse Lieder. Ihre Großeltern waren noch Sklaven
gewesen. In dieser musikalischen Familie lernt sie schon als Kind Klavier zu spielen
und verdient sich damit etwas Geld auf Partys. Nach dem Unfalltod ihres Vaters
sind diese Auftritte wichtig für das Überleben der großen Familie. Sie tritt allein
oder zusammen mit ihrem pianospielenden Bruder Willie in örtlichen Bordellen
und Musikkneipen auf. Später, mit zwölf Jahren, begleitet sie im „Lincoln Theatre"
in Dallas, Texas, auch Stummfilme mit der Orgel. Als auffällt, dass sie keine Noten
lesen kann, wird sie entlassen.

In den 1920er Jahren, als der Blues Hype das Land erfasst, beginnt sie in Clubs
und Spielhallen in Houston und Dallas zu arbeiten, wo sie auch die Pionierinnen
des Blues wie Ma Rainey, Mamie Smith, Ida Cox und Sippie Wallace hört. Ein
weiterer wichtiger Einfluss in diesen Jahren ist der berühmte Bluesman, Sänger
und Gitarrist Blind Lemon Jefferson, mit dem sie häufig auf Hauspartys und Pick-

nicks auftritt. Zusammen verdienen sie für damalige Verhältnisse eine Menge Geld. 1926 ist sie 20 Jahre alt, zieht nach St. Louis, Missouri, und arbeitet als Songschreiberin in einem Musikverlag. Der Inhaber des in St. Louis führenden Schallplattenladens Jesse Johnson, Ehemann der Bluessängerin Edith Johnson, der auch als Talentsucher für Okeh Records tätig ist, entdeckt Victoria. Sie nimmt 1926 ihren ersten und gleich erfolgreichen Hit auf, den Blues Klassiker und doppeldeutigen „Black Snake Blues". In den nächsten zwei Jahren schreibt und singt sie für Okeh weitere 38 Bluestitel. Darunter sind der „Dope Head Blues" und der sehr bekannte „T. B. Blues". Dieser ebenfalls meisterliche Blues thematisiert den enormen Anstieg der Tuberkulose unter der afroamerikanischen Bevölkerung im Süden. Aufgrund der Rassentrennung gibt es für sie nur eine völlig unzureichende medizinische Versorgung. Die Ursachen sind jedoch auch in der Not und der Armut durch Arbeitslosigkeit zu finden. In den überbelegten schlechten Wohnungen können sich Infektionskrankheiten wie Tuberkulose und Lungenentzündungen schnell ausbreiten. Ein Teil der Bevölkerung glaubt trotzdem, dass diese Krankheiten eine Bestrafung Gottes für ein Lotterleben sind.

Victoria ist ehrgeizig und entwickelt ihre Gesangskarriere zielstrebig weiter. Sie schreibt zunächst nur für die Sparte der „Race Records" zahlreiche Bluestitel. In ihrer gesamten Karriere verfasst sie weit über 100 Songs. Ihre Texte schreibt sie aus der Perspektive der afroamerikanischen Frauen mit Blick auf deren hartes Leben. Sie berichtet von privaten Sorgen, sozialen Ungerechtigkeiten und bitteren Erfahrungen als Frau in der eigenen Community. Sie schreibt grimmige Geschichten über Gefühle der Verzweiflung und von der quälenden Arbeitslosigkeit, über die Todesstrafe, lesbische Liebe und die Wut der Frauen auf ihre Macho-Männer. Viele ihrer Songs schwelgen auch in harmlos daherkommenden erotischen Doppeldeutigkeiten oder in lustig verpackten Obszönitäten im Genre des „Hokum Blues", einem schnellen tanzbaren Blues mit schlüpfrigen Texten. Dieser Stil ist von den 1920er bis in die 1940er Jahre in der afroamerikanischen Community sehr beliebt. Mit den von Victoria aus der afroamerikanischen Lebenswelt aufgegriffenen Themen können sich ihre Fans als mehr oder weniger Betroffene identifizieren. Victorias Karriere bekommt einen Aufschwung, als es ihr in New York City gelingt, mit den Spitzen-Jazzern King Oliver und Louis Armstrong sowie dem großen Bluesgitarristen Lonnie Johnson Schallplatten aufzunehmen. Victoria tritt auch in Revuen auf, gelegentlich auch mit ihren Schwestern, den Bluessängerinnen Addie „Sweet Pea" Spivey und mit der „Za-Zu Girl" genannten Elton Island Spivey, von der so gut wie nichts Biographisches bekannt ist.

Der Hollywood-Filmregisseur King Vidor besetzt eine kleine Rolle mit Victoria als naives Mädchen in „Hallelujah" (1929), einem der ersten Tonfilme und der erste Film mit einer rein afroamerikanischen Besetzung. Sie lernt in der Filmcrew den Trompeter Reuben Floyd kennen und geht mit ihm eine kurze Ehe ein. Die Folgen der Großen Depression von 1929 behindern ihre Karriere nicht. Als geschickte Geschäftsfrau passt Victoria sich an den neuen Publikumsgeschmack an. Ab jetzt bekommen ihre Songs mehr Swing. Auf ihren Engagements trifft sie auf die Country-Blues Sängerin Memphis Minnie und die Bluessängerinnen Bessie Smith und Lil Green. Sie arbeitet in Musikfilmen und Bühnenshows, oft mit ihrem zweiten Mann, dem Vaudeville-Stepptänzer Billy Adams. Als seine Managerin entwickelt sie zusammen mit ihm eine kleine aufregende Tanz- und Comedy Show, mit der die beiden zu einer Attraktion werden. Das Engagement in dem berühmten Broadway-Musical Hit „Hellzapoppin" (1938) verschafft ihr viele weitere Auftrittsmöglichkeiten. Victoria gründet ihre eigene Band „The Hunter Serenaders". Dabei ist der junge Tenorsaxophonist Ben Webster, der später, als ein Star des Jazz auch immer wieder Bluesbetontes spielt. Um 1952 trennt sie sich von Billy Adams, verlässt das Showgeschäft, spielt als Organistin in einer Kirche in Brooklyn und leitet einen Chor.

Zwischen ihr und einem Fan, dem jungen weißen Jazz- und Blues-Liebhaber Leonard Kunstadt entsteht eine Freundschaft. Er ermutigt sie, die Kunst des Bluesgesangs wieder auszuüben. Ein renommierter Ort dafür ist Gerde's Folk City in Greenwich Village, New York City, und bald wird sie zu den immer populärer werdenden Folk Festivals eingeladen, die auch afroamerikanische BlueskünstlerInnen engagieren. Mit Leonard Kunstadt gründet Victoria 1962 ihre eigene Plattenfirma Spivey Records. Hier veröffentlicht sie die von ihr geschriebenen frühen Bluestitel neu sowie die von weiteren älteren und neueren BlueskünstlerInnen. 1964 erscheint das Album „Three Kings and The Queen", das 1962 aufgenommen worden ist. Die Blueskönige sind der Pianist Roosevelt Sykes, Sänger Big Joe Williams und der Gitarrist Lonnie Johnson. Auch der junge Bob Dylan ist als Backgroundsänger und Mundharmonikaspieler bei diesen Aufnahmen dabei. Die Königin aber ist Victoria. Mit noch lebenden Bluesfrauen der 1920er Jahre und weiteren Sängerinnen nimmt sie über die Jahre die Sängerinnen Alberta Hunter, Lucille Hegamin, Lucille Spann, die Frau des Bluessängers und -pianisten Otis Spann, von Sippie Wallace, Mary Dixon, Koko Taylor und der Country-Blues-Sängerin und -gitarristin Hannah Sylvester auf. Kunstadt führt das Label bis zu seinem Tod im Jahr 1991 weiter.

1963 bekommt Victoria die Gelegenheit, mit dem „American Folk and Blues Festival" zusammen mit dem Bluesgitarristen Lonnie Johnson und dem Mundharmonikerspieler Sonny Boy Williamson (Rice Miller) durch Europa zu touren. Im feuerroten Kleid singt sie ihren „TB Blues" von der Tuberkulose und ihren erotischen „Black Snake Blues", spielt Piano und ein wenig Ukulele. Sie drängt Sippie Wallace dazu, auf dem „American Folk Blues Festival" von 1965 mitzumachen: zwei große Diven des Blues, Sippie, die „Texas Nightingale" und Victoria, „The Texas Moaner" zusammen auf Festivals! Die Blueslegende Victoria Spivey zeigt sich auf weiteren amerikanischen Musikveranstaltungen, etwa auf dem „Ann Arbor Blues Festival" (1973). Sie ist gern gesehener Gast bei europäischen Sendern wie der englischen BBC im Programm „The Devil's Music – A History of the Blues" im Jahr 1976. Bald danach stirbt sie mit 69 Jahren in New York City.

Um die Droge Kokain geht es in dem 1930 von der beliebten „Memphis Jug Band" aufgenommenen Blues. Geschrieben hat ihn Jennie Mae Clayton, die Frau des Bandleaders und Gitarristen Will Shade. Im „Cocaine Habit Blues" klagt die Bluessängerin Hattie Hart über ihre Kokainsucht. Doch Hattie weiß Rat, wenn die Droge einmal nicht vorhanden ist:

> *Cocaine Habit mighty bad. It's the worst old Habit that I ever had*
> *Hey, hey, Honey, take a Whiff on me*
> *I went to Mr. Beaman's in a Lope, saw a Sign on the Window*
> *Said no more Dope. Hey, hey, Honey, take a Whiff on me*

„Die Angewohnheit Kokain zu schnupfen ist total schlecht, die schlechteste Angewohnheit, die ich jemals hatte." Sie läuft zum Geschäft von Mr. Beaman, aber das Ladenschild sagt, dass es keine Drogen mehr gibt

Hattie wendet sich an ihre ZuhörerInnen und weist darauf hin, dass man sich an Alma Rose wenden und sie fragen solle, wenn man glaubt, dass Kokain nicht gut ist. Hattie selber liebt ihren Whiskey, ihren Gin, aber die Art und Weise wie sie ihr Kokain liebt, sei wahrlich eine verdammte Sünde.

> *If you don't believe Cocaine is good, ask Alma Rose at Minglewood*
> *Hey, hey, Honey, take a Whiff on me*
> *I love my Whiskey, and I love my Gin,*
> *But the Way I love my Coke is a doggone Sin*
> *Hey, hey, Honey, take a Whiff on me*
> *Since Cocaine went out of Style,*
> *You can catch them shooting Needles all the while*
> *Hey, hey, Honey, take a Whiff on me*

Hattie informiert alle Interessierten: Seitdem Kokain nicht mehr in Mode sei, könne man die ganze Zeit Heroin spritzen. Hattie, wie kannst du nur! In den USA wird Heroin 1914 illegal, Marihuana erst nach 1937. Es brauche nur ein wenig Kokain, um sich zu entspannen, so Hattie. Dann zeige sie, was sie sexuell zu bieten hat, solange wie du willst! Lasst uns alle das Zeug schnupften und Hattie auch! Hey, hey!

> *It takes a little Coke* to give me ease,*
> *Strut my Stuff long as you please*
> *Hey, hey, Honey, take a Whiff on me*
> *(Break) Let's all take a Whiff on Hattie now! Hey, hey!*

*Coke = Kokain. Hattie Hart ist um 1900 in Memphis, Tennessee, geboren. Sie singt und schreibt Bluessongs, hauptsächlich über Liebe, Sex, Kokain und Voodoo. Sie wird durch ihre starken Auftritte bei Partys und auch in den Kneipen rund um die berühmte Beale Street, dem Mittelpunkt des Vergnügungsviertels von Memphis, weithin bekannt. Hattie ist eine prominente Sängerin, mit einer kräftigen Stimme ausgestattet und sehr beliebt. Im Jahr 1928 bis Mitte der 1930er macht sie ihre Schallplattenaufnahmen als Hauptsängerin mit der populären „Memphis Jug Band" in Memphis. Hattie nimmt 1934 noch einige Songs in New York auf, von denen aber nur vier veröffentlicht werden. Danach verliert sich ihre Spur im Dunkeln.

Die „Memphis Jug Band" spielt viel Blues, aber auch peppige populäre Nummern zum Tanzen. Für den Gesang sorgen neben Hattie Hart, Memphis Minnie, Jennie Mae Clayton und Minnie Wallace. Von Minnie ist nur bekannt, dass sie Bluestitel schreibt und 1929 und 1935 mit ihrer eigenen Begleitband, den „Night Hawks", einige Schallplattenaufnahmen wie „Dirty Butter" und „The cockeyed World" (Die schiefe Welt) einspielt. Von den zwölf Aufnahmen für Vocalion werden jedoch nur vier veröffentlicht.

Wie es sich anfühlt, wenn Marihuana eine Frau fröhlich macht und sie sich im siebten Himmel wähnt, erzählt uns Trixie Smith (1895-1943). Sie ist eine Bluessängerin und Schauspielerin, geboren in Atlanta, Georgia. Sie kommt aus der afroamerikanischen Mittelschicht und studiert an der Selma Universität, Alabama. Dieses baptistische College für AfroamerikanerInnen ist damals eine Lehrstätte für Theologie und freie Künste. Mit 20 Jahren geht sie nach New York City und singt in Cafés und Theatern „lustige Negerlieder". Schon vorher hat sie in Vaudeville-Shows Bekanntschaft mit dem Blues gemacht und damit eine gewisse Aufmerksamkeit beim Publikum erreicht. Sie gewinnt in einem Blueswettbewerb den „Silver Cup", bei dem sie ihre eigene Komposition „Trixie's Blues" vorträgt. Bis 1939 spielt sie bei verschiedenen Label knapp 50 Titel ein. Darunter befindet sich „My Man Rocks Me (With One Steady Roll)" von 1922, der insofern von Interesse ist, weil er als erste Aufzeichnung gilt, die sich auf „Rock" und „Roll" in einem säkularen Kontext bezieht. Die Schauspielerei beim Film und in den Shows bleibt jedoch ihre Haupteinnahmequelle. Eine Zeit lang ist sie in Musikrevuen beschäftigt und spielt in einer Broadway-Produktion mit, deren Star die damals prominente weiße Schauspielerin Mae West ist. Ende der 1930er nimmt sie noch einmal mit deutlich ausgereifter Stimme einige Titel auf, darunter auch „Jack, I'm mellow" von 1938, einen Blues mit dem Thema Drogenrausch.

Trixie ist völlig bekifft und sitzt auf dem Trockenen. Sie hat Marihuana geraucht und ist jetzt total außer Rand und Band. „Jack, mir geht's super!" Sie segelt durch den Himmel und die Welt erscheint ihr hell und leicht. Alles fühlt sich gut an. Trixie will einen Nickel in den Spielautomaten stecken und sich als aufregende Frau inszenieren. Sie will herumstolzieren, flüchtige Küsschen geben und den Suzie-Q tanzen, denn sie befindet sich auf einem Saufgelage. Trixie jedenfalls schwebt im siebten Himmel, hat ihren Joint dabei und kann erst mal nicht wieder herunter kommen. „Jack, mir geht's super!"

I'm so high and so dry. I'm sailin' in the Sky
Just blow some Gauge*. I'm on a Rampage*. Jack, I'm mellow!

I'm so high and so dry. I'm Way up in the Sky
The World seems light and I'm so right. Jack, I'm mellow!

I'm going to put my Nickel in a Slot Machine
And play my solid Sender
I'm going to strut, peck and Suzie-Q* 'cause I'm on a Bender

I'm so high and so dry. I'm sailin' in the Sky
I got my Roach* 'round and I can't come down. Jack, I'm mellow!

*Gauge = Zigarette mit Marihuana. *Rampage = außer Rand und Band sein. *Suzie-Q = ein Partytanz aus den 1930er Jahren. *Roach = das Ende des Joints, der u.U. wiederverwendet wird.

Mit dem renommierten Bluessänger, -gitarristen und Songwriter Big Bill Broonzy (1903-1958) spielt Lil Green 1941 den folgenden Song ein, der zum Genre des „Reefer Blues" gehört und sich mit dem Rauchen von Marihuana beschäftigt. Dieser von Yack Taylor geschriebene und von Lil gesungene Blues „Kockin' myself out" (1941) erzählt die Geschichte einer Begegnung mit einem weißen Polizisten. Die „Girls" und „Boys" im Publikum bittet sie um ein Streichholz, um einen Zug aus ihrer gerollten Marihuana-Tüte zu nehmen. Sie will sich selbst völlig fertig machen, sich töten, so ganz langsam, Stück für Stück. Lil hat Spaß beim Rauchen, erspäht einen Polizisten und läuft weg. Schnell noch den „Stick" wegwerfen! Der weiße Polizist sagt mit vermutlich herablassender Stimme: „Bring dich um! Mach dich nur so richtig fertig, so ganz langsam Schritt für Schritt." Sie hat bisher keine Drogen genommen, aber ihr Mann hat sie verlassen und das hat ihre Meinung dazu geändert. Zwar weiß Lil genau, dass es eine Sünde ist, es ist aber das einzige Ding, das ihr schweres Herzeleid wegen ihres Mannes lindern kann. Also, es muss sein!

Listen Girls and Boys I got one Stick
Give me a Match and let me take a Whiff quick
I'm gonna knock myself out, I'm gonna kill myself
I'm gonna knock myself out, gradually by Degrees

I started blowing my Gauge*, and I was havin' my Fun
I spied the Police and I started to run.
I was knocking myself out, I was killing myself
I'm knockin' myself out, gradually by Degrees

But the very Moment I looked around
My Mind said: „Yack! Throw that Gauge on the Ground!"
The Police Captain said: „Kill yourself!" 2x
Knock yourself out, yeah, gradually by Degrees

I used ta didn't blow Gauge, did nothin' of the Kind
But my Man quit me and that changed my Mind
That's why I'm knockin' myself out, yes I'm get killin' myself
I'm knocking myself out, gradually by Degrees

I'm gonna blow this Jive*, it's a Sin and a Shame
But it's the only Thing that ease my Heart about my Man
When I knock myself out. Lord, when I kill myself
I just knock myself „Smack out!" gradually by Degrees

*Gauge = Marihuana. *Jive = auch ein Spitzname für einen Joint; sonst auch etwas wie Gequassel.

Lillian (Lil) Green, geboren in Mississippi, Jahr unbekannt, verstorben 1954, ist eine hinreißende Bluessängerin, die in der ersten Hälfte der 1940er Jahre eine kurze, aber sehr erfolgreiche Blütezeit ihrer Kunst erlebt. Wie viele Bluessängerinnen singt sie in jungen Jahren Gospel in der Kirche und tritt in Musikclubs von Chicago auf. Mit ihrer ungemein erotischen Stimme, die eine freche Schärfe annehmen kann, mit ihrem Schmeicheln und ihrer Schelmerei hat Lil eine der sinnlichsten Frauenstimmen in der Geschichte des Blues. Sie komponiert eigene Bluestitel wie „Romance in The Dark" (1940), der ein großer Hit wird und den Bluessängerinnen wie Dinah Washington und Nina Simone in ihr Repertoire aufnehmen. Auch interpretiert Lil Bluestitel von anderen Songschreibern. Sie ist die erste Sängerin, die den 1941 erscheinenden Blues- und Jazzstandard „Why don't you do right" von Joe McCoy, Ex-Mann von Memphis Minnie, singt. Er wird ihr zweiter großer Hiterfolg, aus dem die weiße Sängerin Peggy Lee ein Jahr später einen Welthit macht. Leider kann sich Lil die Gunst des afroamerikanischen Publikums in der Nachkriegszeit nicht mehr bewahren, denn der Musikgeschmack des Schallplatten kaufenden Publikums wendet sich langsam dem Rhythm & Blues sowie dem elektrifizierten Country Blues zu. Zwar tourt sie noch einige Jahre mit verschiedenen kleineren und größeren Bands durch die USA, ein erfolgreicher Hit gelingt ihr jedoch nicht mehr. Spielhöllen sind beliebte Orte, an denen sich hauptsächlich die Männer treffen. Allerdings ist das Spielen in der Öffentlichkeit in den meisten Varianten illegal, besonders in den Formen, die für die arme afroamerikanische Bevölkerung erreichbar sind. So landen viele Spieler für einen Tag, für einen Monat oder für ein Jahr im Gefängnis.

Memphis Minnie macht nicht nur gerne ihre Musik zusammen mit Männern, sondern trinkt oder spielt mit ihnen Karten. Im „Georgia Skin" Blues von 1930 erfahren wir, das dieses Spiel Minnies Lieblingsspiel ist. Es ist das beliebteste Kartenspiel der afroamerikanischen Land- und Fabrikarbeiter im Süden. Der Pianist Jelly Roll Morton beschreibt es so, dass er noch nie so viele Schummeleien wie bei diesem Spiel gesehen habe. Minnie meint, dass sie das Spiel so gerne mag, weil, wenn jemand bei diesem Kartenspiel mal Geld verliert, man es aber auch wieder zurück gewinnen kann. Pech hat jeder einmal. Dann darf man nur nicht den Verstand verlieren. Zwar hatte sie mal einen Mann, der bei einem Würfelspiel immer vergebens geworfen hat und der dabei war, seinen Verstand zu verlieren, aber „Georgia Skin" ist das beste Spiel, das sie kennt und bei dem sie ihr ganzes Geld einsetzt. „Gib mir Georgia Skin!", so Minnies Forderung, „denn Frauen können es den Männern gleich tun und genauso gut spielen wie auch sie es kann." Die letzte Zeile ist doppeldeutig und lässt sich auch so lesen, dass Frauen genauso gut wie die Männer den Country Blues singen oder spielen (das Wort „play") können, so wie Minnie es kann.

The Reason I like the Game, the Game they call Georgia Skin 2x
Because when you fall, you can really take out again

When you lose your Money, please don't lose your Mind 2x
Because each and every Gambler gets in hard Luck sometime

I had a Man, he gambles all the Time 2x
He throw the Dice so in Vain until he like to lose his Mind

Hmmm, give me Georgia Skin 2x
Because the Women's can play, well, so as the Men

spoken: *Georgia Skin is the best Game that I know*
Georgia Skin is the Game that I bet all of my Money

Lucille Bogan erzählt in ihrem „Skin Game Blues" (1935) eine schlimme Geschichte, die ihrem Mann beim „Skin Game"-Spiel widerfahren ist:

Good Mornin' Skin Game, hollerin' Skin Game please last 2x
I done staked my Man to win and I hope my Money will pass

He's done pawned my House, got my Life at Stake 2x
And I've got to get it back, with that Money he gamble and make

He never lost no Money, until he drawed that black Queen of Spades 2x
And my Man was need-now beggin', he was in hard Luck that very Day

When he come back to me, got a Dollar or two 2x
I want him to go back to that Skin Game, and see what he can do

If my Man, he could only win my Money back 2X
I would take a Walk Downtown,
Buy me a brand new Pair of Shoes and Hat

Eine Tragödie hat sich abgespielt: Lucille hat ihren Mann zum „Skin Game" geschickt. Er soll gewinnen. Sie hofft, dass es mit ihrem Geld zu schaffen ist. Ihr Haus
hat er schon verpfändet. Ihr Leben steht auf dem Spiel. Sie muss das Haus zurückbekommen. Sonst hat er noch nie Geld verloren bis er es wegen der schwarzen
Pik-Dame doch verloren hat. So ein Pech! Von ihr bekommt er noch einmal ein
oder zwei Dollar. Er soll damit zum Spiel zurückgehen und sehen, was er tun kann.
Lucille hofft: „Wenn er mein Geld zurück gewinnen würde, würde ich einen Spa-
ziergang in die Innenstadt machen und mir ein brandneues Paar Schuhe und einen
Hut kaufen!" Oh, Lucille!
    Einen kleinen Eindruck, wie es in einer billigen Kneipe (Joint) zugeht, können wir
vom Jumpblues „They raided the Joint" (1947) gewinnen. Gerade findet eine
Razzia durch die Polizei statt, weil dort verbotene Glücksspiele wie „Blackjack" und
„Skin" stattfinden und Alkohol ausgeschenkt wird. Helen Humes erzählt, dass sie
viel Geld dabei hat, aber sie sie vorhin nicht hineingelassen, sondern in der Ecke
haben stehen lassen. Helen haben sie wie eine Fremde behandelt, wie einen drek-
kigen Hund. Alle Koteletts waren aufgegessen. Ihr haben sie nur einen Schweine-
schwanz gegeben. Sie tranken eifrig Gin und bieten ihr nur den Billigschnaps „King
Kong" an, aber sie kann sowieso kein Glas finden. Einige tranken Whiskey, andere
Rum, sie hatten „Sneaky Pete"*, aber ihr haben sie nichts davon abgegeben. Sie
haben Helen einfach in der Ecke stehen glassen. Helen: „Nun, es war sicher lustig,
das Beste, was ich je gesehen habe. Sie hörten jemanden klopfen und das Gesetz
kreuzte auf. Sie tanzten in der Küche und Boogie-Woogie im Saal." Helen hat
Glück. Alle außer ihr werden von der Polizei erledigt, fertig gemacht und mitgenommen. Sie wird vor Gericht alles dem Richter erzählen:

They raided the Joint, took everybody down but me
Yes they raided the Joint, took everybody down but me
I was over in the Corner just as high as I could be

Now some were playing Blackjack, some were playing Skin
I had plenty Money but they wouldn't let me in
Yes they raided the Joint, took everybody down but me ...

They treated me like a Stranger, like a Dirty Dog
Ate up all the Chops, gave me the Tail of the Hog
Then they raided the Joint, took everybody down but me ...

Now they were drinking Gin, drinking mighty fast
They offered me some King Kong*, but I couldn't find a Glass
They raided the Joint, took everybody down but me ...

Now some were drinking Whiskey, some were drinking Rhum
They had some Sneaky Pete* but they wouldn't give me none
Yes they raided the Joint, took everybody down but me ...

Now, Gee! It sure was funny, the best I ever saw
They heard somebody knocking and in walked the Law
They raided the Joint, took everybody down but me ...

Now they were dancing in the Kitchen, boogin' in the Hall
Boy, down the Court tell the Judge about it all
They raided the Joint, took everybody down but me ...

*King Kong = Slangname für eine Droge in Pillenform. Oder für ein Billigschnaps?
*Sneaky Pete = der hinterhältige Pete, eine allerbilligste Weinsorte.

1998 nimmt die afroamerikanische Blues- und Rock-Sängerin und Gitarristin Deborah Coleman (1956-2018) diesen Blues mit kleinen Textveränderungen unter dem Titel „They raided the Place" als Bluesnummer mit einem schwungvollen Shuffle-Rhythmus auf.

Armutsprostitution – der alltägliche Horror

Mary Johnson (ca. 1900–1983), geboren in Yazoo City, Mississippi, zieht mit ihrer Mutter nach St. Louis, Missouri. Sie ist eine klassische Bluessängerin, Akkordeonspielerin und schreibt Bluessongs, darunter auch den „Barrelhouse Flat Blues". Sie spielt in jungen Jahren mit den führenden Bluesmusikern ihrer Zeit und nimmt einige Schallplatten auf. 1925 heiratet sie den Bluessänger und -gitarristen Lonnie Johnson und bekommt bis zur Scheidung 1932 sechs Kinder. 1936 ist ihre Plattenkarriere zu Ende. Der englische Blueshistoriker Paul Oliver kann in den 1950er Jahren mit ihr ein Interview führen, das er in seinem Buch „Conversation with the Blues" wiedergibt. Ihre Musikkarriere hatte sie da schon lange aufgegeben und sich der Religion zugewendet. Sie arbeitet in einem Krankenhaus.

Die Zeit der Prohibition, des Alkoholverbots, belebt das ertragreiche Geschäft mit dem illegal gebrannten Alkohol. Auch Mary Johnson ist in diesem Geschäft, die Polizei ihr immer auf den Fersen. In ihrem „Barrelhouse Flat Blues" von 1929 erzählt sie von ihren diversen Kneipenwohnungen in denen sie illegal Alkohol ausschenkt. In Detroit läuft es nicht so gut, sie hat aber noch eine Wohnung in St. Louis. Sie träumt von einer Erweiterung ihres „Unternehmens". Sie möchte eine Wohnung dort auf dem Dago Hill, dem italienischen Stadtviertel von St. Louis haben, wo sie Bier und Whisky frisch von der Destille bekommen kann. Leider findet sie der Polizeisergeant und lässt sie nicht in Frieden. Er findet ihre Alkoholika auch, egal wo sie sie versteckt. In Chicago hat sie ein Apartment im 15. Stockwerk. Ihre Gäste sind dort die bei den Frauen sehr beliebten „Hight-Yellers" (sehr hellhäutige Männer). Sie lädt alle Frauen, die eine schöne Zeit haben wollen ein, ihr Barrelhouse Flat zu besuchen und ihren Whisky und ihren Kirschwein zu probieren.

> *I've got a Barrelhouse Flat in Detroit and one in St. Louis too, 2x*
> *But my Barrelhouse Flat in Detroit really just won't do.*
>
> *I'm gonna built me a Barrelhouse Flat way out on Dago Hill, 2x*
> *Where I can get my Beer and Whisky when it's fresh from the Still.*
>
> *(Spoken) Police Sergeant just won't let me be,*
> *He finds my Beer and Whisky everywhere I hide it!*
>
> *I got a Barrelhouse Flat in Chicago, it's fifteen Storey high, 2x*
> *I get all of these High-Yellers and play these Babies dry.*
>
> *Those Babies like my good Whisky, and they drink my Cherry Wine, 2x*
> *If you Women want a good Time,*
> *Come try this Barrelhouse Flat of mine.*

Ein Barrelhouse Flat besteht aus einer Privatwohnung, in der Fässer stehen, über die ein Brett gelegt wird. Schon ist die illegale Kneipe fertig. Es gibt Hinterzimmer, in denen illegale Spielrunden ihre Ruhe haben und Räume, die die leichten Mädchen für ihre Geschäfte nutzen. Eine Privatwohnung in den überfüllten Mietskasernen bietet einen gewissen Schutz vor der Polizei. Schutzgelderpressung und Bestechung der Polizei sind hier keine Optionen, dass trifft eher auf die viel teureren Flüsterkneipen (Speakeasies) zu. Aus diesen „Wohnungskneipen" ist nichts Nennenswertes herauszuholen. Aber besonders für die Bluesmusiker mit ihren akustischen Gitarren sind das wichtige Orte zum Aufbessern ihres Einkommens. Zu Beginn des 20. Jahrhunderts werden auch private Häuser, die „Good-Time Houses" und Wohnungen wie die „Buffet Flats" zum Verkauf von Sex und für andere „unzüchtige" Handlungen genutzt. Sie sind bis auf wenige Ausnahmen in den südlichen Bundesstaaten wie Arkansas, Kentucky, Louisiana, New Mexico und South Carolina illegal. Die Strafen für die Organisatorinnen können von 1.000 US-Dollar, (zu dieser Zeit sehr viel Geld) über eine gewisse Zeit im Gefängnis bis hin zu geringen Strafen reichen. Willkürliche Strafen sind für AfroamerikanerInnen sowieso an der Tagesordnung. Rassismus ist in der amerikanischen Gesellschaft tief verankert. Afroamerikanische Frauen und besonders Prostituierte trifft er äußerst hart. Die Vorurteile der Weißen sind besonders gegenüber diesen Frauen sehr stark. Junge Frauen prostituieren sich meist aus Armut und Perspektivlosigkeit. Viele sind Gelegenheitsprostituierte, die in den schäbigen Vergnügungsvierteln der Städte ein wenig Geld verdienen. Das macht sie für jegliche Art sexueller Ausbeutung anfällig. Erst 1973 wird im Zuge der neuen Frauenbewegung „Coyote" gegründet, die erste amerikanische Organisation für die Rechte von Sexarbeiterinnen.

Unzählige Bordelle, besonders die für eine reichere Kundschaft, spülen viel Geld in die Kassen der Kommunen. Dieses legale Geschäft endet erst, als 1914 die Prostitution in allen US-Staaten illegal wird. Nur noch wenige Bordelle werden unter der Hand geduldet. Für die armen Afroamerikanerinnen, die es nicht in die lizenzierten Bordelle für weiße Kundschaft schaffen, bleibt nur die strafbare Straßenprostitution. Die lizenzierten Bordelle (Brothels) pflegen eine höherklassige Form der Prostitution. Reklameschilder weisen auf diese Etablissements öffentlich hin. Hier stehen teure Möbel und es wird Champagner ausgeschenkt. Im Blues ist von Prostitution fast nur im Zusammenhang mit der eigenen Wohnung, dem eigenen Haus oder von Straßenprostitution die Rede. Es gibt zahlreiche Bluessongs zum Thema Prostitution in der Ausprägung der Armutsprostitution – von männlicher sowie von weiblicher Perspektive aus gesehen. Aus Letzterer sind die Männer die Zuhälter, die oft unter Drohungen oder mit Gewalt Geld einfordern. Die Kunden werden hier und da auch von den Frauen betrogen, die an das dringend benötigte Geld zum Überleben herankommen müssen. Daher erzählen viele Bluestitel der Frauen davon, dass sie sich auch bei Wind und Wetter unter schlimmen Bedingungen auf der Straße anbieten müssen. Einige dieser Songs sind ergreifende und berührende realitätsnahe Beschreibungen des Lebens auf der Straße (Street Life), andere sind ironisch und lustig. In ihrem Blues „Walking the Street" von 1937 erzählt Georgia White eine ziemlich deprimierende Geschichte über die Realität der Frauen, die sich durch Prostitution ihren Lebensunterhalt verdienen:

Sie steht an der Ecke, bis ihre Füße klatschnass sind. Das sagt sie jedem Mann, der ihr begegnet. „Wenn Sie keinen Dollar haben, geben Sie mir einen miesen Dime!" Sie muss betteln und stehlen, um ihrem Mann zu gefallen. Sie hat Blasen an den Füßen und ist schon die ganze Nacht auf dieser einsamen Straße herumgelaufen, wie es auch die Polizei auf ihren Rundgängen tut. „Warten Sie eine Minute, Mister! Mister, geben Sie mir eine Zigarette! Halten Sie an und lassen Sie mich ins Auto. Ich habe, was Sie von mir bekommen sollten!" Sie hat den Street Walking Blues und keine Zeit zu verlieren. Sie muss sechs Dollar machen, um ihrem Mann ein Paar Schuhe kaufen zu können:

Stood on the Corner till my Feet got soaking wet 2x
These are the Words I said to each and every Man I met

If you ain't got a Dollar, give me a lousy Dime 2x
I've got to beg and steal to please that Man of mine

My Feets all blistered just from walking these lonesome Streets 2x
I've been walking all Night like a Police on his Beat

Wait a Minute Mister! Mister, give me a Cigarette! 2x
Stop your Car! Let me in! I've got what you should get

I've got these Street Walking Blues, I ain't got no Time to lose. 2x
I've got to make six Dollars just to buy my Man a Pair of Shoes

Georgia White (1903 – ca. 1980) ist eine Bluessängerin und Pianistin der 1930er und 1940er Jahre, der nachklassischen Zeit. Über ihren Lebenslauf ist fast nichts bekannt. Georgia beginnt in den späten 1920ern in Clubs von Chicago zu singen. Sie ist eine der afroamerikanischen Stars der Stadt. Ab 1935 spielt sie für Decca Records erfolgreich über 100 Plattenseiten ein, gelegentlich begleitet vom Bluesgitarristen Lonnie Johnson (er verwendete in seiner frühen Karriere auch die Geige und die Mandoline). In den 1940er Jahren baut Georgia eine Frauenband auf. Dazu gibt es leider keine weiteren Informationen. Bis weit in die 1950er Jahre ist sie als Clubsängerin unterwegs. Auch Memphis Minnie muss Schuhe für ihren Daddy heranschaffen. Wie sie das bewerkstelligt und welche Mühe das erfordert, schildert sie in dem von ihr 1935 für das Label Bluebird geschriebenen „Hustlin' Woman Blues". Am Anfang des Songs erzählt die etwas bedrückte Minnie ihrem Pianisten Black Bob, warum sie die ganze Nacht Sterne gezählt hat. Sie hat kein Geld verdient. So kann sie nicht nach Hause gehen:

I stood on the Corner all Night long, counting the Stars one by one. 2x
I didn't make me no Money, Bob, and I can't go back Home.

Trocken stellt sie fest, dass sie einen bösen Mann hat: „I've got a bad Man!" Dieser Mann sitzt mit seiner 45er-Pistole in der Hand im Fensterrahmen und brüllt sie hin und wieder an: „Du solltest diesen Mann dort besser nicht verpassen." „You better not miss that Man!"

Minnie beruhigt ihn: Sie habe ihn! „I've got him, Baby!" Minnie will ihrem Daddy neue Schuhe kaufen. Er hat keine, jetzt wo es kalt wird. Sie muss dieses Problem lösen. Selbstbewusst konstatiert sie: „Wenn ich es nicht schaffe einige Dollar (Dough) zu machen, muss ich eben jemanden bestehlen." „I'm gonna grab me somebody if I don't make myself some Dough". Wenn gar nichts anderes mehr hilft, auch stehlen nicht funktioniert, vergewissert Minnie sich zu guter Letzt: Sie wird in eine Spielhölle gehen, denn spielen kann sie genau so gut wie ein Mann. Wenn sie dort 100 Dollar gewinnen würde, würde sie ihrem Daddy 99 Dollar davon geben. Ein Kopfschütteln unsererseits ist jetzt angebracht.

Die wirtschaftlich spürbare Realität der Großen Depression und ihrer Folgen lässt Lucille Bogan 1930 den Blues „They ain't walking no more" schreiben und singen. Es geht um eine verzweifelte Frau, die in dieser schweren Zeit als Prostituierte von ihrem Verdienst auf der Straße völlig abhängig ist. Doch ihre „Tricks" (Freier) kommen nicht mehr, obwohl sie sich recht billig verkauft (selling Stuff cheap). Betrübt singt Lucille:

> Sometimes I'm up, sometimes I'm down,
> I can't make my Livin' around this Town
> 'Cause Tricks ain't walkin', Tricks ain't walkin' no more 2x
> And I've got to make my Livin', don't care where I go
>
> I need Shoes on my Feet, Clothes on my Back,
> Get tired of walkin' these Streets, all dressed in black
> But Tricks ain't walkin', Tricks ain't walkin' no more 2x
> And I need four or five good Tricks standin' in front of my Door
>
> I got a Store on the Corner, sellin' Stuff cheap,
> I got a Market across the Street, where I sell my Meat
> But Tricks ain't walkin', Tricks ain't walkin' no more 2x
> And I can't get a break, don't care where I go

In einer anderen Fassung ihres „Tricks ain't walking" betont Lucille, dass in diesen harten Zeiten, wo das Geld knapp und gestohlen und geraubt wird, sie auch etwas rauben müsse, wenn sie nicht bald etwas „Dough" (Geld) verdienen könne.

In dieser Fassung interpretiert die Folk- und Bluessängerin Maria Muldaur Lucilles Blues 2005 auf ihrem Album „Sweet Lovin' of Soul":

> Times done got hard, Money's done got scarce
> Stealin' an' robbin' is goin' to take Place

'Cos Tricks ain't walkin', Tricks ain't walkin' no more 2x
And I'm goin' to rob somebody if I don't make me some Dough

I'm goin' to learn these walkin' Tricks what it all about
I'm goin' to get them in my House and ain't gonna let them out
'Cos Tricks ain't walkin', Tricks ain't walkin' no more 2x
And I can't make no Money, don't care where I go

I got up this Mornin', with the risin' Sun
Been walkin' all Day an' I ain't caught a one
I said Tricks ain't walkin', Tricks ain 't walkin' no more 2x
And I can't make a Dime, don't care where I go

Lucille Bogan (1897–1948) in Amory, Mississippi, ist eine klassische Bluessängerin und Songwriterin. Der Musikkritiker Ernst Bornemann bezeichnet sie als eine der drei großen Bluesinterpretinnen neben Ma Rainey und Bessie Smith. Lucille singt den Blues nicht wie sie es zuvor im Vaudeville-Stil getan hat. Sie beginnt damit, den Blues mit veränderter tieferer Stimme zu singen. Der große Erfolg mit den zumeist von ihr geschriebenen Stücken stellt sich in den 1930er Jahren ein. In diesen Jahren spezialisiert sich Lucille besonders darauf, „Dirty Blues"-Titel über Alkohol und Sex zu komponieren. Unter dem Pseudonym Bessie Jackson spielt sie in diesen Jahren über 100 Titel für ACR Records ein, begleitet vom Blues- und Boogie Woogie-Pianisten Walter Roland. Viele ihrer Titel sind bislang gecovert worden, beispielsweise ihr „Black Angel Blues" von B. B. King; damit wird ihr Song zum Bluesstandard. Den sich mit dem Prostituiertenmilieu beschäftigende Blues „Tricks ain't walkin' no more" covern Memphis Minnie und die britische Bluessängerin und Gitarristin Jo Ann Kelly. Auch die humorvolle Frauenband Saffire: The Uppity Blues Women mit Gayle Adegbalola (1987–2009) haben einige ihrer Titel und vieler anderer Bluesfrauen und eigene Songs im Programm.

Lucille findet, dass gute Ware auch überzeugend angepriesen gehört. Wie das geht, beschreibt sie in ihrem Blues von der „Barbecue Bess" (1935). Bess bewirbt ihr gutes Barbecue-Fleisch sehr professionell mit präzisen Angaben zur Qualität und zum Preis. Für ihren guten Preis von 55 Cents kann man bei ihr sogar zweimal zugreifen. Bess erklärt:

When you come to my House, come down behind the Jail
I got a Sign on my Door, „Barbecue for Sale"
I'm talkin' 'bout my Barbecue, only Thing I crave
And that good doin' Meat, gon' carry me to my Grave

I'm sellin' it cheap, 'cause I got good Stuff

And if you try one Time, you can't get enough
I'm talkin' 'bout Barbecue, only Thing I sell
And if you want my Meat, you can come to my House at Twelve

Now some like it hot, some like it cold
Some take it any Way it is sold
I'm talkin' 'bout Barbecue, only Thing I crave ...

Some People wants it, some People don't
If you buy my Barbecue, it just won't don't-don't-don't
Talkin' 'bout Barbecue, only thing I sell
And if you want my Meat, you've got to come to my House at Twelve

Some People wants to know, the regular Price
Fifty five Cents, you can get some twice
And I'm talkin' 'bout my Barbecue, only thing I crave ...

Die „Hustlin' Girls" wissen sehr wohl, dass die Frauen, die Angst um ihre Männer haben, nicht gut auf sie zu sprechen sind und sie verachten. An Selbstbewusstsein fehlt es Nellie Florence wahrlich nicht. Sie ätzt zurück und konfrontiert diese Frauen damit, wie viel besser sie und ihre Kolleginnen doch in Sexangelegenheiten sind. Nellie prahlt in ihrem „Jacksonville Blues" (1928) mit ihrem Wissen um die Dinge und ihrem Können: „Die Frauen schreien schon ‚Gefahr!', dabei habe ich noch nicht einmal meine Hand gehoben. Ich habe eben Ahnung von der Liebe, was die nie begreifen werden. Ich habe den gewissen Gang und weiß wie man die Männer einfangen kann. Ich weiß, wie man's macht, und deshalb gefalle ich ihnen auch immer. Sie mögen meinen ‚Kaffee'. So ein ‚Sugar Daddy' ist süß genug für mich. Und sie, die Frauen, nennen mich glühend-heißer Backofen und ich hätte das gewisse Etwas, was andere Mädchen nicht haben."

Women cryin' „Danger!", but I ain't raisin' my Hand, 2x
I got a Way of Lovin' they just can't understand.

I can strut my Pudding, spread my Grease with Ease, 2x
'Cause I know my Onions – that's why I please.

Wild about my Coffee, but I'm crazy 'bout my China Tea, 2x
But a Sugar Daddy is sweet enough for me.

And they call me „Oven", they say that I'm red-hot, 2x
They say that I've got something the other Gals ain't got.

Den „Jacksonville Blues" singt sie mit angerauter Stimme, begleitet von einem Piedmont-Blues Gitarristen. Ihr zweiter Blues ist „Midnight Weeping Blues", auch im Stil eines Country-Blues. Mehr ist von ihr nicht in Erfahrung zu bringen. Meine Vermutung: War sie vielleicht mit ihrem Gesangsstil des Blues 30 Jahre zu früh?

Den „Hustlin' Blues" von 1928, spielt Ma Rainey unter ihren beiden mittleren Vornamen Malissa Nix zusammen mit Thomas Dorsey ein, der im frühen Blues ein einflussreicher Pianist und Schreiber unzähliger Bluestitel ist. Er handelt davon, dass es Frauen gibt, die aus dem illegalen Gewerbe aussteigen und sich von ihrem Zuhälter befreien wollen. Ma ist seine ständigen Geldforderungen Leid. Der Richter soll ihm sagen, dass sie nicht mehr will. Zwar verrät Ma ihren Zuhälter beim weißen Richter, aber es steht zu befürchten, dass eher sie als afroamerikanische Frau im Gefängnis landet als ein Mann, der schließlich qua Geschlecht in der Werteskala über ihr steht:

It's rainin' out here and Tricks ain't walkin' tonight 2x
I'm goin' home, I know I've got to fight

If you hit me tonight, let me tell you what I'm going to do 2x
I'm gonna take you to Court and tell the Judge on you

I ain't made no Money and he dared me to go home 2x
Judge, I told him he better leave me alone

He followed me up and he grabbed me for a Fight 2x
He said, „Girl, do you know, you ain't made no Money tonight?"

Oh Judge, tell him I'm through 2x
I'm tired of this Life. That's why I brought him to you

Ein Beispiel für die komischen Seiten des Sexgewerbes ist der folgende Bluessong. Der humorvoll zweideutige und schlüpfrige Blues „If I Can't Sell It, I'll Keep Sittin' On It" wird 1936 erstmalig von der Bluessängerin Georgia White aufgenommen, die sich auch am Piano begleitet. Auch die R&B-Sängerin Ruth Brown hat diesen Blues in den 1980er Jahren eine Weile im Broadway Musical „Black und Blue" gesungen. Noch jahrelang bleibt dieser Blues in ihrem Repertoire. Bis ins hohe Alter trägt sie diesen Titel in den 2000er Jahren einem begeisterten Publikum vor.

In dieser Geschichte geht es um die schwierigen (doppeldeutigen) Verkaufsverhandlungen in ihrem Möbelladen. Ein wirklich knausriger Kerl feilscht mit ihr um ein Möbelstück. Es handelt sich um einen Second-Hand-Stuhl. Oder doch nicht? Die Verkäuferin preist ihn wortreich an. „Wie würdest du es finden, wenn er zu Hause jede Nacht auf dich wartet?" Sie behauptet frech, dass er nur ein- oder zweimal benutzt worden sei. Dem potentiellen Käufer ist der Preis zu hoch. Sie muss ihn aber nicht um jeden Preis verkaufen. Umsonst gibt es bei ihr nichts. Wenn er ihn nicht haben will, bleibt sie eben darauf sitzen!

I own a Secondhand Furniture Store and I think my Prices are fair 2x
That is until this real cheap Guy came in one Day.
Saw this Chair he wanted to buy,
But he wouldn't, claimed the Price was too high.
So I looked him straight in his Eye, and this was my Reply:

If I can't sell it, I'm gonna sit down on it.
Why should I give it away? Now,
Darlin', if you want it, you gotta buy it
And I mean just what I say.

Now, how'd you like to find this waitin' at Home for you every Night?
Only been used once or twice and it's still nice and tight.
Whoaw! But if I can't sell it, I'm gonna keep sittin on it.
I don't see the Need to give it away.

Now, you can't find a better Pair of Legs in Town
And a Back like this, hah, not for Miles around
And that is why if I can't sell it, I'm gonna recline upon it
Why should I give it away?

Because it's made for Comfort, built for Wear and Tear.
Where else would you find such an easy Chair! Hah-hah-hah!
Oh, but if I can't sell it, I am going to remain seated on it
I ain't about to give it away.

Oh, because it's lush, plush, slick and sleek.
Darlin', a High Class Piece like this at any Price is cheap.
So, if I can't sell it, I'm gonna remain seated on it
I don't see the Need to give it away.

Now, look at this nice Bottom, ain't it easy on the Eye.
Guaranteed to support any Weight or Size.
But if I can't sell it, I'm gonna sit down on it.
I ain't about to give it away.

You know I have really had my Fill of Folks
Always comin' around with their Hand stuck out.
Want somethin' and don't want to give nothin'.
Now, if you want this, put your Hand in your Stash
And gimme some Cash.

If you want somethin' for free,
go to the Salvation Army,
Don't come to me.
Now this is not Saint Vincent de Paul's Place.
This is Ruth's place!

Read my Lips: NO FREE TRIPS!

Liebe und Begehren

Die Bluesfrauen der 1920er und 1930er brechen ein Tabu, denn sie haben keine
Bedenken, auf der Bühne oder auf Schallplatte Themen wie Liebe, Begehren und
Sex öffentlich zu verhandeln. Die lockere Haltung der afroamerikanischen Arbei-
ter- und Landarbeiterschicht zu diesem Themenkomplex spiegelt sich in erotischen
Bluestiteln wider. Die Bluesfrauen bringen neue Wendungen in diese beliebten
Bluessongs ein. So nehmen sie sich das Recht heraus, auf ihre sexuelle Gleichheit
mit den Männern, auf den Drogen- und Alkoholrausch und wildes Tanzen zu po-
chen. Von der Bühne herunter führen sie vor allem den Zuhörerinnen vor, ebenso
wie Männer Ansprüche jeglicher Art zu stellen zu können: Freimütig äußern sie
sich zu ihrem weiblichen Verlangen nach Liebe (to get some Loving) und nicht nur
„gute" Männer zu begehren. Diese offenen Äußerungen des sexuellen Verlangens
sind für Frauen in der Öffentlichkeit vollkommen neu und als Bestätigungen ihrer
sexuellen Autonomie zu verstehen. Sie geben der sozialen Gleichheit der Geschlechter, aber noch nicht ihrer Gleichstellung, eine erste historische Stimme. Die Liebe
der Frauen wird im Blues nicht idealisiert in einer romantisierenden Sprache dargestellt, sondern bleibt sachlich. Liebe kann gelingen oder auch nicht.
  Die Blues- und Jazzsängerin und Swingpianistin Cleo Brown beschreibt 1936 im
fröhlich-heiteren Swingstil „Love in the First Degree" das Stadium der Verliebtheit
als Verbindung von übermütig außer sich zu sein und verrückte Dinge zu tun:

When you start acting silly, doin' Things like Brother Willy,
That's Love in the First Degree. *

When you start using Byways, instead of public Highways,
That's Love, Babe, it's in the First Degree.

POWERFRAUEN

ETTA JONES (Blues / Jazz / voc) • MATTIE DORSEY (Classic Blues / voc) • VARETTA DILLARD (R&B / voc) • MARY SMITH MCCLAIN (Blues / Vaudeville Blues / Gospel / voc) • LAURA RUCKER (Blues / Jazz / voc / p) • GÖKSENIN TUNCALI (Blues / Bluesrock / voc / e-git) • CORA PERKINS (Country Blues / voc) • SHEMEKIA COPELAND (Blues / R&B / Gospel / voc) • CLARA MORRIS (Blues / voc) • ETHEL WATERS (Blues / Swing / Jazz / Pop / voc) • LENA WILSON (Classic Blues / voc) • KATIE WEBSTER (R&B / Boogie / p) • SIPPIE WALLACE (Blues / voc) • JEANNE CAROLL (Blues / Jazz / voc / e-git) • VIOLA BARTLETTE (Blues / voc) • ANNA BELLE COLEMAN (Classic Blues / voc) • JENNIE MAE CLAYTON (Blues / voc / Songwriter) • KOKO TAYLOR (Blues / voc) • BESSIE BROWN (Classic Blues / Jazz / voc) • PRECIOUS BRYANT (Country Blues / Piedmont Blues / voc / git) • GENEVIEVE DAVIS (Blues / voc) • Estelle Harris (Vaudeville Blues / voc) • Carrie Louise Smith (Blues / Jazz / voc) • BECKY BARKSDALE (Blues / Rock / voc / e-git) • Alma Henderson (Vaudeville Blues / voc) • ADA BROWN (Blues / voc) • LILLIAN GOODNER (Classic Blues / voc) • Maggie Jones (Blues /voc / p) • LILLIAN HARRIS (Blues /voc) • GRACE BRIM (Blues / voc / dr / harp) • ALBERTA BROWN (Blues / voc) • BERTHA IDAHO (Classic Blues / voc) • MARY STRAINE (Blues / voc) • KATHRINE BAKER (Blues /voc) • MOTHER MARIE MANNING (Blues / voc / tamborin). EDITH NORTH JOHNSON (Classic Blues / voc / p / Songwriter).

When you get a Kiss, and a little Hug, and you want some Love,
And some „Hey-de" and some „Hi-de" and some „Zazz-zuh-zay"!

When Things start lookin' hazy, and Folks all say you're crazy,
That's Love; it's in the First Degree.

When you start acting silly, doin' things like Sister Lily,
That's Love in the First Degree.

*First Degree = höchste Stufe; bei Mord entsprechend = vorsätzlich.

   Wenn du beginnst, dich albern zu verhalten und Dinge wie Bruder Willy machst, dann ist das Liebe ersten Grades! Wenn du damit anfängst Nebenstraßen anstelle von öffentlichen Autobahnen zu nutzen, ist das Liebe, Baby, und zwar ersten Grades. Wenn du einen Kuss und eine kleine Umarmung bekommst und etwas Liebe *willst* und einige „Heyde" und einige „Hi-de" und einige „Zazz-zuh-zay!" Wenn Dinge anfangen verschwommen auszusehen und alle Leute sagen, dass du verrückt bist. Na klar! Das ist Liebe im höchsten Stadium. Wenn du beginnst dich närrisch zu benehmen und Dinge wie Schwester Lily tust, ist das Liebe ersten Grades.
   Im Blues der Frauen gibt es nicht viele Songs, in denen der Mann von der Frau mit viel Liebe überschüttet und Lob bedacht wird. Bei Rosa ist das anders. Rosa Henderson hat den süßesten Mann, den man sich nur vorstellen kann, denn alles, was ihr Süßer tut, gefällt ihr sehr. „Everything my Sweetie does pleases me" (1925).

I can't help braggin' 'bout my Man, 'cause I've got the sweetest Man,
And believe me, he is my Pal, done made me his Flame.
He gives me seven Night and Day, he'll do anything I say,
I will tell you why I'm gay, and just why I rave:

Rosa kann nicht anders als mit ihrem Mann zu prahlen, denn sie hat den süßesten aller Männer. Sie versichert, dass er ihr Kumpel ist und sie zu seiner Flamme gemacht hat. Sieben Nächte und Tage ist er bei ihr, und er wird alles tun, was sie sagt. Rosa will uns erzählen, warum sie so fröhlich ist und sie so von ihm schwärmt:

Everything my Sweetie does, suits me
'Cause my Sweetie does everything that really pleases me!
Everything my Sweetie says, suits me
'Cause my Sweetie says, Everything that fills my Heart with Glee!
Can he dance? Can he sing? Just let me tell you now!
He can really do that Thing! I'll tell you, he's a Wow!
For everything my Sweetie does, suits me
'Cause my Sweetie does everything that really pleases me!

Alles, was mein Schatz tut, gefällt mir, weil mein Schatz alles tut, was mir wirklich gefällt! Alles, was mein Schatz sagt, gefällt mir, weil mein Schatz alles sagt, was mein Herz mit Freude erfüllt! Kann er tanzen? Kann er singen? Lass es mich dir jetzt erzählen! Er kann das „Ding" wirklich machen! Ich sage dir, er ist ein „Wow"! Denn alles, was mein Schatz tut, gefällt mir, weil mein Schatz alles tut, was mir wirklich gefällt!

> *He's got a Way to make Love that sure will bring Results,*
> *And when I'm around my Turtle Dove, Oh, Doctor, feel my Pulse*
> *Oh, everything my Sweetie does, suits me*
> *'Cause my Sweetie does everything that really pleases me!*

Er weiß eine Art Liebe zu machen, die sicher Ergebnisse bringt. Und wenn ich bei meiner Turteltaube bin, oh Doktor, fühl meinen Puls! Oh, alles, was mein Schatz tut, gefällt mir, weil mein Schatz alles tut, was mir wirklich gefällt! Wow! Was für ein Mann! Aber Julia erst, die hat einen „King Size Papa"! Er ist nicht nur lang, sondern auch überdurchschnittlich groß. Julia prahlt hemmungslos mit ihm. Sie kann ihn gar nicht genug umschwärmen. Er hat so viel Masse, besonders wenn er wächst. Das reicht bis 1992! So was wie ihn gab es noch nie seit dem Tage als die Welt begann. Was Julia braucht, hat er alles in seinem Gepäck. Es wurde der Boulder Dam und das Empire State Building in New York City gebaut, das ist nichts im Vergleich mit ihm. Diesen Papa will Julia unbedingt behalten. Vorsicht vor der Falle der Doppeldeutigkeiten! Übrigens: acht Fuß sind 2,43 Meter!

> *I got a Man that's more than eight Foot tall.*
> *Four Foot Shoulders and that ain't all. King Size Papa!*
> *He's my King Size Papa.*
> *I take the Door off the Hinges when my Baby comes to call.*
>
> *There's such a Lot of him, the Way he grew.*
> *Enough to last 'til 1992. King Size Papa!*
> *He's my King Size Papa. He's a real super Daddy*
> *And he knows just what to do*
>
> *No one can thrill me like my Baby can.*
> *He's such an extraordinary Man. King Size Papa!*
> *He's my King Size Papa.*
> *Never was nothin' like him since the Day the World began*
>
> *When he's around there's not a Thing I lack.*
> *When he loves me he holds nothin' back. King Size Papa!*

He's my King Size Papa.
Everything that I need he carries in his King Size Pack

They built the Boulder Dam, the Empire State.
And then they made my Man and is he great! King Size Papa!
He's my King Size Papa.
He's the one in a Million who can really keep me straight

Julia Lee (1902-1958) ist eine Blues-, Jazz- und R&B-Sängerin und -pianistin, genannt „Kansas City's First Lady of the Blues". In einer vier Jahrzehnte andauernden beruflichen Laufbahn erarbeitet sich Julia den nationalen Ruf als eine der größten Bluessängerinnen aller Zeiten. Schon als Kind macht sie Musik in ihrer Kirchengemeinde und auf Hauspartys in der Nachbarschaft. Hauptberuflich beginnt sie ihre Karriere im Ragtime-Stil als Kinopianistin zur musikalischen Untermalung von Stummfilmen. Sie singt und spielt aber auch in Clubs in Kansas City. Nachdem sie 15 Jahre in der Band ihres Bruders, dem „George E. Lee's Orchestra", als Sängerin und Pianistin gearbeitet hat, startet sie 1935 ihre Solokarriere. Als vielseitige Musikerin fühlt sie sich auch im Swing- und Jumpblues wohl. Sie wird durch ihren Vortrag von doppeldeutigen Bluestiteln (Dirty Blues) bekannt, von denen sie nicht wenige in ihrem Repertoire hat. Julia singt mit ihrer etwas heiseren Stimme ihre Bluessongs mit einer heiteren und leichten, von Herzen kommenden Art zu gradlinigem Klavierspiel. Einige ihrer Titel steigen ab 1946 auch in die R&B Charts auf, beispielsweise der doppeldeutige „The Spinach Song". Als vorerst einzige afroamerikanische Frau steht sie mit ihrem Titel „King Size Papa", der auch zum Genre „Dirty Blues" gehört, neun Wochen auf Platz Eins in den R&B Charts. Bei diesem Titel begleitet sie sich selber auf dem Piano, zusammen mit ihrer Band. Insgesamt ist sie in den 1940ern die erfolgreichste R&B-Künstlerin mit den meisten (mehrere 100.000) Plattenverkäufen, sogar mit mehr Verkäufen als die ebenfalls sehr erfolgreiche Dinah Washington. Eine besondere Ehrung ist im Jahr 1949 die Einladung von US-Präsident Harry S. Truman für ein Konzert im Weißen Haus in Washington. In den 1950er Jahren wird es still um Julia. Sie bleibt jedoch bis zu ihrem Tod 1958 eine der populärsten Künstlerinnen der Musikszene von Kansas City.

Auch Helen Humes hat großes Glück mit ihrem Papa. Auch sie kann nicht anders und muss mit ihm prahlen. Nichts kann einen Mann toppen, der einer Rakete mit Jetantrieb gleicht. 1949 beschreibt Helen eindeutig doppeldeutig ihren „Jet Propelled Papa": Ich habe einen Papa mit Jetantrieb und einem magischen Strahl. Er wird dir deinen Kopf verdrehen und dir den Atem rauben. Wenn er anfängt, gibt es kein Halten mehr. Deine Liebe wird explodieren, wenn er die „Heizung" anstellt. Schnell wie eine Rakete ist er für jedes „Fleisch" gebaut. Er ist mein Papa mit Jetantrieb und Überschallgeschwindigkeit. Er ist ein Papa mit Jetantrieb mit viel

Schwung. Wenn er Kontakt aufnimmt, verschwindet langsam die Welt. Wenn du dich beeilst, kann er dich dort hinbringen. Und nein, er braucht kein Auftanken, er kann sogar Luft verbrennen. Er ist mein Papa mit Jetantrieb, hat dieses atomare Fingerspitzengefühl. Was dieser Mann nicht hat, spielt keine große Rolle. Ja, er ist mein Papa mit Jetantrieb, er ist wie ein Shootingstar. Und wenn dieser Mann abhebt, weißt du nicht mehr wo du bist:

I've got a Jet Propelled Papa with a magic Ray 2x
He'll put your Head in a Spin and take your Breath away
Now when he gets started there's nothing left to keep
All your Love will explode when he turns on the Heat
Fast like a Rocket, he's built for any Meat
He's my Jet Propelled Papa with supersonic Speed

He's a Jet Propelled Papa with a Swing and a Sway
When he makes Contact the World just fades away
When you get hurried he can really put you there
No, he don't need no Refuelling, he can even burn Air

He's my Jet Propelled Papa, he's got that atomic Touch
What that Man hasn't got don't 'mount to very much
Yes, he's my Papa, he's just like a shooting Star
And when that Man takes off you can't tell just where you are

Ohne solche Supermänner geht's eben nicht. Das meint auch Lillian Glinn 1929 im „Cravin' a Man Blues":

There's one Man I love, one Man I crave, one Man I'm wild about 2x
The one Man I crave, he knows what it's all about

Ooh, some Day, I'll get every Man I love 2x
Just as sure as I live, and the Stars shine up above

Will there ever be a Time when a Woman won't need no Man? 2x
And when that Day comes, I wanna die if I can

I'm gonna tell you People somethin', as true as the Stars above 2x
Life really ain't worth nothin', if you ain't got the Man you love

Und wenn alle Stricke reißen, gibt es selbst für eine verheiratete Frau eine Alternative zu ihrem Ehemann, den „Backdoor Man". Er ist eine alte Figur aus den Shows des 19. Jahrhunderts, den auch Bluesmen wie Willie Dixon und Howlin' Wolf in den 1960ern gern besingen. Er ist der heimliche Liebhaber, der an der Hintertür steht und wartet, bis der Mann des Hauses zur Arbeit oder in die Kneipe geht und durch diese Tür ungesehen eintritt und auch wieder verschwindet.

Im Blues von Sara Martin heißt es in der letzten Zeile im „Strange Lovin' Blues" (1925), dass jede gescheite Frau einen „Backdoor Man" hat:

> *I've got to have a Daddy to tell my Troubles to. 2x*
> *One who knows how to love, and keep me from being blue.*
>
> *Loving Night and Day is the Thing I crave. 2x*
> *Give me Lots of Loving and I'll be your Slave.*
>
> *Little Drops of Water, only Grains or Sand 2x*
> *Every sensible Woman got a Backdoor Man.*

Sara Martin (1884-1955), geboren in Louisville, Kentucky, ist eine Bluesdiva, die aus dem dortigen Vaudeville kommt, in dem sie seit Teenagerzeiten auftritt. Sie spielt eine zentrale Rolle dabei, den Blues zu popularisieren.

Um 1915 geht sie in die Unterhaltungsbranche von Chicago, Illinois, dann weiter nach New York City. Dort singt sie in Kabaretts und Nachtclubs. Sara wird besonders für ihre dramatischen Leistungen und ihre Vielseitigkeit bewundert und ist sehr gefragt. Sie ist eine der ersten Bluesfrauen, die Schallplatten machen können, auch mit ihrer eigenen Band, den „Brown Skin Syncopators". Zusammen mit der Blues- und Jazzsängerin Eva Taylor singt sie 1923 einen besonderen Blues, den zweistimmigen „Yodeling Blues". Schon im 19. Jahrhundert wird in amerikanischen „Minstrel Shows" gejodelt. Die Jodeltradition haben Einwanderer aus Deutschland, Österreich und der Schweiz in die USA mitgebracht. Sara tritt in vielen Revuen, Theatershows und Musicals der 1920er Jahre auf und singt alles, vom traditionellen 12-Takt- und 16-Takt-Blues bis hin zu Vaudeville-Comedy-Songs und sogar Foxtrott, der zur „Sweet Music" der Weißen gehört. Sie trägt auf der Bühne teure und verschwenderische Kleider und wechselt während einer Show zwei oder drei Male ihr Outfit. In den frühen 1930ern verlässt sie Vaudeville und Blues und singt nur noch Gospel. Später betreibt Sara ein eigenes Pflegeheim in Louisville, Kentucky.

Einen „Backdoor Man" hat Clara Smith schon seit einiger Zeit. Sie erzählt uns in „Ease it" von 1926, wie sie mit Leichtigkeit einen solchen finanziert. Mit schwülheißer Stimme, wie nur sie singen kann, trägt sie dieses offensichtlich gewagte Lied vor, das vom Geld ihres Mannes, vermutlich ihres Ehegatten, handelt. Und genau das will sie von ihm haben. Der arme Mann, ein afroamerikanischer Arbeiter mit einem regulären Job und Einkommen, oft spöttisch „Monkey Man" (Affenmann) genannt, gibt Clara sein ganzes Geld. Allerdings geht es laut Clara nur um ein bis zwei Dollar und leider nicht um 10- oder 20-Dollarnoten. Clara nennt ihn „Zuckerpflaume"! Er weiß nicht recht, wie er dazu gekommen ist. Er ist eben ein bisschen dumm. An jedem Zahltag singt sie ihrem „Pay-Day-Daddy" vor:

> *„Ease it here, Babe. Don't hold it so long.*
> *Give me all, Babe, or don't give me none."*

Clara benötigt dringend seinen Wochenlohn, denn es gibt da etwas, ohne das sie nicht leben kann. Sie stellt klar, dass jede verheiratete Frau ihren „Backdoor Man" braucht, und sie hat das für sich geregelt. Ihr Liebhaber kommt zu ihr, wenn der Ehegatte auf der Arbeit ist. Das kostet! Auch einige Bluesmen singen über sich in der Rolle als „Backdoor Man", der mit einer verheirateten Frau eine Affäre hat wie Charley Patton, Lightnin' Hopkins, Blind Willie McTell und Howlin' Wolf.

Clara Smith, (1894–1935) geboren in Spartanburg, South Carolina, ist eine klassische Bluesfrau. Obwohl heutzutage weniger bekannt, ist sie in den 1920ern ein großer Star des Blues mit dem Beinamen „Queen of the Moaners". Mit 16 Jahren beginnt sie als Kabarettsängerin mit dem afroamerikanischen „TOBA-Circuit" quer durch die Südstaaten zu touren. Als sie 1929 nach Harlem in New York City zieht, bekommt sie bei Columbia Records einen Vertrag, denn das Label braucht dringend, wie andere Firmen auch, eine Bluesfrau von Format. Kurz danach kommt Bessie Smith dazu und sie nehmen zusammen einige Duette auf, begleitet vom Pianisten und Arrangeur Fletcher Henderson. In den ersten Jahren ihrer Karriere konzentriert sich das Gesangsmaterial von Clara auf Themen wie verlorene Liebe, das ihr die Bezeichnung „Moaner", einer herzzerreißend klagenden Sängerin, einbringt. Die Verkaufszahlen ihrer Titel sind fast so hoch wie die von Bessie Smith.

Bald geht Clara dazu über, sogenannten „Risqué Blues" mit gewagten sexuell konnotierten Texten in Speakeasies, Nachtclubs und kleinen Kellerlokalen zu präsentieren, was ihr einige Berühmtheit verschafft. Ihre Art, Blues und Jazz zu singen, gefällt den einfachen wie den bessergestellten ZuhörerInnen gleichermaßen. Die immer modisch elegant gekleidete Clara tourt mit ihrer Show quer durch die USA und ist sogar an der Westküste ein populärer Bluesstar. Ihr Repertoire enthält neben Bluessongs auch Vaudeville-Lieder und deftige Comedy Songs, was ihrem Image als „Moanerin" gänzlich widerspricht. Da die Plattenfirmen keine Lizenzgebühren zahlen, selbst wenn Hunderttausende Schallplatten eines Titels verkauft werden, ist das Touren durch die Lande inclusive der dafür verkauften Konzertkarten noch lange Zeit der beste Weg für die Bluesfrauen, um Geld zu verdienen. Trotz aller Schwierigkeiten gehört Clara zu den höchstbezahlten Entertainerinnen dieser Zeit.

Lillian Glinn hat einen Mann, der ihr Tag und Nacht nicht mehr aus dem Sinn geht und den sie unbedingt haben will. Warum? – Im „Shreveport Blues" (1929) lässt sie uns wissen, warum das so ist. Er ist ein großer langer Papa, der hauptsächlich in der Texas Avenue von Shreveport, Louisiana, wohnt. Sie glaubt, dass sie für immer den Shreveport Blues haben wird, wenn sie diesen Mann nicht bekommt. Er ist ein so süß liebender Mann, einer der Bescheid weiß, der sie ganz sanft in die Arme nimmt und kein bisschen rau ist. Lillian schwärmt: Ich werde nie müde zu lieben, weil er alles hat, was ich brauche. Ich will meine Liebe, zehn oder zwölf Mal pro Woche haben. Aber wo ist er nur?

I've got a Man in Shreveport, he's forever on my Mind 2x
When I lay down at Night, he bothers me all the Time

He's a long tall Papa, live mostly on Texas Avenue 2x
And if I don't get that Man, I'll forever have the Shreveport Blues

He's a sweet lovin' Man, one that knows his Stuff 2x
Takes me in his Arms so easy, he's not a bit rough

I never get tired of Lovin', cause he's got all I need 2x
I want my Lovin', ten or twelve Times a Week

Shreveport, Shreveport, Shreveport, where is my Man? 3x

Lillian Glinn (1902–1978) in Texas geboren, ist eine der klassischen Blues- und Country Blues-Sängerinnen und schreibt auch Bluestitel. Der Blueshistoriker Paul Oliver meint, dass es eine ganze Reihe von Bluesfrauen gibt, die „ weitaus größere Anerkennung verdienen als die, die sie bekommen haben". Darunter ist auch Lillian, die als eine der eindrucksvolleren Sängerinnen der 1920er Jahre gilt. Wie viele Bluessängerinnen beginnt Lillian mit ihrer Karriere im afroamerikanischen Vaudeville. Sie bekommt 1927 einen Vertrag bei Columbia Records und kann bis 1929 22 Titel aufnehmen, für die sie national bekannt wird. Mit ihrer dunklen Altstimme singt sie den Blues über die härteren Seiten des Lebens, der manchmal sexuelle Anspielungen enthält, und tourt durch ein paar Südstaaten. Danach, wahrscheinlich wie bei so vielen BluesmusikerInnen durch die Große Depression bedingt, beendet sie ihre Blueskarriere und verschreibt sich dem kirchlichen Leben.

Auch Memphis Minnie, die „Königin des Country Blues" der 1940er Jahre, begehrt einen bestimmten Mann. Energisch betont sie im „Me and my Chauffeur Blues" (1941) was sie will und was nicht:

Wants to see my Chauffeur, wants to see my Chauffeur,
I wants him to drive me, I wants him to drive me Downtown.
Says, he drives so easy, I can't turn him down.

But I don't want him, But I don't want him,
To be riding these Girls, to be riding these Girls around.
So I'm gonna steal me a Pistol, shoot my Chauffeur down.

Well, I must buy him, Well, I must buy him,
A brand new V-8, a brand new V-8 Ford.
Then he won't need no Passengers, I will be his load.
Yeah, take it away!

Going to let my Chauffeur, going to let my Chauffeur,
Drive me around the, drive me around the World.
Then he can be my little Boy. Yes, I'll be his Girl!

1966 nimmt die Jazz- und Folksängerin Signe Toly Anderson, die zu dieser Zeit zur Rockband „Jefferson Airplane" gehört, als erste Sängerin mit großem Erfolg den „Chauffeur Blues" von Minnie auf.

Minnie hat in den 1940er Jahren den Ruf, eine atemberaubende Blues-Entertainerin zu sein. Ihre Schallplatten verkaufen sich bestens. Sie ist damit eine der erfolgreichsten Blueskünstlerinnen ihrer Zeit. Der Talentscout Lester Melrose produziert 1941 mit ihr und ihrem Ehemann, dem Bluesgitarristen und Sänger Ernest Lawlars, an der zweiten Gitarre für Okeh in Chicago den „Chauffeur Blues", der eine der frühesten Aufnahmen der beiden ist. Er wird zu Minnies größtem Hit. Dieser Blues ist damals so begehrt und unvergessen, dass 1952 ein Remake auf einer Session für das nagelneue Label Checker, das zum legendären Chess-Label gehört, produziert wird. Der Titel ist dermaßen populär, dass der Bluesman Lightnin' Hopkins einen Antwort-Song, (nicht ungewöhnlich im Bluesgenre) mit dem Titel „Automobile Blues" nachliefert.

In Minnies Blues gibt es einige versteckte Doppeldeutigkeiten, die jeder so oder so hören und verstehen kann; sie bleiben in der Schwebe. In der zweiten Textzeile fehlt jeweils das letzte Wort, das in der Wiederholung drangehängt wird.

Für eine Frau recht ungewöhnlich, will sie ihren „Chauffeur" (doppeldeutig!) sehen. Er „chauffiere" sie so geschmeidig. Sie nimmt sich damit das Recht heraus, als Frau ein selbstbestimmtes Leben zu führen und ihr Begehren offen zur Sprache zu bringen. Verhindern will sie jedoch, dass er mit anderen Mädchen ebenso verfährt wie mit ihr. Sie droht damit, eine Pistole zu stehlen und ihn in einem solchen Fall zu erschießen. Klüger ist doch wohl eher, ihm ein Auto zu kaufen, um ihn an sich zu binden und ihm gleichzeitig zu einem Statussymbol des Mannes zu verhelfen, das Reichtum und Erfolg signalisiert. Es soll ein V-8 Ford sein, der zu dieser Zeit über 500 Dollar kostet, ein Luxusauto, in dem nur sie allein die einzige Ladung sein wird. (Bonnie und Clyde besaßen ebenfalls einen V-8) „Von ihm lasse ich mich um die Welt fahren." Sie erwählt ihn; er darf ihr „Little Boy" sein.

Im Jahr 2020 wurde Memphis Minnies „Chauffeur Blues", von der „Library of Congress" in Washington ausgewählt, um dem „U.S. National Recording Registry" als „kulturell, historisch oder ästhetisch bedeutsam" hinzugefügt zu werden.

Elisabeth „Kid" Douglas alias Memphis Minnie, (ca.1897–1973) wird in Algiers, Louisiana, als älteste von 13 Geschwistern geboren. Mit etwa zwölf Jahren erhält „Kid Douglas" zu Weihnachten ihre erste Gitarre und beginnt bald darauf auf Partys zu aufzutreten. Schon mit sechs Jahren lernte sie auf einer Zigarrenkiste, die mit Fäden bespannt ist, „Gitarre" zu spielen.

Lizzie wächst in der Nähe von Memphis, Mississippi, auf der Farm ihrer Eltern auf. Sie sind „Sharecropper", Landpächter, die einen Teil ihrer Ernte als Pachtzins an den Besitzer abführen müssen. Die Arbeit auf der Farm ist sehr schwer, und Minnie will ihr entfliehen. Es gibt dort noch keinen elektrischen Strom und die Musik zur Unterhaltung und zum Tanz ist hausgemacht. Mit 13 Jahren reißt Lizzie von zuhause aus, um auf der berühmten „Beale Street", im Vergnügungsviertel von Memphis zu leben. In diesem Milieu verdient sie sich ihren kargen Lebensunterhalt als Straßenmusikerin. Andere junge Mädchen arbeiten als Dienstmädchen in reichen Haushalten oder in der Landarbeit. Für diese anstrengende Arbeit gibt es besonders wenig Lohn.

Eine Weile kooperiert sie mit dem Bluesgitarristen und Sänger Willie Brown („Future Blues") zusammen. So spielen sie manchmal zur Unterhaltung von Touristen an Bord von Flussschiffen für Trinkgelder. Ihr Programm besteht aus Blues und Popmusik. Damit treten sie auch auf Tanzvergnügen oder in Ladenlokalen auf. Von 1916 bis 1920 nimmt sie an einer Tournee durch den Süden mit dem „Ringling Brothers Circus" teil. Dort trifft sie auf Zirkusartisten und Varieté-Darsteller, von denen sie viel lernt. Sie kehrt zurück in die lebhafte Beale Street von Memphis mit ihrer blühenden Bluesszene. Hier gibt es Spielhöllen, Alkohol, Prostitution, reichlich Krawall und Musik von „String Bands" (Bands mit Saiteninstrumenten) und „Jug Bands". Der Jug, der Krug erzeugt durch Hineinblasen die tiefen Töne. Da sie eine sehr gute Gitarristin ist und gut singen kann, wird sie manchmal auch für einen Auftritt als Sängerin in der berühmten „Memphis Jug Band" gebucht. Sie verdient weiterhin als „Königin der Beale Street" ihr Geld mit Gitarre und Gesang; aber es begleiten sie auch andere Bluesmusiker. Gelegentlich, bei finanziellen Engpässen arbeitet sie dort – wie auch andere Frauen – als Prostituierte. Sie erhält zwölf Dollar für ihre Dienste – ein ziemlich hoher Betrag für damalige Verhältnisse.

Mit Beginn der Großen Depression im Jahr 1929 suchen die Plattenfirmen nach neuen Talenten im Süden, besonders im Mississippi Delta. Die Gitarristen vom Lande, die „Country Boys" mit dem „Country Blues" kosten im Gegensatz zu den städtischen Bluesdiven kaum Geld. Vielleicht ist es auch in dieser schlechten Zeit vorbei, angesichts überlaufener Suppenküchen für die Armen, glamouröse und juwelenbehangene Diven auftreten zu lassen. Der Kulturbetrieb in deren angestammten Theatern kommt fast gänzlich zum Erliegen. Nach ihrer kurzen Ehe (wahrscheinlich nie „offiziell") mit dem Slide-Gitarristen Casey Bill Weldon von der „Memphis Jug Band" heiratet sie 1929 den Gitarristen und Sänger Joe McCoy, mit dem sie als erfolgreiches Duo auftritt. Als Lizzie und Joe gerade in einem Friseurladen auf der Beale Street spielen, um die wartenden Kunden zu unterhalten, entdeckt sie ein Mitarbeiter von Columbia Records und bietet ihnen an, in New York Schallplattenaufnahmen zu machen. Unter den Namen „Memphis Minnie" und „Kansas Joe" entsteht im Juni 1929 der etwas alberne und anzügliche, aber emphatisch vorgetragene „Bumble Bee Blues", den Minnie selbst geschrieben hat. Er wird zu einem ihrer erfolgreichsten Songs. Sie nimmt davon im Laufe der Zeit fünf zusätzliche Versionen auf. Nach dem Debut des Duos folgen viele weitere Aufnahmen, auch in den Studios anderer Plattenfirmen. Minnie und Joe ergänzen sich im gemeinsamen Zusammenspiel: Beide sind fit an der Gitarre und passen perfekt zusammen. Sie erschaffen einen neuen rohen und rhythmischen Gitarrensound und Joes tiefe, dröhnende Stimme ergänzt manchmal Minnies präzisen und leidenschaftlichen Gesang. Sie spielen ländliche Partymusik, bei der die beiden Stimmen im vorelektrischen Zeitalter dazu beitragen, den Geräuschpegel der Umgebung zu übertönen. Dabei benutzen sie die erst 1927 erstmals vorgestellte National Resonatorgitarre. Sie verfügt über einen Korpus aus Metall und ist damit wesentlich lauter als die herkömmlichen akustischen Gitarren.

Das Ehepaar zieht 1930 nach Chicago, wo sie Teil der schnell wachsenden Bluesgemeinde werden. Minnie kann als sehr versierte Gitarristin in der von Bluesmännern dominierten Musikerszene locker mithalten. Und daher steht sie bald im Ruf, mindestens genauso gut spielen zu können wie ein Mann. Und das trotz der vorherrschenden Einstellung, dass Frauen sowohl persönlich als auch beruflich an ihrem angestammten Platz im Haus bleiben sollen. Doch Minnie entspricht nicht dem traditionellen weiblichen Rollenmodell. Sie präsentiert sich auf der Bühne damenhaft in teuren Kleidern, kann aber auch aggressiv sein. Sie flucht, trinkt, raucht, spielt Karten und prügelt sich. Sie ist sehr selbstbewusst und weiß sich im Machoumfeld des Bluesmilieus zu behaupten. Der Bluesgitarrist und -sänger Johnny Shines berichtet: „Wenn welcher Mann auch immer ihr dumm kam, dem ging sie sofort an die Gurgel. Von denen ließ sie sich nichts gefallen. Gitarre, Taschenmesser, Pistole – was ihr gerade in die Hände fiel, das benutzte sie. Wissen Sie, Memphis Minnie war eine Katze aus der Hölle."

Auch hebt sie sich von anderen Bluesmusikern ab, weil sie ihre Gitarre zumeist im Stehen spielt, während alle anderen Gitarristen noch im Sitzen spielen. Sie experimentiert mit neuen Musikstilen, neuen Picking-Techniken und neuen Gitarren wie der schon genannten. Auf ihren Schallplatten sind nun auch ein Piano, ein Schlagzeug und Bläser zu hören. Mit ihren musikalisch innovativen Aufnahmen und bejubelten Live-Auftritten dominiert sie in dieser Zeit die männliche Bluesmusikerszene in Chicago als „Königin des Blues".

Nach ihrer Scheidung von Joe (1934) ist Minnie ab 1935 wieder auf sich allein gestellt. Sie gehört einer Gruppe von MusikerInnen an, die für den Plattenproduzenten und Talentsucher Lester Melrose, einem Förderer des Blues, arbeiten. Er hat gute Verbindungen zu diversen Labels und beschafft für seine KünstlerInnen Gelegenheiten für Race Records und für Konzerte mit Band. Er weist seine Musiker an, eine abgeschwächte Version des Blues aufzunehmen, der als „Melrose-Sound" bekannt wird. Selbst Minnies Aufnahmen für andere Labels wie Decca können aber ihre temperamentvolle Herangehensweise an den Blues nicht einfangen. Minnies Bereitschaft, andere junge Musiker zu unterrichten und zu fördern, sorgt jedoch dafür, dass ihr Stil an die nächste Generation von Blueskünstlern weitergegeben wird. Um 1938 herum heiratet sie ihren dritten Ehemann, den Gitarristen und Sänger Little Son Joe (Ernest Lawlars) aus Memphis, der Minnies Aufnahmen rhythmisch treibend auf der Gitarre begleitet. Wie auch Son ist Minnie Mitglied in der „Chicago Federation of Musicians" (American Federation of Musicians), einer Musikergewerkschaft. Ihre Karriere jedoch wird eingeschränkt, nicht so sehr durch die wegen des Weltkriegs verursachte Rationierung von Schellack, dem Grundmaterial für Schallplatten. Vielmehr verhängt die Gewerkschaft ab August 1942 ein totales Verbot Aufnahmen für die großen Plattenfirmen zu machen. Das ist der nach einiger Zeit erfolgreiche Versuch, den BlueskünstlerInnen endlich Lizenzgebühren für neu aufgenommene Schallplatten zu verschaffen. Die Finanzen sind für alle BluesmusikerInnen, die nur Schallplattenaufnahmen machen und kaum Konzerte geben und nicht touren können, ein großes Problem aufgrund der geringen Bezahlung. Minnie bekommt Ende der 1930er Jahre etwa 12,50 Dollar für eine Schallplattenseite, was sehr wenig ist, aber immer noch viel mehr als andere bekommen. Ende der 1940er Jahre erhält sie 45 Dollar pro Seite, und liegt damit etwas über dem Tarif der Gewerkschaft. Geld verdienen sie und andere durch öffentliche Auftritte. Sie und Joe können sich sogar ein Auto leisten, einen Winton.

Die End-1930er und die 1940er Jahre sind für Minnie die erfolgreichsten ihrer Karriere. Aus dieser Zeit stammt ihr autobiographischer Blues „My Girlish Days" (1941), ihr beliebter Blues „Hoo Doo Lady", eine Frau mit Zauberkräften (1936) und der „Black Rat Swing" (1941), den Little Son Joe singt sowie ihr oft interpretierter anzüglicher „Me and My Chauffeur Blues" von 1941. Letzteren nimmt sie mit ihrer neuen elektrischen Gitarre auf. Minnie ist eine der ersten BluesmusikerInnen, die E-Gitarre spielt. Damit ist Minnie eine der wenigen BlueskünstlerInnen, die den Übergang vom ländlichen, von der Akustikgitarre dominierten Blues der Zeit vor der Großen Depression zu den städtischen Nachtclubstilen der 1930er, 1940er und 1950er Jahre geschafft haben.

In dieser Zeit sind Minnie und Son Joe regelmäßig zu Gast im „708 Club" in der East 47th Street in Chicago. Bekannt sind die von ihr geleiteten „Blue Monday Partys" in der „Gatewood's Taverne" mit Restaurant und Tanzfläche, wo sich auch

NachwuchskünstlerInnen ausprobieren dürfen. Sie nimmt, wenn ein in ihren Augen ebenbürtiger Blueskünstler wie Big Bill Broonzy, Tampa Red, Sunnyland Slim oder Muddy Waters auftritt, gerne an Talentwettbewerben teil, die sie mit schöner Regelmäßigkeit gewinnt. Sie spielt dann mit der elektrischen Gitarre in einer Band mit Bass und Schlagzeug. Der Applaus des Publikums entscheidet!

Sylvester 1942 erlebt Langston Hughes, ein Dichter der „Harlem Renaissance" (ein Zusammenschluss afroamerikanischer Intellektueller für eine neue schwarze Kultur) Minnie bei einem Konzert und schreibt für den „Chicago Defender":

„Memphis Minnie sitzt oben auf der Kühlbox im 230 Club in Chicago und hämmert den Blues auf einer E-Gitarre. (…) Die E-Gitarre ist sehr laut, der technische Fortschritt hat all ihre Weichheit weg verstärkt. Memphis Minnie singt durch ein Mikrofon und ihre Stimme – für eine kleine Frau jedenfalls hart und stark – wird durch technischen Klang immer härter. Der Gesang, die E-Gitarre und das Schlagzeug sind so hart und so laut, verstärkt wie von ‚General Electric' oben auf der Kühlbox, dass manchmal die Stimme, die Worte und die Melodie sich unter bloßem Lärm verlieren und sie nur noch den Rhythmus klar durchlassen. Der Rhythmus erfüllt den 230 Club mit einem tiefen und düsteren Herzschlag, der alle modernen Verstärkungen außer Kraft setzt. Der Rhythmus ist so alt wie Memphis Minnies entferntester Vorfahr. (…) Memphis Minnies Füße in ihren hochhackigen Schuhen wippen mit der Musik ihrer E-Gitarre. Ihre dünnen Beine bewegen sich wie musikalische Kolben. (…) Sie ergreift das Mikrofon und schreit ‚Hey, now!' Dann schlägt sie wie zufällig ein paar tiefe Akkorde an, beugt sich ganz leicht vor über ihre Gitarre, neigt den Kopf und beginnt einen guten alten, gleichmäßigen Down-Home-Rhythmus auf den Saiten zu schlagen – ein Rhythmus, der so ansteckend ist, dass die Menge oft laut brüllt. Dann lächelt Minnie. Ihre goldenen Zähne blinken für den Bruchteil einer Sekunde. Ihre Ohrringe zittern. Ihre linke Hand mit dunkelroten Nägeln bewegt sich auf den Saiten des Gitarrenhalses auf und ab."

Hughes empfindet das Schreien der Saiten der elektrischen Gitarre als „Neger-Herzschlag", vermischt mit einer maschinell verstärkten musikalischen Version von Eisen und Stahl: „Negro heartbeats mixed with iron and steel."

In den 1950er Jahren verschlechtert sich Minnies Gesundheit. Auch das Interesse an ihrer Musik schwindet allmählich. Zurück in Memphis treten Minnie und Joe des Öfteren bei örtlichen Radiosendern auf, um junge Bluesmusiker zu ermutigen. 1958 spielt sie bei einem Gedenkkonzert für Bluesman Big Bill Broonzy. Nach einem Schlaganfall und dem Tod ihres Ehemannes geht es ihr finanziell schon so schlecht, dass sie von karger Sozialhilfe leben muss. Viele ihrer Fans unterstützen sie, darunter die britischen Country-Blues-Sängerin und Gitarristin Jo Ann Kelly und ihr Bruder, der Gitarrist Dave Kelly. In den 1960ern sammeln sie in Großbritannien Spenden für Minnie.

1973 verstirbt Minnie in einem Pflegeheim. 1996 wird für sie ein Grabstein mit finanzieller Unterstützung von Bluesfrau Bonnie Raitt gesetzt. An der Richtfeier nehmen 34 Familienmitglieder teil, darunter auch Minnies Nichte, die Rhythm & Blues-Sängerin LaVern Baker.

In ihrer langen Karriere schreibt Minnie über 200 Bluestitel. Darüber hinaus gibt es unzählige Songs, in denen sie andere mit ihrer Gitarre begleitet. Obwohl sie die Entwicklung des Chicago Blues im Norden stark mitgeprägt und einige Bluesstile ausprobiert hat, ist sie im Grunde immer eine Country-Blues Musikerin geblieben. Als vielseitige Berufsmusikerin finden sich jedoch auch einige Jazzstandards wie „How high the Moon" oder „Lady be good" in ihrem Repertoire. Ihre Themenpalette erstreckt sich über Gewalt, Kriminalität, Sexualität, und Hoodoo-Zauber, Gesundheit und Eisenbahnen, immer im Einklang mit dem afroamerikanischen Leben, das sie mit viel Phantasie und schwarzem Humor beschreibt. Maria Muldaur, Folk- und Blues-Sängerin, Verehrerin und Interpretin von Minnies Songs, konstatiert: „Sie ist eine echte Pionierin in der Entwicklung der amerikanischen Musik. Es ist verrückt, dass nicht mehr Leute etwas über sie wissen."

Eine große Sorge hat Ida Cox, die ihren geliebten Mann wiederhaben möchte. Sie kommt auf eine originelle Idee, denn sie hat den „Broadcasting Blues" (1928). Sie geht damit zur örtlichen Radiostation.

Ab 1920 entstehen Radiostationen, die gelegentlich auch Blues senden, überall in den USA. Ida hat eine große Bitte an den Moderator: „Mister Radio-Announcer, hören sie meine Bitte. Schalten Sie ihr Radio ein und finden Sie meinen Mann für mich. Ich denke, dass Sie ihn finden können, wie er eine einsame Straße entlang geht. Bitte rufen Sie ihn für mich. Mein Herz ist bewegt von dieser schweren Last. Rufen Sie jeden Bahnhof, jedes Schiff auf See an, denn ich werde die Welt dafür geben, um ihn zu mir zurück zu bringen. Ich bin überall hingegangen, so lange bis ich alle meine Schuhe abgenutzt hatte. Gib der Welt bekannt, dass ich den Broadcasting Blues habe!"

Mister Radio Announcer, please listen to my Plea 2x
Tune in on your Radio, and find my Man for me

I think you might find him, walking down some lonely Road 2x
Please call him for me, move my Heart this heavy Load

Call every Station, call every Ship at Sea 2x
'Cause I'll give the World, to get him back to me

I walked the Floor, till I worn out all my Shoes 2x
Announce to the World, I've got those Broadcasting Blues!

Eine Eigenheit des Blues ist, sofort nach Lösungen für persönliche Probleme zu suchen und meist auch zu finden. In vielen Bluestiteln ist dafür oft der Arzt ein

Ansprechpartner. Die Bluessongs mit Doktorgeschichten sind sehr beliebt, die auch gern mit Metaphern und Doppeldeutigkeiten spielen. Wie auch im folgenden Blues wird selten über eine verlorene Liebe nur geheult und geklagt, sondern es werden Auswege gesucht, auch extrem anmutende. Clara Smith erhofft sich vom Doktor Hilfe für ihre schwierige Situation. Sie bittet ihn inständig um ein Rezept, ein „Prescription for the Blues" (1924). Sie macht sich viele Sorgen, sie ist einsam in der Nacht, sie weiß nicht, was sie tun soll. Sie fragt den Doktor, ob er etwas hat, das sie beruhigen könnte. Sie sagt dem Doktor, warum ihr so elend zumute ist. Sie hatte eine Liebe, aber dann ging der Mann einfach weg. Sie war schon bei der Wahrsagerin, der Gipsy, und auch beim Hoodoo-Doktor. Beide haben gesagt, dass sie nichts für sie tun können. Deshalb braucht sie ein Rezept gegen diesen schlimmen Blues, diesen gemeinen alten Blues. Den ganzen Tag weint Clara wie ein kleines Baby. Der Doktor ist ihre letzte Hoffnung. Wenn der sie nicht heilen kann, ist sie sich sicher, sterben zu müssen. Ihre raffinierte Idee: der Doktor soll ihr ein Rezept gegen ihren tagtäglichen Blues ausstellen. Sie bittet den Doktor um Gift. Sie werde zuvor ein Papier unterschreiben, dass sie an einer Herzkrankheit gestorben sei.

All Day long I'm worried, all Night long I'm blue
I'm so awfully lonesome, I don't know what to do
So I ask you, Doctor, see if you can find something in your Sachet
To pacify my Mind. Doctor, Doctor
Write me a Prescription for the Blues, the weary Blues

Let me tell you, Doctor, why I'm in Misery
Once I had a Love, he went away from me
Been to see the Gypsy, Hoodoo Doctors too
Shook their Heads and told me, nothing they could do
Doctor, Doctor, write me a Prescription
For the Blues, the mean old Blues

Like a little Baby, all Day long I cry
And if you can't cure me, I'm just as sure to die
Give me something Poison, Doctor won't you please
Then I'll sign a Paper, died with the Heart Disease
Doctor, Doctor write me a Prescription
For the Blues, the plain old Blues

Blues in der lesbischen Szene
während der Harlem Renaissance

Die afroamerikanischen Kirchen lehnen männliche Homosexualität ab und be- kämpfen sie aktiv. Männer mit gleichgeschlechtlichen Beziehungen können in vie- len Staaten der USA leicht im Gefängnis enden. Für die weibliche Homosexualität gilt das jedoch nicht. Die weiße Mehrheitsgesellschaft ignoriert und tabuisiert die- ses Thema fast vollständig. Darüber spricht man nicht. Nicht so im Blues. Sowieso sind in der afroamerikanischen Community schwule Männer und lesbische Frauen keine besonderen Aufreger. In den wenigen Bluestexten von Männern, die es zu diesem Thema gibt, werden die lesbischen Frauen nicht bewertet oder verurteilt. Die Einstellung des Blues dazu: Es ist, wie es ist. Das Theater und die Clubs dienen lesbischen Musikerinnen als Zufluchtsorte, in denen sie sich freier aufhalten und ihre Homosexualität musikalisch ausdrücken können. Die sichersten Möglichkei- ten für Treffen von lesbischen Frauen und homosexuellen Männern sind die priva- ten House Partys. Hier können Frauen untereinander hilfreiche heimliche Netz- werke aufbauen.

Im Zuge der „Harlem Renaissance" der 1920er blüht in New York City das etwas öffentlichere lesbische Leben im Unterhaltungsbusiness. Dieser sogenannte Dschungel in Harlem zieht viele neugierige weiße Touristen an, die im Vergnü- gungsviertel etwas erleben wollen und auch gerne mal der gefährlichen „Teufels- musik", dem Blues, lauschen möchten. Clubs nur für Weiße engagieren daher gerne afroamerikanische Entertainerinnen für exzellenten Jazz und Blues. Sie ver- helfen so der Blueskultur zu einem hohen Bekanntheitsgrad. Unter den vielen Kabaretts, Tanzlokalen und Jazzclubs (Clubs mit der Bezeichnung Blues im Namen gibt es zu dieser Zeit noch nicht) befindet sich beispielsweise auch das sogenannte „Gladys' Clam House", in dem Gladys Bentley (1907– 1960) residiert. Das Clam House, das seine Bekanntheit durch Gladys Auftritte und ihrem Image als „Bulldyker" (ein Begriff, der zu dieser Zeit für Frauen oder Lesben in Männerkleidung verwen- det wird) erlangt, zieht lesbisches, schwules und auch weißes Publikum an, das Lesben und Transgender-Darstellerinnen erleben möchte. Gladys ist während der Harlem Renaissance als Bluessängerin und -pianistin, als Crossdresser-Darstellerin und Songschreiberin tätig.

Sie ist eine offen lesbische Sängerin, die sich oft für ihre Auftritte männlich kleidet, gerne im weißen Smoking mit weißem Zylinder. In den 1920ern konzer- tiert sie in schwulenfreundlichen Clubs in New York City und Chicago, auf der Bühne oft vor einer Reihe „Drag Queens". Gladys spielt Piano, singt dazu ihre anrüchigen Texte und flirtet gern mit Frauen im Publikum. In den 1950er Jahren zwingt das konservativere soziale Klima sie dazu, ihre Offenheit aufzugeben. Sie behauptet nun, ihre Sexualität durch eine Reihe medizinischer Behandlungen ge- heilt zu haben.

1952 erscheint der von ihr geschriebene Song „Juneteenth Jamboree" unter dem Mädchennamen ihrer Mutter. Der „Juneteenth", ist ein Kürzel für den 19. Juni 1865, dem „Tag der Freiheit" für alle Sklaven. Dieser Tag wird seitdem in der afroamerikanischen Community gefeiert und ist erst 2021 zum amerikanischen Bundesfeiertag erklärt worden. Gladys beschreibt in dem Blues, was auf diesen quirligen Festen für die ganze Community los ist und macht die Teilnahme schmackhaft:

If you really plan a Plate, please set aside a Date
Grab you Duds and come with me to the Juneteenth Jamboree

Man, they really pitch a Ball. Lot of Wigs, Jive and all
Everything is strictly free at the Juneteenth Jamboree

There's no shirking, no-one's working, everybody's stopped
Gums are chompin', Corks are poppin', doing the Texas Hop

If you really wanna spree, Chicks galore I guarantee
Grab you Duds and come with me to the Juneteenth Jamboree

Dressed to kill from Head to Feet, Baskets full of Food to eat
You can't get this on your TV, the Juneteenth Jamboree

Wenn du ein Essen planst, merke dir den Termin vor. Schnapp dir deine Klamotten und komm mit zur „Juneteenth Jamboree". Mann, sie schmeißen eine Tanzparty. Sind eine Menge Frauen mit schicken Perücken da. (Die Frauen tragen besonders bei großen Festlichkeiten gerne Perücken mit glatten Haaren.) Es wird viel gequatscht und, und, und. Alles kostet nichts. Man kann sich davor nicht drücken, niemand arbeitet mehr. Alle haben aufgehört. Kaugummis kauen, Korken knallen lassen, den Texas-Hop machen! Wenn du wirklich Spaß haben willst, dort sind „Chicks", junge Mädchen, in Hülle und Fülle. Das garantiere ich dir! Schnapp dir deine Klamotten und komm mit mir zur „Juneteenth Jamboree". Von oben bis unten todschick gekleidet! Körbe voller Sachen zum Essen! Das bekommst du nicht in deinem Fernseher: Die „Juneteenth Jamboree".

Den Blues „Prove it on me" von 1928 singt Ma Rainey ohne Absicherung, ohne in irgendwelche Metaphern verpackt zu sein. Es sind explizite Hinweise auf ihre sexuelle Orientierung darin enthalten. In ihrer Begleitcombo sind ein Banjo und ein Jug dabei, ein Krug zum Hineinblasen für die tiefen Töne.

Ma ist letzte Nacht ausgegangen, hatte ziemlich Stress mit Jemandem und alles schien schief zu gehen. Sie ist überrascht, weil das Mädchen, mit dem sie zusammen dort war, verschwunden ist. Wohin, weiß Ma nicht. Eigentlich wollte sie ihm überall hin folgen. Die Leute sagen ihr, dass das illegal sei. Ma meint, sie wisse nicht, wie sie das annehmen konnten, aber die ganze Welt soll es wissen. Alle sagen, dass ich's tue. Bisher hat mich noch niemand erwischt. Das müssten sie ihr erst einmal beweisen. Gestern Nacht war Ma mit einer Menge Freunden aus. Das müssen lauter Frauen gewesen sein, denn Männer mag sie nicht. „Es ist wahr, dass ich einen Kragen und eine Krawatte trage, die im Winde weht. Sagtest du nicht, dass ich es tue? Aber niemand hat mich erwischt," betont Ma. Sie trägt ihre Kleidung wie ein Liebhaber und spricht (gemeint ist wohl, dass „Ma flirtet") mit den Mädels genauso wie jeder ältere Mann:

Went out last Night, had a great big Fight.
Everything seemed to go on wrong.
I looked up, to my Surprise, the Gal I was with was gone.
Where she went, I don't know.
I mean to follow everywhere she goes.
Folks say I'm crooked. I didn't know where she took it.
I want the whole World to know.

They say I do it, ain't nobody caught me.
Sure got to prove it on me.
Went out last Night with a Crowd of my Friends.
They must've been Women, 'cause I don't like no Men.
It's true I wear a Collar and a Tie
Makes the Wind blow all the While.
Don't you say I do it, ain't nobody caught me.
You sure got to prove it on me

Say I do it, ain't nobody caught me.
Sure got to prove it on me.
I went out last Night with a Crowd of my Friends.
It must've been Women, 'cause I don't like no Men.
Wear my Clothes just like a Fan.
Talk to the Gals just like any old Man.
Say I do it, ain't nobody caught me.
Sure got to prove it on me.

Doch Vorsicht ist geboten, denn Konflikte mit der weißen Gesellschaft möchte niemand riskieren. Und solange nichts bewiesen ist …

1935 schreibt Lucille Bogan den „B.D.Woman's Blues", den sie unter ihrem Künstlernamen Bessie Jackson einspielt. Darin heißt es: Es wird eine Zeit kommen, wo lesbische Frauen keinen Mann mehr brauchen.* Wie man mit uns umgeht, ist eine Sünde. Lesbische Frauen kannst du sicher nicht verstehen. Sie haben einen Kopf wie ein süßer Engel und geben sich so selbstbewusst wie ein Mann. Lesbische Frauen haben alles nach einem bestimmten Konzept gelernt. Sie können auch Reden führen wie ein Mann es tun würde. Lesbische Frauen, wie du weißt, sind hart drauf. Sie trinken eine Menge Whisky und ziehen ihr Ding durch. Lesbische Frauen, wie du weißt, arbeiten und machen ihr Geld. Und wenn sie dafür bereit sind, es auszugeben, wissen sie nicht, wohin sie gehen sollen.

Comin' a Time, B.D. Women* ain't gonna need no Men 2x
Oh, Way they treat us is a low-down and dirty Sin

B.D. Women, you sure can't understand 2x
They got a Head like a sweet Angel
and they walk just like a natural Man

B.D. Women, they all done learnt their Plan 2x
They can lay their Jive just like a natural Man

B.D. Women, B.D. Women, you know they sure is rough 2x
They all drink up plenty Whiskey and they sure will strut their Stuff

B.D. Women, you know they work and make their Dough 2x
And when they get ready to spend it, they are not ready to go.

*B.D. = Bull Dyker, eine lesbische Frau. *Gemeint ist ein Mann zur Tarnung.

Hier in Harlem haben die BluesmusikerInnen und ihr Publikum freie Bahn, ein von der kulturellen Norm abweichendes Verhalten zu leben. Sie befinden sich in einer Umgebung, in der ihre Sexualität manchmal zur Schau gestellt werden kann, manchmal aber auch verborgen bleiben muss. In diesem Rahmen spiegelt der Blues eine Kultur wieder, der die Sexualität, einschließlich homosexueller Verhaltensweisen und Identitäten, als einen natürlichen Teil des Lebens akzeptiert. Eher selten finden sich in weiblichen und männlichen Bluestexten Beispiele dafür. Eines davon ist der humorvolle „Sissy Blues" (1926), den der Komponist und Musiker Thomas Dorsey für Ma Rainey geschrieben hat. Thomas Dorsey macht in den frühen 1920er Jahren eine Karriere im Bluesgenre, wendet sich dann aber der Gospelmusik zu und wird ein bekannter Komponist in dieser Musikrichtung. In diesem Blues geht es um die männliche Homosexualität, in dem die sexuelle Orientierung weder beurteilt noch verurteilt wird. Allenfalls hat allein die arme Ma einen Grund, sich zu beklagen, weil sie von ihrem untreuen Mann verlassen worden ist. Ma will nicht mehr nach Hause, denn sie wacht am Morgen auf und findet ihren Mann, der eine „Tunte" (Sissy Man) im Arm hat. Er heißt Miss Kate und schüttelt sein „Ding" wie Gelee auf einem Teller. Mas Mann findet, dass die Sissy eine gute „Jelly Roll" hat. Alle Leute fragen Ma, warum sie jetzt ganz allein sei. Ma gibt bereitwillig Auskunft, dass die Sissy ihr Ding geschüttelt und ihr ihren Mann weggenommen hat. Merkwürdig ist nur, dass uns Ma dies alles erzählt und wir fragen uns, warum sie nach jedem Refrain ungeduldig darauf wartet, von der Telefonvermittlung mit einer bestimmten Nummer verbunden zu werden.

I came in last Night I'm going home tonight, I won't no more
„Hello, Central, it's 'bout to run me wild.
Can I get that Number, or will I have to wait a while?"

I dreamed last Night I was far from Harm
Woke up and found my Man in a Sissy's Arm
„Hello, Central, it's 'bout to run me wild. ..."

Some are young, some are old
My Man says Sissies got good Jelly Roll
„Hello, Central, it's 'bout to run me wild. ..."

My Man got a Sissy, his Name is Miss Kate
He shook that Thing like Jelly on a Plate
„Hello, Central, it's'bout to run me wild. ..."

Now all the People ask me why I'm all alone
A Sissy Shook that Thing and took my Man from me
„Hello, Central, it's 'bout to run me wild. ..."

Sexualität und der „Dirty Blues"

Das erste Mal in der Geschichte dürfen ehemalige Sklaven ab dem Tag der Erringung der Freiheit (Emancipation Day) am „Juneteenth" (19.6.1865) frei über ihre Partnerschaften entscheiden. Das wird in den während der Sklaverei entstandenen musikalischen Formen deutlich, in denen von individuellem privaten Sex und Liebe noch keine Rede ist. Dies kann sich erst zu dem Zeitpunkt entwickeln, als freie Entscheidungen möglich sind, die während der Sklaverei undenkbar waren. In diesem Kontext kann die religiöse und die weltliche Musik kein Ausdruck individueller Wünsche und Erfahrungen sein, sondern nur eine Musik, die vorrangig mit dem Streben nach kollektiver Freiheit verbunden ist.

Anders als unter den politischen und ökonomischen Verhältnissen, an denen sich in den Jahrzehnten nach der Sklaverei kaum etwas ändert, ist im kulturellen und sozialen Bereich eine selbstbestimmte Lebensführung möglich, sei sie auch in

den Augen bestimmter gesellschaftlicher Gruppen noch so unmoralisch. Die vielfältigen Unterdrückungsmechanismen und Drangsalierungen der afroamerikanischen Frauen durch Männer und Frauen der dominanten weißen Kultur existieren
auch nach der Sklaverei fort. Sie werden nun als billige Arbeitskräfte in weißen
Haushalten und Fabriken des Nordens oder als Landarbeiterinnen auf den Baumwollfeldern im Süden eingesetzt. Zudem bleiben Frauen ausbeutbare Sexualobjekte.
Für die ehemals gänzlich rechtlosen Frauen bedeutet die individuelle Freiheit nicht
nur, der sexuellen Ausbeutung ein Ende setzen zu können und das Recht auf freie
Partnerwahl zu praktizieren. Nun können sie ihrem eigenen sexuellen Begehren
nachgehen, wann, wo und wie auch immer sie wollen. Der Blues reflektiert konkret das alltägliche Leben und hilft dabei, ein neues afroamerikanisches Bewusstsein
im Rahmen der Rassentrennung und der Rassendiskriminierung zu schaffen. Eines
seiner zentralen Themen ist die Sexualität. Auch für die Bluesfrauen ist das ein
wichtiges Thema, das viel Beachtung von ihnen und ihrem Publikum erfährt. Das
spiegelt sich in den Texten des besonders beliebten „Dirty Blues" oder „Risqué
Blues" der 1920er bis in die 1940er Jahre wieder. Das Thema wird von den
Bluesfrauen und -männern aufgegriffen und in originelle Metaphern verpackt und
mehr oder weniger offen musikalisch dargeboten. Jeder in der Community versteht, worum es geht. Als der R&B in den 1950ern in die Sphäre der weißen
Musik eintritt, ist damit Schluss. Erst die weißen Rock- und Bluesrockbands ab den
1960ern nehmen dieses Thema wieder deutlicher in ihre Textproduktion auf.

Für die verschiedenen afroamerikanischen christlichen Kirchen ist der Blues eine
„Teufelsmusik". Sie sind männerdominierte Institutionen, die allgemein die Sexualität, vor allem die der Frauen, vehement ablehnen und als unbedingt zu verteufeln
ansehen. Es herrscht der christliche Dualismus vor, der postuliert: der „Geist" ist
gut, der „Körper" ist nicht einfach nur schwach, sondern schlecht. Diese Angst vor
Sexualität erhält eine neue Bedeutung, wenn man bedenkt, dass die Freiheit, Sexual-
partner zu wählen, eine der stärksten Unterschiede zwischen der Sklaverei und der
Befreiung ist. Die musikalische Bestätigung einer autonomen Sexualität ist bis in
die 1940er Jahre ein bestimmendes Merkmal im weiblichen Blues. Erstmals äußern sich die Bluesfrauen von der Bühne herunter öffentlich zum komplexen weiblichen Verlangen nach Sex. Sie stellen klare Forderungen an die von ihnen gewählten Männer. Sex muss nicht an Liebe gekoppelt sein, was für weiße Frauen durchaus gilt. Die Bluesfrauen formulieren offen ihren Anspruch auf Sex, der erst wieder
in den 1970er Jahren des 20. Jahrhunderts in ähnlicher Weise von Frauen erho-
ben wird. Aber nicht nur von den afroamerikanischen Kirchen ernten der Blues
und die Bluesfrauen Widerspruch, sondern auch von Frauenorganisationen der
kleinen afroamerikanischen bürgerlich orientierten Mittelschicht. Die „National
Association of Coloured Women", eine Organisation von Frauen aus eben dieser
Mittelschicht, gegründet 1896, hat sich mit ihrem Motto „Lifting as We Climb"
(Anheben/Verbessern, während wir hinaufklettern) zum einen zur Aufgabe ge-

macht, ihren bürgerlichen Frauen zu vermitteln, inwieweit die rassistischen Wahrnehmungen der dominanten Kultur der Weißen sie mit den am wenigsten gebildeten, verarmten und aus ihrer Sicht unmoralischen Frauen in Zusammenhang bringt. Zum anderen hat diese Organisation das Ziel, ihre armen Schwestern dazu anzuhalten, ihren Mittelschichtswerten nachzueifern. Sie möchten ihren „guten Namen" gegen die von der weißen Gesellschaft vorgebrachten und rassistisch konnotierten Angriffe wegen angeblicher Unmoral, Sittenlosigkeit und sexueller Freizügigkeit der „coloured" Frauen verteidigen. Doch die Frauen der ärmeren Schichten wollen von ihnen nicht „gerettet" werden. Es ist eine Tatsache, dass genau diese sexuelle Freiheit für die Frauen der Arbeiterklasse eine erstmals mögliche Emanzipation von den Zumutungen ist, die für sie während der Sklaverei üblich waren. Denn damals besteht weder für Frauen noch für Männer die Freiheit, eine individuelle Entscheidung zur Gründung einer Familie, geschweige denn zur Partnerwahl treffen zu können. Von einem Recht auf autonome Sexualität ganz zu schweigen.

Kein Problem haben die Bluesfrauen damit, sich in ihren Songs offen sexuelle Beziehungen zu Männern (und in geringem Maße zu Frauen) zu wünschen, sie gar zu fordern und auch wieder kurzerhand abzubrechen. Das offene Sprechen, das heißt das Texten von Songs über Sexualität, ist eine besondere Qualität des Blues und in den 1920er und 1930er Jahren in der weißen amerikanischen Gesellschaft noch nicht üblich. Das muss noch bis in die 1960er und 1970er Jahre warten.

Besonders die Bluesfrauen betonen ihre privaten Liebesbeziehungen und schildern in ihren Bluessongs aus ihrer Perspektive, wie sie mit ihrer Sexualität umgehen. Entgegen bürgerlichen Vorstellungen sind Heirat und Hausfrauendasein für sie, zumindest in der Phase ihrer musikalischen Karriere, schwierig zu leben. Viele von ihnen heiraten zwar sehr jung, lassen sich aber oft aus beruflichen oder privaten Gründen auch schnell wieder scheiden. Über eine eventuelle zukünftige Mutterschaft ist in den Texten der Frauen fast nichts zu finden. Die eigene Mutter jedoch symbolisiert in ihren Texten oft das Gefühl des eigentlichen Zuhauses im Süden.

Mutig wagen es die ersten Bluesdiven in den 1920er Jahren, die „Teufelsmusik" in größerem Maßstab als je zuvor auf ihren Tourneen in den Zeltshows und über die Schallplatte das Thema Sexualität anzusprechen und es zur Freude ihres Publikums zu besingen. Die weißen Sängerinnen der „Sweet Music" können wahre Gefühle, freizügige Gedanken, unerlaubte Wünsche mit sexuellen Konnotationen nicht einmal unter Doppeldeutigkeiten und Anspielungen versteckt öffentlich vortragen. Schon gar nicht dürfen sie realistische Analysen ihrer vorherbestimmten Positionierung als ungleiche weibliche Menschen in der weißen Gesellschaft in ihren Songs unterbringen. Das sind absolute Tabuthemen. Es geht in der leichten Muse um die Wahrung der bürgerlichen Moral der weißen Frauen, die sich dem Manne (und der Musikindustrie) untergeordnet haben. Weder die weißen Sängerinnen noch die Sänger können zu diesem Zeitpunkt in der weißen bürgerlichen Gesellschaft mit unerwünschten Themen aufwarten.

Speziell der „Dirty Blues", auch „Hokum Blues" genannt, der Bluesfrauen und Bluesmänner befasst sich mit sozial tabuisierten und oft ziemlich unverblümten obszönen Textaussagen, in denen öffentlich sexuelle Handlungen drastisch besungen werden.

Diese Stilrichtung benutzt gerne verschleiernde Worte und Begriffe, um soziale Tabuthemen, wie Sex eines ist, zu verharmlosen und nicht völlig mit Konventionen zu brechen. Dem Erfindungsreichtum von Euphemismen und Metaphern sind im Blues keine Grenzen gesetzt. Diese Art von Blues ist aber eher in den Jukeboxen als im Radio zu hören. Bis in die 1940er Jahre sind diese Bluessongs mit ihren vulgären, aber auch komischen Texten ein äußerst beliebtes Genre. Nicht nur die Bluesmen, auch viele Bluessängerinnen haben einige von diesen Stücken im Repertoire, andere wiederum haben sich sogar auf den „Dirty Blues" spezialisiert wie Lucille Bogan, Mary Dixon und Julia Lee.

Die Bluessängerin Lil Johnson ist ebenfalls für ihre schlüpfrigen Texte bekannt. Sie singt 1936 den Blues „Press my Button (Ring my Bell)": Mit ihrem Mann, der von sich glaubt, dass er der Wahnsinnsmann sei, funktioniert alles nicht so richtig. Lil will „Spaß" haben und erklärt ihm wie er mit seinem „Hot Dog" vorgehen soll. Er hat zwar den richtigen Schlüssel, findet aber das Schlüsselloch nicht. Was ist los? Lil rät ihm zu versuchen, seine Zündkerze einzuklemmen! Aber nichts passiert. Schlussendlich soll irgendein netter Daddy ihre Bitte hören und ihr das besagte Ding bringen:

> *My Man thought he was raising Sam.*
> *I said, give it to me Baby, you don't understand*
> *Where to put that Thing, where to put that Thing,*
> *Just press my Button, give my Bell a Ring!*

> *Come on, Baby, let's have some Fun,*
> *Just put your Hot Dog in my Bun,*
> *And I'll have that Thing, that Thing-a-ling,*
> *Just press my Button, give my Bell a Ring.*

> *My Man's out there in the Rain and cold,*
> *He's got the right Key, but just can't find the Hole.*
> *He says: Where's that Thing? That Thing-a-ling?*
> *I been pressin' your Button, and your Bell won't ring!*

> Spoken:
> *Beat it out, Boy! Come on and oil my Button! Kinda rusty!*

Now, tell me Daddy, what it's all about,
Tryin' to pinch your Sparkplug and it's all worn out,
I can't use that Thing, That Thing-a-ling,
I been pressin' your Button, and your Bell won't ring!

Hear my Baby, all out of Breath,
Been working all Night and ain't done nothing yet.
What's wrong with that Thing? that Thing-a-ling,
I been pressin' your Button, and your Bell won't ring.

Hear me, Baby, on my bended Knee,
I want some kind Daddy just to hear my Plea,
And bring me that Thing, that Thing-a-ling,
Just press my Button, give my Bell a Ring.

Lil Johnson ist eine Bluessängerin, die sich hauptsächlich in den 1930ern auf den „Dirty Blues", den anzüglichen Blues spezialisiert. In Chicago spielt sie 1925 fünf Titel ein, darunter „Rock that Thing", danach erst wieder ab 1935. Bei dieser Aufnahmesession wird deutlich, dass sich Lil voll und ganz dem pikanten „Risqué Blues" zugewendet hat. Ihre Songs sind grundsätzlich komödiantisch angelegt und mit sexuellen Anspielungen gespickt. Sie nimmt für Vocalion Records über 40 Titel auf, etwa „Sam the Hot Dog Man". Auf einigen dieser Songs wird sie von Big Bill Broonzy, dem Sänger, Gitarristen und Komponisten des Country Blues begleitet. Viele ihrer Songs tauchen Jahrzehnte später in diversen wieder aufgelegten Blues-Anthologien auf. Von ihrem Lebenslauf und ihrer musikalischen Karriere ist trotzdem so gut wie nichts bekannt.

Bluesfrauen wie Alberta Hunter und Lizzie Miles, haben bei ihren Aufenthalten in Paris gelernt, Titel mit schlüpfrigen Texten raffiniert mit einer vorgetäuschten Naivität zu präsentieren. Andere wiederum wie Ma Rainey und auch Lucille Bogan pflegen einen eher rohen und unverbrämten Stil des „Dirty Blues". Oft verstecken die Bluesfrauen ihre „unmoralischen" Anliegen in doppeldeutigen Metaphern, die ihrem Publikum aber keineswegs Verständnisprobleme bereiten. Der Blues und seine Vorläufer haben schon in der Zeit der Sklaverei mit zweideutigen Metaphern gearbeitet, damit die Weißen sie möglichst nicht verstehen. Sogar im religiösen Spiritual/Gospel ist die Technik der Metapher zu finden. Hier wird nicht nur der Wunsch nach Freiheit postuliert, sondern konkret zur Flucht in den Norden aufgerufen, etwa in den Gospeltexten von „Wade in the Water" oder „Go down, Moses". In zahlreichen Bluestiteln – nicht nur in denen von Frauen – stehen sexuelle Wünsche im Mittelpunkt. In den Songs der Bluesfrauen gibt es anzügliche und unverblümte Bemerkungen und Ansichten über die Liebeskünste ihres jeweiligen Geliebten. Eine wichtige Rolle spielen die Bezeichnungen der weiblichen und männlichen Geschlechtsteile. Sie sind nicht nur im weiblichen Bereich oft in Lebensmittelnamen eingekleidet wie Honig, Kohl (Cabbage), Nüsse, Brot und Brötchen (Bread und Bun = Vagina), im männlichen zumeist der selbstgebackenen Jelly Rolls (eigentlich eine Bisquitrolle mit einer Spirale aus Marmelade darin), Hot Dogs und Bananen. Der Phantasie sind keine Grenzen gesetzt. Auch die Posaune, Autos wie der Rolls Royce, der Packard, der Ford V8 oder Tiere wie schwarze Schlangen, Katzen, eine stechende Hummel, ein Pferd im Stall oder auch der Pudelhund verdecken das eigentlich Gemeinte. In einer Zeit, als weiße Frauen es nicht einmal im Traum wagen dürfen, sexuelle Gedanken zu hegen, verlangt Bessie Smith von ihrem „Papa" sehr direkt die Erfüllung ihres Wunsches nach Sex. In ihrem Blues „I Want a Little Sugar in My Bowl" von 1931 möchte sie von ihm ein bisschen „Zucker" für ihre Schale. Romantische Liebesschwüre sind dabei im Blues weder von Frauen noch von Männern erforderlich:

> *I need a little Sugar in my Bowl.*
> *I need a little Hot Dog on my Roll*
> *I can stand a Bit of Lovin', oh so bad*
> *I feel so funny, I feel so sad*
>
> *I need a little Steamheat on my Floor*
> *Maybe I can fix Things up, so they'll go*
> *What's the Matter, Hard Papa*
> *Come on and save your Mama's Soul*
> *'Cause I need a little Sugar, in my Bowl.*
> *Doggone it! I need a some Sugar in my Bowl*
>
> *I need a little Sugar in my Bowl*
> *I need a little Hot Dog between my Rolls*
> *You gettin' different, I've been told*
> *Move your Finger, drop something in my Bowl*
>
> *I need a little Steamheat on my Floor*
> *Maybe I can fix Things up, so they'll go*
> *Get off your Knees, I can't see what you're drivin' at*
> *It's dark down there looks like a Snake!*
> *C'mon here and drop somethin' here in my Bowl*
> *Stop your foolin' and drop somethin' in my Bowl*

Die Jazz- und Bluessängerin und -pianistin Nina Simone interpretiert 1967 diesen Blues mit einem entschärften Text. Sie behält die sexuellen Anspielungen zwar bei, verpackt sie aber in harmlosere Worte.

Das Bluesduett „Pussy Cat! Pussy Cat!" ist in den 1930ern einer der beliebten doppeldeutigen „Dirty Blues". Interessant an diesem Text ist, dass zur Verschleierung des Gemeinten das Miauen einer Katze eingesetzt wird. Er ist 1930 in New York City unter dem Pseudonym Hannah May aufgenommen worden (wahrscheinlich ist das die klassische Bluessängerin Mozelle Alderson). Darüber hinaus ist nichts über die beiden Interpreten dieses Songs bekannt.

Hannah erlaubt ihm mit ihrer „Pussikatze" zu spielen, aber er soll sie nicht hetzen. Miau! Miau! Wenn er sie jedoch misshandeln würde, wäre die Katze schnell weg. Miau! Er fragt, wo die „Pussy Cat" so lange gewesen ist. Die Maus war hier, hat ihre Sachen gepackt und ist gegangen. Hannah antwortet nicht darauf, sondern erklärt, dass sie, wenn sie wieder nüchtern ist, sich wieder betrinken will, und wenn sie keinen Alkohol bekommt, trinkt sie eben den guten „Garden Gin". Er will das auch! Auch will er wissen warum „Pussy Cat" nicht zuhause bleibt, den ganzen Tag über schläft und nachts herumstreunt. Hannah wechselt das Thema. Sie rät allen Leuten, ihre Katze nicht wegzugeben, denn wenn Ratten über dich herfallen, brauchst du eines Tages deine „Pussikatze" noch:

Sie: *You can play with my Pussy but please don't dog it around.*
Meow! Meow! You can play with my Pussy but please don't dog it around.
Meow! If you going to mistreat it, no Pussy will be found. Meow!
Er: *Pussy Cat! Pussy Cat! Where have you been so long? Meow!*
Pussy Cat! Pussy Cat! Where have you been so long? Meow!
Lord! The Mouse done been here. Meow!
Packed his Grip and gone. Meow!
Sie: *Soon as I get sober going to get drunk again. Meow!*
Soon as I get sober going to get drunk again.
Er: *Do it here!*
Sie: *If I can't get no Liquor drink that good Garden Gin.*
Er: *Me too!*
Er: *Pussy Cat! Pussy Cat! Meow! Why don't you stay at Home? Meow!*
Pussy Cat! Pussy Cat! Meow! Why don't you stay at Home? Meow!
You sleep all Day. Meow! Run up the Alley all Night long*. Meow!
Sie: *If you got a good Pussy, Folks, don't give it away. Meow!*
If you got a good Pussy, Folks, don't give it away. Meow!
The Rats may overtake you. Need your Pussy Cat some Day. Meow!

*Alley Cats = Streunende Katzen. Hier sind die Prostituierten gemeint, die nachts auf den Straßen flanieren.

„My Handy Man" ist ein „Dirty Blues", den Ethel Waters 1928 als erste Bluessängerin aufgenommen hat. Über die Jahrzehnte haben ihn viele Blues- und Jazzsängerinnen gesungen. Ethel hat eine sehr hohe Meinung von ihrem Mann und preist ihn über alle Maßen. Er ist ein Alleskönner und eine sehr geschickte Hilfe bei der Küchenarbeit, im Pferdestall und im Garten. Ein guter Mann ist schwer zu finden? Doch nicht für Ethel. Sie hat einen guten Mann gefunden, den Besten. Und sie lobt die einzigartigen Qualitäten ihres fleißigen Lovers über alles. Er hat ein enormes Arbeitspensum. Für sie? An ihr? Mit ihr? Oder wie? Jedenfalls ist er ein wundervoller brauchbarer Mann! Er kann einfach alles! Er ist geschickt im Haushalt beim Ausschmieren der Bratpfanne, beim Butter machen und ihr Fleisch zu bearbeiten. Er fädelt ihr den Faden ins Nadelöhr ein. Ihren Ofen heizt er an und fährt in wieder herunter, wenn es zu heiß wird. Er wischt sogar den Tisch ab. Er füttert die Pferde in ihrem Stall und schon vor Sonnenaufgang bearbeitet er die rauen Ecken ihrer Wiese.

Ethel: „Er ist ein wundervoller brauchbarer Mann! Wenn ihr nur sehen könntet, wie er sich mit meinem Vorgarten beschäftigt!" Aus diesen zahlreichen Gründen kann Ethel ihren Mann nur loben:

Whoever said a good Man was hard to find,
Positively, absolutely sure was blind;
I found the best that ever was.
Here's just some of the Things he does:

He shakes my Ashes, greases my Griddle
Churns my Butter, strokes my Fiddle.
My Man is such a Handy Man!
He threads my Needle, creams my Wheat*,
Heats my Heater, chops my Meat*.
My Man is such a Handy Man!

Don't care if you believe or not,
He sure is good to have around.
Why when my Furnace gets too hot,
He's right there to turn my Damper down!

For everything he's got a Scheme.
You ought to see his new Starter
That he uses on my Machine.
My Man is such a Handy Man!

He flaps my Flapjacks*, cleans off the Table.
He feeds the Horses in my Stable.
My Man is such a Handy Man!
He's God's Gift!

Sometimes he's up long before Dawn,
Busy trimming the rough Edges off my Lawn.
Oooh, you can't get away from it!
He's such a Handy Man!

Never has a single Thing to say,
While he's working hard;
I wish that you could see the Way
He handles my Front Yard!

My Ice don't get a Chance to melt away,
He sees that I get that old fresh Piece every Day
Lord, that Man sure is such a Handy Man!

*Cream of Wheat = eigentlich Weizen, der für Weizenbrei aufquellen muss. *Chops my Meat = Sex haben. *Flapjacks = Pfannkuchen.

Alberta Hunter ist bei ihrem bemerkenswerten Comeback 83 Jahre alt, als sie „My Handy Man" aufnimmt. Dieser Titel ist 1980 auf ihrem Album „Amtrak Blues" erschienen. Bei ihren Konzerten, von denen eines auch vom Fernsehen aufgenommen wird, ist zu sehen, mit wie viel schelmischem Lächeln und feurigem Pep sie diesen Song präsentiert. Alberta: „Oh my, such a great Song. It's from 1928. I think."

In der Küche von Lil Johnson spielt sich so Einiges ab und sie stellt klar: „My Stove's in good Condition" (Mein Herd ist in einem guten Zustand, 1936). In diesem Blues begleiten sie wahrscheinlich die Chicagoer Bluespianistin Myrtle Jenkins am Piano und der Country-Gitarrist Big Bill Broonzy; der Bassist ist unbekannt. Lil beschreibt ihre „Kücheneinrichtung" und bestimmt, wie ihr Daddy sich in ihrer „Küche" zu verhalten hat:

„Ich habe einen Herd in meiner Küche, der schön braun backt. Ich brauche nur einen guten Daddy, der mir meine Hitze reduziert. Mein Herd funktioniert automatisch und man muss weder Holz noch Kohle verbrennen. Baby, gerade habe ich dein Streichholz ausprobiert und habe es direkt ins Loch gesteckt und ja, ja, mein Herd ist gereinigt. Ich halte ihn immer in einem guten Zustand. Du weißt, wovon ich rede. Mmmmm – Mein Topf kocht auf kleiner Flamme. Wenn du ihn nicht munter spritzig halten kannst, Baby, dann schwöre ich dir, dass du gehen musst. Ich will keine Holzkohle, wenn du meine Kekse nicht schön braun backen kannst. Wenn mein Holz zu heiß wird, schwöre ich dir, dass du meine Hitze reduzieren musst."

I've got a Range in my Kitchen, sho' bakes nice and brown 2x
All I need is some good Daddy, who turns my Damper down

And my Stove is automatic, you don't have to burn Wood or Coal 2x
I just tried your Match, Baby, and stick right in the Hole

And it's yes, yes, Baby, my Stove is all cleaned out 2x
I always keep it in good Condition, you know what I'm talkin' about

Mmmmm... My Pot is boiling low 2x
If you can't keep it percolatin', Baby, I swear you'll have to go

I don't want no Charcoal, if you can't bake my Biscuits brown 2x
When my Wood gets too hot,
I swear you'll have to turn my Damper down

Mary Dixon ist eine der Bluessängerinnen, die den „Dirty Blues" singt. Sie ist nicht wählerisch, wenn es um Männer geht. Sie nimmt sie alle, denn sie ist eine „All around Mama" (1929). Ihr Song beginnt mit einer Art von knurrendem (growling) Scat-Gesang, eine Gesangsstilistik, die später im Blues oft angewendet wird. Mary erzählt:
„Ich habe Männer aller Größen gehabt, hatte Große und Schlanke, hatte Kurze und Schlaffe." Sie ist eben eine universale Mama mit universalem Verstand! Einmal hatte sie einen großen dicken Mann, den sie aber verlässt, weil er zu nahe neben ihr geschlafen hat. Dann traf sie einen Jockey, der es drauf hat und immer bereit ist. Das ist der Grund, warum er so gut „reiten" konnte. Mary hatte auch einen Jungen, jung und zärtlich, der sie gut behandelt hat, aber Mary hatte nur das „eine Ding" im Kopf. In einer Ginkneipe (Gin Mill) traf sie einen Mann mit dem sie schnell viel Gin getrunken hat und der sie zu sich nach Hause gebracht hat. Sie kann sich nur noch daran erinnern „Oh, mein Yas!"* gesagt zu haben. Sie traf einen Diener. Als er anfing zu sprechen, rannte sie sofort weg, denn für eine Frau war er zu männlich und zu mädchenhaft für einen Mann. Sie sah einen guten alten „Sweetbag"*, der sie gleich wissen lässt, dass er keine Liebe macht, außer er würde „Dough" (Geld) dafür bekommen. In Georgia hat sie einen Mann getroffen, der sie haben wollte. Er mochte ihre Füße und ihren Kohl* und war wild auf ihr Brot*. Auch hatte sie einen Mann, dem sie ihr Geld gab. Im letzten Herbst hat sie ihn verlassen als er gesagt hat: „Kann ich es bekommen?" – Dreht es sich hier gerade noch um Geld? Mary jedenfalls sagt: „Baby, nimm alles! Ich bin eine universale Mama mit universalem Verstand!"

Scatgesang:

I've had Men, all the Sizes. Had 'em tall and lean
Had 'em short, had 'em flabby. Had 'em in between

I'm an All Round Mama. I'm an All Round Mama
I'm an All Round Mama, with an All Round Mind

Once I had a big fat Man. Big as he could be
But I left my big fat Man. He slept too close to me
I met a Man, he was a Jockey. Did the Things he should
Always ready, that's the Reason he could ride so good
I'm an All Round Mama ...

Had a Boy, young and tender. Treated me so fine
Never had nothing else but that Thing on my Mind

I met a Man, in the Gin Mill. We drank Gin so fast
Took me home, I remember, I said „Oh, my Yas!"

Scatsolo:
I met a Man, was a Butler. When he spoke I ran
Was too mannish for a Woman, too girlish for a Man

Saw a Man, good old Sweetbag*, said that I should know
He didn't do any lovin' ,less he get some Dough
I'm an All Round Mama ...

Met a Man, down in Georgia. Brought his Meals to Bed
Liked my Feet, and my Cabbage* wild about my Bread*
Had a Man, gave my Money. Left him Way last Fall
When he said: Can I get it? I said: Baby, take it all
I'm an All Round Mama ...

*Yas = Hinterteil. *Sweetbag = Slang für Penis. *Cabbage = Kohl, hier Slang für Schamhaare .*Bread = Brot, hier Slang für Vagina.

In einem doppeldeutigen Blues, der mit einer eigentlich männlich konnotierten Metapher, einem Schiff arbeitet, erzählt die Bluessängerin Merline Johnson vom weiblichen Begehren. Merline übernimmt die Machtposition, die in die Geschichte einer Fahrt mit einem Schleppdampfer eingekleidet ist. Merline ist die Kapitänin, die „Easy Towing Mama", die dieses Boot steuert. Damit möchte sie mit ihm vom ruhigen sanften Teich bis zum Atlantischen Ozean schippern. Auf der hohen See könne es jedoch – so ihre Warnung – ein wenig rau werden. Um ihren „Fahrgast" zu beruhigen, lässt Merline wissen, dass sie schon seit achtundzwanzig Jahren auf diesem Schleppdampfer als Kapitänin fährt und weiß, was sie tut. Er braucht ihr nur zu sagen, wenn die Geschwindigkeit ein bisschen herauf oder herabgesetzt werden soll. Merline: „Nun, ich bin hier, um dir zu gefallen. Sage mir einfach, was du brauchst."

Well, let me be your Towboat, I will tow you 'cross the Pond 2x
Well, I'll take you slow and easy, ooh well, well,
It really won't take me long

When we reach Atlantic Ocean, the Sea may be a little rough 2x
But I will steady your Boat, ooh well, well,
'Cause I really know my Stuff

Now I've been a Captain on this Towboat For twenty-eight
Years or more 2x
So just tell me how you want it, ooh well, well, I'll tow you fast or slow.

Now blow your Whistle, Daddy, when you want a little more Speed, 2x
Well, I'm here to please you, ooh well, well, just tell me what you need.

Auch Handwerker können das Begehren einer Frau auslösen. Lizzie Miles bittet die Telefonzentrale um Verbindung mit ihrem Elektriker, der den Anschluss 69 hat, denn sie hat den „Electrician Blues" (1930). Vorn am Haus gehen die Lichter nicht mehr an und ihre Doppelsteckdose ist durchgebrannt. Sie telefoniert mit ihm und bittet ihn um Hilfe. Er soll sich ihr Messgerät für den Strom anschauen. Sie glaubt, dass sie mehr Strom mieten muss. Letzte Nacht hatte sie noch keine Probleme, und ihr Ventilator funktionierte einwandfrei. Er stoppte und sie entdeckt einen Kurzschluss in ihrer Leitung. Auch ihre Klingel braucht seine Aufmerksamkeit: „Komm und sieh sie dir an, was los ist. Egal wie man sie drückt, man kann sie nicht zum Summen bringen. Oh, niemand kann meine Schlafzimmerlampe reparieren. Anscheinend rutscht der Stecker immer wieder heraus. Ein Mann, der sein Geschäft versteht, wird genau wissen, worum es geht. Oh, beeil dich, süßer Elektriker, denn meine Sicherung ist durchgebrannt. Niemand anders außer dir kann mich vor diesem grausamen ‚Electrician Blues' retten!"

Hello, Central, give me Ticket sixty-nine 2x
Get my sweet Electrician, put him on my private Line

My Front Home Lights ain't working, and my Double Socket blew 2x
Come look at my Meter, think I've got to hire more Juice

Last Night I had no Trouble, and my Fan was working fine 2x
It stopped and I discovered, a short Circuit in my Line

My Bell needs your Attention, come and see the Way it does 2x
No matter how you push it, you can't even make it buzz

Oh, no one can fix my Bed Lamp, seems that Plug keeps slipping out 2x
A Man who knows his Business, will know just what it's all about

Oh, hurry Sweet Electrician, 'cause I burnt out my Fuse 2x
No one but you can save me, from those cruel Electrician Blues!

Der „Long John Blues" (1949) ist einer von zwei Titeln aus dem Genre des „Dirty Blues", den Dinah Washington singt und der sofort die Nummer 32 in den Rhythm & Blues-Charts wird. Der Song erzählt von ihrem wunderbaren sexy Zahnarzt, der auf jeden Anruf antwortet. Er hat dazu noch einen für Frauen interessanten Nebenjob. Alle Frauen lieben ihn! Er beruhigt seine Patientinnen, er würde ihnen nicht wehe tun. Zur Behandlung gibt Long John zuerst ein Mittel zur Betäubung von Schmerzen und setzt dann mit seinem Bohrer an. Dinah ist begeistert, denn beim Bohren hat er ein goldenes Händchen. Diese spezielle Behandlung kostet zehn Dollar. Sie mahnt die „Mädels" im Publikum, zweimal im Jahr zum Zahnarzt zu gehen. Doch ihr reicht das nicht. Sie hofft, dass die Zahnschmerzen anhalten, sodass sie noch am gleichen Abend wieder in der Praxis von Long John erscheinen kann. Muss ja ein wahnsinnig guter Zahnarzt sein!

I've got a Dentist he's over seven Feet tall. 2x
Long John they call him, and he answers every Call.

Well, I went to Long Johns Office and told him the Pain was killin'. 2x
He told me not to worry, that my Cavity just needed fillin'.

He said: „When I start drillin', I'll have to give you Novocaine. 2x*
'Cause ev'ry Woman just can't stand the Pain."

He took out his trusted Drill and he told me to open wide!
He said he wouldn't hurt me but he'd fill my Hole inside.
Long John, Long John, you've got that golden Touch!
You thrill me when you drill me, and I need you very much.

When he got through, he said: „Baby that will cost you Ten." 2x
He said: „Six Months from now, I want you to see you again."

Now Girls! You're supposed to see your Dentist
'Bout twice a Year. That's right!

But I think I feel it bobbin'. Yes! I'll go back there tonight.
Long John, Long John, don't ever move away.
Say, I hope I keep on aching, so I can see you every Day.

*Novocaine = das verbesserte und nicht süchtig machende Folgeprodukt des Schmerzmittels Kokain.

Dinah Washington (1924-1963) wird als Ruth Lee Jones in Tuscaloosa, Alabama, geboren und wächst in Chicago auf. Ihre musikalische Karriere als Sängerin und Pianistin beginnt in ihrer Grundschulzeit. Sie singt Gospelmusik und spielt in der Kirche Klavier. Als Teenager leitet sie schon eigenständig einen Gospelchor. Doch sie ist sehr ehrgeizig. Mit 15 Jahren gewinnt sie einen Amateur-Talentwettbewerb im renommierten „Regal Theater" von Chicago. Sie beginnt als Sängerin in Hotels und Nachtclubs aufzutreten, was ihre religiöse Mutter nicht gutheißt. Man wird auf sie aufmerksam und bald hat sie mit 19 Jahren in New York City ein Engagement im gleichen Club wie ihr großes Vorbild, die Jazz- und Bluessängerin Billie Holiday; Billie im unteren Saal, sie im oberen. Lionel Hampton hört sie und engagiert sie für zwei Jahre als Frontfrau unter dem Namen Dinah Washington für sein berühmtes Jazzorchester, das auch immer den Blues im Repertoire dabei hat. Jetzt macht sie ihre erste Schallplatte, den „Evil Gal Blues", der ihr erster von vielen künftigen Hits wird.

Dinah ist nun eine „Queen of Blues"; sie wird als „die beliebteste schwarze Künstlerin der 1950er Jahre" bezeichnet. Zwischen 1948 und 1955 hat sie 27 Rhythm & Blues-Top-Ten-Hits und ist damit eine der erfolgreichsten Sängerinnen („Queen of Juke Box") dieser Zeit. Einmal hat Dinah gesagt: „Ich kann alles singen, überhaupt alles." Und sie könne das beweisen.

Es stimmt. „Sie konnte sich jedes Lied zu eigen machen", erinnert sich Joe Zawinul, ihr früher und einziger weißer Pianist, der später die Jazz-Rockband „Weather Report" gründet. „Sie weinte fast jede Nacht, wenn sie sang. Sie wurde total nass vom Weinen und das Publikum weinte mit ihr." Zawinuls erste Aufnahme mit Dinah ist „What a Difference a Day Makes", das Lied, das ihr 1959 einen Grammy einbringt und das Dinah in einen großen Crossover-Erfolg verwandelt. Der Gewinn erleichtert ihr, die Grenzen der „Race Music", der Musik, die eigentlich nur für die Zielgruppe der afroamerikanischen Community produziert wird, zu überschreiten, an die so viele afroamerikanische KünstlerInnen gebunden sind. Sie schafft es als eine der ersten afroamerikanischen KünstlerInnen ins weiße Showgeschäft. Dinah bekommt im gleichen Jahr tatsächlich als erste afroamerikanische Künstlerin ein Engagement im „Sahara Hotel" in Las Vegas. Dort muss sie erfahren, dass afroamerikanischen KünstlerInnen nicht in den angeschlossenen Hotelzimmern übernachten dürfen, sondern nur in Wohnwagen auf dem Parkplatz. Die KünstlerInnen übernachten wegen der Rassentrennung auch oft im Tourbus, wenn es kein spezielles Hotel für „Coloured People" am Ort gibt.

Dinah ist ein Beispiel dafür, dass viele Musikerinnen, die heutzutage nur dem Blues oder nur dem Jazz zugeschlagen werden, in beiden Genres zuhause waren und später teilweise auch in den Soul wechselten. Dinah beherrscht eine Vielzahl von Stilen: Blues, Rhythm & Blues, Jazz, Gospel und auch banale traditionelle Popmusik. Auch interpretiert sie weiße Pop-Hits für den weißen Musikmarkt neu und passt sie an die afroamerikanische Sensibilität an. Sie singt emotionale Balladen und diamantharte selbstbewusste Songs mit ihrer unübertroffenen, durchdringenden, klaren und direkten Sprache. Mit Herz und Seele fügt sie dem Blues bisher ungehörte Phrasierungen hinzu. Ihre melismatisch gesungenen Worte, – einer Wortsilbe werden nicht nur ein Ton, sondern mehrere Töne zugeordnet, sind gesangliche Innovationen, die nicht nur Auswirkungen auf den künftigen Blues haben. Mit dem Brechen und Biegen einer Gesangsnote eröffnet sie dem Bluesgesang völlig neue Perspektiven. Ihre interpretatorische Kraft zur Improvisation setzt sie in jedem Song erneut ein. Niemals singt sie beim nächsten Konzert einen Song so wie zuvor.

Dinah gilt zudem als eine der seltenen „First Take"-KünstlerInnen. Sie braucht bei den Aufnahmesessions keine Wiederholungen eines Titels, damit er besser wird. Nie vergisst sie ihren Text; sie kann neue Noten sofort vom Blatt ablesen und versteht es mit einem „Laid back"-Gefühl zu singen, was bedeutet, dass sie entspannt auch ein wenig hinter dem Taktschlag zu singen in der Lage ist. Daher legt sie als willensstarke Frau in einem von Männern dominierten Umfeld großen Wert darauf, dass alle Beteiligten bei den Schallplattenaufnahmen konzentriert und mit leidenschaftlicher Energie dabei sind, ganz so wie sie es auf der Bühne vormacht. Es kommt oft zu Konflikten; sie wird sehr wütend wenn jemand bei den Einspielungen von Schallplatten herumschlampt oder Fehler macht. Rasch wird sie in den Vereinigten Staaten zur dominierenden Blues-Stilistin. Wie auch der E-Gitarrist T-Bone Walker, verändert sie nicht nur den Klang des Blues, sondern befreit ihn zugleich, wie zuvor schon die städtischen Bluesdiven der 1920er Jahre, von der Aura des Ländlichen. Dinahs Blues- und Balladengesang beeinflusst ganze Generationen von Sängerinnen. Für viele EnthusiastInnen folgt sie Bessie Smith und Billie Holiday, deren Blues- und Jazztitel sie auch singt, in die Liga der ganz Großen und bildet eine Brücke zwischen ihnen und der aufkeimenden noch unbekannten Soulbewegung mit Aretha Franklin an der Spitze. Noch viele Sängerinnen inspiriert ihr Gesang im Laufe der Zeit, wie den ihrer Verehrerin Amy Winehouse.

Dinah lebt auf großem Fuß mit ihrer Vorliebe für teure Kleidung, Autos, Pelze und Diäten. Berühmt ist ihre lebhafte Persönlichkeit – gereizt in einem Moment und genauso großzügig im nächsten. Insgesamt sieben Ehen geht sie ein.

Sie ist eine liberale Demokratin: „Ich bin, wer ich bin und ich weiß, was ich weiß. Ich bin schlicht und einfach ein Demokrat. Ich würde niemals für einen Republikaner stimmen, weil sie meiner Meinung nach nicht das Zeug dazu haben, jede Art von einem privaten oder öffentlichen Amt zu leiten. Das ist alles." Im Alter von 39

Jahren stirbt sie 1963 an einer versehentlichen Überdosierung von Diätpillen vermischt mit Alkohol. Noch einmal Joe Zawinul: „Sie hatte eine Schönheit in den Augen und war immer gut gepflegt. Sie hatte viel Schmuck und verdiente viel Geld und trug überall eine Pistole. Sie war eine echte moderne Frau." Der Plattenproduzent Quincy Jones: „Sie hatte eine Stimme, die wie die Pfeifen des Lebens war. Sie konnte jede Melodie in die Hand nehmen, sie wie ein Ei halten, aufschlagen, braten, brutzeln lassen, rekonstruieren, das Ei wieder in die Schachtel und zurück in den Kühlschrank stellen, und Sie hätten immer noch alles verstanden, jede einzelne Silbe jedes einzelnen Wortes, das sie sang. Jede einzelne Melodie, die sie sang, machte sie zu ihrer. Nachdem sie einem Song ihr seelenvolles Markenzeichen verliehen hatte, besaß sie es und es war nie mehr dasselbe." Gibt es ein schöneres Kompliment für eine Blues-und Jazzmusikerin?

Das Genre des „Dirty Blues" ist zwar sehr beliebt, aber viele Plattenfirmen veröffentlichen solche Bluessongs nicht, wenn sie ihnen von BluesmusikerInnen angeboten werden. Jedoch werden Titel der Bluesmänner und -frauen, die zu „dirty" sind und nicht durch die Zensur eines Plattenlabels kommen, bereinigt, wenn davon Schallplatten entstehen sollen. Wundersamerweise hat es als vermutlich einziges heute noch präsentes Beispiel, die extrem obszöne Version des Blues „Shave 'em dry", (Take 2 vom 5. März 1935) von Lucille Bogan – gesungen unter dem Namen Bessie Jackson – aus unerfindlichen Gründen auf eine kommerzielle Aufnahmesession der Vorkriegszeit geschafft. Allerdings ist dieser Take damals nicht auf einer offiziellen Schallplatte erschienen, sondern heimlich verbreitet worden. Aufnahmen mit „Dirty Talk" sind während oder nach einer Aufnahmesession, auch bei anderen Firmen, oft zur Belustigung der Toningenieure oder zur Freude von Liebhabern solcher Titel eingespielt worden. Jedenfalls wird „Shave 'em dry" (Take 2) in Bordellen, Clubs, nach dem Ende offizieller Veranstaltungen in inoffiziellen Mitternachtsvorstellungen gesungen. Diese Aufnahme lässt uns einen kleinen Blick in die Juke Joints werfen und hören, was dort tatsächlich zu später Stunde gesungen wurde.

Bei der Aufnahmesession von Lucille bekommt sie bei der Einspielung von Take 2 von ihrem Pianisten Walter Roland aufmunternde Worte zu hören, muss aber zwischendurch auch über den Text lachen, der ihr vermutlich nicht geläufig ist.

Linda Moroziuk schreibt in ihrer Dissertation über Lucille Bogan (Locating Lucille Bogan: Black Music – The Arts and socio-political Opposition in early 1900): „Was Bogans Werk über seine sexuelle Offenheit hinaus faszinierend macht, ist, wie ein Lied wie dieses eine Schnittmenge von Geschlechterpolitik und Sexualität darstellen konnte, die spezifisch für schwarze Frauen der Arbeiterklasse in der Ära nach der Sklaverei ist. Unverblümte und freimütige Äußerungen über weibliche Aggressivität und/oder unkonventionelle Sexualität, oft aus der Perspektive einer schwarzen Prostituierten, waren im klassischen Blues und in der Live-Unterhaltung im Allgemeinen keine Seltenheit. Wie Bogans ‚Barbecue Bess' stellt ‚Shave 'em Dry' jedoch andere Songs der Ära in den Schatten, die die Sicht der Prostituierten präsentieren. Die Sängerin umarmt das Etikett Hure und rühmt sich, dass sie vom Geschlechtsverkehr fett geworden ist, was auf Wohlstand hinweist. In Raineys Version des Liedes ist die Sängerin Zeugin der arbeitenden Prostituierten und kommentiert ihre im Laden gekauften Haare. Bei Bogan ist ihr Charakter die leibhaftige Sexarbeiterin."

Paul Oliver stellt in seinem Buch „Screening The Blues. Aspects Of The Blues Tradition" Überlegungen zum Begriff „Shave 'em dry" an. Er scheint schon eine längere Bedeutungsgeschichte zu haben: „Auf einer Ebene bezieht es sich auf gemeine und aggressive Handlungen, aber als sexuelles Thema bezieht es sich auf Geschlechtsverkehr ohne vorheriges Liebesspiel. Big Bill Broonzy drückte es kurz und bündig aus: ‚Shave 'em dry' nennt man es mit einer Frau zu machen; man macht nichts, macht es einfach.' Die Implikationen von ‚Shavin' 'em dry' waren von Schamkontakt und daher auf beide Geschlechter anwendbar. Gertrude Ma Rainey, die oft als ‚Mother of the Blues' bezeichnete Sängerin, nahm die erste Version des Songs auf." Ma spielt diesen Song 1924 auf Schallplatte ein. Da sie aus verschiedenen Quellen schöpft, könnte der Song schon aus ihren frühesten Berufsjahren stammen. Einige Bluesmen und die Bluesfrau Lil Johnson beschäftigen sich mit diesem Blues und verändern einige Textstellen nach ihrem Geschmack. Ein paar Jahrzehnte später ist Lucilles Take 2 von „Shave 'em dry" unzensiert auf einigen Sammelalben mit Bluesmusik erschienen.

5. Schlussbemerkung

Seit nun fast 150 Jahren entwickelt sich die afroamerikanische Volksmusik im Rahmen der Rassentrennung. Diese Musik ist mit dem sozialen Wandel nach der Sklaverei von einer auf die afroamerikanische Community beschränkten neuartigen Musik unter dem Namen „Blues" zu einer weltbewegenden geworden. Die Bluesmusik macht immer wieder musikalisch interessante Veränderungen durch. Bis heute beeinflusst sie weltweit MusikerInnen und diverse Musikstile. BluesliebhaberInnen lassen sich immer noch emotional von dieser Musik berühren. Seine originären Wurzeln gehören jedoch allein der afroamerikanischen Community. Und – der afroamerikanische Blues ist und bleibt das einzige originäre und unverwechselbare Kulturphänomen im Bereich der amerikanischen Musikgeschichte.

Abschließend möchte ich auf historische und kulturelle Phänomene eingehen, die auch dem Blues zugrunde liegen. In seinem Gedicht „Afro-American Fragment" von 1930 erinnert der afroamerikanische Dichter der Harlem Renaissance, Langston Hughes, daran, dass es zur damaligen Zeit in der afroamerikanischen Community keine lebendigen Erinnerungen an die afrikanischen Kulturen der Vergangenheit mehr gibt. Hughes weist darauf hin, daß die zumeist von Weißen geschriebenen Geschichtsbücher und ebenso ihre Musik und ihr Gesang in Englisch verfasst worden sind, einer ursprünglich fremden Sprache, einer „Un-Negro Tongue". Das Gedicht beschreibt die fragmentierte Erinnerung an das ursprüngliche Herkunftsland, singt von verlorenen bitteren Sehnsüchten ohne Ort, von den letztlich unbekannten einst eigenen Kulturen: „Subdued and time-lost are the Drums", die Trommeln klingen gedämpft und zeitverloren. So lange und so weit weg ist das dunkle Gesicht Afrikas! Und doch, so Hughes, kommt ein Song aus einer atavistischen Quelle hervor.

Die afroamerikanische Community hat, bezogen auf die historische Entwicklung der Bluesmusik, jedoch ein gewisses Bindeglied zwischen Vergangenheit und Gegenwart, zwischen Afrika und Nordamerika geschaffen. Der Blues ist zwar nicht die Musik der versunkenen afrikanischen Welterfahrung. Vielmehr ist aber in der afroamerikanischen Community als Konglomerat von Lebenserfahrungen in der „Neuen Welt" eine vollkommen neue musikalische Sprache entstanden. Wie Langston Hughes es in seinem Gedicht poetisch mit dem Bild des Nebels ausgedrückt hat, ist aus diesem unermesslichen „Nebel der Rasse", dem „Vast Mist of Race", eine einzigartige Musik hervorgetreten. Der Blues!

Danksagungen

Vorab: in dieses Buch sind einige Bildseiten mit den Namen afroamerikanischer Bluesfrauen der frühen Jahre eingestreut, die auf ihre Weise zur Entwicklung des Blues beigetragen haben. Meine naturgemäss unvollständige Aufzählung enthält auch Namen einiger weißer amerikanischer und europäischer Bluesmusikerinnen, die an Vorbildern der afroamerikanischen Bluesfrauen anknüpfen. All diesen starken Stimmen sei hiermit für ihre Verdienste um den Blues besonders gedankt.

Im Hinblick auf die Thematik meines Buches bin ich auf große Resonanz gestossen. Aus zahllosen Gesprächen über den Blues und über mein Interesse an den in Deutschland weitgehend unbekannten Bluesfrauen und ihren Songs konnte ich wertvolle Impulse für meine Arbeit gewinnen. Deshalb möchte ich allen Menschen aus meinem Freundes- und Bekanntenkreis ganz herzlich für ihre wertvollen Anregungen und Hinweise danken.

Dank auch meinem Verleger Christian Winkelmann, der sich bereit erklärt hat, das Wagnis einzugehen und mein Buch in seinem Verlag zu veröffentlichen. Angetan bin ich von seiner freundlichen und geduldigen Art, dieses Projekt voranzutreiben und mir obendrein ein Gefühl des Aufgehobenseins zu vermitteln.

Zu meinem Glück fand ich zu Beginn des Schreibprozesses einen ersten kritischen Leser, der mein Manuskript nicht nur Seite um Seite durchgesehen und korrigiert und diverse Verbesserungen vorgeschlagen hat, sondern auch ein ebenso wichtiger und kompetenter Gesprächspartner für die Bluesthematik gewesen ist. Mein herzlicher Dank gilt deshalb dem Bluessänger und Gitarristen Jürgen Diercks für seine Mühen und Ratschläge.

Ein großer Dank geht nicht zuletzt auch an Dr. Axel Schulte, der mit vielen strukturellen Anregungen zum Entstehungsprozess des Buchprojektes beigetragen hat.

Haide Manns

Quellenangaben

Literatur

Cohn, Lawrence: Nothing but the Blues. The Music and the Musicians, 1993.

Cordeiro, Anne Marie: Geechie Wiley. An Exploration of Enigmatic Virtuosity, M.A. Arizona State Univ. 2011.

Davis, Angela Y.: Rassismus und Sexismus. Schwarze Frauen und Klassenkampf in den USA, 1982.

Davis, Angela Y.: Blues Legacies and Black Feminism. Gertrude "Ma" Rainey, Bessie Smith, and Billie Holiday, 1999.

Evans, David: Big Road Blues. Tradition and Creativity in the Folk Blues, 1982

Freund Schwartz, Roberta: How Britain got the blues: the transmission and reception of American blues style in the United Kingdom, 2007.

Garon, Paul: Blues and the Poetic Spirit, 1996.

Garon, Paul/Beth Garon: Woman with Guitar. Memphis Minnie's Blues, 2014.

George, Nelson: R&B – Die Geschichte der schwarzen Musik, 2002.

Harrison, Daphne Duval: Black Pearls. Blues Queens of the 1920s, 1988.

Herzhaft, Gérard: Enzyklopädie des Blues, 1998-

Jones, LeRoi: Blues People, Sonderausgabe, 1975-

Knopf, Alfred (Hg), The collected Poems of Langston Hughes, 1994-

Lehmann, Theo: Blues & Trouble, 1981-

Lomax, Allan: The Land where the Blues began, 1993.

Miller, Manfred: Um Blues und Groove – Afroamerikanische Musik im 20. Jahrhundert, 2017.

Moroziuk, Linda: Locating Lucille Bogan: Black Music, the Arts and socio-political Opposition in early 1900s, Diss. Toronto 2017.

Oakley,Giles: Blues – die schwarze Musik, 1981.

Oliver, Paul: Blues Fell This Morning, deutsche Ausgabe, 1991.

Oliver, Paul: Die Story des Blues, 1994.

Oliver, Paul: Screening The Blues. Aspects Of The Blues Tradition, 1968.

Reichert, Carl-Ludwig: Blues – Gechichte und Geschichten, 2001.

Wald, Elijah: The Blues. A Very Short Introduction, 2010.

Wyman, Bill/Richard Havers: Blues. Geschichte, Stile, Musiker, Songs & Aufnahmen, 2006.

Aufsätze

Coltrain, Mark: Beverly „Guitar"" Watkins. In: digital.livingblues.com

Gussow, Adam: Blues Expressiveness and the Blues Ethos. In: Study the South.,

Center for the Study of Southern Culture at the University of Mississippi, 2018.

Haile-Mariam, Sara: 77 Year-Old Blues Guitar Pioneer Says Slowing Down Is Not an Option. In: She Shreds Magazine 2016.

Hix, Lisa: Ainging the Lesbian Blues in 1920s Harlem. In: Collectors Weekly, Juni 2013.

Hughes, Langston: „The Weary Blues" (1925). Opportunity: A Journal of Negro Life 1925.

Johnson, Maria V.: Black Women Electric Guitarists and Authenticity in the Blues. In: Eileen M. Hayes/Linda F. Williams, (Hrsg.), Black Women and Music. More than the Blues, 2007.

Moody, Pete: Jo Ann Kelly, Part 1-3. In: British Blues Review, 1988.

Oliver, Paul: Shave 'm dry. In: Conversation with the Blues, 1965.

Smith, Roger. In: 1920 Mamie Smith's Crazy Blues paved the way for Black Music. In: The Syncopated Times, 2020.

White, Alan: 'What is the Blues?' Definition / Meaning of the Blues and what does the blues mean to you? In: www.earlyblues.org, o.J.

Sonstige Quellen / Webtipps

blackpast.org
The Alan Lomax Digital Archive
The Syncopated Times
The Alan Lomax Digital Archive
The Syncopated Times
DAHR – Discography of American Historical Recordings (Uncensored History of the Blues)
Heptune.com
Document Records
The Paramount Project

Infos zu diesem Buch und der Autorin im Web unter www.heupferd-musik.de/manns_bluesfrauen.html

Namensregister

Das Klingt Gut!
Musik der Welt im Netz

Acoustic Music | Derroll Adams | Alla Turca | Anti-Hits
Balladen | Bastardmusik | Barden | Beatles 1968 | Blues
Böhmische Harfe | Bordun | Pit Budde | Robert Burns
Guy Carawan | Cochise | Tom Daun | Ethnobeats
Flamenco | Folk Friends | Folkjazz | Folkmusic | Folkrock
Folksong | Dick Gaughan | Guru Guru | Mike Hanrahan
Harfenflocken | Harfissimo | Havana | Hobomusic
Bobby Holcomb | Annie Humphrey | Hurdy Gurdy
Indian Summer Sounds | Inti Illimani Histórico | Irish Folk
Andy Irvine | Jams | Jazz | Wizz Jones | Klassikfolk
Kraut 'n' Rock | Kurt Klose | Jorge La Guardia | Lady's Voice
La Rotta | Latinpop | Latinjazz | Latinrap | Andreas Lieberg
Liederleut | Lovesongs | Denise M'Baye | Manfred Miller
Magic Irish Music | Magic Southsea | Migration & Musik |Noten
Protestsong | Rüdiger Oppermann | Marc Robine
Rootsmusic | Samba | Salsa | Son | Songbooks
Song Bücherei | Songwriter | Andy M. Stewart
Wolfgang Stute | Summit | Tierra | Trio Grande
Can Tufan | Jake Walton | Worldmusic

www.heupferd-musik.de

Um Blues und Groove

Manfred Miller
UM BLUES UND GROOVE
Afroamerikanische Musik
im 20. Jahrhundert

456 Seiten • Hardcover
mit Lesebändchen
ISBN 978-3-923445-18-9
Song Bücherei
im Heupferd Musik Verlag

Im globalen Klanggefüge spielt die afroamerikanische Musik eine herausragende Rolle. Angesichts ihrer tiefgreifenden Wurzeln, ihrer enormen Tragweite, der Verarbeitung von Einflüssen jedweder Art und vielen verschiedenen Musiktraditionen und nicht zuletzt ob der Verflechtungen mit der soziokulturellen und politischen Entwicklung Amerikas ist sie geradezu typisch für unserere Weltkultur, in der alles mit allem aufs Engste verwoben wirkt

Viele Varianten der zeitgenössischen Popmusik verdanken ihr entscheidende Impulse, mit ihren fundamentalen Ausprägungen wie dem Blues vermochte und vermag sie Himmel und Hölle in Bewegung zu setzen. Die moderne Rockmusik ist ohne ihre Quellen im Rhythm & Blues kaum denkbar. Und für das Bemühen der Afroamerikaner um Bürgerrechte oder soziale Gleichstellung ist das Potential der afroamerikanischen Musik nicht zu unterschätzen.

Der Musikjournalist Manfred Miller geht dieser großen Geschichte auf den Grund, untersucht historische Zusammenhänge, befasst sich mit tonangebenden Protagonisten und analysiert deren Schaffen in musikalischer wie inhaltlicher Hinsicht. Er hat sich als Jazzredakteur in Rundfunkanstalten und Bluesforscher einen Namen gemacht und gilt als ausgesprochen kundiger Kenner der Materie.

Details unter: www.heupferd-musik.de/miller_um_blues_und_groove.html
Heupferd Musik Verlag • Ringwaldstr. 18 • 63303 Dreieich